社会变迁中的青年问题

The Youth Issues in Social Change

风笑天　等著

图书在版编目(CIP)数据

社会变迁中的青年问题/风笑天等著. —北京:北京大学出版社,2014.12

(社会学论丛)

ISBN 978-7-301-25229-1

Ⅰ. ①社… Ⅱ. ①风… Ⅲ. ①青年—社会问题—研究—中国 Ⅳ. ①D669.5

中国版本图书馆 CIP 数据核字(2014)第 286717 号

书　　　名:	社会变迁中的青年问题
著作责任者:	风笑天　等著
责 任 编 辑:	武　岳
标 准 书 号:	ISBN 978-7-301-25229-1/C·1073
出 版 发 行:	北京大学出版社
地　　　址:	北京市海淀区成府路 205 号　100871
网　　　址:	http://www.pup.cn
新 浪 微 博:	@北京大学出版社
电 子 信 箱:	ss@pup.pku.edu.cn
电　　　话:	邮购部 62752015　发行部 62750672　编辑部 62753121 出版部 62754962
印 刷 者:	北京大学印刷厂
经 销 者:	新华书店
	965mm×1300mm　16 开本　27 印张　441 千字 2014 年 12 月第 1 版　2014 年 12 月第 1 次印刷
定　　　价:	68.00 元

未经许可,不得以任何方式复制或抄袭本书之部分或全部内容。
版权所有,侵权必究
举报电话:010-62752024　电子信箱:fd@pup.pku.edu.cn

本研究获得江苏省优势学科建设工程重点项目的资助,特此致谢!

目 录

第一章 导论/1
    一、社会变迁与青年问题/1
    二、三十年来国内青年研究状况的回顾/7
    三、本书的主要内容及特点/22

上编 青年就业与工作

第二章 城市在职青年就业途径研究/31
    一、大学生就业研究的发展趋势和特点/31
    二、目前大学生就业研究中存在的问题/33
    三、青年就业方式研究文献的回顾/38
    四、研究设计/40
    五、研究结果与分析/41
    六、研究结论及其对大学生就业研究的启示/47

第三章 城乡背景对大学生初次就业结果的影响/52
    一、研究的背景与问题/52
    二、研究设计与资料收集/57
    三、数据统计结果与分析/63
    四、研究的结论与讨论/77

第四章 城市在职青年的工作转换/84
    一、问题与背景/84
    二、基本概念与文献回顾/85
    三、数据与方法/90
    四、结果与分析/92
    五、小结与讨论/99

第五章　青年农民工首次外出年龄研究/103
　　一、研究的问题/103
　　二、文献回顾与研究方法/104
　　三、实证分析/111
　　四、讨论与思考/121

第六章　青年农民工的就业质量/129
　　一、文献回顾/129
　　二、研究设计/136
　　三、结果与分析/138
　　四、影响青年农民工就业质量的因素/145
　　五、结论与建议/148

第七章　新生代农民工的工作压力/152
　　一、引言/152
　　二、文献回顾/153
　　三、研究设计/156
　　四、结果与分析/158
　　五、结论与启示/171

中编　青年婚姻与家庭

第八章　城市青年的择偶方式/179
　　一、问题与背景/179
　　二、文献回顾/180
　　三、样本与数据/182
　　四、结果与分析/183
　　五、小结与讨论/189

第九章　新生代农民工的择偶期望与实践/193
　　一、文献综述/193
　　二、资料来源/197
　　三、结果与分析/197
　　四、结论与讨论/216

第十章 "万人相亲会"与青年的择偶标准/222
　　一、文献回顾与评述/223
　　二、调查概况与研究设计/225
　　三、相亲会上青年择偶标准的总体情况/228
　　四、青年择偶标准的差异及原因分析/232
　　五、小结与讨论/241

第十一章 青年婚配类型与夫妻关系/245
　　一、问题与背景/245
　　二、文献回顾/246
　　三、研究设计/247
　　四、结果与分析/251
　　五、小结与讨论/254

第十二章 外出务工女青年的婚姻家庭实践/257
　　一、问题的提出/257
　　二、女孩的权力和哀伤/261
　　三、已婚女性"过自己的生活"及其障碍/267
　　四、结论与讨论/276

下编　青年文化及其他

第十三章 大学生微博使用与自我认同/285
　　一、问题与背景/285
　　二、文献回顾/287
　　三、样本与资料/294
　　四、结果与分析/295
　　五、研究结论/306

第十四章 青年的宗教热与宗教时尚/310
　　一、当前我国青年中的宗教热现象/310
　　二、宗教热中的青年宗教时尚/316
　　三、青年宗教品味的建构机制及时尚化后果/321
　　四、宗教对青年的影响/324

第十五章　青年对"成年"的认知及其标准/329
　　一、问题与背景/329
　　二、文献回顾/330
　　三、资料与方法/334
　　四、成年标志量表的测量及检验/337
　　五、成年标志量表的分析与讨论/345
　　六、结论与思考/352

第十六章　城市独生子女青年的教育获得/356
　　一、问题的提出/356
　　二、理论视角与假设/359
　　三、数据与方法/361
　　四、结果与分析/363
　　五、结论与讨论/370

第十七章　改革开放以来青年的健康状况及变迁/375
　　一、青年体质状况的变迁/376
　　二、青年患病状况的变迁/385
　　三、青年死亡状况的变迁/389

第十八章　大学生村官基层服务的类型与困境/399
　　一、相关文献综述/400
　　二、研究思路/403
　　三、大学生村官基层服务的类型/404
　　四、大学生村官基层服务困境/410
　　五、完善大学生村官基层服务的对策/413

后记/421

第一章 导 论

一、社会变迁与青年问题

1. 社会变迁是认识和理解青年问题的重要背景

20世纪70年代末以来,在中国这个世界上最大的国家里所发生的最为重大的历史事件无疑是整个国家和社会的改革开放。三十多年过去了,改革开放已使整个中国的面貌焕然一新,中国社会无论是在政治、经济,还是文化、教育等方方面面都经历了且目前依然还在经历着巨大的社会变迁。而伴随着这场社会变迁出生和成长起来的一代青年也经历着一条与他们的前辈十分不同的人生道路,形成了与其前辈明显不同的行为、态度、现象和问题。

社会学家米尔斯在《社会学想象力》一文中指出,"无论是个人生活还是社会历史,不同时了解这二者,就无法了解其中之一。"(米尔斯等,1986:4)米尔斯的观点为我们正确认识和研究目前中国社会中的青年与青年问题提供了一条重要的途径。三十多年来,中国社会处于急剧的变迁过程中,而中国改革开放的社会历史既形成了这一代青年特定的人生经历,同时也展现出这一代青年特有的现象和问题。无论是在社会制度层面的教育、就业和家庭,还是作为文化一部分的价值观、生活方式和社会心理,社会在这些方面的各种变迁都会在当前青年的行为、态度及其由此所形成的青年现象与青年问题中留下痕迹。因此,要正确认识、深入理解和合理解释当今中国社会中的青年现象和青年问题,就必须高度重视社会背景因素,高度重视社会变迁的影响。只有将青年放到特定的社会历史背景中、放到特定的社会变迁过程中去分析,我们才能更深刻,也更全面地认清各种青年现象和青年问题的本质。

应该看到,在改革开放的社会背景中成长起来的这一代青年,具有以往任何一代中国青年都不曾有过的特殊的成长环境和成长经历。他们产生和成长的这三十年,正是中国社会急剧变革的三十年。一方面,中国社会的经济建设成就显著,科学技术的发展也十分突出;另一方面,中国社会结构的转型、社会制度的变革也异常激烈,人们的思想观念的解放和多元化发展也十分明显。所有这些构成了一种宏观的、无处不在的、每一位青年都置身于其中而无法逃避的社会环境。正是这种社会环境,成为我们认识和分析一代青年成长过程及其结果的基本背景和客观前提。因此,只有把发生在这代青年身上的各种现象与他们所生活的这个时代、这个社会联系起来,特别是将他们的各种问题与中国社会的宏观结构变迁、历史文化变迁联系起来,我们才能真正理解他们的所思所想、所作所为,也才能真正理解他们何以成为今天的他们,如同理解中国何以成为今天的中国一样。

2. 三十年来我国社会变迁的重要方面

三十多年来我国的社会变迁发生在许多方面,但笔者认为其中最为突出、对青年一代影响最大的则是以下四个大的方面:

一是社会经济体制由计划经济向市场经济的转型。中华人民共和国成立的前三十年中,计划经济体制一直是国家的主导。这种体制一方面过分强化了国家政权在社会经济生活中的地位和作用,另一方面也限制了市场因素的发展和功能的发挥。其后果之一就是导致整个社会的经济发展进程缓慢,甚至停滞不前。而改革开放后经济体制向市场经济的转型,首先带来的是人们赖以生存的经济基础的改变。特别是随着我国社会的工业化、城市化、现代化进程的加快,随着科技事业的迅速发展,社会的经济发展水平快速提高,社会物质财富越来越丰富,社会成员的物质生活条件大大改善。所有这些极大地改变了社会成员特别是青年一代的生存条件和生活方式。可以说,这一代青年的成长正好与整个中国社会的现代化进程相伴随。他们一来到中国社会,就乘上了社会现代化的高速列车,就享受着现代物质文明的丰硕成果。而日新月异的科学技术,又使得年轻的一代在接受和了解最现代的科学技术方面大大地走在了他们父辈的前头。与此同时,市场经济体制的巨大原动力也使得农村青年可以离开农村、离开农业、不再做农民;他们可以进入城市,成为新体制下经济企业的新型工人;在城市社会的经济体系中也不再是国有企业的一统天下,大量的、各种类型的民营、私营、外资、合资企业和公司越来越多地成为当代青年就业的选择。

二是社会流动的增加和社会分化的加剧。社会经济体制的变革在带来经济的繁荣和发展的同时,也带来了社会结构的转型、社会流动的增加、社会分化的加剧,以及新的社会问题的出现。无论是社会流动的规模、社会流动的范围,还是社会分化的速度、贫富差别的程度,都是改革开放前所没有的,有些方面甚至是不可想象的。所有这些变化使得这一代青年遇到了许多他们的父辈不曾遇到的、情形完全不同的、很多方面甚至都是负面的和不利的成长环境。比如,也许从来没有一代人像这一代青年这样,有这么高的比例生活在父母离异的家庭中,从小面对不完整的家庭结构和不正常的家庭生活环境;也许同样没有哪一代人像这一代青年这样,需要面对社会中越来越大的阶层分化和贫富差距,面对诸如农民工流动和进城务工所带来的社会歧视、城市融入、社会排斥,以及农村留守儿童教育、农村老年社会保障等一系列新的社会问题。所有这些现象和问题不仅会在青年社会化的过程中留下深深的烙印,同时也会对他们的成长以及成年后的社会生活带来深远的影响。

三是社会价值观念的现代化和多元化。社会经济基础的改变,社会结构的转型,又不可避免地带来了社会精神与文化领域的变迁。三十多年来,急剧转型的中国社会在精神文化领域所发生的最大变化,无疑是社会价值观念的现代化和多元化。改革开放前,中国社会的价值观念长期以来一直是单一的、统一的,从来没有像新的一代成长的这三十年中这样的多元化。一个社会的价值观念,体现着社会主流的价值体系。随着中国社会由计划经济体制转变为市场经济体制,整个社会的价值观念也随之受到冲击,社会价值体系也发生了巨大的改变。特别是在全球化浪潮、现代性传播的共同影响下,形成了一种与传统社会明显不同的精神文化环境和价值空间。"今天的世界很精彩",展现在这一代青年面前的世界是那么的广阔无比,那么的五光十色,那么的丰富多彩,那么的纷繁复杂。它早已不再是一种样式、一种颜色、一种声音。这种现代化的、多元化的价值体系作用于青年的心理和行为,导致他们在生活方式、消费、时尚等众多领域产生了大量不同于其前辈及其传统的新形式、新行为、新潮流。而对青年一代的成长有着重要影响的各种社会环境比如家庭、学校、工作单位、社区、大众传媒以及广义的社会文化等,也都发生了明显的改变。这些改变也会在这一代青年成长的过程中留下深深的烙印。

四是人口生育政策带来的人口结构变迁。改革开放的目标之一是要大力发展国家的经济,而与这一目标相伴随的一个重大政策举措是我国以控制人口为主要目标的计划生育政策的实施。三十多年来,这一与改革开放几乎同时产生的人口生育政策,已经使得我国社会中的人口再生产模式发生了根本性的转变,其结果不仅有效地减缓了我国人口增长的速度,同时也带来了我国人口总体在年龄结构、性别结构等方面的巨大变迁。而这种社会人口宏观结构的改变,又不可避免地冲击着、深深地影响着我国现阶段社会中教育市场的结构、就业市场的结构,以及婚姻市场的结构等。对于处于教育、就业、婚姻高峰年龄段的这一代青年来说,他们在这些方面所面临的现实、所具有的机会、所遭遇的困境等,无一不与整个社会的人口结构状况有着紧密的联系。他们作为整个中国社会人口结构中的一个"同期群",在其成长和发展的各个方面,都不可避免地受到这一"同期群"自身的规模、结构及其与社会整体人口结构之间的关系的制约和影响,带来一系列新的社会现象和社会问题。

3. 社会变迁视角下青年研究的重点领域

从社会变迁的视角出发,将宏观层面的社会变革与微观层面的青年个体经历、现象及问题联系起来分析,既有助于我们对当前中国社会中的各种青年现象和青年问题进行梳理,同时也有助于从本质上揭示当前我国青年问题的实质。正是在米尔斯"社会学想象力"的启示下,联系上述四个方面的社会变迁因素,笔者认为,现阶段我国社会中青年问题及其青年研究的重点领域将主要集中在社会变迁与青年的教育、青年的就业、青年的婚姻与家庭、青年亚文化、青年群体、青年社会问题等方面之间的关系,以及社会变迁对这些方面的影响上。

第一,社会教育制度的变迁与青年的教育问题。改革开放以来,整个中国社会的教育制度发生了一系列重大的变迁。从1977年高考制度的恢复,到1999年开始的高等教育扩招,教育制度的每一次变革首先影响到的就是这一代青年所面临的教育机会、教育经历和教育环境。比如,与国家高考制度的恢复和全社会重知识、重人才、重科学,也重文凭相对应的是,这一代青年的中小学是在重考试成绩、重名次、重升学率的体制下度过的。重点小学、重点中学、快慢班、模拟考试、课余补习班……填满了他们的中小学生活。他们肩负着父辈的高期望,没日没夜、没完没了地在一场早已偏离方向的教育竞争中拼杀。考大学也自然成为社会对他们进行的一次重大筛选和分流。对于大部分上不了大学的青年来说,在职读书、在职学习成为他们参加工作后进行继续教育的一种现实选择和新的人生经历。而当高等教育的扩招带来越来越多的青年进入高校的机会时,教育分层的机制又通过学校类型、学校等级、学校质量、学校声誉等因素再次在新的层面上对青年进行分层,并影响到他们毕业后的就业前景和职业生涯。总之,现有教育制度变迁对青年的教育分层、对青年教育机会和职业地位的获得,以及对青年社会流动的影响等,将是这一领域中青年研究的重要主题。

第二,社会就业制度变迁与青年的就业问题。改革开放以来我国社会就业制度变迁与社会劳动力结构、人口结构的变迁一起,构成和决定了社会中就业市场的变化趋势和方向。对于这一代青年来说,一方面,国有企业改革带来的大批职工下岗、农村经济体制改革带来的大量剩余劳动力转移,共同影响并形成了他们所面临的严峻的就业形势;另一方面,当他们在高校扩招的背景下获得了更多的接受高等教育的机会的同时,客观上也就预示着在他们将来站在就业市场的面前时,将面临更大的就业压力和更激烈的就业竞争。因此,当前社会背景中的青年择业和就业问题,不只是涉及青年和大学生自身的择业意愿、择业观念和择业能力,它同时还会涉及一系列的社会结构因素的影响。比如,现实社会中存在的"蚁族"问题,除了要研究这些大学毕业生自身的状况、条件、意愿等个人因素之外,还应该充分注意到这一现象的出现与整个社会的分层机制、人口流动政策、社会价值观念以及高等院校扩招等一系列背景因素之间的关系,应该高度关注这些社会背景因素对"蚁族"的形成所具有的决定性影响。此外,诸如青年职业生涯规划问题、城市在职青年频繁"跳槽"问题、新生代农民工职业发展前途和路径问题等,或许都与市场经济冲击下青年对工作的意义与价值的认识有关,或许也都能从宏观社会结构的相关背景及其变迁中找到答案。

第三,社会家庭结构变迁、家庭观念变迁与青年婚姻家庭问题。"成家立业"是青年时期最为重大的两件任务。特别是结婚成家、生儿育女,更是一项主要在青年期完成的人生大事。而青年的恋爱、择偶、结婚、生育等婚姻家庭问题,也一直是社会和学术界关注的焦点问题之一。从社会变迁视角来看待这一领域中的现象,就是强调要特别注意社会背景因素的作用和影响。因为在这些常常被人们看做是完全由青年个人的主观意愿来决定的事务背后,实际上却始终存在着一只由社会结构和文化力量所构成的"看不见的手"。无论是青年的择偶标准、生育意愿,还是青年婚姻家庭现象中的择偶方式变迁,也无论是"剩女"问题和"光棍"问题的形成,还是青年夫妻权力问题、婚姻稳定性问题、家庭代际关系问题等,都在一定程度上与这只"看不见的手"的掌控有关。比如,与改革开放同时发生的我国人口性别结构、年龄结构的变迁,加上社会价值观念和社会生活方式的变迁等,就在客观上奠定了目前社会中出现的"剩女"问题、"光棍"问题、青年婚姻稳定性问题等多种青年婚姻家庭问题的基础。我们正是应该从改革开放以来社会变迁的轨迹中,去寻找上述各种问题产生和形成的本质原因。

第四,社会文化,特别是社会价值观念变迁与当前我国青年亚文化的建构与发展。文化就像是一个社会中的空气,无处不在,通过正式的和非正式的途径,时时刻刻对社会成员的观念、行为进行着熏陶和潜移默化的影响。而青年又总是社会文化的主要学习者和继承者,他们在不断接受社会主流文化影响的同时,也在不断地创造和形成具有青年特征的亚文化。三十多年来,中国社会的主流文化,特别是社会价值观,发生了巨大的改变。这种改变对这一代青年的影响是决定性的。无论是青年的成才观、幸福观、职业观,还是青年的婚姻观、家庭观、苦乐观,都不再与传统相同,青年认可的价值观念也不再唯一。他们无论是对待工作、对待职业、对待金钱,还是在看待成才、看待成功、看待幸福上,都有了他们自己的标准,形成了多种不同的模式、发出了多种不同的声音。与此同时,以计算机、互联网、手机等为代表的新技术、新工具、新媒体的出现和广泛使用,又为这一代青年建造出一个与以往大不相同的"电子世界",特别是与现实世界大不相同的"虚拟世界"。在这种世界里生存,是一种前所未有的人生经历。正是这种特殊的经历建构起新的青年亚文化。在诸如青年与传媒、青年与网络、青年与手机、青年与流行歌曲、青年文学现象、"超女"现象、青年流行语、青年生活方式等众多方面,青年亚文化与社会主流文化之间进行着博弈和相互影响,展现出丰富多彩的社会图景。

第五,社会变迁中的青年群体与青年组织研究。群体是社会学研究的基本单位和主要对象。社会中的青年同样隶属于各种不同的群体。三十多年社会变迁的过程中,除了有传统的、正式的共青团组织,以及长期以职业为主要标准划分出的"青年工人""青年农民""青年军人""青年知识分子"等青年群体外,还出现了许多新的青年群体和青年组织,比如"打工仔""打工妹""新生代农民工""青年志愿者""大学生村官"等。因此,在对新的青年群体进行研究时,要始终不忘这些群体产生的社会变迁背景。比如,"大学生村官"是社会变迁过程中出现的一个新的青年群体,对于他们的使命、他们的发展、他们面临的困境等问题,都只能从他们产生和形成的社会背景中去找寻合理的解释。又比如对"街头青年"、青年小帮伙的研究,除了要解释他们是谁、他们如何混迹于街头、他们的结构如何等问题外,还要从宏观社会变迁的背景中去发掘有关他们何以产生、他们将何去何从等问题的理论解释。同样的,有学者提出应加强对城镇青年,即那些介于城市青年与农村青年之间,既不同于城市青年,也不同于农村青年的特定青年群体的研究,也正是基于社会变迁的大背景。而对于目前社会中,一方面是社会向现代化方向的快速发展,另一方面则是青年宗教群体的出现和扩大这一看似矛盾的现象,也只有从我国社会变迁的背景中去寻找答案。

第六,社会结构转型与青年社会问题研究。一般意义上的"青年问题"往往泛指与青年有关的各种现象或主题,而"青年社会问题"的概念则主要指的是那些涉及青年人群相对较广、影响面相对较大、危害到社会秩序的正常运转和社会发展的顺利进行、必须动用社会力量加以解决的青年现象和问题。一般来说,当社会变迁速度加快或社会急剧转型时,社会原有的传统价值体系和行为规范常常受到破坏,新的社会行为及其由此形成的新的社会现象不断涌现,其中也会夹杂着一些新的失范行为并可能导致新的社会问题。改革开放三十多年来,经济建设的突飞猛进和科学技术的迅猛发展,既带来了物质产品的极大丰富,也带来了经济生活领域中越来越明显的贫富差距的加大。国门打开后西方价值观念和现代文化潮流的大量涌入,也带来了精神领域中价值体系的多元化与传统权威的相对减弱。这些变迁从物质和精神两方面强烈地冲击着、深深地影响着人生观和价值观正处于形成和定型过程中的这一代青年。而社会转型时期出现的一些青年社会问题正是这种冲击和影响的外在表现。因此,无论是对新形势下青年的越轨与犯罪现象的研究,还是对类似"瓮安事件"中所体现的青年群体性行为探讨,或是对目前引起社会普遍关注的青年吸毒问题、青年自杀现象、青年网瘾现象、青年宗教信仰现象等的分析,都不能不考虑到社会变迁因素的影响。

二、三十年来国内青年研究状况的回顾

青年研究是中国社会改革开放以来最早兴起并快速发展的社会科学研究领域之一。在社会学领域内,青年研究与家庭研究一样,也是最早被社会学界所重视、最早发展的研究领域。几乎是从社会学刚刚开始恢复的时候起,青年研究就作为社会学研究中的先锋,出现在国内学术界。早在20世纪70年代末,中国社会科学院就成立了青少年研究所。到了80年代初,当社会学所成立后,青少年研究所才作为一个研

究室并入社会学研究所。同样的,青少年研究所的学术刊物——《青年研究》杂志也比社会学研究所的《社会学研究》出版得早。现在,中国社会的改革开放已经走过了三十多年,伴随着改革开放成长的"80后"一代以及更年轻的"90后"一代开始成为我国青年的主体。在社会变迁的背景下,三十多年来我国的青年研究,特别是经验性青年研究的状况发展得如何?不同时期中青年研究的发展趋势与变化特征又是什么?只有通过系统回顾三十年多来我国青年研究领域中经验性研究[①]的状况,定量地分析和总结不同时期的发展趋势和变化特征,才能更好地促进我国的青年研究进一步发展。而这正是本小节的主要目标。

1. 相关文献回顾

近一些年来,学术界已有一些学者对近三十年,或者对其中某一段时期的青年研究状况进行过总结。从方式上看,这些总结可以分为两种类型。一种以主观分析为主;另一种则是以量化分析为主。前一种主要有以下三篇:李春玲等人曾对2007—2010这几年中青年研究的几个重点研究领域的研究状况进行了总结性综述,该文较好地展示了近几年中国学术界在新生代农民工研究、大学毕业生就业研究、青少年网络研究、青年消费研究,以及青年价值观研究方面的重要成果及其主要观点。其综述非常鲜明地突显出与我国经济高速发展时期相伴随的青年发展机遇,以及"前所未有的挑战和新的问题"(李春玲等,2011)。但受制于时间范围,该文主要反映的是近几年的情况。

康年等人在其关于青年研究回顾的论文中,主要从青年群体研究、青年思想道德修养与教育研究、青年与社会的互动研究,以及共青团研究四个方面,对近三十年青年研究的若干热点问题进行了十分有限的简要综述(康年等,2010)。与此类似,高中建在其有关三十年来青年研究的回顾、反思和展望的论文中,也对青年研究的发展进行了回顾,但其回顾主要集中于中国青年研究的学科化进程问题,而没有涉及研究本身(高中建,2009)。因此,这两篇论文虽然在时间跨度上都涵盖了改革开放三十年,但却都没有从总体上对三十年来的青年研究的各种主题和对象进行综述,也没有对经验性青年研究的基本状况做出描述和分析。

[①] 本章的"经验性研究"指的是那些通过收集经验上可感知的社会事实所进行的研究。也有学者将这种研究称为"实证研究"。

对某一段时期中的青年研究状况进行定量描述与分析的论文则主要有以下几篇。孟莉通过对《青年研究》和《当代青年研究》两本青年刊物在 1994—2003 年间发表的 1943 篇学术论文进行计量统计,探讨了这十年间我国青年学术研究的历时变化和相关现状。该文在反思青年研究的基础上,对未来的青年研究提出了有益的建议。该文虽然也统计了青年研究的对象、主题和方法,但是,该文一方面在时间跨度上只包含了 20 世纪 90 年代初至 21 世纪初的十年;另一方面,该文所统计的是包括非经验性研究在内的全部论文,用作者的话说,"论文中采用的具体研究方法主要有:青年实践工作的经验总结、对青年问题及其现象的描述研究、对青年问题的理论探讨、对国内外青年研究成果的文献分析(含综述、译文)、抽样调查研究、个案研究、访谈研究以及测量研究。运用这些方法产出的成果主要为工作总结报告、综述、译文、统计调查报告、访谈报告、研究报告等"(孟莉,2004)。因而,不仅其文中所说的"研究方法"的含义对许多论文来说并不科学或者并不合适,同时其关于研究对象和研究主题的总体统计结果也超出了经验研究的范围,其中真正属于经验性研究的比例只占到总体的三分之一左右(将作者上述分类中的描述研究、问卷调查、个案研究、访谈研究、测量问卷这几类的统计结果相加得到经验性研究的比例在 33.5% 左右,也即一般论述性的理论探讨论文占了 60% 以上)。

此外,高中健、李凯等人曾对 1983—1992 年十年间《青年研究》杂志发表的 214 篇调查报告进行过定量解析,分别从调查的对象、内容和方法三方面进行了总结,得出了一些有益的结论。但其不足是,一方面同样只涵盖了十年时间,另一方面也仅仅总结了采用调查研究方法进行的青年研究论文,对采用其他研究方法进行的经验性青年研究则没有纳入其中进行总结和探讨(高中健等,1992;李凯等,1992)。马德峰接着按此思路,对 1993—1999 年间《青年研究》上发表的 292 篇调查报告进行了类似的分析(马德峰,2001),同时,他又对《青年研究》1983—2004 年、《中国青年研究》1991—2004 年、《当代青年研究》1987—2004 年中的全部 81 篇实地研究报告进行了考察和统计(马德峰,2006)。

文献回顾表明,现有关于青年研究的概况描述和总结要么主要为综述式的描述和定性分析,要么所涉及的时间跨度相对有限,还有的所涵盖的期刊比较单一,或者仅从某种研究方法方面进行总结分析。总之,对于从总体上概括和描述三十年来经验性青年研究的发展状况来说,现有研究尚存在不足。正是在这种背景下,本研究希望以定量的方式,对多种青年研究刊物自创刊以来所发表的经验性青年研究论文进行系统的分析,从中归纳出近三十年青年研究在研究对象、研究主题、研究方式等方面的特点,达到从整体上对三十多年来国内经验性青年研究的现状、特征和变化趋势进行系统描述和总结的目的,以弥补目前这一领域中所存在的缺陷。

2. 研究设计

本研究采用内容分析的方法,即通过选择有代表性的青年研究学术刊物,从中抽取反映这些刊物上所发表的经验性研究论文的随机样本,经过对论文的编码和统计分析来进行定量地描述和概括。具体的设计过程是:

首先,选取有代表性的青年研究刊物。目前国内青年研究类的学术刊物有很多,笔者通过查阅相关资料和分析,选取了《青年研究》《中国青年研究》《当代青年研究》以及《青年探索》四种刊物作为代表。《青年研究》由中国社会科学院社会学所主办,是改革开放以来中国大陆青年研究领域中创办时间最早、办刊时间最长、刊物质量最好、学术影响最大的杂志;《中国青年研究》由中国青少年研究中心主办,同时也是中国青少年研究会的会刊;《当代青年研究》由上海社会科学院青少年研究所主办;《青年探索》则是由广东省团校主办。四种刊物较好地代表了目前国内青年研究期刊中的最好水平。所以,选取这四种杂志作为研究的对象,可以很好地反映国内青年研究的整体状况和发展过程。

其次,从四种刊物中采用系统抽样的方法,随机抽取部分期号。考虑到样本量和编码的工作量,决定抽取每本刊物每年期数的三分之一,即从每年12期中抽4期(个别期刊个别年份为18期,则抽取6期)。抽法是以每年的个位数字为起点,每隔两期抽一期。比如,1982年,个位数为2,则抽取第2、5、8、11这四期;1983年,个位数为3,则抽取第3、6、9、12这四期;同理,1984年,则抽取第4、7、10、1这四期;以此类推。

再次,筛选进行统计分析的论文样本。由于本书主要关注三十年来经验性(也可称为实证性)青年研究的发展状况,所以根据前面注释中关于经验性研究的界定,在具体筛选中将其操作化为"主要指的是采用各种社会研究方法(比如调查研究、实地研究、文献研究,以及实验研究等方式),收集经验性资料所开展的研究"。根据这种界定,那些纯粹的青年理论探讨论文、那些无经验材料的泛泛论述文章,还有各种工作总结性的、工作报告性的文章,以及一些有关青年工作探讨的文章等,均不在本书统计分析的范围中(若无特殊说明,下文中的青年研究即是指的经验性青年研究)。

最后,研究变量的测量及编码。根据研究目标,本研究主要测量了与描述三十年青年研究状况这一目标相关的三个基本变量:研究对象、研究主题、研究方法。三个基本变量的具体测量与编码方式如下:

研究对象。先根据初步阅读和现实情况,列出了青年工人、青年农民、青年军人、青年知识分子、大学生等常见的青年类别进行编码,同时在具体阅读研究论文的过程中,对新发现的研究对象增加新的编码类别。最终共得到包括前述几类对象以及青少年、城市青年、农村青年、全体青年、外国青年在内的15类研究对象类别。

研究主题。研究主题相对来说是比研究对象更加复杂一些的概念,因而在操作过程中,除了同样先根据初步阅读和现实情况列出若干主要的主题类别(比如职业就业、婚姻家庭、生活方式、思想观念、青年文化、失范行为等)外,还对其他更为广泛的研究主题保持着一种更为开放的态度,随时将新的主题增加到编码类别中来。最终共得到包括上述几类主题以及社会参与、心理健康、社会保障等在内的13类研究主题。

研究方法。本来研究方法的编码应该是最简单的,但实际阅读和编码结果则恰恰相反。研究者原计划依据常见的调查研究、实地研究、文献研究、实验研究四种方式进行编码,但是,编码员在阅读中发现,除了较常见的调查研究、实地研究方法外,许多研究并没有采用上述四种方式中的一种,而是采取在论文中直接引用他人已经发表的论文中的数据结果、资料表格等经验材料,作为自己分析和论证的依据。从严格意义上说,这种方法并不符合我们关于研究方法的定义和类型划分。这类研究甚至也不应该归为经验研究的范畴。但为了更好地反映青年研究的现实状况,文中暂且将采用这种方法的研究作为"引用文献"的方式(编码员在实际编码中,将少量采用内容分析、二次分析、现有统计数据分析方法的研究也并入了此类,这是不合适的。但这类研究的数量非常少,特此说明)。

除上述三个基本变量外,研究中还对四种不同的刊物以及论文发表的年代这两个变量进行了编码统计,以便于进行不同时期和不同刊物的分析。

由于编码是内容分析中的关键环节,为了保证不同编码员之间的编码一致性以及编码工作的质量,笔者先让三名研究生共同对《青年研究》上的论文进行编码。在他们熟悉并基本统一了编码方法后,再分别对另外三本杂志的研究论文进行编码。在编码员有疑问的时候,随时与笔者以及编码员相互之间进行讨论,以达到认识上的一致。

3. 三十年来青年研究的对象及其分布

（1）青年研究对象的总体分布。

青年是一个整体的概念,在青年这一整体概念下,还包括不同职业、不同年龄段、不同性别、不同地域、不同阶层等多个青年群体类型。与一般性的非经验研究相比,经验性研究中的研究对象往往会相对具体明确。表 1-1 是不同青年研究对象的分布情况：

表 1-1　青年研究对象的类型与分布

对象类别	篇数	百分比
青少年	625	26.0
大学生	616	25.6
城市青年	215	8.9
全体青年	202	8.4
青年工人	160	6.6
外国青年	129	5.4
农民工	108	4.5
农村青年	88	3.7
青年军人	45	1.9
青年知识分子	43	1.8
党团机关干部	31	1.3
城市居民	25	1.0
青年商业服务人员	21	0.9
农村居民	20	0.8
其他	80	3.3
合计	2408	100.0

表 1-1 的结果表明,三十年来青年研究中最为众多的研究对象是大学生和青少年,二者分别占到总体比例的 25.6% 和 26%,以这两类群体为对象的青年研究超过了总体比例的 50%。其次是以青年整体、城市青年、农村青年、农民工,以及外国青年为对象的研究,但这几类对象的比例都只在 3%—9% 之间。除此之外,以青年军人、青年知识分子、青年商业服务业人员、党团机关青年干部为对象的研究则都在 2% 以下。这一结果说明,近三十年来,国内青年研究在研究对象的分布上,

表现出主要以各类在校青年为主(大学生和青少年)的特点,而以各类在职青年为对象的研究则相对较少。

为什么会如此?笔者分析,可能有这样几种原因:一是青年研究领域的研究者除了高等院校的老师以及科研机构的研究人员外,还有相当大的一部分是在校的研究生和大学生,他们的生活环境导致他们相对较多地关注校园中的现象,特别是身边的现象,从而导致研究对象较多地集中在大学生身上。二是大学生和青少年二者作为青年的身份相对纯粹(主要为学生和青年两个身份),而在职青年除了具有青年的身份外,还同时具有更具社会含义的职业身份、家庭身份等。因此,与在职青年相关的现象和问题有可能部分地被纳入与经济、劳动、职业、人口以及家庭研究相关的领域,因而相对少地被纳入青年研究的领域。三是从接近研究对象和收集资料难易程度的角度来看,或许还有大学生和在校青少年是相对容易接触到的对象,而在职青年则是相对难以接触到的对象的缘故。当然,形成这种现状主要原因究竟是什么,还需要进一步的研究证据来解释和验证。

根据上述结果,为便于统计分析,我们将不足 2% 的对象类别都并入其他一类,然后再来进行不同时期的比较和不同刊物的比较。

(2)不同时期青年研究对象的比较。

为了更好地从总体上揭示三十年来青年研究的发展特征及变化趋势,本书中将三十年时间粗略地分为三个十年,以代表不同的时期。表 1-2 是三个十年中青年研究对象的分布情况:

表 1-2　不同时期中青年研究对象的分布情况　　%

对象类别	不同时期			合计
	1982—1991	1992—2001	2002—2011	
青年工人	14.5	8.1	2.8	6.6
农民工	0.9	3.0	6.8	4.5
大学生	13.4	22.5	32.2	25.6
青少年	26.3	22.3	28.2	26.0
全体青年	8.5	12.1	6.0	8.4
城市青年	10.0	9.0	8.5	8.9
农村青年	6.9	2.2	3.4	3.7
外国青年	8.7	6.7	3.3	5.4
其他	10.9	14.1	9.1	11.0
统计检验	Pearson 卡方 = 229.337		Df = 16　Sig. = 0.000	

表1-2的结果表明,在三个不同的十年中,青年研究的对象分布表现出下列一些特征:首先,大学生的比例在明显上升,而青年工人的比例则在明显下降。对大学生的研究从第一个十年的13%,上升到第二个十年的22%,再到第三个十年的32%,呈明显的直线上升的状态。在最近十年中其比例占到了总体的三分之一,成为目前青年研究中最重要的对象。而与此相反的是,对青年工人的研究则明显下降,从第一个十年中的第二位,下降到第三个十年中的几乎可以忽略不计的地步。其次,尽管从总体上看,对大学生和青少年的研究各占据了四分之一的比例,但对青少年的研究在三个十年中却没有什么变化。这说明以在校中学生为主体的青少年始终是青年研究中重要的而且是稳定的研究对象。最后,对农村青年的研究比例也在下降,但对农民工的研究比例则在上升,如果将对农民工的研究看作是对农村青年研究的一种补充,那么对农村青年的研究在各种时期的比重基本上都接近10%。统计检验结果则表明,三个时期中研究对象的分布之间所存在的差别是显著的。

(3)不同刊物中青年研究对象的比较。

下面再来看看四种不同期刊中青年研究对象的分布状况。见表1-3:

表1-3 不同期刊中青年研究对象的分布状况　　　　　　　%

对象类别	期刊				合计
	《青年研究》	《中国青年研究》	《当代青年研究》	《青年探索》	
青年工人	8.3	3.8	11.0	3.2	6.6
农民工	4.8	5.9	2.8	4.2	4.5
大学生	21.1	27.0	24.1	31.3	25.6
青少年	24.2	17.3	34.8	28.4	26.0
全体青年	8.6	12.7	7.7	4.4	8.4
城市青年	6.8	5.7	4.6	19.1	8.9
农村青年	4.8	4.9	1.8	2.7	3.7
外国青年	2.8	9.5	7.9	1.9	5.4
其他	18.6	13.2	5.2	4.8	11.0
统计检验	Pearson 卡方 = 337.058		df = 24	Sig. = 0.000	

表1-3的结果表明,四种刊物在青年研究对象的分布上存在着一些显著差别。这些差别一方面可以在一定程度上反映出不同刊物关注的青年对象不同,另一方面或许还包括地域、所属机构等其他方面原因的影响。差别主要体现在:《当代青年研究》关注青少年最多(这或许与其

主办单位为"上海社会科学院青少年研究所"的性质有关),相比之下《中国青年研究》对青少年的关注最少(这可能与其主办单位"中国青少年研究中心"同时还有一本《少年儿童研究》期刊有关);《青年探索》关注城市青年的比例显著高于其他三个刊物,或许反映了广州作为改革开放前沿,特别是临近香港的一些特点;《中国青年研究》和《当代青年研究》两家刊物关注国外青年的比例明显高于其他两本刊物,这或许体现出二者更具国际化的眼光;而《青年研究》和《中国青年研究》关注其他青年群体的比例显著高于另外两本刊物,则或许反映出这两家身处北京、代表国家一级的刊物所具有的更为广泛的学术视野和更为强烈的人文关怀。

4. 三十年来青年研究的主题及其分布

(1)青年研究主题的总体特征。

青年研究的主题内容较多,大的方面就有青年社会化、青年就业、青年婚恋、青年家庭、青年亚文化、青年社会问题、青年群体、青年社会参与等。而青年期刊所发表论文的主题,虽然一方面可以反映主编者的倾向性,但在本质上更直接反映的则是这一研究领域中广大研究者所关注的焦点和重心,同时也在更广泛的层面上反映出研究的主要内容。三十年来青年研究的主题分布如何呢?详见表1-4。

表1-4 青年研究主题的分布情况

主题类别	篇数	百分比
职业与就业	338	14.0
思想观念	328	13.6
教育与成才	318	13.2
失范行为	245	10.2
婚恋与家庭	222	9.2
生活方式	191	7.9
青年文化	160	6.6
心理健康	144	6.0
社会参与	120	5.0
人际关系	61	2.5
社保与救助	49	2.0
综合类	139	5.8
其他	93	3.9
合计	2408	100.0

表1-4的结果表明,在研究主题上,有关青年就业与职业、思想观念、教育与成才、失范行为、婚恋与家庭五个方面主题的研究最为集中,每一方面都有10%左右,这五方面的比例占了全部研究的60%。而其他方面主题的研究都相对较少。这反映出处于社会化特定阶段的青年在接受教育的同时所面临的"成家立业"、思考人生价值,以及在纷繁复杂的社会面前容易产生"失范"和"越轨"行为的现实。这一结果也在一定程度上反映出社会变革时期青年研究领域中最受关注的青年现象和青年问题。在下面的统计分析中,同样将百分比小于5%的类别以及综合类一并并入其他中。

(2)不同时期青年研究主题的比较。

在不同的时期中,青年研究主题的比例分布有什么变化和不同吗?我们同样将三十年分为三个十年进行统计分析。表1-5为不同时期中青年研究主题的分布情况。

表1-5 不同时期中青年研究主题的分布情况   %

主题类别	不同时期			合计
	1982—1991	1992—2001	2002—2011	
婚恋家庭	10.5	9.0	8.9	9.2
职业就业	14.3	13.4	14.3	14.0
教育成才	12.9	11.7	14.2	13.2
青年文化	3.1	7.6	7.4	6.6
生活方式	7.8	9.8	6.8	7.9
思想观念	16.5	16.2	10.9	13.6
失范行为	15.6	9.3	8.7	10.2
社会参与	3.3	5.2	5.4	5.0
心理健康	3.8	5.2	7.3	6.0
其他	12.2	12.5	16.0	14.2
统计检验	Pearson 卡方 = 64.360 df = 18 Sig. = 0.000			

表1-5的结果表明,在研究主题上,三个不同时期的青年研究并没有表现出大的差别。这一结果与前面表1-2所显示的不同时期青年研究对象有若干较大不同形成了较大的反差。表1-5的结果中,除了失范行为研究在第一个十年相对较高,在第二个十年和第三个十年有较明显的下降,思想观念研究在第一个十年和第二个十年相对较高,在第三个十年有较明显下降,青年文化研究、心理健康研究两项在第一个十年

相对较低、在后两个十年中略有上升外,其他方面的变化幅度都在3%之内。可以说基本上没什么变化。表中分布差异的统计显著性检验结果只是说明这些微小的差别在总体中同样存在而已。

(3) 不同刊物中青年研究主题的比较。

不同时期中研究主题的变化不大,那么不同期刊中是否也是如此呢? 详见表1-6:

表1-6 不同刊物中青年研究主题的分布情况　　　　　　　　　%

主题类别	期刊				合计
	《青年研究》	《中国青年研究》	《当代青年研究》	《青年探索》	
婚恋家庭	8.6	9.2	10.7	8.7	9.2
职业就业	13.7	16.3	11.8	14.3	14.0
教育成才	12.3	14.0	15.1	11.7	13.2
青年文化	5.0	11.1	5.9	4.9	6.6
生活方式	6.5	8.7	10.5	6.5	7.9
思想观念	16.5	9.2	13.8	14.3	13.6
失范行为	11.2	9.4	9.0	10.8	10.2
社会参与	3.3	6.1	5.2	5.8	5.0
心理健康	5.8	5.7	5.2	7.2	6.0
其他	17.0	10.4	12.9	15.7	14.2
统计检验	Pearson 卡方 = 75.234　　df = 27　　Sig. = 0.000				

表1-6的结果表明,虽然在大部分研究主题上四种期刊的比例分布相差不大,但在少数研究主题上,一些期刊还是表现出一定程度的差别。比如,《当代青年研究》在青年的就业与职业这一主题上比例略少,在生活方式这一主题上又明显较多;《中国青年研究》在青年文化这一研究主题上明显较多,而在青年思想观念这一研究主题上又相对较少;《青年研究》在其他研究主题上明显较多,《中国青年研究》在其他研究主题上则相对较少等。这说明,总体上四种期刊的主题分布基本一致,同时不同青年学术刊物在论文的主题分布方面存在细小差别。这种差别在一定程度上体现了不同刊物关注的焦点有所侧重。

(4) 不同对象中不同主题的比较。

青年群体中不同的研究对象在年龄、所面临的生活现实等方面往往存在较大的差别,这种差别会不会导致他们的研究在主题上也有所侧重? 为了弄清这一点,我们进一步对不同研究对象与不同研究主题之间的关系进行了交互统计。结果见表1-7：

表1-7 研究对象与研究主题的交互统计结果　　　　　%

研究主题	研究对象								
	青年工人	农民工	大学生	青少年	青年整体	城市青年	农村青年	外国青年	其他
婚恋家庭	5.6	13.0	6.8	6.9	17.3	17.2	14.8	7.8	7.2
职业就业	37.5	32.4	17.0	1.8	11.4	19.1	10.2	13.2	14.0
教育成才	8.1	1.9	12.7	25.6	6.9	2.3	9.1	12.4	8.3
青年文化	1.3	1.9	6.0	7.4	16.3	5.1	2.3	5.4	7.5
生活方式	10.0	9.3	8.4	5.3	6.4	15.8	6.8	9.3	5.7
思想观念	19.4	1.9	16.4	10.2	17.8	14.0	20.5	7.8	13.6
失范行为	1.3	4.6	7.0	22.1	2.5	4.7	4.5	21.7	3.8
社会参与	1.9	7.4	6.2	1.4	6.9	9.3	3.4	7.8	5.7
心理健康	5.6	4.6	11.0	5.6	1.5	2.8	4.5	2.3	4.2
其他	9.4	23.1	8.4	13.8	12.9	9.8	23.9	12.4	30.2
统计检验	Pearson 卡方 = 745.513　　　df = 72　　　Sig. = 0.000								

表1-7的结果表明，三十年来的青年研究对不同研究对象所关注的研究主题的确有明显不同。其中最重要的特征有：对青年工人和农民工的研究中，有关职业和就业的内容最为突出，其比例显著高于其他对象；对大学生的研究中，表现出两个特点，一是对不同研究主题的关注相对比较平均，二是有关心理健康方面的研究显著高于其他群体；对青少年的研究主要分布在教育成才和失范行为两方面；此外，青年文化方面的研究更多地出现在以青年整体为对象的研究中，而青年生活方式方面的研究则更多地以城市青年为对象。

5. 三十年来青年研究的方法及其分布

（1）青年研究方法的总体分布。

对于经验性青年研究来说，研究方法是其中一个重要的组成部分，也是体现其学术研究质量和水平的一个重要方面。相对于研究对象和研究主题，研究方法的类别少得多。表1-8是青年研究方法的总体分布状况：

表 1-8　青年研究方法的总体分布

研究方法	篇数	百分比
调查研究	1263	52.5
实地研究	364	15.1
实验研究	5	0.2
引用文献	776	32.2
合计	2408	100.0

表 1-8 的结果表明,调查研究是最主要的研究方式,其比例超过一半;相比之下,实地研究的方式很少,只占总体比例的七分之一;而实验研究的方式则更少,几乎可以忽略不计(因此,为便于统计,在下面的交互分析中将其作为缺省值处理)。而相对并不科学的直接引用文献的方式却占到了三分之一左右,反映出青年研究在方法上还存在较大的问题。

(2) 不同时期青年研究方法的比较。

考虑到青年研究的发展是逐步从不成熟到成熟,在研究方法上应该也有着类似的发展过程。实际情况如何呢? 表 1-9 给出了答案:

表 1-9　不同时期青年研究方法的分布状况　　　　　%

研究方法	不同时期			合计
	1982—1991	1992—2001	2002—2011	
调查研究	54.3	48.8	54.3	52.6
实地研究	13.6	13.9	16.5	15.1
引用文献	32.1	37.3	29.2	32.3
统计检验	Pearson 卡方 = 15.356		df = 4　Sig. = 0.004	

如果简单地将调查研究方法与实地研究的方法看作相对科学规范,而将引用文献的方法看作相对不科学规范的话,表 1-9 的结果表明,三个十年的发展不是直线的。调查研究方法在第二个十年中略有下降,与此对应的是,相对不科学的引用文献的方法在第二个十年中有所增加。但总的来说,第三个十年相对发展得最好。这一方面体现在调查研究方法保持稳定,同时实地研究方法的比例有所提高上,另一方面也体现在引用文献方法的比例有所下降上。因此,应该看到总体上青年研究的方法有一定的进步。

(3) 不同刊物青年研究方法的比较。

最后来看看四种不同的青年刊物中研究方法的分布比较。详见

表 1-10：

表 1-10　不同刊物中青年研究方法的分布状况

研究方法	期刊				合计
	《青年研究》	《中国青年研究》	《当代青年研究》	《青年探索》	
调查研究	50.3	43.5	63.1	54.5	52.6
实地研究	19.7	13.3	11.3	14.9	15.1
引用文献	29.9	43.2	25.6	30.6	32.3
统计检验	Pearson 卡方 = 68.543		df = 6	Sig. = 0.000	

表 1-10 的结果表明，《当代青年研究》所发表论文中采用调查研究方法的比例最高，《中国青年研究》所发论文中采用调查研究方法的比例最低；与此对应的是，前者所发论文采用引用文献这种方法的比例最低，而后者这一比例则最高；所发论文中采用实地研究方法比例最高的是《青年研究》，最低的是《当代青年研究》。

6. 主要结论与讨论

通过采用内容分析的方法，笔者对 1982—2011 年三十年间国内最具代表性的四种青年刊物中的 2408 篇经验研究论文进行了统计分析。研究结果表明，近三十年来，国内青年研究在研究对象的分布上，体现出以各类在校学生（大学生和青少年）为研究对象的比重较大，而以各类在职青年为研究对象的比重较小的特点。在研究主题上，有关青年就业与职业、思想观念、教育与成才、失范行为、婚恋与家庭五个方面的研究最为集中，其比例达到全部研究的 60%，其他主题的研究比例都很小。在研究方法上，调查研究是最主要的研究方式，其比例超过总体的一半；实地研究的方式只占总体比例的七分之一；实验研究的方式则更是少到可以忽略不计。而相对不太科学的直接引用文献的方式却占到了总体的三分之一左右，反映出青年研究在方法上还存在一定的问题。

研究结果还表明，不同时期的青年研究在研究对象分布上有较大差别，主要表现为大学生的比例明显上升，最近十年中其比例占到了总体的三分之一，成为目前青年研究中最重要的对象。而与此相反的是，对青年工人的研究比例则明显下降，从第一个十年中的第二位，下降到第三个十年中的几乎可以忽略不计的地步。同时，对农村青年的研究比例也在下降，但对农民工的研究比例则在上升。在研究主题上，三个不同时期的青年研究并没有表现出大的差别。在研究方法上，三个时期的状况有一定差别,近十年相对更好。此外,不同刊物的青年研究的状况之间也存在一定差别。

研究结果表明,三十年来的青年研究中,对青少年的研究始终占有较大的比重。在一定的程度上也可以说,国内的青年研究从一开始就一直是将青少年包含在自己的学术视野内的。这或许是一个值得思考的问题。青年研究究竟应不应该包含对青少年的研究?从这样的提问中可以引申出对青年研究对象的思考,特别是引申出对青年研究基本概念的理论探讨。比如,究竟什么是青年?什么是青少年?这两个概念(以及其他一些与二者相似、相关的概念)之间有什么样的联系和区别?"青少年"中包括"青年"在内吗?或是"青少年"包含在"青年"之内吗?青年与青少年的区别仅仅在于年龄范围的不同吗?二者之间是否还有其他更本质的差别?尤其是,我们应该怎样结合中国的现实来界定青年,使得具体的经验研究更具针对性和现实性?笔者认为,弄清这些问题,无论是对于青年研究的理论建设,还是对于现实的青年研究实践,都具有十分重要的意义。

研究结果还表明,三十年来的青年研究中,以大学生和以中小学生为主体的青少年成为最主要的研究对象。这一结果在一定程度上也同时意味着,三十年来的青年研究相对忽视了另一个重要群体,即在职青年。尽管大学生和青少年群体中的确有许多值得研究的现象和问题,比如青少年社会化问题、亚文化现象、失足越轨现象等,但由于各种层次的学生主要生活在校园环境中,其生活的大部分内容也局限在学校这种社会正式教育组织的引导和控制范围内,因而与他们相关的问题相对来说比较单一。与此同时,在这种环境中发生的许多现象和问题更多地归结到教育学、心理学的学科范畴中。相比之下,走上社会的在职青年及其相关现象才具有更多的青年社会学内涵,除了与青少年相同的问题外,在职青年还有更为广泛和复杂的"成家立业"问题、社会适应问题、社会流动问题、社会参与问题等。因此,在职青年群体或许是更为重要的研究对象,更应该成为青年研究的主体。以大学生为对象的研究比例明显上升,可能在一定程度上与20世纪末大学扩招所带来的青年总体中大学生比重明显增加,以及与此相应的社会中大学生问题和现象越来越多有关。但无论如何,同样作为青年整体中重要部分的各类在职青年在研究中相对被忽视,特别是包括农民工在内的农村青年相对被忽视,以及将不属于青年研究对象的城乡居民纳入研究视野等,应该说都是三十年来青年研究在研究对象方面存在的不足,值得今后的研究注意。

三、本书的主要内容及特点

本书以中国改革开放三十多年来的社会变迁为基本背景,聚焦于当前我国社会中的重要青年现象和青年问题。在近两年的时间里,课题组成员深入社会生活实际,进行了系统的调查研究和深入的实地观察,收集到比较丰富、生动的第一手资料,在相关社会学理论概念的指导下,研究者们采用定量统计分析与定性资料分析的方法,对资料进行了系统的分析,得出了一些具有新意的结论。全书由一章导论和十七章具体的研究结果组成。根据研究的主题,这十七章分为上中下三编。

在上编中,研究者们集中讨论了与青年就业、职业以及工作相关的问题。

风笑天基于全国12个城市2537名在职青年的抽样调查资料,描述了目前城市在职青年实现就业的主要途径及其分布,并对影响青年实现就业的相关因素进行了分析。研究结果揭示出,青年的城乡背景、青年参加工作时间,特别是青年的文化程度等因素对其实现就业的途径有明显的影响。表现在青年城乡背景、青年参加工作时间与其就业途径之间关系上的一部分结果,实际上是青年文化程度作用的影响。同时,该研究的结果还在一定程度上揭示出,只有当青年人力资本相对缺乏时,他们在就业途径上才会相对较多地依赖社会资本。这一结果为更深入地探讨人力资本、社会资本在青年就业中的作用问题提供了新的参考。

肖富群则利用大规模调查资料,采用统计分析的方法,经验地探讨了大学生的城乡背景差异对他们初次就业结果的影响。研究发现:生源的城乡差异是影响大学生初次就业结果的重要因素。与来自城镇的大学生相比,来自农村的大学生已经找到工作的可能性更大,尚无就业意向、处于就业无望境地的可能性也更大;来自农村的大学生更可能在乡镇农村或县城就业,来自城镇的大学生更可能在地级市及其以上城市就业。来自农村的大学生在第二产业就业的可能性更大,来自城镇的大学生在第三产业就业的可能性更大。来自农村的大学生的就业起薪明显低于来自城镇的大学生。同时,生源的城乡差异影响大学生初次就业结果的路径具有差异性。生源的城乡差异通过学校层次差异,间接地影响到大学生的就业地区,对大学生的就业产业和就业起薪也具有直接的和间接的双重影响。

风笑天、王晓焘针对社会舆论中广泛议论的在职青年"跳槽"现象，同样利用大规模调查的资料进行分析发现：大约一半的城市在职青年曾经有过工作转换，他们总体上平均转换过两次工作。青年的工作转换是与青年本身所占有的资源、青年的流动欲望、青年所处的环境以及相关社会背景等多种因素联系在一起的，至少以下三组变量必须受到重视，即青年自身的资源、青年的工作发展阶段，以及青年所处的社会背景与社会文化。这也提醒我们，必须将工作转换的研究置入到一个长时期的范围内进行，并且在进行相关研究的时候必须始终重视社会结构和社会文化的重要意义。

刘成斌在对农村打工青年的研究中，注意到农村外出打工青年的低龄化倾向。在界定打工年龄标准的前提下，研究者运用调查数据和教育统计数据，呈现了农村青少年辍学并提前打工的"社会事实"。进一步的数据统计分析发现，家庭和村庄因素对农村青少年首次外出打工年龄的影响并不显著，而个人经济观念、宏观社会趋势认知、城市与农村的社会距离感等，则对其首次打工年龄构成显著影响。作者认为，农村青少年主动或被动的辍学并提前打工，主要是基于过度理性化观念下形成的经济观念和对打工认知的偏差导致的，而过度理性化的价值观念之型塑不是个人选择的事情，而是国家价值导向和政策管理的应有之义。因此作者建议国家应当制订更科学、更合理的人口流动政策。

许传新采用自制的工作压力量表，对成都、上海、义乌三地1318名新生代农民工进行了抽样调查。结果表明，新生代农民工的工作压力处于中等水平，同时，不同特征新生代农民工的工作压力存在较大的差异。特别是地区差异非常显著，上海新生代农民工工作压力最大，义乌其次，而成都新生代农民工工作压力最小。此外，新生代农民工工作压力的年龄差异、文化程度差异，以及不同职业差异也都比较明显。研究同时指出，人力资本、社会资本、企业制度、社会环境都是影响新生代农民工工作压力的重要因素。

唐美玲利用CGSS数据资料，从青年的工作收入、工作特征、工作保障、工作关系、职业发展等方面，系统比较了青年农民工和城市在职青年的就业质量。研究结果表明，青年农民工的就业质量近年来有所提高，但与城市青年相比，总的来看，在工作特征上表现出收入水平低、劳动时间长、就业稳定性差的特点。在工作保障上，表现为劳动合同签订率低，社会保险覆盖范围小。在职业发展上，表现为技能培训比例低和发展空间小。在工作关系上,表现出青年农民工与城市青年的差别不大等特点。作者据此提出了若干改进的对策建议。

中编的内容主要探讨了与青年婚姻家庭有关的现象和问题。

风笑天利用多次大规模调查的数据资料,对目前城市在职青年择偶过程中的结识方式进行了考察,发现"原来的同学"是未婚青年择偶中最主要的结识方式,但这种同学关系最终能走进婚姻的不到其比例的一半。同时,尽管自己结识是青年择偶方式的主流,但由他人介绍结识的方式在已婚青年择偶中已占到40%,具有十分重要的地位。虽然随着社会的发展,青年择偶的自主性有所增强,但客观的社会环境和条件也在一定程度上淡化和局限了青年通过各种途径直接结识婚姻对象的过程,同时也显示出通过介绍结识的方式所具有的必要性和重要意义。

许传新则对新生代农民工的择偶期望与择偶实践进行了系统研究。其研究发现,新生代农民工的择偶自主性较强,父母的影响较弱;感情追求已经成为他们择偶的最主要目的,女性尤其如此。新生代农民工通婚圈范围呈现扩大的趋势,他们的择偶标准普遍较高,且群体内部的差异性比较大,女性择偶标准高于男性。择偶方式逐渐从传统型过渡到现代型。"早恋""早婚"现象在新生代农民工群体中还比较普遍。"男大女小"的婚配模式仍旧是主流,但新生代农民工通婚的年龄范围比城市在职青年要大得多。愿意与市民恋爱结婚的新生代农民工不足三分之一,社会结构障碍是影响新生代农民工与城市青年通婚的主要原因。三分之一的新生代农民工认为,城市外来青年在择偶过程中最主要的困难是收入低、交往范围小和工作流动性大。该研究结果还提示这一代青年婚姻挤压效应开始显现。

贾志科则将考察的视角对准各个大城市都普遍涌现的"万人相亲会",以此为例子来研究当前青年人的择偶问题,特别是"剩男""剩女"们的择偶问题。作者深入相亲会现场,既通过观察、访问收集定性资料,又通过收集男女青年征婚广告牌的信息,进行定量的内容分析。结果发现,相比较男性而言,女性在择偶时更倾向于提出更多或更高的条件或要求。而男性除了对女性的容貌方面提及率更高外,其他方面的要求或条件的提及率则大都低于女性。这在一定程度上诠释了都市"剩女"现象日渐突出的表现及原因。同时,研究指出,在万人相亲会这一现实的择偶场域中,都市青年男女找到他们的另一半是比较困难的。这一方面源于相亲会上悬殊的性别比例,另一方面也跟女性自身的择偶标准不无关系。

风笑天利用对全国5大城市1000多位已婚青年的调查数据,对城市青年家庭的不同婚配类型与夫妻关系之间的关联性进行了探讨。研究结果表明,不同年龄匹配类型、不同文化程度匹配类型,以及不同收入水平匹配类型三个方面与青年家庭的夫妻关系状况无关;而不同城乡背景匹配类型、不同独生子女身份匹配类型两方面则与青年家庭的夫妻关系状况有关。研究同时揭示出,在改革开放背景中成长的一代青年在个体特征上更具同质性,对他们的夫妻关系真正产生影响的因素主要是他们在社会特征上的差别。

陶艳兰从个体化的视角,聚焦于乡城流动背景下的青年女性。在阎云翔等人研究的基础上,深入探讨了中国家庭生活中个体的崛起问题,并对有关女性地位、家庭关系与工业化之间的关系进行讨论。作者通过深入的定性访谈,向我们生动地展示了流动女孩的权力与哀伤。研究表明,与对家庭的经济贡献相伴随的是,未婚女孩的权力得以提升,但是,这并没有触动家中以儿子为重心的规则,女孩的权力实质上是养家者或协助养家者的权力。流动女青年不再是绝对的"孝顺的女儿"与"反叛的女儿"的二元类型,"哀伤的女儿"更能描述她们内心的情感和欲望,表明流动女青年个体权利意识的提升。而已婚女青年个体的崛起突出地表现为她们努力"过自己的生活"。在选择伴侣上,她们更看重婚姻的感情基础和个人需要;在家庭事务上表现出明显的自主性;追求属于自己的生活空间,强调夫妻之间的感情表达和亲密关系。

下编中的内容相对更加广泛,涉及的方面也更多。

袁潇以江苏省南京市高等院校大学生为研究对象,对他们使用微博的概况、动机,以及自我认同的基本情况开展问卷调查,考察了微博使用与大学生自我认同的建构之间的关系。研究结果发现,信息获取、自我表达和社会交往是大学生使用微博的主要动机。他们基本上只与相熟的人开展人际传播,而非出于隐匿身份的目的获取与现实世界不同的交往体验。在三种主要的微博使用动机中,大学生自我表达的动机、社会交往的动机与他们的自我认同之间呈现正向相关,而获取信息的动机则与大学生的自我认同之间呈现负向相关。

徐连明则集中对当前我国青年中的宗教热现象进行了分析。作者在概述青年宗教热的基本状况和主要特征的基础上,较深入地探讨了青年的宗教时尚问题。研究者指出,青年的宗教时尚中既有十分"热"

的方面,也有相对"冷"的方面;青年宗教时尚的特征具有广泛性、浅层性、消费性、模仿性、新奇性和短暂性等特点。作者同时指出,青年的宗教时尚现象对青年的影响既体现在积极的方面,也体现在消极的方面。该研究为我们了解和认识当前青年中的宗教现象提供了很好的参考。

王小璐从西方青年研究的前沿主题中受到启发,首次关注到青年对"成年"的认知问题。作者通过调查研究发现,我国青年对成年标志的认同度普遍要高于西方社会的年轻人,反映出中国文化影响下的年轻人对成年人的社会规范可能具有更高的接受度。其对成年标志子量表的比较分析进一步表明,在通向成年的过渡规范中,西方年轻人注重的是个人独立、家庭能力和规范遵守,最不看重的是角色过渡;中国年轻人注重的是家庭能力、个人独立及规范遵守,最不看重的是生理过渡。作者关于当代我国青年的成年旅程也出现了多维度、多层级、多进程的复杂态势,青年到达成年不再是一蹴而就的转变,而是一个较为漫长的社会过程的观点值得关注。

王晓焘同样利用2007年全国12个城市青年发展状况问卷调查的数据资料,采用多元统计分析的方法,定量地探讨了青年独生子女与非独生子女的教育获得问题。作者将教育获得视为中国家庭中资源转移过程中的一种伴随转移,研究结果表明,家庭规模对孩子的教育获得存在负向影响。因此青年独生子女的教育获得普遍高于同龄的青年非独生子女;在非独生子女家庭中,家庭规模对子女教育获得存在影响,但受到这种影响的主要是女孩;就独生子女家庭而言,由于家庭中只有一个孩子,并不存在继承人选择的问题,因而在教育获得方面也不存在显著的性别差异。

邓希泉利用多种大型调查和统计数据资料,从身体体质、患病比例、死亡率等方面,对改革开放以来我国青年身体健康的发展状况及其变迁趋势进行了总结和分析。研究结果表明,近三十年来,我国青年身体健康状况及其发展趋势中存在的主要问题是,青年超重和肥胖的比例增长速度很快,青年的机能素质呈不断下降趋势,青年的耐力素质下降明显,青年吸烟年龄不断下降,农村青年自杀死亡率高于城市青年等。同时,研究还指出,改革开放以来,青年健康问题在年龄、性别和社会经济地位之间的分布是不均匀的,在诸多方面表现出明显差异。

马德峰以个案访谈和问卷调查相结合的方式,对江苏苏北地区的大学生村官进行了实地调查,分析和研究了大学生村官基层服务的形态及其面临的困境。作者首先归纳出大学生村官基层服务的四种主要形态:创业富民型、社会管理型、便民服务型和文化提升型。同时,较深入地分析了当前大学生村官基层服务面临的各种客观的和主观的困境。在此基础上,作者提出了若干完善大学生村官基层服务的对策建议,相信该研究结果有助于推动我国大学生村官工作的整体实践进程。

总体上看,本书涉及当前我国社会中青年问题的众多方面,研究者们通过深入社会生活实际,开展经验研究,并运用社会学相关理论与方法进行分析,得出了一系列有一定独到见解的结论。可以说,这些研究结论为我们提供了一幅有关当前青年问题的丰富多彩的图画,也为我们全面认识和理解当前青年问题的表现和内在关系提供了有价值的参考。

参考文献:

1. 米尔斯等:《社会学与社会组织》,何维凌等译,浙江人民出版社1986年版。
2. 高中建:《回顾反思展望——中国青年研究学科化进程三十年》,《中国青年研究》2009年第5期。
3. 高中建、梅志罡、风笑天:《十年来青年问题社会调查的对象与内容——对214篇社会调查报告的分析(上)》,《青年研究》1993年第7期。
4. 康年、邓蕾、黄洪基:《问题研究向学科化研究的转向——青年研究三十年回顾与展望》,《社会科学》2010年第10期。
5. 李春玲、孟蕾、吕鹏、施芸卿、陈昕:《新时代的新主题:2007—2010年青年研究综述》,《青年研究》2011年第3期。
6. 李凯、唐善茂、风笑天:《十年来青年问题社会调查的方法——对214篇社会调查报告的分析(下)》,《青年研究》1993年第9期。
7. 马德峰:《社会调查方法在青年研究中的应用现状——对292篇社会调查报告的分析》,《青年研究》2001年第4期。
8. 马德峰:《实地研究方法在青少年研究中的应用回顾》,《中国青年研究》2006年第5期。
9. 孟莉:《十年来我国青年研究现状的计量分析》,《青年研究》2004年第5期。

上编　青年就业与工作

第二章　城市在职青年就业途径研究

"成家立业"是青年社会化阶段的首要任务。特别是"立业",它往往伴随着青年从学校毕业,尤其是从大学毕业时开始,并成为青年生命历程中比"成家"来得更早,同时也更为迫切的重大事件。改革开放三十多年来,我国市场经济的建立对社会的重大影响之一,就是青年的就业方式逐渐从国家统包统配过渡到了双向选择、自主择业。因而青年在即将走出校门时,择业和就业也就自然成为头等大事。随着1999年我国高校的扩招,大学毕业生的就业问题开始逐渐成为整个社会关注的焦点。与此相应的是,21世纪初的这十来年中,对高校毕业生择业与就业问题的研究也急速增长。特别是在最近几年,有关大学生就业问题的研究越来越成为学术界集中探讨的一个热点问题。

在探讨青年或大学生就业问题时,一个重要的方面是要描述和分析他们在择业过程中所采取的具体方式或途径,特别是要描述和分析最终帮助其顺利获得工作、达到就业的具体方式或途径,同时对导致各种方式和途径发挥作用的相关因素进行分析和探讨。这正是本项研究主要的目标。

一、大学生就业研究的发展趋势和特点

笔者对中国学术期刊网(CNKI)的检索表明,学术界对大学生就业/择业问题的关注远远超过对一般意义上的青年就业/择业问题的关注。特别是2000年以来的十多年中,对大学生就业/择业问题的研究更是不成比例地高于对青年就业/择业问题的研究,同时也显著高于前二十年的大学生就业研究。比如,标题含有"大学生就业"的论文高达9781篇,是前二十年同类论文总数的87倍多(详见表2-1)。进一步统计则表明,近十年中关于大学生就业的论文数量本身,也呈现出逐年增加的趋势,特别是最近三年中的增加尤为突出。详情可见下列表2-2和图2-1:

表 2-1　中国学术期刊网在不同时期中包含四种不同主题词的论文数量（篇）

发表时期	题目包含的主题词			
	青年择业	青年就业	大学生择业	大学生就业
1979—1999	17	64	136	112
2000—2011	8	170	762	9781

注：检索日期 2012 年 7 月 25 日，下同。

表 2-2　2000—2011 年间题目包含"大学生就业"主题词的论文数量

年份	论文篇数	占总体百分比	累计百分比
2000	63	0.6	0.6
2001	61	0.6	1.2
2002	114	1.2	2.4
2003	218	2.2	4.6
2004	378	3.9	8.5
2005	507	5.2	13.7
2006	655	6.7	20.4
2007	971	9.9	30.4
2008	1051	10.7	41.1
2009	1820	18.6	59.7
2010	2088	21.3	81.0
2011	1855	19.0	100.0
总计	9781		100.0

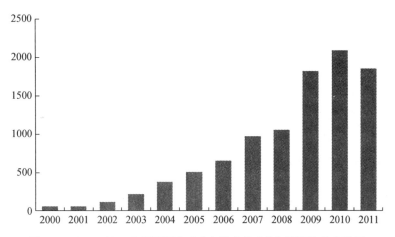

图 2-1　2000—2011 年间题目包含"大学生就业"主题词的论文数量

表 2-1 揭示出，现有研究基本上都是以大学生作为研究对象来探讨

他们的就业问题的。表 2-2 则说明,从目前情况看,有关大学生就业问题的研究 95% 以上都出现在 2003 年以后(这或许可以看成是 1999 年大学扩招以来大学毕业生数量急剧增加所带来的一个反映)。而其中 60% 的研究又出现在最近三年,这一情况则暗示着当前大学毕业生的就业问题业已成为我国社会必须认真面对和妥善解决的重要社会问题。

二、目前大学生就业研究中存在的问题

1. 大学生就业研究代表性样本的选择

为了更好地对大学生就业领域的文献进行评述,笔者决定选择一个有代表性的文献样本进行分析。为此,笔者在 CNKI 中进一步将搜索条件限定为"核心期刊"、时间范围限定为"2003—2012 年"进行搜索。结果显示,论文题目中包含"大学生就业"的文献只有 1672 篇,约占十年间全部论文总数的 1/6。这说明大学生就业研究领域中,非核心期刊的论文远远多于核心期刊的论文,也可以说学术性不强的论文占了绝大部分。通过对论文的阅读发现,在 1672 篇论文中,一般性的理论论述文章又占了大部分,真正通过收集经验资料进行实证研究的论文只是很小的一部分。笔者通过进一步检索和反复阅读分析,从近十年核心刊物发表的经验研究论文中,依据研究的学术性和重要性,选择了最为重要的 30 篇经验研究论文作为分析的样本。

笔者判断研究的学术性和重要性的依据主要有三方面:一是看论文发表的期刊的学术层次;二是看论文的作者所在的专业机构及其学术职称;三是看论文所属的课题项目和课题团队。正是依据这三条标准,笔者选择了这一领域中最为重要的一批经验研究。这些研究中一大半都是国家社会科学基金重点项目、国家社科基金一般项目、国家自然科学基金项目、国家教育科学研究规划项目、教育部重点研究基地项目、各省市或学校社科基金项目等的成果。其中最重要的五大研究团队及其发表的经验研究论文如下(他们发表的非经验性研究的论文没有统计在内):(1)北京大学教育学院课题组(闵维方、岳昌君等,发表 10 篇);(2)北京师范大学经济与工商管理学院课题组(赖德胜等,发表 3 篇);(3)湖南大学经贸学院经济系课题组(胡永远等,发表 3 篇);(4)湖南师范大学社会学系课题组(陈成文等,发表 4 篇);(5)中国青年政治学院经济系课题组(黄敬宝,发表 4 篇)。可以说,这五大研究团

队及其发表的24篇重点论文构成了目前国内大学生就业研究领域中最重要的研究力量和最主要的经验研究成果。此外,还有6篇其他研究者的单篇经验研究论文也比较重要,这样总共形成了30篇重点研究文献。①

2. 30项重点研究的基本情况简介

这里先对这30项重要经验研究的基本情况及其主要结论做一简要综述:

北京大学教育学院课题组分别于2003年、2005年、2007年、2009年、2011年在全国范围的高校中进行了5次大学毕业生就业问题的调查研究,形成了10篇经验研究的论文。从调查的范围以及样本规模来说,这5项研究都是最大的。从研究成果来说,则是最集中和最系统的。纵观这10篇论文,几乎无一例外的都是围绕着下列两个主题(或其中之一)进行的:一是通过对调查数据的分析,详细描述大学生求职及就业的基本状况,包括就业落实情况、起薪分布、就业地点分布、就业单位分布、就业影响因素、择业意向、择业过程及结果等。二是用多元回归分析的方法探讨影响大学生就业成功与否的因素,以及探讨影响大学生起薪水平高低的因素。课题研究的主要结论包括"个人素质是决定求职成败和收入水平的关键因素""家庭经济条件和社会关系网络在毕业生求职过程中起的作用越来越明显""学历越高,就业状况越好,但是学历层次之间的差距逐步缩小""离工作越'近'的因素对就业的影响越大"等(岳昌君等,2004;闵维方等,2006;阎凤桥等,2008;岳昌君,2008;岳昌君等,2008;李炜等,2009;岳昌君,2009;杜桂英等,2010;岳昌君,2012;岳昌君等,2012)。

北京师范大学经济与工商管理学院课题组分别于2002年(此次调查情况缺乏介绍)和2009年对全国13个省区市的42所高校的应届大学毕业生进行了调查,发表了3篇经验研究论文。这些论文的研究主题集中于对人力资本和社会资本在大学生就业中的作用的探讨上,特别是赖德胜等人利用2009年数据,对大学生就业过程中人力资本和社会资本二者作用的机制、二者之间究竟是替代关系还是互补关系等,进行了十分详尽的探讨,得出了"社会资本水平越高的大学毕业生推迟就业的可能性越大,更愿意选择企业单位就业,期望的月薪起点越高,求

---

① 30篇文献的目录见本章参考文献。

职信心也越强""在提高顺利就业概率方面,人力资本和社会资本都不可或缺,决定大学毕业生起薪水平的因素是人力资本,决定能否进入国有部门工作的因素是社会资本""在获取就业机会和起薪决定方面,二者存在替代关系;在决定能否进入国有部门工作方面,二者具有较强的互补关系"等相关结论(郑洁,2004;赖德胜等,2012;苏丽锋等,2012)。

湖南大学经济系课题组分别于2005年和2008年在全国多个省市的30余所高校中进行了两次大规模调查。研究者利用这些数据发表了3篇相关的经验研究论文。这些论文探讨的主题分别是个人社会资本对大学生就业的影响、大学毕业生失业持续时间的性别差异分析以及个性特征对大学生就业的影响等。研究得出结论认为:"学生自身社会资本因素无助于劳动力市场效率的改进""非社会资本因素是影响就业和初始工资的决定性因素""毕业生的失业持续时间存在显著的性别差异,女大学生要经历较长的失业持续时间才能够脱离失业""大学生良好的个性特征,有助于提高就业概率和初始工资"等(胡永远等,2007;胡永远等,2009;胡永远等,2011)。

湖南师范大学社会学系课题组前后共进行了4次调查,分别探讨了4个方面的主题。2003年对湖北、湖南4个城市14所高校进行的调查,主要探讨了社会资本与大学生就业的关系;2004年对中南地区4所高校的大学毕业生进行的调查,则探讨了人力资本与大学生就业的关系;2007年对长沙5所高校的大学毕业生进行了调查,探讨的是择业观念对大学生就业的影响;而2009年对长沙5所高校的大学毕业生所进行的调查,探讨的是就业储备对大学生就业的影响。研究得出的主要结论包括"社会资本对促进大学毕业生就业具有十分重要的作用""大学毕业生人力资本诸要素对其职业地位获得机会与职业地位获得质量的影响不同。外貌条件、所学专业只对大学毕业生地位获得机会有显著影响;而工作经历、工作能力对大学毕业生的职业地位获得机会和获得质量均有显著影响""择业观念是影响大学毕业生就业的一个重要因素""职业技能、兼职情况、自我调适技能、学习成绩及人际交往能力五个因素对大学毕业生是否获得就业机会有着显著的影响"等(陈成文等,2004a;陈成文等,2004b;陈成文等,2008;陈成文等,2009)。

中国青年政治学院经济系课题组分别于2008年和2010年对北京多所高校进行了调查,发表了4篇经验研究论文。其中两篇集中探讨人力资本与大学生就业之间的关系,但却得出了"大学生的人力资本存量及其实现程度对于就业结果具有决定性影响",以及大学生的"综合素质作为人力资本的核心体验,总体上不能提高就业概率"的矛盾结果(黄敬宝,2010;黄敬宝,2012a)。课题组的另外两篇论文则探讨的是人力资本和社会资本对大学生就业以及就业质量的影响问题,得出了"人力资本和社会资本都影响大学生就业,当就业形势不好时,社会资本的作用强于人力资本""人力资本和社会资本是导致大学生就业质量差异的两个重要因素""人力资本仍起主导作用,而社会资本的影响也不可小视"等结论(黄敬宝,2009;黄敬宝,2012b)。

除这几个课题组外,陈海平等在2004年、郑晓涛等在2006年、谢勇等在2008年、秦永等在2009年、刘丽平等在2009年、陈宏军等在2010年分别在不同的高校开展了大学生就业问题的调查研究,这些研究的主题内容也几乎全部都集中在探讨人力资本、社会资本与大学生就业之间的关系上。研究得出了"人力资本是高校毕业生就业的决定性因素""网络内弱联系越多,越可能通过关系来获取工作;而人力资本的质量不影响工作获取方式""人力资本因素与大学生的就业概率、起薪水平之间均存在着非常显著的正相关关系,但是对于大学生能否进入政府机关、事业单位等公共部门就业却没有显著影响""社会资本与大学生的就业概率之间没有显著关系,但对于大学生进入公共部门内就业具有重要作用""农村背景的大学毕业生比城镇背景的大学毕业生就业概率低。因此,应当鼓励个人利用社会资本求职,但也要推动企业建立公平的招聘制度以克服社会资本的消极影响""就业能力在大学毕业生就业中占有重要地位""社会资本已成为影响大学毕业生求职的显性因素"等一系列不大相同的结论(陈海平等,2005;郑晓涛等,2006;谢勇等,2009;秦永等,2011;刘丽平等,2010;陈宏军等,2011)。

纵观这30篇研究论文,可以看出,这些论文在研究主题上主要分为两个大的部分:一是有关大学生就业状况、就业质量、就业效率、择业机会等方面的描述以及对大学生就业的影响因素的分析(这方面以北京大学教育学院课题组的研究论文为代表,包括湖南师大以及湖南大学课题组的一部分论文等,共16篇);二是有关人力资本、社会资本与大学生就业之间的关系探讨(这方面以北师大课题组、中国青年政治学院课题组及湖南师大课题组的一部分论文为代表,还包括另外5篇单独的论文,共14篇)。

在研究方法上,这些研究全部都采用了调查研究的方式来收集数据资料,然后进行定量的统计分析。30篇论文总共来源于21项调查研究项目。其中五大研究团队的调查研究还具有连续多次调查、前后结果相互进行比较分析的特征。比如,北京大学课题组的 5 次调查每两年一次,前后跨越 8 年时间;湖南师大课题组的 4 次调查,前后跨越 6 年时间;北师大课题组前后 2 次调查,跨越 7 年时间;湖南大学课题组前后 2 次调查,跨越 3 年时间;中国青年政治学院课题组前后 2 次调查,跨越 2 年时间等。这些调查积累了大量原始资料,为全面了解和分析大学生就业问题提供了较好的基础。

3. 现有研究的局限性

但是,通过对这 30 篇研究论文的解析,笔者感到现有研究在研究对象的特征方面存在一定的局限,值得进一步讨论。这 30 篇关于大学生就业问题的经验研究文献有一个共同的特点(实际上几乎所有大学生就业问题的经验研究都具有这一特点),那就是它们的研究对象基本上都是应届大学毕业生,而这些研究展开实地调查的时间也往往是在当年毕业生毕业前的 4—7 月份之间。虽然从实际研究的可行性出发,这是一种常见的选择,但这一情况在客观上会导致下列结果,即这些研究所调查的对象往往尚未毕业或刚刚毕业,其中一部分可能刚刚找到工作、一部分可能刚刚签约、一部分可能刚刚面试结束正在等待签约,还有一部分则还在寻找工作等。换句话说,现有研究的调查对象往往正处在就业的过程中,就业对他们中的许多人来说还是"未来时"或"正在进行时",而不是"现在完成时"。在调查时真正实现就业的只是样本中的一部分。许多调查的实际结果也证明了这一点。比如,胡永远等人对 3191 名大学毕业生的调查表明,已签约的只占 31%,自主创业的 14%,出国或继续深造的占 17%,尚未找到接收单位的占 24%,其他情况的占 15%(胡永远等,2007)。这一结果表明,大约有 40% 的调查对象的就业情况无法了解。黄敬宝的调查结果也表明,在所调查的 1412 位毕业生中,真正实现了就业的毕业生共 374 人,只占调查样本的 26.5%(黄敬宝,2012);他的另一项调查同样表明,在调查回收的 1749 份有效问卷中,"积极寻找工作的"毕业生只占 47%,而这部分人中已找到工作的比例就更低(黄敬宝,2010)。郑洁的调查结果也表明,所调查的 375 个毕业生中,只有 199 个(占 54%)打算就业,而这 199 人中,已落实单位的仅 85 人(占 42%)。这样看来,实际已落实单位的毕业生只占全部调查对象的 23% 左右(郑洁,2004)。而根据北京大学教育学院课题组连续 5 次调查的结果,"高校学生毕业时'已确定单位'的比例在 40% 上下浮动",而"待就业"的比例则始终在 20%—35% 之间(岳昌君,2012)。

正因为研究者在调查时,有相当一部分的被调查对象还没有正式就业,更准确地说,还处在择业和求职的过程中,因此,依据调查结果所得出的结论只是对作为整体的大学生就业过程和就业状况来说的一种"阶段性"反映。特别是在进行有关大学生就业成功与否影响因素的分析以及大学生人力资本、社会资本与大学生就业成功与否、就业质量高低的分析方面,研究者尤其应该慎重。因为此时所得出的各种"影响因素"以及人力资本和社会资本的"作用状况",实际上很可能只是对大学生就业过程"某一阶段"的状况成立,因为此时作为分析中因变量的一种结果的"未就业",并不意味着与另一结果"已就业"相对应的"就业失败",更不意味着"不能就业"。也许只有当所有的毕业生都完成了就业的过程后,再来探讨和分析就业的影响因素,特别是探讨和分析人力资本、社会资本因素的作用大小等问题才会更加合适,研究所得出的结论也才会更加全面准确。

所以,本研究希望通过对已经就业一段时间的城市在职青年就业方式的探讨,来给目前的大学生就业研究一些新的启示。本研究希望探讨的具体问题是:那些已经在城市成功就业的青年,他们获得第一份工作的主要方式或途径(下文中我们将其简称为"就业途径")是什么?他们各种不同的就业途径的分布状况如何?相对来说,哪种就业途径最为重要?另外,有哪些因素与青年各种不同的就业途径有关?学术界十分关注的人力资本和社会资本因素究竟在青年的就业途径中起到多大作用?

三、青年就业方式研究文献的回顾

在众多的大学生就业研究中,涉及大学生就业方式或就业途径的经验研究仅仅只有下列四项。

陈海平 2004 年 6—8 月在湖南长沙等三个城市的 7 所高校中对 305 位大学毕业生进行了调查,结果表明,"高校毕业生主要通过个人直接申请和人才交流会的方式来就业",具体分布是:个人直接申请为 40%,人才交流会为 30.5%,职业介绍机构 8.2%,托人介绍 14.7%,顶替父母 2%,其他 4.6%(陈海平,2005)。该研究的不足之一是其抽样的方式不太清楚,总的样本规模以及每所大学的抽取规模都偏小(每所大学平均只抽取了四十几名),另一不足则是该研究没有分析形成不同就业途径的相关因素。

郑晓涛等 2006 年对上海某高校应届毕业生共 370 人发放了调查问卷,收回有效问卷 220 份,其中双向就业的大学生为 175 人。该研究"将大学生获取工作的方式分为通过关系和通过市场两类,其中亲属、朋友、相识和学校的介绍界定为通过关系,就业市场获得工作界定为通过市场"。研究结果表明,通过关系获得就业的学生有 78 人,通过市场获得工作的有 97 人(郑晓涛等,2006)。由于该研究一方面样本规模更小(一所高校、样本不足 200 人),且"没有采用随机抽样的方式"抽样,另一方面同样没有分析与不同就业途径相关的因素,因此其结果对大学生就业途径的反映相对来说代表性更差。

张红等人 2006 年 4—6 月对西北某高校应届本科毕业生进行了抽样调查,发放问卷 280 份,收回 271 份。其中就业的仅为 179 人。调查结果显示,大学生通过招聘会找到工作的占 57%,通过网络、学校发布的信息、媒体等方式找到工作的占 23%,通过父母亲戚等社会关系找到工作的占 13%,其他途径的占 7%(张红等,2008)。该研究可以说与上述研究完全相似,也是对一所高校进行的调查,样本规模也同样很小,也没有对不同就业途径的相关因素进行分析。

罗三桂 2010 年 6—7 月对广州市属高校的 1154 位毕业生进行了调查,结果表明,"毕业生认可的排在前三位的求职途径依次是:亲朋好友介绍;通过社会实践,获得就业机会;学校及老师的推荐"(罗三桂,2011)。虽然该研究在样本上相对较好,但由于该研究调查的只是毕业生对各种求职途径重要程度的看法,而并不是毕业生实际的就业途径,因此,该研究的结果对于回答本研究的问题来说,其意义并不大。

文献分析表明,上述研究虽然都部分涉及就业途径的内容,但却存在着下列几方面的不足:一是在研究对象上存在一个重要的缺陷,那就是现有研究的主要调查对象都是正处于择业过程中的应届毕业生,即基本上都是在寻找工作,或者刚刚找到工作的"尚未真正就业者",而不是那些已经开始工作的"真正的就业者"。二是在研究内容上大多只有对大学生"正在进行的"就业途径的简单描述,缺少对大学生"已经完成的"(或者说是"实际起作用的")就业途径的描述,同时也特别缺少对与大学生不同就业途径相关因素的分析。三是从研究方法上看也有一个较大的问题,就是这三项调查的样本规模普遍偏小,其调查对象人数只在 200—300 人之间,因而其结果对全面地反映大学生的就业状况来说存在明显的局限。

四、研究设计

为弥补现有研究在上述几个方面的不足,本研究采取调查城市在职青年和抽取大规模样本的方式进行,同时注意到对不同就业途径的相关因素进行分析。由于城市在职青年是已经就业的青年,他们不仅已经通过各种不同的就业途径找到了工作,而且已经实际开始了工作,即实现了真正的就业。因此,调查他们的就业情况能更好地了解青年的就业途径及其作用,也能更好地分析青年人力资本、社会资本与其就业途径之间的关系。

本研究所用数据来源于笔者 2007 年在全国 12 个城市进行的《城市在职青年状况调查》,该调查的对象是 1976 年及其以后出生的城市在职青年。样本采用按比例分层的抽样方法进行抽取。调查城市依旧沿用笔者 2004 年设计抽取的 12 个不同区域、不同类型、不同规模、不同社会经济发达程度的城市(风笑天,2006)。每个城市采用统一的分层定比抽样的方法抽取 200 名各个行业的在职青年。调查最终获得有效样本规模为 2357 人,具体抽样步骤及资料收集方法详见笔者的另一篇论文(风笑天,2009)。表 2-3 是该调查样本的基本情况。

表 2-3　样本基本情况($n=2357$)　　　　　　　　%

性别	男性	48.4
	女性	51.6
年龄	17—23 岁	32.4
	24—26 岁	33.0
	27—31 岁	34.6
文化程度	初中	7.9
	高中或中专	26.3
	大专	26.6
	本科	35.7
	研究生	3.6
婚姻状况	未婚	68.6
	已婚	30.8
	离婚	0.6
工龄	1 年以内	13.6
	1—2 年	26.3
	3—5 年	27.3
	6 年以上	32.7

(续表)

城乡背景	城市	53.1
	镇	25.9
	乡村	21.0

五、研究结果与分析

1. 城市在职青年的就业途径

在调查问卷中,笔者以下列问题来对青年的就业途径进行测量:"你的第一份工作是通过什么方式得到的?"调查统计的结果参见表2-4:

表2-4 城市在职青年就业途径及其分布

就业途径	人数	百分比
学校毕业直接分配的	483	20.6
单位招工自己应聘的	1129	48.1
父母和家人帮助联系的	288	12.3
同学朋友帮助联系的	141	6.0
亲戚帮助联系的	191	8.1
其他方式得到的	113	4.8
合计	2345	100.0

表2-4的结果表明,目前城市在职青年的就业途径以自己应聘为主,比例接近50%。而如果将青年就业过程中所使用的社会资本简单定义成其所依靠和使用的各种"社会关系"的话,那么就可以将上述就业途径中的"父母和家人帮助联系的""同学朋友帮助联系的",以及"亲戚帮助联系的"看做是社会资本的具体指标。根据这样的操作化方式,我们可以得出下列大致结果:当前城市在职青年的就业途径中,20%左右是由学校分配的,接近50%是依靠自己应聘的,而大约25%左右的人则是依靠社会资本获得的。学校分配、个人应聘与他人介绍三部分的比例分布大致为20%、50%和25%。这说明个人自主应聘依然是青年就业的最主要方式,但各种社会资本的利用也占有相当比重。

2. 在职青年不同就业途径的相关因素分析

如果说学校分配、自己应聘和他人介绍三大类就业途径具有明显的不同,或者在一定的程度上意味着制度因素、人力资本因素和社会资本因素的作用的话，那么哪些因素与这三类不同的就业途径的分布有关呢？或者说，哪些因素可能会对青年采用不同的就业途径具有影响呢？笔者在本研究中主要探讨了以下三个因素。它们分别是青年的城乡背景（以青年"18岁以前生活的地方"进行测量）、青年的文化程度以及青年参加工作的时间。

之所以考虑青年的城乡背景，是因为它是形成青年社会资本的基础之一。现有的关于大学生求职中城乡背景因素影响的研究结果和社会舆论也普遍认为城市背景的青年比农村背景的青年在就业方面更具有优势。实际情况究竟如何呢？如果有优势，又体现在什么方面呢？本研究希望对此进行一些探讨。

青年的文化程度可以说是青年人力资本中最重要的指标。具有不同文化程度的青年在不同就业途径的比例上是否有所不同？如果有所不同，其特征是什么？特别地，是否文化程度越高（人力资本越强），采用自己应聘这一就业途径的比例就越大？而文化程度越低的青年，依赖社会资本的比例就越大？

考虑用青年参加工作的时间来进行分析，主要是为了将社会制度变迁的因素考虑进来。在我国改革开放的实际进程中，处于不同时间段就业的青年所面临的就业背景、就业政策、就业机会等均有所不同，这种不同是否会对青年所采取的就业途径产生一定的影响？

下面我们逐一进行分析。先看看青年的城乡背景与青年就业途径之间的关系。详见表2-5：

表2-5　城市在职青年的城乡背景与就业途径的交互统计　　　　%

就业途径	城乡背景			合计
	城市	镇	乡村	
学校毕业直接分配的	23.8	18.4	15.1	20.6
单位招工自己应聘的	44.8	51.8	52.2	48.2
父母和家人帮助联系的	14.4	10.2	9.6	12.3
同学朋友帮助联系的	5.8	6.1	6.3	6.0
亲戚帮助联系的	6.3	9.2	11.4	8.1
其他方式得到的	4.9	4.3	5.3	4.8
(n)	(1242)	(608)	(490)	(2340)
统计检验	Pearson 卡方 = 43.906		Df = 10　　Sig. = 0.000	

表2-5的结果表明，总体上看，不同城乡背景的调查对象在就业途径分布上的总趋势大体一致，但在具体就业途径的比重方面依然存在

着明显的差别。这种差别表现在:来自城市生活背景的调查对象依靠学校直接分配的比例相对较高,镇和乡村背景的对象相对较低。而自己应聘的比例则正好相反,城市背景的对象相对较低,镇和乡村的对象相对较高。值得特别注意的是,与一般的看法所不同的是,在利用各种社会关系获得就业方面三者的总比例相差无几(城、镇、乡的比例分别为 26.5%、25.5%、27.3%)。可以说,这是本研究的一个十分重要的发现。

对表 2-5 结果的进一步分析还可以发现,尽管具有城、镇、乡背景的青年在利用各种社会关系就业上的总比重几乎相同,但在具体依靠对象的比例上还是稍有差别的:具有城市生活背景的青年依靠"父母及家人"就业的比例略高于另外二者;而依靠"亲戚"就业的比例则相反,略低于另外二者;三者利用"同学朋友"关系就业的比例则基本相同。

这种差别或许可以通过社会关系的同质性进行解释:乡镇背景的调查对象与其关系最近的"父母和家人"之间的同质性强,且大都居住和生活在乡镇,其关系网络和可利用的人脉资源也更多地局限在乡镇。而比"父母和家人"关系稍远的"亲戚"关系与他的同质性则会相对较弱,即异质性会相对较强,其关系网络和可利用的人脉资源就有可能突破乡镇范围而扩大到其就业所在的城市社区。至于在"同学朋友"关系方面三者状况基本一致,则或许揭示出这种具有业缘关系性质的社会资本对于三者的就业来说,所发挥的作用相当。

再看看青年的文化程度与青年就业途径之间的关系。详见表 2-6:

表 2-6 城市在职青年文化程度与就业途径的交互统计 %

就业途径	文化程度					合计
	初中	高中或中专	大专	本科	研究生	
学校毕业直接分配的	4.3	30.7	25.7	14.2	11.8	20.7
单位招工自己应聘的	25.0	34.3	46.4	63.7	58.8	48.2
父母和家人帮助联系的	19.0	11.3	11.8	11.8	11.8	12.2
同学朋友帮助联系的	13.0	8.7	5.5	3.0	2.4	5.9
亲戚帮助联系的	32.1	10.3	5.8	3.6	2.4	8.2
其他方式得到的	6.5	4.8	4.7	3.6	12.9	4.8
(n)	(184)	(610)	(618)	(830)	(85)	(2327)
统计检验	Pearson 卡方 = 391.115　　　Df = 20　　　Sig. = 0.000					

表 2-6 的结果表明,首先,在职青年的文化程度的确与自己应聘就业的比例基本上成正比,即文化程度越高者,自己应聘就业的比例也越

高。这一结果证实了笔者之前的假设。其次,除初中毕业者外,文化程度与学校分配的比例成反比,即高中、中专、大专毕业者依赖学校分配的比例远高于本科及以上者。这或许与中专及大专这类学校更具有职业培训的目标和因素,更多地与就业单位对口培养有关。最后,文化程度与依靠社会资本途径就业的比例之间同样成反比,从初中毕业到研究生毕业,其依靠社会资本就业的比例分别为64.1%、30.3%、23.1%、18.4%和16.6%。如果说青年的文化程度主要反映的是青年在就业市场上所依据的人力资本的话,那么,表2-6的结果说明,青年的人力资本越强,其依靠社会资本就业的比例就相应越小。总的趋势是,低文化程度青年,特别是初中文化程度的青年,在就业时更依赖社会资本的途径,而具有本科和研究生文化程度的学生则主要依靠自己的人力资本自主应聘就业。

最后再看看青年参加工作的时间与其就业途径之间的关系。为便于比较,我们将青年第一次就业的时间分为三个阶段,三部分调查对象第一次参加工作的时间距离调查时的2007年分别为7年以上、3—6年和2年以内。表2-7就是调查的结果:

表2-7　城市在职青年参加工作时间与就业途径的交互统计　　　　%

就业途径	参加工作时间			合计
	7年以上	3—6年	2年以内	
学校毕业直接分配的	36.5	17.8	11.8	20.3
单位招工自己应聘的	30.9	53.6	55.4	48.4
父母和家人帮助联系的	12.4	12.3	12.2	12.3
同学朋友帮助联系的	5.8	4.3	7.8	6.1
亲戚帮助联系的	9.2	7.1	8.3	8.1
其他方式得到的	5.3	4.8	4.5	4.8
(n)	(606)	(787)	(927)	(2320)
统计检验	Pearson 卡方 = 177.331		Df = 10	Sig. = 0.000

表2-7的结果表明,青年就业的时间越早,学校毕业直接分配就业的比例越大,而相应的自己应聘就业的比例就越小。但利用各种社会关系就业的比例基本上没有变化。这说明,青年就业时间早晚只对学校分配的就业途径和自己应聘的就业途径有影响,而对利用社会资本的就业途径没有影响。总的趋势是,参加工作越早,学校分配的比例越大,而自己应聘的比例越小。尤其是工作7年以上(2000年以前参加工作)的青年,这一特征更加明显。

3. 控制若干相关变量后的进一步分析

为了更好地分析影响青年就业途径的因素,我们采取控制变量的方法进行相对深入一些的交互分析。考虑到作为人力资本重要指标的青年文化程度对青年就业途径的重要影响,我们采取控制青年的文化程度的方法,再来看青年的城乡背景、参加工作时间与其就业途径之间的关系。为减小表格的篇幅,下面分析中将父母和家人帮助联系的、同学朋友帮助联系的、亲戚帮助联系的这三种途径合并为一项"利用关系",同时省去"其他方式"。

先看看控制文化程度后青年城乡背景与其就业途径之间的关系。详见表2-8:

表2-8 控制文化程度后青年城乡背景与就业途径的交互统计　　%

文化程度	就业途径	城乡背景			统计检验 Sig. =
		城市	镇	农村	
初中 ($n=171$)	学校分配	3.8	4.7	5.3	0.056
	自己应聘	19.2	44.2	22.4	
	利用关系	76.9	51.2	72.4	
高中或中专 ($n=580$)	学校分配	36.4	26.4	30.2	0.263
	自己应聘	33.6	39.3	37.1	
	利用关系	30.1	34.3	32.8	
大专 ($n=589$)	学校分配	29.8	26.0	18.6	0.072
	自己应聘	44.2	52.7	58.8	
	利用关系	26.0	21.2	22.7	
本科 ($n=798$)	学校分配	17.4	12.2	9.8	0.000
	自己应聘	60.1	68.9	81.0	
	利用关系	22.5	18.9	9.2	
研究生 ($n=74$)	学校分配	17.5	6.3	11.1	0.597
	自己应聘	60.0	75.0	77.8	
	利用关系	22.5	18.8	11.1	

表2-8的结果表明,当控制了青年的文化程度后,城乡背景与就业途径之间的关系发生了较大变化:除了本科文化程度的三类青年在就业途径上仍然具有显著差异外,其他几种文化程度的青年在就业途径上就不存在差异了(尽管在具体百分比上有明显差别,但卡方检验结果表明,这种差别主要是随机抽样误差造成的)。这一结果说明,相比于青年的文化程度,青年的城乡背景因素与他们的就业途径之间的关系

并不那么明显,其作用并不那么大。换句话说,除了本科文化程度者以外,在具有相同文化程度但不同城乡背景的青年中,他们所采用的成功就业的途径基本相同。而本科文化程度者中,具有城市背景的青年依据学校分配的途径以及依据各种关系的途径就业的比例高于乡镇背景的青年,而后者,特别是乡村背景的青年中依靠自己应聘的比例明显高于城市背景的青年。这一结果说明,对于大量本科毕业的农村青年来说,由于他们相对缺乏在城市中的社会关系,只能更多地依靠自己的人力资本在就业市场上寻找就业机会。

再来看看控制文化程度后青年参加工作时间与就业途径的关系。详见表2-9:

表2-9 控制文化程度后参加工作时间与就业途径的交互统计　　　%

文化程度	就业途径	参加工作时间			统计检验 Sig. =
		7年以上	3—6年	2年以内	
初中 ($n=170$)	学校分配	4.9		8.5	0.205
	自己应聘	31.1	30.0	20.3	
	利用关系	63.9	70.0	71.2	
高中或中专 ($n=570$)	学校分配	36.8	31.8	26.5	0.081
	自己应聘	30.0	40.5	37.8	
	利用关系	33.2	27.7	35.7	
大专 ($n=585$)	学校分配	47.9	18.8	15.0	0.000
	自己应聘	31.4	56.0	58.3	
	利用关系	20.7	25.1	26.7	
本科 ($n=794$)	学校分配	43.0	14.0	5.4	0.000
	自己应聘	38.8	71.7	71.3	
	利用关系	18.2	14.3	23.3	
研究生 ($n=73$)	学校分配	45.5	10.5	7.0	0.018
	自己应聘	45.5	63.2	74.4	
	利用关系	9.1	26.3	18.6	

表2-9的结果表明,当控制了文化程度后,青年参加工作的时间与其就业途径之间的关系也发生了一定变化。具体体现为:对于不同文化程度的青年,参加工作时间的早晚对他们就业途径的影响是不同的。对于初中、高中或中专等较低文化程度的青年来说,参加工作时间对他们的就业途径分布没有影响。即不论参加工作时间早晚,其就业途径的分布基本一致:初中文化程度者70%左右依赖各种关系的利用,自己应聘的比例接近30%;高中或中专文化程度者三种就业途径的比例均

在三分之一左右。但对于大专以上文化程度的青年来说,随着参加工作时间的不同,他们就业途径的分布也在发生变化:学校分配就业的比例急剧下降(从接近50%下降到不足10%),与此相应的是自己应聘的比例显著上升(从40%左右增加到70%左右),成为最重要的就业途径。这一结果对于我们更好理解青年参加工作时间的早晚与青年就业途径的分布之间的关系具有较好的参考价值。

六、研究结论及其对大学生就业研究的启示

本研究利用全国12个城市2357名在职青年的抽样调查数据,描述了目前城市在职青年实现就业的主要途径,并对若干与青年就业途径相关的因素进行了分析。研究结果表明:

第一,目前城市在职青年实现就业的各种途径中,自己应聘就业的占到一半左右,学校分配就业的约占20%,通过各种社会关系获得就业的约占25%。自己应聘就业是最主要的途径。

第二,青年的城乡背景、文化程度、参加工作时间等因素与其就业方式的分布之间有一定关系:青年为城市背景时,依靠学校直接分配的比例相对较高,自己应聘的比例相对较低。来自镇和乡村背景的对象则正好相反。同时,与一般的看法有所不同的是,在利用各种社会关系获得就业方面三者的总比例相差无几。

第三,青年的文化程度与采用自己应聘就业途径的比例基本上成正比,而与依靠社会资本途径就业的比例成反比。总的趋势是,低文化程度青年,特别是初中文化程度的青年,在就业时更依赖社会资本的途径,而具有本科和研究生文化程度的学生则主要依靠自己的人力资本自主应聘就业。

第四,青年就业的时间越早,通过学校直接分配就业的比例越大,而自己应聘就业的比例就越小。利用各种社会关系就业的比例则基本上没有变化。这一结果反映出随着社会的发展,今后依靠自己应聘就业将越来越成为青年就业最重要的途径。

第五,进一步的分析还表明,青年的文化程度对于青年就业途径的分布具有相对重要的影响。除本科文化程度者外,在具有相同文化程度但不同城乡背景的青年中,他们成功就业所依靠的途径基本相同。而本科文化程度者中,农村青年由于相对缺乏在城市中的社会关系,只能更多地依靠自己的人力资本在就业市场上寻找就业机会。同时,对于不同文化程度的青年,参加工作时间的早晚对他们就业途径的影响

也是不同的。对于初中、高中或中专等较低文化程度的青年来说,参加工作时间对他们就业途径的分布没有影响。但对于大专以上文化程度的青年来说,随着参加工作时间的不同,学校分配就业的比例急剧下降,自己应聘的比例显著上升,成为最重要的就业途径。

根据本研究的结果,笔者认为有几个方面的问题值得进一步探讨。

一是对于研究大学生就业的结果或状况(包括就业途径、就业质量、就业绩效等)来说,以大学毕业生为对象的调查可能存在的局限性问题。现有的青年就业问题研究主要集中在大学生就业问题上,而研究的方式又几乎无一例外地采取对即将毕业的应届大学生进行调查的方式来进行。尽管从实际研究的可行性来看,这是一条合适的途径,但我们应充分意识到这条途径所存在的不足。研究者常常通过问卷调查,询问大学毕业生是否找到了工作,然后对找到的和未找到的作为两类进行统计分析,以说明哪些人力资本因素、社会资本因素对"找到"工作有作用或有影响。问题是,由于调查往往是在大学生毕业之前进行的(基本上是在4—7月之间),而此时那些在统计分析中被作为参照对象的"未找到"工作的对象,实际上还处在"找"的过程中,他们的就业过程尚未结束,所以,许多分析和结果实际上只是对那些"较早找到工作的"大学生的就业影响因素的分析,而不是对全体大学毕业生就业影响因素的分析。而用这种从"较早找到工作的"对象那里得到的结果,可能会给解释带来偏误。正是从这种意义上,本研究对这种"已就业青年"的研究结果或许具有更重要的参考价值。实际上,本研究关于青年就业途径的结果与现有的几项关于大学生就业途径的调查结果之间就存在较大差别。比如,本研究结果中,自己应聘的大约占50%,而前述的陈海平、张红两项调查中这一结果都高达80%,而通过他人介绍联系的都不到15%,明显低于本研究中25%的结果。由于现有的调查都是在找工作过程中进行的,所以有可能恰恰是那些在研究者调查时"尚未找到工作"的大学生在后期更多地依靠了各种社会关系找到了工作。

二是人力资本、社会资本因素在青年实际就业途径上的作用问题。尽管单独分析青年的城乡背景、青年参加工作时间与其就业途径分布之间的关系时,二者与就业途径之间都表现出明显的相关性,但是,当控制住青年的文化程度后进一步分析的结果则表明,青年城乡背景因素以及青年参加工作时间早晚的因素与青年就业途径的分布之间都发生了变化。作为社会资本基础之一的城乡背景的因素对就业途径的影响在文化程度上大部分都消失了,参加工作时间的因素的影响也在低文化程度的对象身上消失了。这些结果似乎都在一定的程度上揭示出代表青年人力资本要素的文化程度因素对其就业途径分布的影响更加重要。或者说，表现在青年城乡背景、青年参加工作时间与其就业途径之间关系上的一部分结果，实际上是青年文化程度作用的影响。同时，本研究的结果还在一定程度上揭示出，只有当青年人力资本相对缺乏时（本研究中的文化程度相对较低时），他们在就业途径上才会相对较多地依赖社会资本（通过各种社会关系的途径获得就业的比例相对较大）。这一结果也为更深入地探讨人力资本、社会资本在青年就业中的作用问题提供了新的参考。

三是本研究所存在的局限性问题。笔者在探讨青年就业途径问题时，注意到了青年的文化程度因素，并将其作为青年人力资本的主要指标来进行分析。但实际上，青年人力资本的内涵要比青年文化程度的内涵更加广泛。比如，现有一些研究中所使用的学生学习成绩、是否获得奖学金、各种考级证书、是否党员和学生干部、是否兼职等，都是比较合适的指标，但这些指标本研究中都没有包含。此外，尽管青年的文化程度是重要的人力资本指标，但同样不能忽视学校类型和层次的影响。即对于同样是本科文化程度的青年来说，毕业于名牌大学还是毕业于普通大学，在就业市场上的竞争力是不同的。所以，如果在今后的研究中增加学校类型的变量并进行控制，或许可以更好地分析青年的文化程度、城乡背景以及就业时间等因素对其就业途径的影响，也能更加客观地反映青年人力资本因素所具有的作用和效果。

参考文献：

1. 陈成文、谭日辉：《社会资本与大学生就业关系研究》，《高等教育研究》2004年第4期。
2. 陈成文、谭日辉：《人力资本与大学生就业的关系——基于2003、2004届大学毕业生的实证研究》，《高等教育研究》2004年第6期。
3. 陈成文、胡桂英：《择业观念对大学毕业生就业的影响——基于2007届大学毕业生的实证研究》，《高等教育研究》2008年第1期。
4. 陈成文、汪希：《就业储备对大学毕业生就业的影响——基于2009届大学毕业生的实证研究》，《高等教育研究》2009年第10期。
5. 陈海平：《人力资本、社会资本与高校毕业生就业——对高校毕业生就业影响因素的研究》，《青年研究》2005年第11期。
6. 陈宏军、李传荣、陈洪安：《社会资本与大学生就业绩效关系研究》，《教育研究》2011年第10期。

7. 杜桂英、岳昌君:《高校毕业生就业机会的影响因素研究》,《中国高教研究》2010年第11期。
8. 风笑天:《第一代独生子女婚后居住方式:一项12城市的调查分析》,《人口研究》2006年第5期。
9. 风笑天:《独生子女父母的空巢期:何时开始?会有多长?》,《社会科学》2009年第1期。
10. 高勇:《中国城市青年就业类型的变化趋势》,《青年研究》2007年第11期。
11. 胡永远、马霖、刘智勇:《个人社会资本对大学毕业生就业市场的影响》,《中国人口科学》2007年第6期。
12. 胡永远、邱丹:《个性特征对高校毕业生就业的影响分析》,《中国人口科学》2011年第2期。
13. 黄敬宝:《我国大学生就业的影响因素探究》,《中国人力资源开发》2009年第12期。
14. 黄敬宝:《什么样的大学生具有就业竞争优势——2009年北京大学生就业影响因子分析》,《学术论坛》2010年第10期。
15. 黄敬宝:《人力资本、社会资本对大学生就业质量的影响》,《北京社会科学》2012年第3期。
16. 赖德胜、孟大虎、苏丽锋:《替代还是互补——大学生就业中的人力资本和社会资本联合作用机制研究》,《北京大学教育评论》2012年第1期。
17. 李炜、岳昌君:《2007年高校毕业生就业影响因素分析》,《清华大学教育研究》2009年第1期。
18. 罗三桂:《毕业生择业行为及就业状况实证研究》,《黑龙江高教研究》2011年第5期。
19. 闵维方、丁小浩、文东茅、岳昌君:《2005年高校毕业生就业状况的调查分析》,《高等教育研究》2006年第1期。
20. 卿石松:《大学生就业决定因素分析》,《人口与经济》2012年第1期。
21. 秦永、裴育:《城乡背景与大学毕业生就业》,《经济评论》2011年第2期。
22. 苏丽锋、孟大虎:《人力资本、社会资本与大学生就业:基于问卷数据的统计分析》,《复旦教育论坛》2012年第2期。
23. 阎凤桥、毛丹:《影响高校毕业生就业的社会资本因素分析》,《复旦教育论坛》2008年第4期。
24. 岳昌君、杨中超:《我国高校毕业生的就业结果及其影响因素研究》,《高等教育研究》2012年第4期。
25. 岳昌君:《高校毕业生求职效率的实证研究》,《高等教育研究》2008年第6期。
26. 岳昌君:《高校毕业生求职效率的影响因素分析》,《北京大学教育评论》2009年第4期。
27. 岳昌君、文东茅、丁小浩:《求职与起薪:高校毕业生就业竞争力的实证分析》,

《管理世界》2004 年第 11 期。

28. 岳昌君:《高校毕业生就业状况分析:2003—2011》,《北京大学教育评论》2012 年第 1 期。

29. 岳昌君、巩建闽、黄潞:《高校毕业生就业特点及其变化趋势》,《教育发展研究》2008 年第 7 期。

30. 郑洁:《家庭社会经济地位与大学生就业》,《北京师范大学学报》2004 年第 3 期。

31. 郑晓涛、李旭旦、相正求:《社会资本和人力资本对大学生就业的影响》,《高等教育研究》2006 年第 8 期。

32. 张红、张淑萍、易佳:《社会资本差异对大学生就业机会的影响》,《湖北社会科学》2008 年第 2 期。

第三章 城乡背景对大学生初次就业结果的影响

一、研究的背景与问题

在人的职业生涯中,青年时期是离开学校、进入劳动力市场的起步阶段。这个阶段的经历具有重要意义。在微观层面,它会影响到个人的生活质量和整个职业生涯,进而影响到成人以后的家庭生活。在宏观层面,它会影响到经济社会发展中劳动力的配置和社会结构的协调稳定。青年就业问题在我国表现得更为严峻。尽管持续的经济增长和技术进步给青年创造了大量就业岗位,而且党和政府通过调整产业结构、建立市场化就业机制、实施积极的就业政策大幅度地增加了就业总量(中国青少年研究中心课题组,2008),但青年就业问题目前依然不容乐观。一是青年劳动力总量持续过剩,未来数年我国青年新增劳动力人口每年仍保持在 1500 万—2200 万人之间,就业刚性需求强烈(中国青少年研究中心"新世纪中国青年发展报告"课题组,2012)。二是结构性失衡,青年劳动力的技能、观念、地域分布等与劳动力市场的需求不适应。其中,新生代农民工和大学生这两个青年人口群体的就业问题显得尤为紧迫。

青年农民工的城乡就业转移、职业适应与发展问题在 20 世纪 90 年代就浮出水面。目前外出农民工数量达 1.5 亿人,而且以每年 600 万—800 万人的速度增加,增量中多数为青年(中国青少年研究中心"新世纪中国青年发展报告"课题组,2012)。大学生的就业成为一个问题却是 21 世纪初的事情。大学生曾经贵为"天之骄子",计划经济时期其就业由国家统分统配,不存在就业难的问题。即使在市场化就业改革的初期,大学生凭借其高等教育优势也使自己在劳动力市场上颇受青睐。但是,随着我国高等教育在 20 世纪 90 年代末开始连续扩招,尤其是 21 世纪初扩招后的大学生源源不断地进入劳动市场以来,大学生的就业面临巨大压力,逐渐成为一个问题。图 3-1 中的数据趋势可以反映出这个问题。

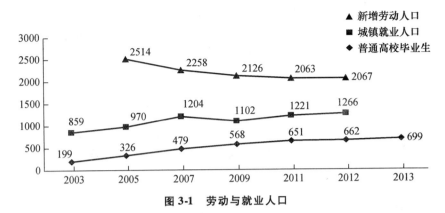

图 3-1　劳动与就业人口

注：1. 普通高校毕业生数据（2003—2011 年）来源于：国家统计局：《中国统计年鉴》（2004；2006；2008；2010；2012），http：//www.stats.gov.cn/tjsj/ndsj/，2013 年 9 月 9 日；2012 年毕业生数据由 2008 年本科生招生数与 2009 年研究生、专科生招生数之和来替代；2013 年毕业生数据来源于：教育部：《教育部公报》（2013 年第 7、8 号），http：//www.moe.gov.cn/publicfiles/business/htmlfiles/moe/s7521/index.html，2013 年 9 月 9 日。2. 城镇新增就业人员数据来源于：国家统计局：《年度统计公报》（2004；2006；2008；2010；2012；2013），http：//www.stats.gov.cn/tjgb/，2013 年 9 月 9 日。3. 新增劳动人口数据转引自：张华：《2005—2020：中国青年就业三大难题与突围之路》；安国启：《青年就业问题与对策研究报告——中国青少年研究会优秀论文集（2004）》，天津：天津社会科学院出版社。

如图 3-1 所示，近十年来我国每年新增劳动人口都在 2000 万人以上，实际的城镇就业人口大致在 1000 万人上下，而普通高校毕业生的数量节节攀升，2013 年已接近 700 万人。劳动力的供给远远超过其需求，劳动力市场呈现出"僧多粥少"的格局，大学生面临的就业压力可想而知。基于此，政府的劳动就业部门为就业问题尤其是青年就业问题做了大量工作，倾注了不少心血。我国就业战略的研究重点也转移到青年就业问题上（曾湘泉，2005）。

目前，以整个青年人口群体为研究对象的就业问题研究还很少。一些部门在 2004 年联合开展了国内青年就业问题的首次大型调查，描述青年参与劳动力市场活动和青年从学校向工作过渡等情况（中华全国青年联合会、劳动和社会保障部劳动科学研究所、国际劳工组织，2005）。邓希泉等人以北京地区为例，描述和评价过"80 后"青年的职场状况（邓希泉、杨长征、李广文，2009）。2009 年的世界金融危机致使我国的就业形势遭遇更大困难。中国青少年研究中心为此专门报告过当年中国青年的就业创业状况（中国青少年研究课题组，2010）。上述研究能呈现一些关于青年就业问题的基本事实，能为深层次的相关研究提供资料。但是，青年群体内部具有丰富的异质性，这种异质性使这类以整个青年群体为研究对象的研究难以深入，只能停留在描述层次。这也可能是类似研究很少的根本原因。

相反，一些以某类青年，比如城镇青年、女青年为研究对象的相关研究就要显得深入一些。就近十几年的研究情况看，最受研究者关注，研究也最深入的莫过于青年农民工的就业问题和青年大学生的就业问题。本研究不涉及青年农民工的就业问题，相关文献也就不赘述。李春玲等人在梳理2007—2009年我国青年研究的主题之后发现，大学毕业生的就业问题是不可忽视的新的研究主题（李春玲、孟蕾、吕鹏、施芸卿、陈昕，2011）。风笑天在对2000年以来的大学生就业问题的文献进行综述后更是发现，近十多年来，对大学生就业问题的研究明显不成比例地高于对青年就业问题的研究，同时也显著高于前二十年的大学生就业问题研究（风笑天）。

大学生的就业问题研究主要分三类。第一类是描述大学生的就业状况。岳昌君等利用五次全国抽样调查数据，描述了高校毕业生的就业状况和求职状况，分析我国高校扩大招生以来毕业生的就业特点与变化趋势（岳昌君，2012）。麦可思研究院自2007年开始，连续五年大规模地调查毕业半年和三年后的大学生就业情况（麦可思研究院，2009—2013）。上述研究为把握大学生的就业与求职情况、分析大学生的就业变化趋势提供了丰富而翔实的数据资料。但是，相关研究非常少见。其主要原因在于，大学生在离校前只有部分实现了就业，而且还只是签署用工合同，并没有真正的职业实践；描述性研究对样本的质量要求较高，要在大学生毕业前夕获得随机性的大样本确实有困难。

第二类是探讨影响大学生就业的因素。一些研究者比较宽泛地去探讨大学生就业的影响因素。这些研究用来反映大学生就业情况的指标集中在是否就业、起薪、就业满意度等。试图探讨的影响因素主要是性别、求职信息、求职成本、人力资本、家庭经济条件、家庭背景、社会关系等。研究结果也证实上述影响因素是有效的。上述研究没有明确的自变量，而是比较宽泛地探讨影响因素。另一些研究者则比较集中地探讨影响大学生就业的某个具体因素，比如择业观念、就业储备、性别、个人特征等。总体来说，这一类研究对相关指标的选取比较随意，相互之间也缺乏参考与对照。

第三类是探讨人力资本、社会资本与大学生就业的关系。这些研究用来反映大学生就业情况的指标集中在就业意向、是否就业、起薪、职业声望、就业成本、就业质量、就业地区、就业行业、单位性质、就业满意度等。人力资本主要用学校声望、专业、政治面貌、学习成绩、学生干部经历、兼职和实习经历、健康状况等指标来测量。社会资本主要用父母职业职务、父母文化程度、亲戚与关键人的社会地位、家庭社会关系的规模与利用、家庭所在地、家庭收入等指标来测量。这些研究比较深入地剖析了人力资本、社会资本对大学毕业生就业的影响,但部分研究对于人力资本和社会资本的测量显得随意,一些指标明显没有效度,缺乏相互借鉴,而且多数研究没有将人力资本、社会资本整合成综合性指标,研究结果也就显得杂乱和零散。

就业问题是现代社会的难题。对就业问题的研究往往充满着浓郁的人文关怀。研究者一般会选择在就业与职业发展上遇到特殊困难的人口群体作为研究对象,而且会以增进个人与家庭福利、缓解社会问题的价值标准去选择研究的具体问题。近三十年来,对农民工、下岗工人、大学生等群体的就业问题的研究实践,就说明了这一点。值得注意的是,这些人口群体的内部往往具有较强的异质性,就业作为难题在这些人口群体内部的亚群体身上会有不同性质、不同程度的表现。如果要使相关研究再深入一些,就需要注意这些人口群体内部的异质性。如果要进一步体现研究的人文关怀,就需要关注这些人口群体内部在就业问题上体验到更多艰辛和困顿的人。

大学生的就业问题研究也是如此。已有的研究多数以整个大学毕业生群体为研究对象,这很容易遮盖大学生内部的亚群体在就业问题上的多样性。用来区分大学生在就业问题上所遇到困难的性质和程度的变量可以有很多,比如性别、城乡、贫富、年代、学校类型等,每个变量都可以让大学生的就业问题呈现出特殊性。笔者认为上述变量中最重要、社会含义最丰富的变量就是城乡变量。在"城乡二元经济结构"的背景下,在市场化的就业体制中,农村大学生在就业问题上应该比城镇大学生更能体验到艰辛与困顿。可是,现有研究的数量和质量与这个问题的重要性是不相称的。

大学生的就业作为一个难题在21世纪初初现端倪。赖德胜当时就指出户籍制度不利于大学毕业生的流动和就业(赖德胜,2001),"知识失业"在很大程度上由劳动力市场的制度性分割引起(赖德胜、田用坡,2005)。曾湘泉也认为大学生就业难与户籍制度有关(曾湘泉,2004)。但生源的城乡差异对大学生就业的影响这一问题并没有引起学术界足够重视。笔者只见到秦永和裴育做过一项相关的专门研究(秦永、裴育,2011)。他们利用2009年南京市某高校的微观数据,采用

Probit 模型进行研究,发现农村大学生比城镇大学生就业概率低。他们的解释是,与城镇大学生相比,农村大学生已有的社会资本投资集中在农村和城市非正规部门就业人群,而就业部门主要在城市正规部门,已有社会资本在就业中利用不上。此项研究有三个问题。一是研究样本来自某个高校,样本量只有 202 个,分布和数量都有局限。二是被解释的变量只有一个,即是否就业,未涉及其他重要变量。三是在数据分析中并没有揭示出生源的城乡差异对是否就业的影响路径,尽管作者在结论解释中认为社会资本是中介变量。

其余与此有些关联的研究都不是专门研究该问题的,散见于其他主题的研究之中。只是在研究其他问题的时候会设置城乡变量,因而也就会有与此相关的零星结论。这些零星的结论可以分两类。一类是支持生源的城乡差异会影响到大学生的就业,比如城镇大学生就业的可能性大于农村大学生(刘小瑜、胡军刚,2008)、农村户籍对大学生就业不利(Congbin Guo,Mun C. Tsang,Xiaohao Ding,2010)等。另一类却认为生源的城乡差异不会影响到大学生的就业,比如生源的城乡差异不会影响到大学生的就业机会(黄敬宝,2009)和就业质量(李春玲,2010)。类似的研究为什么会出现截然不同的结论呢?关键原因可能在于,一些研究在模型建构中只纳入了与城乡差异关系不大的控制变量,而另一些研究把与城乡差异关系密切的中介变量也纳入模型。前者保留了生源的城乡差异所承载的社会含义,也就能体现对大学毕业生就业的影响,后者通过变量控制的方式抽离了生源的城乡差异所承载的社会含义,也就不能对大学生的就业产生影响。

基于大学生就业这个主题所涉及的社会背景以及相关研究的现状,本研究的研究问题确定为:生源的城乡差异是否会影响到大学生的初次就业结果?如果这种影响存在,这种影响产生的路径又是什么?借鉴已有研究的经验,吸取已有研究的教训,专门探讨生源的城乡差异对大学生初次就业结果的影响,以增进相关研究的知识积累,同时也给予面向社会初次择业和就业的大学生,尤其是农村大学生,以相应的人文关怀。

需要说明两点。其一,本研究只关注大学生的初次就业。15 岁至 64 岁都属于劳动年龄,在市场化的就业体制下,大学生的就业不只是从学校过渡到社会的初次就业,择业与就业问题在其有效的劳动年龄段随时都可能发生,但本研究只关注大学生从学校过渡到社会的初次就业。其二,本研究只关注大学生的就业结果。就业是一种活动,有经过也有结果,本研究只关注经过准备、搜寻、选择等环节之后的就业结果。如果不设此边界,本研究的问题就会显得大而无当,研究的内容就会过于宽泛。

二、研究设计与资料收集

1. 变量说明

(1) 自变量。自变量是生源的城乡差异。改革开放前,由于长期实行"城乡分治,一国两策",我国的农村地区和城镇地区在经济社会发展各方面都存在较大差距,形成了比一般的发展中国家更严重的"城乡二元经济结构"。改革开放后,维系城乡二元结构的户籍制度、劳动就业制度、分割的教育体系、医疗制度、社会保障制度等政策逐渐向城乡统筹的方向发展,城乡之间的刚性结构逐渐松动,城乡之间的人力与物质流动也在逐渐增加,但农村地区与城镇地区在经济社会发展水平上的较大差距依然存在。可以说,生源的城乡差异是我国大学生群体的一个重要分类变量,承载着丰富的社会含义。对于大学生来说,生源的城乡差异是一种先赋的社会结构性力量,这一社会结构性力量很可能深深地融入他们的教育、就业和职业生涯的轨迹之中。

生源的城乡差异是二分类变量,这个变量把大学生区分为农村大学生和城镇大学生。用上大学前本人的户口性质作为衡量标准。上大学前是农业户口的学生视为农村大学生,上大学前是非农业户口的学生视为城镇大学生。随着户籍制度的城乡统筹改革以及人员的城乡流动增加,一些研究者也用家庭所在地作为区分农村大学生和城镇大学生的指标。家庭所在地对于区分生源的城乡差异是有一定分辨力,但存在和实施了半个世纪以上的户籍制度具有更丰富、更深刻的经济社会文化内涵,也具有更现实的社会分层意义。因此,本研究选择户口性质而非家庭所在地来作为区分生源的城乡差异的指标。

(2) 因变量。因变量是大学初次就业的结果。在本研究中包括毕业去向、就业地区、就业产业、单位性质、岗位类型、起薪和就业满意度。前六个是客观性指标,最后一个是主观性指标。

毕业去向是分类变量,包括已经就业、有望就业但未最终确定、就业无望、读研或考研等四个取值。已经就业指已经找到工作,毕业离校即可上班。有望就业但未最终确定指在问卷调查时已经完成主要的求职程序,等待用人单位最终的确认。就业无望指在问卷调查时正在找工作但还没看到找到工作的希望,或者停止了找工作。读研或考研指已经有攻读硕士学位的机会,或者暂不就业、继续为读研做准备。

就业地区指大学生所找到的工作单位处在什么地区。就业地区有两种划分法。一种是划分为东部地区、中部地区和西部地区。另一种划分为乡镇及农村、县城(县级市)、地级市及以上城市。东部地区、中部地区、西部地区之间,尤其是东部地区与中西部地区之间,确实存在较大的经济社会发展水平差异。在农村到大都市的社区连续体之间也存在非常明显的经济社会发展差异。本研究的就业地区选择第二种划分法。因为东部地区的就业压力和生存压力大于中西部地区,其就业吸引力比过去有所下降;"孔雀东南飞"现象有所缓解;中国疆域宽广,大学生的就业有一定的地域性,在就读高校的所在地区及其附近就业的可能性更大;就业地点的城乡差异以及就业城市的层次差异,是区分大学生就业质量高低的重要指标,在就业压力比较大的当前尤其如此。

就业产业指大学生所找到的工作单位属于什么产业。就业产业分为第一产业、第二产业、第三产业。第一产业包括农业、林业、牧业、渔业。第二产业包括采矿业、制造业、电力、煤气及水的生产与供应业、建筑业。第三产业包括交通运输、仓储和邮政电信业、批发零售贸易和餐饮业、金融保险业、房地产业、社会服务业、卫生体育和社会福利业、教育文化和广播电影和电视业、科学研究与技术服务业、地质勘查业、党政机关和社会团体。大学生就业的产业差异,预示着职业声望、物质福利待遇、工作内容和工作条件等方面的差异。

单位性质指大学生在哪一类单位找到了工作。单位性质包括党政机关和事业单位、国有企业和"三资"企业、民营企业和个体经济组织、非政府与非营利组织。单位的性质不同,意味着对大学生就业的吸引力不同,工作文化和职业发展路径不同,职业声望、物质收入、工作稳定性也不同。

岗位类型指大学生就业的职位种类,主要包括管理、专业技术、技术工、普通工、行政后勤等五类岗位。虽然不同的岗位对于社会来说没有高低贵贱之分,但对于个人来说在社会声望和素质能力上还是具有层次性差异,就职者的职业发展路径也会不一样。

起薪指工作单位给已经找到工作的大学生所承诺的月薪。本研究开展调查的时间在大学生毕业离校之前,他们尚未真正入职,因此这里的起薪只是工作单位给他们的薪水承诺。本研究的起薪指工作单位承诺在他们正式入职后所应支付的月薪。

就业满意度指就业者对工作本身及其环境所持的一种态度或看法,是对其工作角色的整体情感反应。就业满意度是一个主观性指标,用李克特量表来测量。量表从就业地区、就业行业、单位性质、工作环境与条件、收入与福利、工作内容与职责、职位发展空间、自我开发与培训等八个方面去陈述问题,列出很不满意、不怎么满意、说不准、比较满意、很满意等五个答案,分别按 1、2、3、4、5 赋值。个案的量表得分越高,意味着就业满意度越高。

(3) 中介变量。中介变量指连接自变量和因变量之间的中间变量。相对于自变量,中介变量是因变量;相对于因变量,中介变量是自变量。本研究设置的中介变量包括家庭经济条件、家庭社会资本和就读院校的层次。我国的经济社会发展存在明显的城乡差异。农村家庭的经济条件、社会资本质量一般都不如城镇家庭。高等教育的机会也存在城乡差异,城镇家庭子女的高等教育机会明显多于农村家庭子女(李春玲,2003),城镇家庭子女上好学校的可能性也要大于农村家庭子女。这种高等教育机会的不平等更多地源于政府政策、意识形态等结构性因素(肖富群,2011)。上述中介变量的城乡差异很可能影响到大学生的初次就业。

家庭经济条件根据被调查者的自我评价去决定。被调查者根据实际情况,在"好、中等、差"三个层次中选择自己的家庭经济条件所处的层次。家庭社会资本在本研究中是一个复合变量,包括父母的文化水平、父母有无工作单位以及在工作单位的职务层次、2013 年接受拜年的次数、在求职过程中动用社会关系的程度。赋予每个指标以同等权重,在 0—1 这个区间给每个指标的具体值重新赋值,然后将各个指标的新值相加,得到家庭社会资本变量的值。

就读学校的层次包括"985"和"211"高校、一般本科院校、高职高专院校等三个层次。

(4) 控制变量。根据本研究的目的,所设置的控制变量应该是不受生源的城乡差异的影响,但可能影响到大学毕业生初次就业的变量。本研究设置的控制变量有性别、是否独生子女、专业、城市类别(学校所在地)、人力资本。独生子女在学校教育(王晓涛,2011;肖富群,2011)、继续教育(王晓涛,2011;肖富群,2012)和职业技能(郑洁,2004)等方面比非独生子女有优势。所学专业不同,其职业技能、就业市场、职业方向等可能会不同。各专业培养不同的职业技能,有不同的就业市场,适应不同的职业需求。尽管有研究者将专业视为人力资本的一种,但不同的专业难以区分出层次等级,只是一个分类变量,因此本研究将专业作为控制变量。学校所在的城市层次不同,就业容量和就业机会不一样。性别、人力资本会影响到大学生的初次就业,则几乎是该研究领域中的共识。

专业按 12 个学科门类划分,调查中包括 11 个学科门类(不包括军事学),数据分析时处理为文/史/哲、经济/管理、法学/教育、理/工、农/

医等五类。城市类型(学校所在地)分为直辖市、副省级城市、非副省级省会城市、地级市及以下城市等四类。调查中由被调查者直接填写城市名称,再由编码员根据编码簿归为上述四类中的对应类型。人力资本在本研究中也是一个复合变量,包括身体是否健康、是否为中共党员、是否担任过学生干部、专业成绩层次、获得奖学金次数、通过英语考试的种类数、通过计算机考试的种类数、获得职业资格证书种类数、专业实习次数、兼职次数、参加社团个数。其中通过英语考试的种类数和通过计算机考试的种类数是由多项选择题经过重新整合生成的新变量。赋予每个指标以同等权重,在0—1这个区间给每个指标的具体值重新赋值,然后将各个指标的新值相加,得到大学生的人力资本的变量值。

各类变量的基本情况如表3-1。

表3-1 各类变量的基本情况描述($n=2914$)

变量名	变量值	百分比	变量名	变量值	百分比
生源类别	城镇	41.6	是否独生子女	独生子女	35.2
	农村	58.4		非独生子女	64.8
毕业去向	已就业	50.5	性别	男	54.9
	就业有望	11.3		女	45.1
	就业无望	19.5	院校层次	"985"/"211"高校	22.1
	读研或考研	18.7		一般本科	43.9
就业地区	乡镇/农村	7.2		高职高专	34.0
	县(市)	18.9	城市类型	直辖市	4.1
	地级市及以上	73.9		副省级城市	41.5
就业产业	第一产业	3.0		非副省级省会	28.7
	第二产业	33.0		地级市及以下	25.7
	第三产业	64.0	专业	文/史/哲	8.0
单位性质	党政/事业	14.0		经济/管理	29.5
	国有/三资	38.4		法学/教育	9.7
	民营/个体	40.8		理/工	49.7
	非政府/非营利	6.7		农/医	3.2
岗位类型	管理	7.9	家庭经济条件	好	3.4
	专业技术	57.0		中	63.7
	技术工	14.5		差	32.9
	普通工	8.6	人力资本	5.13	(均值)
	行政后勤	12.0	家庭社会资本	2.36	(均值)
起薪(元)	3005.7	(均值)	就业满意度	28.19	(均值)

注:"就业地区""就业产业""单位性质""岗位类型""起薪""就业满意度"等就业结果变量的样本量为1474。

2. 数据分析思路

本研究的问题是生源的城乡差异是否会影响以及如何影响到大学生的初次就业结果。通过以下三个步骤来回答上述问题。首先,确认自变量与中介变量之间是否显著相关。用交互分类或均值比较的方法分析生源的城乡差异与家庭经济条件、家庭社会资本、学校层次等变量之间的关系。如果生源的城乡差异能明显地影响到家庭经济条件、家庭社会资本、学校层次等变量,家庭经济条件、家庭社会资本、学校层次等变量就可能是中介变量。否则,这些变量就不是中介变量,也就不必将之纳入进一步的数据分析。

其次,分析自变量与因变量之间的相关性。用逻辑斯蒂回归或多元线性回归的分析方法,以就业结果的各个指标为因变量,将自变量和控制变量纳入分析,以确认自变量与因变量之间是否显著相关。如果自变量和因变量在统计控制的条件下存在显著的相关性,就说明自变量可能影响到因变量,也就有进一步分析数据的必要。相反,如果自变量与因变量在统计控制的条件下不存在显著的相关性,就说明自变量对因变量的影响并不明显,也就不必继续进行数据分析。

再次,探讨自变量对因变量的影响及其影响的路径。在数据分析第二步的基础上,用逻辑斯蒂回归或多元线性回归的分析方法,以受自变量影响明显的因变量为因变量,将自变量、控制变量和中介变量一并纳入分析,以确认自变量对因变量的影响以及明确自变量对因变量的影响路径。如果自变量对因变量的影响依然存在,就说明自变量能直接影响到因变量;如果自变量对因变量的影响消失,就说明自变量对因变量的影响是通过中介变量间接地起作用的;如果自变量对因变量的影响依然存在但影响程度有所变化,就说明自变量对因变量既有直接影响也有间接影响,中介变量也影响到因变量。

3. 资料收集

本研究的研究对象是 2013 届应届大学毕业生。为了使抽样框有一个清楚的边界,此处的大学毕业生确定为在公办高等院校接受全日制高等教育的本科毕业生和专科毕业生,不包括其他类型、其他层次的大学毕业生。考虑到问卷调查的成本和可行性,对大学生初次就业结果的调查,在时间上一般会选择他们毕业离校之前,在地点上一般会选择他们所就读的学校。但由于专业实习、工作见习、求职面试等原因,很难保证应届大学毕业生在毕业离校之前一定在学校,而且不在学校的可能性比较大。这种情况下,比较适合对在校大学生进行随机抽样的分层抽样或简单随机抽样等方法就变得不适用了,只能根据研究的目的采取配额抽样。

在全国范围内立意抽取 17 所高等院校。院校样本尽可能考虑到院校所在地区、所在城市、院校层次等变量上的合理分布。抽取的 17 所高等院校中,东部 6 所,中部 6 所,西部 5 所;直辖市 1 所,副省级省会城市 8 所,非副省级省会城市 5 所,其他地级市及以下城市 3 所;"985"和"211"院校 4 所,一般本科院校 7 所,高职高专院校 6 所。

在所抽取的高等院校按配额抽样的方法选取调查对象。调查对象样本尽可能考虑到生源的城乡差异、学科专业等变量上的合理分布。所抽取的调查对象中,农村大学生占 58.4%,城镇大学生占 41.6%;文/史/哲、经济/管理、法学/教育学、理学/工学、农学/医学等专业分别占 8.0%、29.5%、9.7%、49.7%、3.2%。

在每所被抽取的学校寻找一位专业教师负责该校的调查工作,并由该教师在该校选取 5 名学生(研究生、本科生、专科生)作为调查员。整个调查组由 17 位专业教师和 85 名学生组成。研究者事先设计好调查指南,连同问卷一并发送给各位负责教师,由各负责教师对调查员分别进行调查培训。

调查时间选择在 2013 年 6 月。这段时间大学毕业生往往需要准备、进行毕业论文(或设计)答辩,参加毕业典礼,办理各种毕业和离校手续,他们在学校的可能性最大。有 16 所学校在 6 月份完成了问卷调查,只有北京大学的调查延迟到 7 月初才完成,因为该校毕业生离校的时间稍晚。

采用自填问卷的方式收集资料。每所学校要求完成有效问卷 200 份左右。要求尽可能按照现场发放问卷、现场分开填答、当场回收问卷、当场检查和核实的方式开展问卷调查。总共发放问卷 3300 份,有效回收问卷 2914 份,有效回收率 88.3%。

样本的基本情况见表 3-2。

表 3-2 样本分布

生源类别	"985"/"211"院校	一般本科	高职高专	合计
农村	285	818	598	1701
城镇	363	459	391	1213
合计	648	1277	989	2914

三、数据统计结果与分析

1. 家庭经济条件、社会资本和就读学校层次存在明显的城乡差异

首先分析生源的城乡差异与大学生的家庭经济条件、社会资本、学校层次之间的相关性。由于"二元经济社会结构"的长期存在,我国的经济社会发展存在明显的城乡差异。一般而言,农村大学生的家庭经济条件和家庭社会资本不如城镇大学生。而且改革开放以来,随着市场经济的发展,高等教育的机会和质量也逐渐出现了城乡不平等。本研究的调查数据也例证了上述观点。

表 3-3 生源类别与家庭经济条件的交互分类结果(%)

生源类别	好	中	差	有效样本量
农村	1.4	55.2	43.4	1651
城镇	6.3	75.7	18.0	1182

注:卡方值 228.718,p 值 0.000。

表 3-3 的结果表明,大学生的家庭经济条件具有明显的城乡差异。农村大学生的家庭经济条件处于"好"与"中等"层次的分别占 1.4%、55.2%,比城镇大学生的家庭经济条件的相应比例分别要低 4.9% 和 20.5%,而农村大学生的家庭经济条件有 43.4% 处于"差"的层次,比城镇大学生的家庭经济条件的相应比例要高 25.4%,卡方检验显示二者之间差距明显。农村大学生的家庭经济条件几乎都处于中下层次,而城镇大学生的家庭经济条件绝大多数都处于中上层次,前者比后者要差一个档次。

表 3-4 生源类别与家庭社会资本的独立样本 T 检验结果

指标	农村生源	城镇生源	平均数差距	T 值显著水平	有效样本量(乡/城)
社会资本	2.16	2.64	-0.48	-16.63***	1567/1098

注:*$p<0.05$,**$p<0.01$,***$p<0.001$。

表 3-4 的结果表明,大学生的家庭社会资本也存在明显的城乡差异。农村大学生的家庭社会资本量表得分比城镇大学生低 0.48,独立样本 T 检验显示这种差距很明显。农村大学生的家庭社会资本比城镇大学生明显要薄弱,而且农村大学生在求职、就业过程中动员、利用家庭社会资本的程度也低于城镇大学生。

表 3-5 生源类别与学校层次的交互分类结果(%)

生源类别	985/211 高校	一般本科院校	高职高专院校	有效样本量
农村	16.8	48.1	35.2	1701
城镇	29.9	37.8	32.2	1213

注:卡方值 73.990,p 值 0.000。

表 3-5 的结果表明,农村学生和城镇学生所就读的高校存在明显的层次差异。农村学生就读一般本科院校和高职高专院校的比例比城镇学生要高 10.3%、3.0%,而就读"985"和"211"院校的比例则要比城镇学生低 13.1%,卡方检验显示这类差异是显著的。农村学生考上和就读一般本科院校和高职高专院校的可能性更大,而城镇学生考上和就读"985"和"211"高校的几率更大。

上述数据分析结果说明,生源的城乡差异是解释家庭经济条件、社会资本和就读学校层次等差异的重要变量。大学生是来自农村还是来自城镇,往往预示着家庭经济条件、家庭社会资本的明显差距,也往往意味着所就读高校的层次差异。农村大学生的家庭经济条件可能更差,家庭社会资本可能薄弱,就读一般本科院校和高职高专院校的可能性更大。相反,城镇大学生的家庭经济条件可能更好,家庭社会资本可能更充足,就读重点高校的可能性更大。农村和城镇不只是一个地理概念,更是一个"二元经济社会结构"事实,蕴涵着丰富的社会意义。城乡家庭的经济条件和社会资本差距,以及城乡大学生所就读高校的层次差异,就是这种内涵的一种体现。

城乡差异对于具体的大学生来说是一种先赋的结构性因素。是出生在农村家庭还是城镇家庭,个人不能选择。是拥有农业户口还是非农业户口,个人也不能选择。个人也无法改变城乡"二元经济社会结构",只能在这种"二元经济社会结构"所蕴涵的各种事实中探索、形塑各自的生命轨迹。家庭经济条件、社会资本和学校层次等差异会影响到大学生的就业吗?这有待验证。

2. 生源的城乡差异间接地影响到大学生的毕业去向

按照我国现有的学制安排,大学生一般在 22 周岁左右毕业。毕业去向主要有两种,多数人面临就业,也有一部分选择继续深造。是选择就业还是继续深造,是顺利就业还是就业时困难重重,既会受到个人和家庭的影响,也会受到社会环境和社会结构因素的影响。大学生的毕业去向可能受到生源的城乡差异的影响。表 3-6 中的多元逻辑斯蒂回归分析结果证明这种影响是存在的。表3-6中的模型Ⅰ、模型Ⅱ、模型Ⅲ表明,在控制了性别、是否独生子女、专业、城市类型、人力资本等变量后,生源的城乡差异对大学生的毕业去向的影响是明显的。

表3-6 毕业去向的回归分析结果(Exp(B)值)

引入变量	引入控制变量			引入控制变量和中介变量		
	模型Ⅰ	模型Ⅱ	模型Ⅲ	模型Ⅳ	模型Ⅴ	模型Ⅵ
	就业有望/就业	就业无望/就业	读研或考研/就业	就业有望/就业	就业无望/就业	读研或考研/就业
生源类别(城镇=0)	0.738*	1.237*	0.615***			
性别(女=0)		0.722**	0.743*		0.704**	
是否独生子女(否=0)			1.591**		1.487**	1.55**
专业(农/医=0)						
文史哲			0.320**			0.323**
经济/管理	2.777*	2.303*	0.184***		2.913*	0.335**
法学/教育学	3.124*	2.565*	0.515*	3.801*	2.895*	0.373**
理学/工学			0.575*			0.498*
城市类别(地级及以下=0)						
直辖市		0.363*	7.867***			2.718**
副省级城市		0.526***	2.609***		0.615**	
非副省级省会城市		0.640**	3.143***		0.718*	1.625*
人力资本		0.767***	1.121**		0.797***	1.108**
院校层次(高职高专=0)						
"985"/"211"院校				0.304***	0.439**	22.176***
一般本科院校						11.362***
家庭经济条件(差=0)						
好						
中等						
家庭社会资本				0.666***		
-2倍拟然对数值	5.268E3			5.279E3		
卡方值	518.732***			745.602***		
伪R^2值	0.190			0.285		
有效样本量	2719			2470		

注:1. *$p<0.05$,**$p<0.01$,***$p<0.001$;2. 各模型的因变量,"/"后的变量取值为参照项;3. 模型Ⅳ、模型Ⅴ、模型Ⅵ为模型Ⅰ、模型Ⅱ、模型Ⅲ继续引入中介变量的结果。

模型Ⅰ表明,有望就业但未最终确定与已经就业这两种情况相比,农村大学生比城镇大学生更可能已经就业,而不是在等待用人单位最终的确认和回复。本研究的调查问卷没有将"有望就业但未最终确定"这种情况进一步细分,难以确定上述结果意味着什么。可能是农村大学生更容易就业,也可能是城镇大学生在等待更好的就业机会。根据模型Ⅱ的结果看,后者的可能性更大。

模型Ⅱ表明,就业无望(没有就业意向)与已经就业这两种情况相比,农村大学生比城镇大学生更可能处于就业无望状态,或者说城镇大学生比农村大学生已经找到工作的可能性更大。将模型Ⅰ的结果一并考虑,可以说城镇大学生比农村大学生在就业概率上有一定优势。问卷调查时大学生的初次就业尚未完全结束。在用人单位最终确认和回复之后,城镇大学生找到工作的比例还会上升。

模型Ⅲ表明,读研或考研与已经就业这两种情况相比,农村大学生比城镇大学生更可能选择就业,或者说城镇大学生比农村大学生更可能选择读研或考研。城镇大学生选择继续深造的可能性更大,这会进一步提高学历、丰富人力资本。农村大学生更可能选择就业,这不一定是一种优势,更可能是对现实条件的无奈顺从,毕竟家庭经济条件有限。本研究还发现农村大学生求职的经济需求动机明显强于城镇大学生。这可以作为上述推论的一个佐证。

上述三个模型的数据结果证实生源的城乡差异会明显地影响到大学生的毕业去向,但这种影响是直接的还是间接的,还有待继续分析。在模型Ⅰ、模型Ⅱ、模型Ⅲ的基础上,进一步引入院校层次、家庭经济条件、家庭社会资本等三个变量,得到模型Ⅳ、模型Ⅴ、模型Ⅵ。数据表明,在引入上述三个变量后,生源的城乡差异对大学生毕业去向的直接影响不再存在。或者说,生源的城乡差异并不直接影响到大学生的毕业去向,而是通过中介变量影响到大学生的毕业去向。

从模型Ⅳ、模型Ⅴ、模型Ⅵ可以看出,家庭经济条件的好坏与大学生的毕业去向并无明显的关联性,但是家庭社会资本和学校层次能明显地影响到大学生的毕业去向。家庭社会资本对解释大学生在已经就业、有望就业但未最终确定、继续深造等方面的差异并无明显作用,但就业无望和已经就业这两种情况相比,家庭社会资本雄厚的大学生更可能已经就业。学校层次对大学生的毕业去向差异有更强的解释力。"985"和"211"高校的毕业生比高职高专院校的毕业生找到工作的可能性更大,继续深造的机会也更多。一般本科院校的毕业生并没有获得比高职高专院校的毕业生更多的就业机会,但继续深造的可能性更大。

表3-6包括两个步骤的回归分析结果。第一步回归分析的结果,即模型Ⅰ、模型Ⅱ、模型Ⅲ,表明生源的城乡差异对大学生的毕业去向具有明显的影响。第二步回归分析的结果,即Ⅳ、模型Ⅴ、模型Ⅵ,表明生源的城乡差异对大学生毕业去向的影响是间接的。生源的城乡差异通过家庭社会资本、学校层次间接地影响到大学生的毕业去向。城镇大学生比农村大学生的家庭社会资本更雄厚,而家庭社会资本有助于大学生获得更多的就业机会。城镇家庭的子女更可能就读层次高的学校,而层次高的学校的毕业生有更多的就业和继续深造的机会。但家庭经济条件并非生源的城乡差异和人学生毕业去向之间的中介变量,因为生源的城乡差异与家庭经济条件之间存在明显的相关性,而家庭的经济条件对大学生毕业去向的影响并不明显。

3. 生源的城乡差异间接地影响到大学生的就业地区分布

在农村到大都市这个城乡连续体中,大学生就业的地区意向一般都会指向城市而非农村。农村大学生一般不会选择回农村就业,因为走出农村、跻身城市是他们接受高等教育的基本目的,而城镇大学生就更没有去农村就业的动机了。因为城乡"二元经济社会结构"的存在,是在农村就业还是在城市就业,是衡量就业质量高低的有效指标。城镇大学生尤其是农村大学生能实现这个意愿吗?表3-7的多元逻辑斯蒂回归分析结果给出了一种答案。

表3-7 就业地区的回归分析结果(Exp(B)值)

引入变量	引入控制变量		引入控制变量和中介变量	
	模型Ⅰ	模型Ⅱ	模型Ⅲ	模型Ⅳ
	乡镇农村/地级及以上	县市/地级及以上	乡镇农村/地级及以上	县市/地级及以上
生源类别(城镇=0)	1.549*	1.393*		
性别(女=0)		0.621**		0.646*
是否独生子女(否=0)				
专业(农/医=0)				
文史哲	0.103**	0.277**	0.089**	0.299*
经济/管理	0.208**	0.410*	0.285*	

(续表)

引入变量	引入控制变量		引入控制变量和中介变量	
	模型Ⅰ	模型Ⅱ	模型Ⅲ	模型Ⅳ
	乡镇农村/地级及以上	县市/地级及以上	乡镇农村/地级及以上	县市/地级及以上
法学/教育学	0.136**		0.173*	
理学/工学	0.184**	0.309**	0.231**	0.442*
城市类别(地级及以下=0)				
直辖市		0.106*		
副省级城市	0.568*			
非副省级省会城市	0.383**	0.482***	0.414*	0.528**
人力资本	0.866*		0.851*	
院校层次(高职高专=0)				
"985"/"211"院校			0.306*	0.380**
一般本科院校				1.530*
家庭社会资本				
-2倍拟然对数值	1.720E3		1.746E3	
卡方值	78.649***		116.585***	
伪R^2值	0.072		0.113	
有效样本量	1432		1303	

注:1. *$p<0.05$, **$p<0.01$, ***$p<0.001$;2. 各模型的因变量,"/"后的变量取值为参照项;3. 模型Ⅲ、模型Ⅳ为模型Ⅰ、模型Ⅱ继续引入中介变量的结果;4. 为保证方程的有效性,"家庭经济条件"未作为中介变量纳入模型Ⅲ、模型Ⅳ。

如表3-7中的模型Ⅰ、模型Ⅱ所示,在控制了性别、是否独生子女、专业、城市类别、人力资本等变量后,生源的城乡差异对大学生的就业地区依然存在明显影响。就在乡镇农村就业和在地级市及其以上城市就业相比,农村大学生比城镇大学生更可能在乡镇农村就业。就在县城(县级市)就业和在地级市及其以上城市就业相比,农村大学生比城镇大学生更可能在县城(县级市)就业。农村大学生在乡镇农村或县城(市)就业的可能性更大,而城镇大学生在地级市及其以上城市就业的可能性更大。

模型Ⅰ和模型Ⅱ表明,生源的城乡差异能明显地影响到大学生的就业地区。需要进一步分析这种影响是直接的还是间接的。在模型Ⅰ和模型Ⅱ的基础上,继续将院校层次、家庭社会资本纳入回归分析,得到模型Ⅲ和模型Ⅳ。模型Ⅲ和模型Ⅳ表明,在引入中介变量后,生源的城乡差异对大学生的就业地区的直接影响不再存在。这说明生源的城乡差异并不是直接影响到大学生的就业地区,而是通过中介变量间接地施加这种影响的。

这种间接影响主要是通过农村大学生和城镇大学生就读学校的层次差异来实现的。如模型Ⅲ和模型Ⅳ所示,与高职高专院校的毕业生相比,"985"和"211"高校的毕业生更可能在地级市及其以上城市找到工作。或者说,高职高专院校的毕业生更可能在乡镇农村或县城就业。一般本科院校的毕业生是在乡镇农村工作还是在地级市及以上城市工作,与高职高专院校的毕业生相比并无明显区别,但前者在县城找到工作的可能性更大,后者则在地级市及以上城市就业的几率更高。

表3-7包括两个步骤的回归分析结果。第一步回归分析的结果,即模型Ⅰ、模型Ⅱ,表明生源的城乡差异对大学生的就业地区存在明显影响。第二步回归分析的结果,即模型Ⅲ、模型Ⅳ,表明生源的城乡差异对大学生的就业地区的影响是间接的。生源的城乡差异通过学校的层次差异间接地影响到大学生的就业地区。城镇大学生比农村大学生更可能就读层次高的高校,而高层次高校的毕业生更可能在地级市及其以上城市找到工作。相反,农村大学生比城镇大学生更可能就读层次低的高校,而低层次高校的毕业生更可能在乡镇农村或县城(市)就业。但家庭社会资本并非生源的城乡差异和大学生就业地区之间的中介变量,尽管生源的城乡差异与家庭社会资本之间显著相关,但家庭社会资本与大学生的就业地区并无必然联系。

4. 生源的城乡差异既直接又间接地影响到大学生的就业产业分布

对于现代经济社会发展来说,各类产业都是不可或缺的组成部分。但对于大学生个体来说,在不同的产业就业往往在入职条件、生产效率、工作条件、经济收入、社会声望、发展前景等方面存在差异。就劳动力市场目前的情况而言,对大学生最具吸引力的应该是第三产业,其次是第二产业,最后才是第一产业。当然,大学生能否在某个产业就业,并非完全由个人意愿决定,还会受到社会结构因素的影响。这些社会结构性因素可能包括生源的城乡差异所内涵的结构性因素。表3-8所揭示的就是生源的城乡差异对大学生就业产业的影响情况。

表 3-8　就业产业的回归分析结果（Exp(B)值）

引入变量	引入控制变量		引入控制变量和中介变量	
	模型Ⅰ	模型Ⅱ	模型Ⅲ	模型Ⅳ
	一产业/三产业	二产业/三产业	一产业/三产业	二产业/三产业
生源类别(城镇=0)		1.587**		1.507**
性别(女=0)	5.022***	3.301***	4.553**	3.308***
是否独生子女(否=0)		0.583***		0.608**
人力资本存量	0.736**		0.762**	
院校层次(高职高专=0)				
"985"/"211"院校				
一般本科院校			2.484*	0.509*
家庭社会资本				0.827*
−2倍拟然对数值	1.105E3		1.651E3	
卡方值	141.990***		167.710***	
伪R^2值	0.133		0.166	
有效样本量	1294		1206	

注：1. $^*p<0.05$, $^{**}p<0.01$, $^{***}p<0.001$；2. 各模型的因变量，"/"后的变量取值为参照项；3. 模型Ⅲ、模型Ⅳ为模型Ⅰ、模型Ⅱ继续引入中介变量的结果；4. 为保证方程的有效性，"城市类别"和"专业"未作为控制变量纳入各模型，"家庭经济条件"未作为中介变量纳入模型Ⅲ、模型Ⅳ。

从表 3-8 中的模型Ⅰ、模型Ⅱ可以看出，在控制了性别、是否独生子女、人力资本等变量后，生源的城乡差异能明显影响到大学生的就业产业。尽管生源的城乡差异对大学生是在第一产业还是在第三产业就业并无明显影响，但对大学生是在第二产业还是在第三产业就业有显著影响。农村大学生在第二产业就业的可能性更大，城镇大学生在第三产业就业的可能性更大。

引入中介变量继续分析，以确定上述影响是直接的还是间接的。如表 3-8 中的模型Ⅲ、模型Ⅳ所揭示的，在引入院校层次和家庭社会资本等中介变量后，生源的城乡差异对大学生就业产业的影响依然存在，结果依然是农村大学生更可能在第二产业就业，城镇大学生更可能在第三产业就业。这说明生源的城乡差异对大学生的就业产业存在直接影响。

需要注意的是，在引入中介变量后，生源的城乡差异对大学生就业产业的回归系数有所降低。这说明两个问题:一是生源的城乡差异对大学生就业产业的影响程度有所降低;二是引入的中介变量能够有效地解释大学生的就业产业差异。模型Ⅲ、模型Ⅳ的数据结果也证实了这一点。在第二产业就业与在第三产业就业相比,"985"/"211"院校的毕业生与高职高专院校的毕业生没有明显差异,但一般本科院校的毕业生比高职高专院校的毕业生更可能在第三产业就业。而且家庭的社会资本越雄厚,大学生在第三产业就业的可能性就越大。

表3-8的回归分析结果中的第一步,即模型Ⅰ、模型Ⅱ,表明生源的城乡差异对大学生的就业产业具有明显影响。第二步,即模型Ⅲ、模型Ⅳ,表明生源的城乡差异对大学生的就业产业具有直接的和间接的双重影响。生源的城乡差异既直接影响到大学生的就业产业,又通过引起学校层次和家庭社会资本差异间接地影响到大学生的就业产业。要注意的是,生源的城乡差异对大学生就业产业的这种影响只体现在第二产业和第三产业之间,并不影响到大学生是在第一产业还是第三产业就业。这可能和大学生很少选择在第一产业就业有关。本研究样本中在第一产业就业的大学生只有40人,只占已就业大学生的1.4%,其中农村大学生27人,城镇大学生13人,只占各自的3.3%和2.4%。

上述回归分析结果表明农村大学生更可能在第二产业就业,而城镇大学生更有可能在第三产业就业。第三产业包括众多行业,即使同样在第三产业就业,农村大学生和城镇大学生也可能存在就业的行业差异。如表3-9所示,将生源的城乡差异与大学生在第三产业的就业行业进行交互分类,发现农村大学生更可能在地质勘探、批发零售贸易和餐饮业、科学研究和综合技术服务业等行业就业,城镇大学生更可能在交通运输、仓储和邮件电信业、金融保险和党政机关等行业就业。地质勘探业的工作条件一般比较艰苦;批发零售贸易和餐饮业一般属于体制外就业,工作辛苦且收入不高;科研与技术服务类工作的获得更依赖人力资本而非社会资本。而交通运输、仓储和邮件电信业、金融保险和党政机关等行业的垄断性和稳定性更强,工作环境和工作条件更好,经济收入与社会声望更高。农村大学生和城镇大学生在第三产业里就业的这种行业差异,可能意味着不同水平的就业质量。

表3-9 城乡生源与第三产业各行业就业的交互分类结果(%)

生源类别	地质勘探	运储邮电	批零餐饮	金融保险	房地产	社会服务	卫体福利	教广影视	科学技术	党政机关	合计(人数)
城镇	4.2	14.5	8.9	18.1	4.2	15.6	2.5	12.8	8.9	10.3	(359)
农村	9.0	7.1	14.4	14.2	5.4	15.9	0.8	14.2	12.5	6.5	(479)
合计(人数)	(58)	(86)	(101)	(133)	(41)	(132)	(13)	(114)	(92)	(68)	(838)

注:卡方值35.656,p值0.000。

5. 生源的城乡差异对大学生就业的单位性质和岗位类型没有明显影响

就业的单位性质与岗位类型是反映大学生初次就业结果的重要指标。当前各用人单位既受"单位社会"中行政力量的惯性影响,又受市场机制的影响,只是有些用人单位受行政力量影响较大,而有些用人单位的市场性更强。就业单位的性质不同,在一定程度上意味着体制内就业与体制外就业、初级劳动力市场就业与次级劳动力市场就业、正式就业与非正式就业等方面的不同。就业的岗位不同,意味着是否充分就业、岗位职责、工作内容、工作价值等方面的不同。影响大学生就业的单位性质和岗位类型的因素应该是多方面多层次的,但表3-10和表3-11的回归分析结果表明,生源的城乡差异对大学生就业的单位性质和岗位类型的影响并不明显。

表3-10 单位类型的回归分析结果(Exp(B)值)

引入变量	模型Ⅰ	模型Ⅱ	模型Ⅲ
	党政事业/非营利	国有三资/非营利	民营个体/非营利
生源类别(城镇=0)			
性别(女=0)	1.896*	2.938***	1.671*
是否独生子女(否=0)	1.841*		
人力资本存量			
-2倍拟然对数值	2.162E3		
卡方值	80.085***		
伪R^2值	0.060		
有效样本量	1442		

注:1. *$p<0.05$,**$p<0.01$,***$p<0.001$;2. 各模型的因变量,"/"后的变量取值为参照项;3. 为保证方程的有效性,"城市类别"和"专业"未作为控制变量纳入模型。

表 3-10 表明,在控制了性别、是否独生子女、人力资本等变量后,生源的城乡差异对大学生就业的单位性质并无明显影响。在党政机关和事业单位、国有企业和"三资"企业、民营企业和个体经济组织、非政府和非营利组织等单位中,大学生在哪类性质的单位就业与他们是来自农村还是来自城镇并无明显的关联性。性别、是否独生子女等变量是大学生就业的单位性质差异的解释变量。男大学生比女大学生更可能在党政机关和事业单位、国有企业和"三资"企业、民营企业和个体经济组织等单位就业,而女大学生比男大学生更可能在非政府和非营利组织就业。独生子女大学生比非独生子女大学生更可能在党政机关和事业单位就业,非独生子女大学生比独生子女大学生更可能在非政府和非营利组织就业。

表 3-11 岗位类别的回归分析结果(Exp(B)值)

引入变量	模型Ⅰ 管理/行政后勤	模型Ⅱ 专业技术/行政后勤	模型Ⅲ 技术工/行政后勤	模型Ⅳ 普通工/行政后勤
生源类别(城镇=0)				
性别(女=0)	2.315**	1.615*	2.964***	3.486***
是否独生子女(否=0)				
专业(农/医=0)				
文史哲				
经济/管理		0.170*		
法学/教育学				
理学/工学				
城市类别(地级及以下=0)				
直辖市		0.234**		
副省级城市		0.547**	0.468**	
非副省级省会城市	2.166*		0.423*	0.281*
人力资本				
-2倍拟然对数值	2.838E3			
卡方值	274.030***			
伪R^2值	0.200			
有效样本量	1348			

注:1. *$p<0.05$,**$p<0.01$,***$p<0.001$;2. 各模型的因变量,"/"后的变量取值为参照项。

表 3-11 表明,在控制了性别、是否独生子女、专业、城市类别、人力资本等变量后,生源的城乡差异对大学生就业的岗位类型也不存在显

著影响。在管理、专业技术、技术工、普通工、行政后勤等岗位中,大学生就业的岗位类型与他们是来自农村还是来自城镇并无必然联系。性别、城市类别是大学生就业的岗位类型差异的重要解释变量。男大学生比女大学生更可能获得管理、专业技术、普通工和技术工等岗位,而女大学生比男大学生更可能获得行政后勤岗位。管理岗与行政后勤岗相比,就读学校在非副省级省会城市的大学生比就读学校在地级市及其以下城市的大学生更可能获得管理岗位;专业技术岗和行政后勤岗相比,就读学校在直辖市或副省级城市的大学生比就读学校在地级市及其以下城市的大学生更可能获得行政后勤岗;技术工与行政后勤岗相比,就读学校在副省级城市或非副省级省会城市的大学生比就读学校在地级市及其以下城市的大学生更可能获得行政后勤岗;普通工与行政后勤岗相比,就读学校在副省级省会城市的大学生比就读学校在地级市及其以下城市的大学生更可能获得行政后勤岗。

就业的单位性质和岗位类型对于初次就业的大学生来说具有重要意义,可能对就业者的职业适应和职业发展产生重要影响。大学生就业的单位性质和岗位类型当然存在差异,但表3-10、表3-11的回归结果表明生源的城乡差异并不是这种差异的解释变量,也就不必引入中介变量进行进一步分析。大学生就业的单位性质与岗位类型与生源的城乡差异无明显关联,这在一定程度上表明就业的市场机制逐渐形成,劳动力市场的城乡二元结构有缓解的迹象。

6. 生源的城乡差异对起薪有直接和间接的双重影响但与就业满意度无明显关联

工作对于个人而言具有丰富的社会含义,但对当前的一般人来说,工作的基本含义是一种谋生手段。薪酬的多少往往是择业者尤其是初次择业者选择或舍弃一份工作的重要标准。薪酬的多少也是衡量就业质量高低的基本指标。就业满意度是主观性指标,且具有综合性,指人们对自己所从事的工作的总体感受。就业者只有认知、感受就业的客观过程和事实之后才能形成就业满意度。对个体而言,有时候主观的感受可能比客观的事实更重要。大学生的就业起薪和满意度肯定是存在差异的,而且其解释变量肯定是多方面和多层次的,本研究关心的是生源的城乡差异是否为这些差异的解释变量。表3-12的回归分析结果表明,生源的城乡差异对大学生的就业起薪影响显著,但对大学生的就业满意度并无显著影响。

如表 3-12 中的模型 Ⅰ 所示,在控制了性别、是否独生子女、专业、城市类别、人力资本等变量后,生源的城乡差异对大学生的就业起薪有显著影响。农村大学生的月薪比城镇大学生要低 0.101 个标准单位。或者说城镇大学生的月薪明显高于农村大学生。

表 3-12　月薪的回归分析结果(β 值)

引入变量	引入控制变量		引入控制变量和中介变量
	模型 Ⅰ	模型 Ⅱ	模型 Ⅲ
	月薪	满意度	月薪
城乡生源(城镇=0)	-0.101**		-0.068**
性别(女=0)	0.106***		0.103***
是否独生子女(否=0)		0.051*	
专业(农/医=0)			
文史哲	0.055*		
经济/管理			
法学/教育学			-0.081**
理学/工学	0.113***		
城市类别(地级及以下=0)			
直辖市	0.321***		0.239***
副省级城市	0.129***	0.084**	
非副省级省会城市	0.255***	0.100**	0.072**
人力资本	0.151***	0.123***	0.108***
院校层次(高职高专=0)			
"985"/"211"院校			0.418***
一般本科院校			0.206***
家庭经济条件(差=0)			
好			0.121***
中等			0.056*
家庭社会资本			
调整后的 R^2 值	0.191	0.024	0.310
F 值	42.991***	9.494***	59.784***
DW 值	1.591	1.868	1.743
有效样本量	1420	1392	1309

注:1. *$p<0.05$,**$p<0.01$,***$p<0.001$;2. 模型Ⅲ为模型Ⅰ继续引入中介变量的结果。

但是生源的城乡差异对大学生的就业满意度并无显著影响。如表 3-12 中的模型 Ⅱ 所示,在控制了性别、是否独生子女、专业、城市类别、人力资本等变量后,生源的城乡差异与大学生的就业满意度之间并无明显关联。在本研究所设置的变量中,只有是否独生子女、城市类别、人力资本等变量与大学生的就业满意度显著相关。独生子女大学生的就业满意度高于非独生子女大学生。就读学校在副省级城市或非副省级省会城市的大学生,其就业满意度要高于就读学校在地级市及其以下城市的大学生,而就读学校在直辖市的大学生与就读学校在地级市及其以下城市的大学生在就业满意度上无显著差异。人力资本与大学生的就业满意度之间是一种显著的正相关关系。

因为就业满意度与生源的城乡差异并不显著相关,就没有必要继续引进中介变量去探讨二者之间的关系。但还需要引进中介变量去分析生源的城乡差异与就业起薪之间的关系,以确定二者之间所存在的关系的路径。在表3-12中的模型Ⅰ和模型Ⅱ的基础上,将院校层次、家庭经济条件和家庭社会资本等中介变量引入回归方程继续分析,结果如表3-12中的模型Ⅲ。模型Ⅲ表明,在引入中介变量后,生源的城乡差异对大学生的就业起薪依然存在明显的影响。农村大学生的月薪比城镇大学生还是明显要低一些。这表明生源的城乡差异能直接影响到大学生的就业起薪。模型Ⅰ和模型Ⅱ的回归系数还表明,在引入中介变量后,生源的城乡差异对月薪的影响程度有所下降。这说明所引入的中介变量是解释大学生就业月薪差异的有效变量。

如表3-12中的模型Ⅲ所示,尽管家庭社会资本与大学生的就业起薪不存在明显关联,但院校层次和家庭经济条件是大学生就业月薪差异的解释变量。"985"和"211"院校的毕业生的月薪明显高于高职高专院校的毕业生。家庭经济条件居于"好"和"中等"层次的大学生的月薪也要明显高于家庭经济条件居于"差"层次的大学生。就读学校的层次越高,起薪也就越高。家庭的经济条件越好,起薪也就越高。这表明院校层次和家庭经济条件是生源的城乡差异与大学生就业月薪之间有效的中介变量。生源的城乡差异影响到大学生就读的院校层次和家庭经济条件,就读的院校层次和家庭经济条件又影响大学生的就业起薪。农村大学生就读层次低的院校的可能性更大,家庭经济条件也可能更差,而低层次院校和家庭条件差的大学生更可能遭遇低的就业起薪。

四、研究的结论与讨论

本研究运用调查研究的方法,利用对全国 17 所高等院校 2914 名 2013 届大学毕业生的问卷调查数据,集中回答了生源的城乡差异是否影响以及如何影响到大学生的初次就业结果这一问题。研究发现:

第一,生源的城乡差异是影响大学生初次就业结果的重要因素。大学生的毕业去向、就业地区、就业产业、就业起薪等都具有明显的城乡差异。面临毕业,农村大学生比城镇大学生更可能选择就业,城镇大学生比农村大学生则更可能选择继续深造;与城镇大学生相比,农村大学生已经找到工作的可能性更大,尚无就业意向、处于就业无望境地的可能性也更大;与农村大学生相比,城镇大学生在是否已经就业上并无明显优势,但处于等待用人单位确认和回复、有望实现就业境况的比例更大。农村大学生更可能在乡镇农村或县城就业,城镇大学生更可能在地级市及其以上城市就业。农村大学生在第二产业就业的可能性更大,城镇大学生在第三产业就业的可能性更大。农村大学生的就业起薪明显低于城镇大学生。

第二,生源的城乡差异影响对大学生初次就业结果的路径具有差异性。生源的城乡差异对大学生的毕业去向和就业地区的影响是间接的。生源的城乡差异通过家庭社会资本、就读学校的层次等变量间接地影响大学生的毕业去向。城镇大学生比农村大学生的家庭社会资本更雄厚,而家庭社会资本有助于大学生获得更多的就业机会。城镇家庭的子女更可能就读层次高的学校,而高层次学校的毕业生有更多的就业和继续深造的机会。生源的城乡差异通过学校层次差异间接地影响到大学生的就业地区。城镇大学生比农村大学生更可能就读层次高的高校,而高层次学校的毕业生更可能在地级市及其以上城市找到工作;农村大学生比城镇大学生更可能就读层次低的高校,而低层次学校的毕业生更可能在乡镇农村或县城就业。

生源的城乡差异对大学生的就业产业和就业起薪具有直接的和间接的双重影响。生源的城乡差异既直接地影响到大学生的就业产业和就业起薪,又通过就读院校的层次和家庭社会资本等变量间接地影响到大学生的就业产业,还通过就读院校的层次和家庭经济条件等变量间接地影响到大学生的就业起薪。与城镇大学生相比,农村大学生就读低层次学校的可能性更大,家庭社会资本更薄弱,家庭经济条件也可能更差,而低层次院校和家庭社会资本薄弱的大学生更可能在第二产业就业,低层次院校和家庭经济条件差的大学生更可能遭遇低的就业起薪。

第三,生源的城乡差异对大学生就业的单位性质、岗位类型和满意度无明显影响。在党政机关和事业单位、国有企业和"三资"企业、民营企业和个体经济组织、非政府和非营利组织等单位中,大学生在哪类性质的单位就业与他们是来自农村还是来自城镇无明显关联。性别、是否独生子女等变量是大学生就业单位性质差异的有效解释变量。在管理、专业技术、技术工、普通工、行政后勤等岗位类型中,大学生就业的岗位类型与他们是来自农村还是来自城镇也无必然联系。性别、城市类别等变量是大学生就业的岗位类型差异的有效解释变量。生源的城乡差异与大学生的就业满意度之间也无明显关联。是否独生子女、城市类别、人力资本等变量与大学生的就业满意度显著相关。

从本研究结果中,笔者提出三个值得讨论的问题:

(1) 农村大学生的就业问题更值得关注。自1999年高等院校扩大招生以来,尤其是2003年扩大招生后第一届大学生毕业以来,大学生的就业逐渐成为急需解决的社会问题。大学毕业生的数量连年剧增,这两年几乎占到新增劳动力人口的三分之一强,使业已严峻的就业形势变得更加紧张。就业困难在现代社会并不是什么新鲜问题,但曾经贵为"天之骄子"的大学生如今遭遇到如此境地的就业困难,此时的就业问题就必然会有题外之义。挫败家庭教育投资的信心、反思国内高等教育体制、质疑政府解决民生问题的能力等一系列问题都会因此出现。

正因为如此,大学生的就业问题近十年来一直都是社会各界关注的一个焦点。关于大学生就业难的各类节目和报道频现各类新闻媒体。政府及其相关职能部门推行积极的就业政策,努力促进大学生就业。各类高校以市场为导向,自觉调整人才培养方案,积极提供就业服务,努力提高大学生的就业率。学术界在此期间发表了上千篇关于大学生就业的文章。社会各界对大学生就业问题的关注,显示了对社会问题的敏感性,表现了高度的人文关怀。但相关关注有一个共同的特点,即把大学生视为一个整体,忽视大学生群体内部的异质性。大学生是一个充满异质性的群体。就业困难在大学生内部各类群体身上会有不同性质和程度的体现。在就业问题上把大学生群体进行分组研究和讨论的标准会有很多,比如性别、贫富、年代、学校等,但笔者一直认为,生源的城乡差异是一个至关重要的分组标准,因为在"城乡二元经济结构"的背景下,在市场化的就业体制中,农村大学生在就业问题上应该比城镇大学生有更多的艰辛与困顿。

本研究的结论也一定程度上也证实了这一点。大学毕业,初次择业和就业,农村大学生的困难和矛盾比城镇大学生确实更多。农村大学生因为缺乏继续深造的条件而更可能选择就业,但在就业机会上并没有显示出优势,而且等有望实现就业、暂时处于等待用人单位确认的那部分大学生(城镇大学生更多)完成就业后,农村大学生在就业机会上很可能处于劣势。离开农村,流动到城市就业,摆脱体力劳动,转移到脑力劳动岗位就业,这是一般的农村子女坚持求学的基本动机,也是一般的农村家庭进行高等教育投资的基本动力,但农村大学生更可能在乡镇农村或县城就业,更可能在体力劳动比较明显的第二产业就业。农村大学生的家庭经济条件欠佳,求职的经济动机比较强(本研究的数据可以证实),但他们却遭遇到明显更低的就业起薪。而城镇大学生却与此相反,他们有更多继续深造的机会,可能有更多的就业机会,更可能在城市就业,更可能在工作条件和前景更好的第三产业就业,享有明显更高水平的起薪。

就业的难和易总是相对而言的。相对于城镇大学生而言,农村大学生的就业确实要困难一些。在思考、分析、研究大学生就业问题的时候,需要自觉地运用城乡视角;在完善制度、制定政策以减缓大学生就业问题的过程中,需要主动地采用城乡框架。在城乡视角和城乡框架中,农村大学生的就业问题需要更多的关注、更多的研究、更多的政策扶持。但就目前的情况看,我们做得都非常不够。

(2) 高等教育的机会不平等是影响农村大学生和城镇大学生初次就业的关键变量。本研究的数据证实,农村大学生和城镇大学生在人力资本、就业能力两方面不存在显著差异。农村大学生和城镇大学生的人力资本量表得分分别为 5.12、5.16,就业能力的量表得分分别为 88.73、87.55,独立样本 T 检验的显著度分别为 0.493、0.251。为什么这两类大学生的初次就业结果会有那么大的差异呢?本研究设置的自变量、中介变量、控制变量都是这些差异的解释变量,还有更多的解释变量没有被发现。性别、是否独生子女、专业、就读学校所在的城市、人力资本等控制变量对因变量的影响,并不是本研究的主要目的,在此我们暂且不讨论。自变量对因变量的影响,本研究已有明确的结论。生源的城乡差异对大学生的初次就业结果具有直接的和间接的双重影响。本研究没有考虑到的、尚未发现的其他解释变量,一部分只能在后续研究中完善,另一部分甚至在研究者的想象力之外。我们在此要讨论的是中介变量,尤其是就读学校的层次对大学生初次就业结果的影响。

已有的研究发现,家庭经济条件尤其是家庭社会资本对大学生初次就业的影响比较大(闵维方、丁小浩、文东茅、岳昌君,2006;李炜、岳昌君,2009;杜桂英、岳昌君,2010)。本研究也发现,家庭经济条件能影响到大学生初次就业的起薪,家庭社会资本能在一定程度上影响到大学生初次就业的地区分布和毕业去向,但就读院校层次对大学生初次就业的影响程度最深、影响面最广,毕业去向、就业地区、就业产业、就业起薪都受其影响。就读院校的层次差异会影响到大学生的初次就业,这并不奇怪,毕竟不同层次的院校在生源质量和培养质量上有差异,培养目标也有所不同。尽管目前几乎还没有专门探讨就读院校的层次与大学生就业之间关系的专门研究,但那些探讨大学生就业影响因素的研究多数都会设置就读院校的层次这一自变量(本章的研究综述部分涉及类似文献),数据分析结果往往也显示就读院校的层次会影响到大学生初次就业。但是,把就读院校的层次作为一个中介变量,来讨论生源的城乡差异对大学生初次就业的影响,更能折现出重要的社会内涵,比如说高等教育的机会不平等。

高等教育的机会至少有三种意思:一是有还是没有机会接受高等教育;二是在有机会接受高等教育的基础上,进入不同层次的学校接受高等教育的机会;三是在有机会接受高等教育的基础上,接受不同阶段的高等教育的机会。李春玲的研究证明,城镇子女有更多的机会接受高等教育,而且在高等教育的不同阶段也是如此;高校扩大招生不仅没有缩小获得高等教育机会的城乡差距,反而将差距扩大了。本研究的数据则证实,农村子女和城镇子女接受高等教育存在层次性机会差异。如表3-5所示,农村子女在一般本科院校和高职高专院校就读的可能性更大,城镇子女就读"985"和"211"院校的可能性更大。而就读学校的这种层次性差异会对大学生的初次就业带来广泛而深远的影响。

农村子女和城镇子女接受高等教育的层次性差异,是高等教育的机会和资源分配的结果,也是影响劳动力市场配置的重要原因。农村大学生在初次就业中所遭遇到的不利,其实在他们选择读哪种层次的学校时就已经埋下伏笔,而且这种影响可能会在他们随后的职业生涯中得以延续。

（3）大学生毕业后的就业、职业适应与职业发展等问题的研究有待加强。社会各界对大学生就业问题的关注通常局限于他们的初次就业。现有的研究，包括本研究在内，对大学生就业问题的研究通常也局限于初次就业。而大学生毕业后的就业、职业适应与职业发展等问题，很少被纳入研究者的视野。除麦可思研究院对毕业半年后和三年后的大学毕业生就业情况开展连续性调查外，笔者尚未见到别的研究者对大学生毕业后的就业、职业适应与职业发展等问题做过专门研究。大学生的初次就业一般发生在由学校向社会过渡的阶段，有相当一部分还没有离开学校就已经确定了工作。研究这个阶段的就业，研究成本低，可操作性也强，但对大学生就业问题本身来说，还是远远不够的。

在离开学校前就确定工作的大学生只是一部分，还有一部分没有确定工作，他们离开学校后需要继续择业和就业。即使对于那些在离开学校前已经确定工作的大学生来说，此时的工作往往还是一份就业协议或劳动合同，他们并未真正参加工作，工作和职业中各类事实并未实际展开。而且大学毕业只是职业生涯周期的开端，随着职业生涯的展开，有很多事实不是研究者甚至大学毕业生本人可以预测和想象的。大学生毕业后的就业、职业适应和职业发展究竟如何呢？不得而知。

职业生涯周期包括从开始从事职业活动到完全退出职业活动的全过程。每个人的职业生涯周期并不相同，受到年龄、性别、学历、经验、再学习能力、适应能力、心理素质、性格、工作心态、工作能力、自我设计以及不同层面的结构性因素的影响。尽管高等教育已逐渐成为大众化的职业教育，但高等教育的机会毕竟不是普遍的，受过高等教育的劳动力在其职业生涯周期当中应该会有特殊的表现。所有这些未知的东西都有待研究者对大学生的就业做过程式的跟踪研究才能给出答案。

参考文献：

1. 中国青少年研究中心课题组：《中国青年权益状况报告》，《中国青年研究》2008年第11期，第5—19页。
2. 中国青少年研究中心"新世纪中国青年发展报告"课题组：《新世纪中国青年发展报告（2000—2010）》，《中国青年研究》2012年第4期，第5—20页。
3. 曾湘泉：《青年就业：我国就业战略研究应关注的重点领域》，《中国劳动》2005年第10期，第12—13页。
4. 中华全国青年联合会、劳动和社会保障部劳动科学研究所、国际劳工组织：《中国青年就业问题研究："中国青年从学校向工作过渡调查"研究报告》，《经济研究参考》2005年第80期,第12—25页。

5. 邓希泉、杨长征、李广文:《"80后"青年职场状况及其评价研究——以北京地区为例》,《中国青年研究》2009年第7期,第17—22页。
6. 中国青少年研究课题组:《中国青年就业创业状况研究报告》,《中国青年研究》2010年第8期,第31—37页。
7. 李春玲、孟蕾、吕鹏、施芸卿、陈昕:《新时代的新主题:2007—2010年青年研究综述》,《青年研究》2011年第3期,第87—93页。
8. 风笑天:《我国大学生就业研究的现状与问题——以30项重点经验研究为例》,未刊稿。
9. 岳昌君:《高校毕业生就业状况分析:2003—2011》,《北京大学教育评论》2012年第1期,第32—47页。
10. 麦可思研究院:《中国大学生就业报告(2009;2010;2011;2012;2013)》,北京:社会科学文献出版社,2009;2010;2011;2012;2013。
11. 赖德胜:《劳动力市场分割与大学生失业》,《北京师范大学学报(人文社会科学版)》2001年第4期,第69—76页。
12. 赖德胜、田用坡:《对中国"知识失业"成因的一个解释》,《经济研究》2005年第11期,第111—119页。
13. 曾湘泉:《变革中的就业环境与中国大学生就业》,《经济研究》2004年第6期,第87—95页。
14. 秦永、裴育:《城乡背景与大学毕业生就业——基于社会资本理论模型及实证分析》,《经济评论》2011年第2期,第113—118页。
15. 刘小瑜、胡军刚:《基于回归模型的大学毕业生就业影响因素的实证分析》,《江西财经大学学报》2008年第2期,第115—120页。
16. Congbin Guo, Mun C. Tsang, Xiaohao Ding, "Gender Disparities in Science and Engineering in Chinese Universities", *Economics of Education Review*, Vol. 29, No. 2, 2010, pp. 225-235.
17. 黄敬宝:《我国大学生就业的影响因素研究》,《中国人力资源开发》2009年第12期,第6—8页。
18. 李春玲:《高等教育扩招与教育机会的不平等——高校扩招的平等化效应考察》,《社会学研究》2010年第3期,第82—113页。
19. 李春玲:《社会政治变迁与教育机会不平等——家庭背景及制度因素对教育获得的影响(1940—2001)》,《中国社会科学》2003年第3期,第86—98页。
20. 肖富群:《农村独生子女的学校教育优势——基于江苏、四川两省的调查数据》,《人口与发展》2011年第2期,第73—81页。
21. 王晓涛:《城市青年独生子女与非独生子女的教育获得》,《广西民族大学学报(哲学社会科学版)》2011年第5期,第28—34页。
22. 肖富群:《独生子女的教育获得与性别平等的政策建构——基于江苏、四川两省农村调查数据的分析》,《广西民族大学学报(哲学社会科学版)》2011 年第 5 期,第 21—27 页。
23. 王晓涛:《城市在职青年的成人教育——基于独生子女与非独生子女的比较》,《青年研究》2011 年第 5 期,第 1—7 页。
24. 肖富群:《农村独生子女与性别平等——基于江苏、四川两省的实证研究》,桂林:广西师范大学出版社 2012 年版,第 269—273 页。
25. 郑洁:《家庭社会经济地位与大学生就业——一个社会资本的视角》,《北京师范大学学报(社会科学版)》2004 年第 3 期,第 111—118 页。
26. 闵维方、丁小浩、文东茅、岳昌君:《2005 年高校毕业生就业状况的调查分析》,《高等教育研究》2006 年第 1 期,第 31—38 页。
27. 李炜、岳昌君:《2007 年高校毕业生就业影响因素分析》,《清华大学教育研究》2009 年第 1 期,第 88—95 页。
28. 杜桂英、岳昌君:《高校毕业生就业机会的影响因素研究》,《中国高教研究》2010 年第 11 期,第 67—70 页。

第四章 城市在职青年的工作转换

一、问题与背景

改革开放对中国社会的重大影响之一,就是计划经济向市场经济的转型。这种转型不仅将青年(特别是大学生)的就业方式从国家统包统分逐步过渡到双向选择、自主择业,同时也将青年职业生涯中的流动性变得更加常见,而将其职业的稳定性变得相对较低。例如,有研究指出:"1990—2005年,随着大学生毕业时间的向后推移,大学毕业生的就业稳定性呈现下降的态势,在2000年以后,这种下降趋势尤为明显,工作变得更加不稳定,劳动力市场的流动性不断增加。"(翁杰等,2008)也有学者的研究指出:劳动者"随着年龄增加,职业流动的程度下降",而"剧烈的职业流动主要发生在25岁以前"(李若建,1997)。

社会经济体制的转变所带来的青年就业领域中的这种变化,一方面极大地扩大了青年就业的范围,另一方面也极大地增多了青年职业流动和工作转换的可能。这无论对青年的职业生涯规划与发展,还是对社会的职业分层与流动,都具有巨大的影响。如果说双向选择、自主择业带给青年大学生的主要是更为灵活、更为广泛、更具竞争性也更为有效的就业机制和途径的话,那么青年在职业生涯中的流动性增加、稳定性降低,则在很大程度上可以看成是青年进行个体就业取向的社会适应过程,即在社会愈益依靠市场进行劳动力结构和资源的合理配置的背景下积极进行自我职业的调试或者重新定位。

尽管这一转型已经受到了研究者的极大关注,但是大量的学者将视角置于更为社会宏观层面的"职业变动"。这类研究虽然对社会转型中的职业变动及其社会影响做出了评估,但是在很大程度上却忽视了在职业变动中的主体——青年——的反应与调适。换句话说,大量的研究者关注的是社会变迁中的结构性转型,强调社会结构对个体的影响,而对结构中的行动者如何随社会结构的转型而行为缺乏足够的关注。即使受制于社会宏观的市场结构和政策环境,青年却也不可能完全被动地接受社会结构的影响,因为"职业"过程对于青年来说具有重要的社会意义;社会学认为"成家""立业"是青年的社会化过程中最重要的两件大事(风笑天,2006a);尤其是"立业",形成了大部分青年从学校真正走向社会的人生转折点,也成了"成家"这一社会化过程能否顺利进行的重要保障。因此,青年必然是从自身的社会化需要出发,能动地应对社会结构发生的变迁,寻找或者转换自己的工作。

与有些学者特别是人口学者相对关注社会宏观层面的"职业变动",尤其会偏重于对首职和现职的研究所不同的是,本研究更关注于青年的工作转换过程,聚焦于受制于社会宏观市场结构和政策环境的行为主体及其反应。处于职业生涯初期的城市在职青年是如何应对这种宏观经济结构和制度的变革的?又有哪些因素影响了当代城市在职青年的工作转换?这正是本研究所关注的中心问题。具体地说,本研究希望探讨:当代城市在职青年中,有多大的比例转换过工作?又是哪些人在转换工作?当前城市在职青年转换工作的状况有什么样的特征或趋势?哪些个人背景因素与城市在职青年转换工作的现象有关?对于城市在职青年转换工作的现象及其原因我们又可以做出什么样的理论解释?

二、基本概念与文献回顾

1."职业流动""跳槽"与"工作转换"

目前有关工作或职业变动的研究中混用了多个不同的概念,我们的研究因此首先对几个主要概念进行一些辨析。已有研究对工作转换相关的现象主要使用了三个概念。一个概念是"职业流动"(如吴愈晓,2011;宋月萍,2007)。这一概念在社会学、人口学、经济学等领域中采用较多。另一个概念是"跳槽"(如李志等,2009;吴冰等,2012)。这一概念往往在管理学,特别是人力资源管理领域探讨和采用较多。此外还有少数研究采用"离职"的概念(李向民等,2007);同时也有些研究者则将二者看作同一件事。比如有的研究中,研究者就将"职业流动"特指"在不同工作单位之间的转换"(龙书芹,2009)。

笔者认为,"职业流动"与"跳槽"的概念之间还是有一定区别的。"职业流动"概念往往更强调劳动者工作转换中的"职业"属性。比如,一个人原来是某建筑公司的工人,后来转换工作到某大型商场当售货员;他的职业从"建筑工人"转变为"商业人员";同样的,一个人原来是一所大学的教师,后来转换工作到行政机关当干部,他的职业也就从"教师"转变为"政府部门行政人员"。而"跳槽"的概念则主要强调的是劳动者工作转换中的"单位"属性。前述的人力资源管理领域中较多采用"跳槽"概念的一个可能原因,正是因为研究更多的是从作为"单位"的企业的角度出发的。而对于个体经营者来说,即使其换了工作,也称不上"跳槽",其原因也在于此。在"跳槽"这种工作转换中,劳动者既可能转换了职业,也可能没有转换职业。比如,一个人从甲IT公司的经营人员转到同一类型的乙IT公司,成为乙公司的经营人员。其职业并没有发生改变,仅仅只是换了工作单位;如果他从IT公司调到一所大学当老师,从事计算机方面的教学工作。那么,它不仅转换了单位,同时还转换了工作性质,即转换了职业。

而在本研究中,笔者采用的是"工作转换"的概念,这一概念包含了"职业流动"和"跳槽"两种情况。笔者认为,青年一旦进入劳动力市场,找到了一份工作,就进入了某种职业中,相应地也往往具有了具体的单位(个体经营等职业除外)。而青年转换工作,本质的特征是离开了原来的工作,换了另一件工作。我们关注的主要是青年"工作变动"或"转换工作"的情况,即本研究关注的焦点是城市在职青年是否发生了转换工作的行为,或者说是否具有转换工作的经历,而不去关心其在这种转换过程中究竟是转换了"职业",还是转换了"单位",还是二者兼而有之。

2. 相关文献回顾

笔者对中国学术期刊网(CNKI)全文数据库的检索结果表明,发表在核心期刊上探讨"职业流动"方面的论文有65篇、探讨"跳槽"方面的论文共有162篇(分别以题目中包含"职业流动"或者包含"跳槽"进行检索)。前者整体的学术性相对较强,但内容主要涉及农民工的职业流动、企业管理者的职业流动,以及其他特定职业群体(如教师)的职业流动等,除了大学生就业的研究外,较少涉及城市在职青年的职业流动问题。而后者在内容上不仅整体学术性相对较差,更为重要的是,这方面的论文主要都是一般性的理论分析,甚至只是有关这一现象的简单议论,缺少经验性的研究结果。就笔者阅读相关文献的结果而言,现有文献中,以下三个方面的研究与本研究关系密切,其研究结果对本研究有较好的借鉴意义。

一是大学生就业研究。高等教育大众化的迅速推进使得大学生迅速出现在中国劳动力市场中,而其职业状况也迅速得到了研究者的关注。翁杰等人使用浙江省就业大学生的数据讨论大学毕业生就业的稳定性,其数据结果表明,"1995—2005 年,劳动合同期限基本呈现单调下降的趋势……大学生毕业后进入劳动力市场的首份雇佣合同的期限在持续降低,即事前的就业稳定性在不断降低。"(翁杰等,2008)该研究的数据同时表明,"2003 年毕业的大学生有 60%左右的人在 3 年内发生了就业转换",研究者得出结论认为,"自 20 世纪 90 年代以来,大学生劳动力市场的工作转换率提高,就业稳定性持续下降。"(翁杰等,2008)该研究已经很敏锐地看到,毕业大学生频繁转换工作是对其首职的纠正以及自我价值的再发现的过程,但是该研究并没有从青年本身出发,就青年的社会适应做出足够的分析,而是局限于相对宏观层面的国家教育政策的改变所导致的大学生在劳动力市场上供需关系的改变。

李志等人的研究调查的是在企业工作,但是工作时间未满三年的 400 名大学本科毕业生。其结果表明,"有过自愿离职经历的大学生员工比例较高,而平均离职次数并不多。这说明,职业适应期大学生员工频繁'跳槽'现象更多地表现为'跳槽'人数比例高,而非人均'跳槽'次数多。"(李志等,2009)而他们频繁"跳槽"的现象"缘于高离职倾向;价值观念不融合、薪资待遇不满意、发展前景受阻碍、工作缺乏安全感、自我实现不满足是影响离职倾向的五大因素"(李志等,2009)。可以看到,李志等人在原因分析中已经涉及了青年的职业社会适应。遗憾的是,一方面,其研究仅仅关注于企业中入职未满三年的大学生的跳槽问题,过分集中于高学历和职业初期使得其结论也相对狭窄,事实上很难认为其结论可以直接代表所有青年的长期工作转换情况;另一方面,李志等人还是强调要从企业出发看到和解决相应的问题,并没有将视角真正置于城市在职青年的社会适应。

二是职业与社会分层流动的研究。社会学者常常以个体的职业流动状况来研究社会的分层与流动。如吴愈晓通过对 20—60 岁城市在职人员的调查数据讨论了初职获得方式不同的劳动者群体在职业流动模式上的差别。其指出,完全通过关系获得初职的群体比通过正式渠道或"正式+关系"渠道获得初职的群体更可能转换工作,而后两者之间在工作转换的倾向上没有形成显著差异(吴愈晓,2011)。该研究加深了我们对"关系"与职业流动之间关系的理解,但是就工作转换而言,和大多数社会分层的研究一样,吴愈晓更为关注初职与现职,而并不会将整个工作转换作为一个过程来讨论原因或是职业者的适应。

龙书芹的研究因而很值得重视,其使用事件史分析的方法对南京666位企业员工的职业流动过程进行了分析,以揭示出职业变动的影响因素,以及企业员工在以单位所有制性质为区分的劳动力市场格局中的流动趋向。龙书芹的研究结果表明,社会转型带来了机会结构的转变,这成为企业员工的职业流动的主要推动力量,而伴随着社会转型而改变的劳动力市场分割,为企业员工的职业流动制定下游戏规则,最终个体的家庭背景和个体因素仅是游戏规则之下的筹码。因而,中国社会转型期的企业员工的职业流动是由社会结构决定的,是一种身不由己的"自由选择"(龙书芹,2009)。通过对社会转型和劳动力市场(所有制)的强调,龙书芹为青年的工作转换设定了社会环境和背景,但是在社会背景下青年更为微观的职业流动和转换仍然需要关注,毕竟相同的社会环境仍然造就了不同青年个体相当不同的工作转换状况。

三是工作转换的不同群体差异的研究。最为常见的就是性别差异的研究,并且研究都揭示出女性相对于男性的弱势地位。宋月萍利用第二期全国妇女社会地位调查的数据,讨论了与女性相关的职业流动问题。其研究结果表明,两性的职业流动模型存在显著的不同;而仅仅人力资本恐怕难以完全解释这种性别差异,女性在职业流动上的弱势可能更多地来自其家庭以及劳动力市场状况(宋月萍,2007)。宋月萍的结果实际上已经暗示男性和女性在职业上的追求可能因自身家庭状况等出现不同的适应状况,但是其研究焦点过分集中于性别差异带来的职业流动的不同,反而对社会个体实际的工作转换状况较少涉及。

唐美玲则以青岛300多名青年白领的调查数据来考察"跳槽"的性别差异。其结果表明,"从职业流动来看,青年白领女性和男性在是否跳槽以及跳槽的次数上并没有显著性差异。跳槽与否与青年白领的工作时间、对工作外在价值的要求以及工作单位的性质有关,国家垄断大部分资源和机会的总体性社会体制的转变,使社会成为一个与国家相并列的提供资源和机会的源泉,私营企业和三资企业的发展为青年白领,特别是女性的发展提供了机会。在职业流动的过程中,青年白领女性比男性更多地流动到个体私营和三资企业等'体制外'的工作单位。"(唐美玲,2007)该研究结果还是更为偏重宏观的社会背景以及偏重对性别差异的揭示,而对青年实际的工作转换有所忽视;且该研究中的差异揭示过分倚重双变量统计,可能也使其研究结论需要在控制相关变量的情况下进行进一步的验证。

廖根深对工作转换的群体差异的揭示偏重于年龄差异。其根据广东省 18—30 岁青年的抽样调查数据,通过计算不同类别青年群体的平均职业流动周期的方法,探讨了青年的职业流动问题。其结果表明,"随着年龄的增长,18—30 岁青年经历了职业流动周期由短到长,职业流动速度由快到慢,职业由不稳定到相对稳定的变化。"(廖根深,2010)并据此将中国青年的职业发展阶段划分为社会闯荡期、职业磨合期和事业起步期三个阶段(廖根深,2010)。应该说,廖根深的研究已经很多涉及青年在职业方面的社会适应过程,但是其在以下两个方面仍然需要引起注意:一是其对青年职业阶段中的各种影响因素的揭示相当不够;二是其研究样本特殊,由城市青年、农村青年、外来务工青年三部分构成,样本构成的群体差异可能会给其研究结论带来很多影响,至少该研究样本并不能反映出城乡分割背景下的,中国城市在职青年的职业发展与适应。

从总体上看来,已有的研究尚缺乏对城市在职青年的工作转换进行较系统化的经验研究,尤其是较大规模且合理抽样的调查研究。可以看到,上面综述的研究都是在其他研究思路中进行的,尤其缺乏的是以城市青年为视角,着力考察在职青年的工作转换过程的。现有的文献在以下三个方面特别应该进行相应的拓展:一是研究对象。现有文献主要局限于大学毕业生(尤其是毕业初期)、城市白领,对文化程度较高青年的过分关注难以获得关于所有在职青年转换工作的状况。二是研究跨度。已有研究或者将视野关注于所有在职成年人(如 20—60 岁),或者仅仅局限于大学生的毕业初期(如毕业三年内);前者容易忽视以"成家立业"为主要社会化任务的青年在工作转换中的特殊性,而后者则难以将职业初期的相关结论认为是整个职业历程的青年都具有的特点。实际上,关注在职青年的工作转换是有可能对上述两种跨度的研究进行深化的。三是研究重点。可以看到已有研究很少关注工作转换本身,而是将工作转换与性别职业过程、职业分层过程等社会过程联系在一起,当"立业"本身就是(在职)青年的基本社会化任务时,对于青年工作转换本身无论在现状还是影响因素的分析都显得必要而且深有意义。因此,本研究试图从这些方面出发,借助大规模的社会调查研究数据,对伴随我国改革开放成长起来的一代城市青年的工作转换的现状、特征及相关因素进行更为详细的描述与分析。

三、数据与方法

本研究所用数据来源于风笑天 2007 年在全国 12 个城市进行的"城市在职青年发展状况"调查,该调查的对象是"1976 年及以后出生的城市在职青年"。该调查采取多阶段按比例分层抽样的方式获取样本。具体而言,抽样过程分三个阶段。第一阶段,分层抽取城市。根据中国城市的区域、类型、规模和社会经济发展水平在东部、中部和西部各随机抽取 1 个省会城市、1 个大城市和 1 个中小城市;北京、上海和重庆直接选取作为直辖市代表(风笑天,2006b)。第二阶段,随机抽取工作单位。根据城市电话黄页在每个行业等距抽取 3—9 个工作单位。第三阶段,抽取在职青年。在所抽取单位的帮助下,选取若干(根据行业青年比例以及单位实际规模)1976 年及以后出生的青年作为被调查对象,实际调查中尽可能保持性别比例的平衡(风笑天,2009)。

整个调查采取自填式问卷的方式进行,由调查员到被调查者所在单位将问卷发放到被调查者手中,并尽可能按照"集中填答、当场完成、当场检查、当场回收"的方式完成资料搜集。该调查计划在每个城市获取 200 名各行业在职青年的信息。调查实际发放问卷 2460 份,最终回收有效问卷 2357 份。本研究对填答不完全的个案进行了列删(listwise)处理,最终进入到我们分析的样本为 2269 人(96.3%)。

调查用直接询问的方式收集了在职青年目前所从事工作是第几份工作的信息:"请问这是你的第几份工作?"但是这一测量已经涵盖了青年工作转换中的多种情况,无论是换职业还是换单位,均在其中。除了直接使用这一变量以外,我们也将这一变量进行变形后形成两个不同的因变量:一是是否有过工作转换。二分变量。1 代表有过工作转换,0 代表没有过工作转换。这一变量为二分类别变量,我们将在具体的模型拟合中引入二分 Logit 模型。二是工作转换的次数。这一变量仅仅针对有过工作转换经历的青年,其近似可以看做是定距变量,我们以最小二乘法(OLS)拟合简单线性回归模型。

结合本研究对在职青年工作转换现状与影响因素分析的目的,也参考现有文献的相关设计,以下自变量(集)被引入本研究的分析。一是在职青年的个人相关状况,以便于考察哪些青年在转换工作,这一组自变量包括了性别、婚姻状况、是否独生子女以及受教育状况。性别为虚拟变量,其中男性为参照组;婚姻状况也是虚拟变量,1 代表的是已婚,0代表的是不在婚(未婚与离异,样本中以未婚为主);是否独生子女同样是虚拟变量,其中独生子女作为参照组;受教育状况以总受教育年限作定距测量,总受教育年限从被调查者学历转换而来,根据中国实际状况,小学=6,初中=9,高中或中专=12,大专=15,大学=16,研究生=19。

第二组自变量是在职青年的工作状况,包括被调查者的工作年限(工龄),目前所从事行业以及职业状态。工作年限为定距测量,指的是其首次参加工作到被调查时点(2007年)的年数,为了估计工作年限对因变量可能的非线性影响,模型中也引入了工作年限的平方项;行业变量是一个类别变量,包括了生产性行业(如制造业、建筑业)、服务性行业(如批发和零售业、住宿和餐饮业)以及事业机关相关行业(如教育、公共管理和社会组织),其中生产性行业为参照组;职业状态是虚拟变量,0代表正式工,1代表非正式工。

第三组自变量为背景变量,有两个变量。城乡变量测量被调查者在18岁之前主要生活在农村还是城市,其中城市为参照组;所在地区测量被调查者所在城市,为类别变量,分为直辖市、省会城市、大城市和中小城市,其中直辖市为参照组。

最后我们也引入了父母的可能影响,以虚拟变量的形式引入父母是否对被调查者的工作选择有要求,1代表没有要求,0代表有要求。

相关变量的描述性统计见表4-1。从表4-1的前两行中已经可以清晰地看到,在我们的样本中,大约有一半(49%)的青年有过工作转换。而对于那些换过工作的青年来说,其平均的工作转换次数大约为2次(1.92)。下面我们将对青年的工作转换进行进一步的描述与模型拟合。具体的分析将分为三个部分。首先我们对在职青年的工作转换进行继续的深入描述,以期更好地理解青年的工作转换现状与特征。其次,我们以是否有过工作转换为因变量拟合Logit模型来探讨哪些因素影响青年的工作转换。最后,我们针对有过工作转换的青年,拟合线性回归模型来讨论工作转换频率的相关影响因素。

表 4-1 变量的描述统计

变量	均值	标准差
是否换过工作(否=0)	0.4905	0.5000
换工作次数	1.9218	1.1654
性别(男=0)	0.5187	0.4998
婚姻状况(非在婚=0)	0.3050	0.4605
独生子女(是=0)	0.6038	0.4892
教育年限	14.290	2.3293
工作年限	4.2036	3.3925
行业(生产性=0)		
服务性行业	0.5099	0.5000
事业机关	0.2001	0.4002
职业状态(非正式工=0)	0.3283	0.4697
父母压力(有=0)	0.5500	0.4976
城乡(城市=0)	0.4720	0.4993
地区(直辖市=0)		
省会城市	0.2578	0.4375
大城市	0.2432	0.4292
中小城市	0.2574	0.4373

注：样本量=2269。"换工作次数"只统计有过换工作经历的样本，其样本量=1113。

四、结果与分析

1. 在职青年工作转换的现状与特征

在12城市被调查的在职青年中，有过工作转换经历的青年占多大比例？他们转换工作的具体次数是如何分布的呢？我们的统计结果详见表4-2：

表 4-2 请问这是你的第几份工作？

第几份工作	人数	百分比
1	1156	50.95
2	530	23.36
3	341	15.03
4	112	4.94
5	59	2.60
6	26	1.15
7	18	0.79

(续表)

第几份工作	人数	百分比
8	18	0.79
9	9	0.39
合计	2269	100

表 4-1 中我们已经看到,目前城市在职青年大约有一半(49%)有过工作转换的经历;表 4-2 进一步展现了有过工作转换经历青年的实际工作转换情况。表 4-2 中可以看到,转换过 1 次工作的青年占 23.4%,转换过 2 次工作的青年占 15.0%,而转换过 3 次及以上的占 10.7%。在有过工作转换经历的在职青年中,换过 1 次或者 2 次工作者占了绝大多数。这一结果与已有研究基本一致,其概括出了在职青年工作转换的最基本状况。

当然,有必要将青年的工作转换置于相应的时间维度上。吴愈晓(2011)曾对城市中 20—60 岁的在职人员的调查数据进行离职风险率计算,其结果显示,"离开初职的风险函数并不是一个单调上升或下降的趋势,而是一个左偏的钟形曲线趋势。也就是说,刚开始随着时间的推延,换工作的可能性逐渐上升,而到了一定时间之后,换工作的风险率则随着时间的推延逐渐下降。"从其研究结果的图示上可以粗略地看出,钟形曲线的顶点大约在 7 年的位置。本研究的实际结果又是如何呢? 详见表 4-3:

表 4-3 城市在职青年换工作次数与其工龄的交互统计 %

换工作次数	工龄											合计
	1年内	1年	2年	3年	4年	5年	6年	7年	8年	9年	10年	11年以上	
0 次	80.74	60.77	49.51	46.01	50.47	42.49	37.50	35.71	39.29	39.78	47.71	37.86	50.95
1 次	14.19	26.05	28.20	23.47	22.43	23.32	21.71	26.19	24.11	26.88	20.18	26.21	23.36
2 次以上	5.07	13.18	22.30	30.52	27.10	34.20	40.79	38.10	36.61	33.33	32.11	35.92	25.69
(n)	(396)	(311)	(305)	(213)	(214)	(193)	(152)	(168)	(112)	(93)	(109)	(103)	(2269)
Pearson 卡方 = 213.8214				df = 22				Sig. = 0.000					

表 4-3 的结果表明,虽然本研究的对象在年龄上与吴愈晓的研究对象有较大差别,但将本研究结果与其研究中工作年限(工龄)在 10 年内的对象的结果进行比较,情形还是比较吻合的。从表 4-3 中可以看到,城市在职青年离开初职、换工作的比例(非 0 次的比例)从最初的 19%,随工龄逐年上升到 39%、50%、54%、50%、58%、63%,直到第 7

年的64%达到最高,然后又逐渐下降为61%、60%、52%、62%。限定工作年限在10年以内的工作转换率变化图见图4-1。可以看到,图4-1基本上呈现先高后低的倒U形。

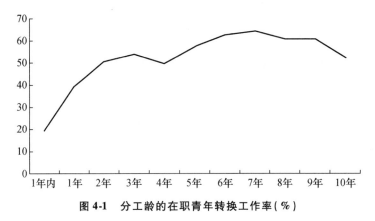

图4-1　分工龄的在职青年转换工作率(%)

2. 在职青年工作转换的影响因素

描述性统计中我们已经看到被调查在职青年中,有过工作转换的大约为一半,比例为49.1%;而在有过工作转换经历的青年中,其平均每人的工作转换次数为大约2次(1.92)。下面我们以青年是否转换过工作为因变量以Logit模型来考察包括性别、教育在内的各变量对青年是否转换工作的影响。模型结果见表4-4。

表4-4　估计是否转换过工作的Logit模型

变量	模型1		模型2	
	系数	标准误	系数	标准误
常数	0.9506*	0.4253	0.3439	0.5294
性别(男=0)	-0.0823	0.0978	1.0901†	0.6522
婚姻状况(非在婚=0)	-0.4100**	0.1301	-0.4214**	0.1305
独生子女(是=0)	0.3921***	0.1095	0.3762**	0.1100
教育年限	-0.1540***	0.0245	-0.1023**	0.0327
性别*教育年限			-0.1004*	0.0443
工作年限	0.4794***	0.0473	0.4878***	0.0476
工作年限平方项	-0.0300***	0.0039	-0.0306***	0.0040
行业(生产性=0)				
服务性行业	0.8474***	0.1155	0.8391***	0.1159
事业机关	-0.2553†	0.1456	-0.2538†	0.1460

（续表）

变量	模型 1		模型 2	
	系数	标准误	系数	标准误
职业状态（正式工 = 0）	0.7721***	0.1106	0.7740***	0.1110
父母压力（有 = 0）	-0.0976	0.0973	-0.3590*	0.1388
性别 * 父母压力			0.4968*	0.1939
城乡（城市 = 0）	0.0746	0.1056	0.0761	0.1063
地区（直辖市 = 0）				
省会城市	-0.9881***	0.1390	-1.0029***	0.1396
大城市	-0.6635***	0.1404	-0.6636***	0.1409
中小城市	-0.7409***	0.1408	-0.7472***	0.1413
模型卡方	579.20		590.92	
自由度	14		16	

注：因变量为是否转换过工作。样本量 = 2269。†、*、**、*** 分表表示 $p < 0.1$、$p < 0.05$、$p < 0.01$、$p < 0.001$。

表4-4 中报告了两个模型，模型 1 考察了各个变量对工作转换的影响状况；由于工作本身对于性别而言可能的含义不同，模型 2 中进一步在教育年限和父母压力对工作转换的影响中，区分了性别变异。表4-4 的模型结果进一步证实了上文所呈现的工作年限（工龄）与工作转换之间的非线性关系。在控制了其他变量的情况下，工作年限与是否转换工作之间的关系是倒 U 形的，即当青年开始参加工作之后，随着工作年限的增加，其转换工作的可能性（发生风险）也会增加；但是到了一定的工龄①之后，其换工作的可能性则开始下降。

模型 1 中可以看到，被调查者的婚姻状况对工作转换有显著影响。当其他变量不变的情况下，已婚者比未婚或离婚者换工作的可能性要低 33.6%。独生子女身份对工作转换有显著影响。控制其他变量的情况下，非独生子女比独生子女换工作的可能性要高 48.0%。受教育年限的提高会降低青年换工作的可能性，当其他变量不变的情况下，受教育年限每增加 1 年，青年换工作的可能性降低 14.3%。被调查者所处的行业同样对青年的工作转换有重要的影响，在其他变量不变的情况下，服务性行业比生产性行业的青年换工作的可能性要高 133%，而事业机关行业的青年换工作的可能性比服务性行业的要低 22.5%。在其

---

① 从表4-4 模型 1 的具体回归系数来看，青年工作年限的转折点为大约 8 年，即在工作了约 8 年后，青年换工作的可能性停止增加，开始下降。这一结果与上文的描述基本一致。

他情况相同的条件下,非正式工比正式工的工作转换可能性高116%。而相对于其他城市而言,直辖市的青年工作转换可能性最高。① 模型1的结果也表明,性别、18岁之前生活在农村还是城市,以及父母是否施加了工作的压力并没有呈现出显著的影响。

由于工作本身对于青年两性而言可能具有不同的意义,因此,有必要在模型1的基础上继续讨论性别的可能影响。在模型2中,我们进一步区分教育程度和父母压力对青年换工作影响的性别差异。从模型2中可以看到,教育程度对青年换工作的影响是有显著的性别差异的,对女性青年而言,教育程度的提高更可能带来工作的稳定性。当其他变量不变时,女性青年的总教育年限每提高1年,其换工作的可能性就会下降18.3%;相对而言,男性青年教育年限每提高1年,其换工作的可能性下降9.7%,显著地降低。父母压力对青年换工作的影响同样具有性别差异,实际上在模型2中,父母压力只对男性青年换工作具有显著的影响,保持其他变量恒定,没有父母压力的男性青年相对于有父母压力的男性青年,其换工作可能性要低30.2%;父母压力对女性青年的工作转换并没有显著影响。

表4-4的结果提示我们,城市在职青年转换工作是与青年本身所占有的资源、青年的流动欲望、青年所处的环境以及相关社会背景联系在一起的。(1)青年自身人力资本占有越高,其工作转换可能性越低。从很大程度上来看,这和人力资本积累高的青年本身的职业获得也相对要高联系在一起,这类青年可能并不需要通过换工作来寻求更高的职业收入或是更好的职业发展。(2)青年的流动欲望越强,其转换工作的可能性越高;青年越走向稳定,其转换工作的可能性则越低。工作年限的影响最具有说服力:在工作初期,青年更多追求工作的发展,则其换工作的可能性不断上升;但是在工作了一段年限之后,在职青年开始稳定下来,则其换工作可能性也开始下降。因此我们也可以理解,处于不稳定状态的非正式工可能需要更高的换工作率;而逐渐走向家庭稳定的已婚青年,其在换工作概率上也走向更低。(3)青年所处的环境的流动性越强,其换工作的可能性越大。处于流动性最强的服务性

---

① 从表4-4的模型1中可以看到,在其他变量保持不变的情况下,直辖市的青年相对于省会城市青年,其换工作的可能性要高62.8%;相对于大城市青年,高48.5%;相对于中小城市青年,则高52.3%。城市规模与换工作之间并不存在线性的关系可能是由城市的流动性和资源性带来的,流动性高的直辖市工作转换较多,但是资源比较少的中小城市同样可能带来较高的工作转换率。

行业的青年,其换工作可能性远高于生产性行业,而后者的换工作可能又高于最为稳定的事业机关。另一方面,我们也看到了,流动性最强的直辖市的在职青年的换工作可能性更高。(4)社会背景给青年的工作转换带来很大的影响,从结果的社会性别分析中可以看到,社会压力(父母压力)只给男性青年带来更高的工作转换几率;而有能力(受教育程度高)的女性相对于男性而言,更有可能选择稳定。

3. 青年工作转换次数及其影响因素

在模型 1 和模型 2 的基础上,我们期望进一步追问,那么对于那些有过工作转换经历的青年,其工作转换次数如何?尤其是其是否如某些研究或者媒体所指出的那样跳槽频繁呢?其实在表 4-1 的描述性统计中我们已经看到,在有过工作转换经历的 1131 名青年中,其平均转换过 1.92 次工作,即平均每人约"跳"过两次。这一频次与已有研究相比比较接近。应该说,城市在职青年的这一工作转换次数并不算频繁。我们将在职青年的工作转换次数近似看做是定距变量进行线性模型拟合(OLS)。由于因变量在实际的分布上并不完全正态,我们仅仅探索性地讨论在职青年转换工作次数的相关影响因素。

模型的结果见表 4-5。

表 4-5 估计换工作次数的 OLS 模型(有换工作经历的青年)

变量	模型 3	
	系数	标准误
常数	2.6034***	0.2844
性别(男=0)	-0.0529	0.0678
婚姻状况(非在婚=0)	-0.3284***	0.0856
独生子女(是=0)	-0.1232	0.0793
教育年限	-0.0773***	0.0164
工作年限	0.0917***	0.0120
行业(生产性=0)		
服务性行业	0.2656**	0.0855
事业机关	0.1732	0.1226
职业状态(正式工=0)	0.0821	0.0698
父母压力(有=0)	0.0086	0.0672
城乡(城镇=0)	0.1346†	0.0721
地区(直辖市=0)		
省会城市	-0.3297**	0.0958

(续表)

变量	模型 3	
	系数	标准误
大城市	-0.2329*	0.0931
中小城市	-0.1978*	0.0925
R^2	12.03%	

注:因变量为转换工作频次。只针对有过工作转换的在职青年,样本量 = 1113。†、*、**、*** 分别表示 $p<0.1$、$p<0.05$、$p<0.01$、$p<0.001$。

表4-5的模型3的R^2为12%,基本达到了模型拟合的要求。从模型3的数据结果来看,性别、独生子女身份、职业状态和父母压力对城市在职青年的工作转换次数并不存在显著影响,即在控制其他变量不变的情况下,男女青年之间、独生子女和非独生子女青年之间、正式工和非正式工青年之间、父母施加工作压力和没有工作压力青年之间都并不存在工作转换次数上的显著差异。

另一方面,在其他变量保持不变的情况下,已婚青年比不在婚(主要是未婚)青年平均少转换过0.33次工作;青年的教育程度对其换工作次数有负向的影响,当其他情况一致时,青年的教育程度每增加1年,其平均换工作次数减少0.08次;工作年限(工龄)对青年工作转换次数有正向作用,可以理解,当其他变量保持不变时,工作年限每增加1年,在职青年的平均换工作次数增加0.09次;而就行业而言,服务性行业的青年转换工作次数最高,相较于生产性行业,其平均多出0.27次;城乡呈现出了显著的影响,当其他情况一致时,18岁之前主要生活在农村者比来自城市的青年平均多转换0.13次工作;地区同样产生了显著的影响,直辖市的青年转换工作次数最高,当其他变量恒定时,省会城市青年平均比直辖市青年少转换工作0.33次,大城市青年平均比直辖市青年少转换工作0.23次,中小城市青年平均比直辖市青年少转换工作0.20次。

单独考察有过工作转换的在职青年,我们发现其工作转换次数是受到包括青年个人资源、工作年限以及社会背景在内的多种社会因素共同影响的。由于模型在因变量上的限制,我们不打算对已有的结果作过分的阐释,然而表4-5的结果中仍然需要强调的是,与已有研究总是强调社会优势群体——如职业上占优势的白领、人力资本上占优势的大学毕业生——的工作转换频次,并且往往暗示其转换频率过高不同的是,模型3中可以非常清晰地看到这样一个结果:谁的工作转换次数更多？不是在资源等方面占据优势的青年,而更可能是在各方面占据劣势者。从表4-5的模型3的具体情况来看,我们至少表明了是文化程度较低、主要从事服务性行业,或者在农村出生的在职青年有更高的工作转换次数。

五、小结与讨论

本研究利用全国12个城市"在职青年发展状况"调查(2007年)的数据,对城市在职青年的工作转换状况进行了初步的描述,并且试图通过统计建模的方式对影响城市在职青年工作转换的相关原因进行了初步讨论。本研究的结果表明:大约一半的城市在职青年曾经有过工作转换,从总体上看,这些青年平均转换过大约2次工作。总的来说,很难将青年工作转换的研究置入到简单的分析框架中去,城市在职青年的工作转换是与青年本身所占有的资源、青年的流动欲望、青年所处的环境以及相关社会背景等多种因素联系在一起的。具体而言,从本研究的结果来看,至少以下三组变量是必须要受到重视的。

(1)青年自身的资源。在职青年自身的资源的积累——在本研究中主要是以教育为测量的人力资本——是有助于降低青年进行工作转换的可能性与工作转换的次数的。

(2)青年自身的(工作)发展阶段。当然这实际上与青年对流动/稳定的认知联系在一起。与已有研究一致,本研究也发现了青年的工作年限(工龄)与青年的工作转换之间存在倒U形的曲线关系,青年在自身的不同发展阶段有着不同的工作转换的需要。当然,我们也可以理解,逐渐走向家庭婚姻稳定的已婚青年,其无论在工作转换几率还是在工作转换次数上都会降低。

(3)青年所处的社会背景与社会文化。青年本身所处的行业、城市以及其间的社会文化都对青年的工作转换有重要的影响。本研究中发现,处于服务性行业或是在直辖市的青年其工作转换几率和次数都会增加;而社会性别文化确实对青年的工作转化带来了影响,尽管单纯从数据而言,性别的简单比较并不形成显著影响。

因此从总体上看,本研究所关注的城市在职青年的工作转换正是青年在一定社会结构和文化条件下,利用自身资源与职业规划不断调整和适应的社会过程。在这样的过程之中,社会结构和文化背景所发生的社会转型和变动值得关注,青年本身的不断变异和分化同样需要引起足够的重视。

本研究所得到的青年自身资源有助于降低青年工作转换几率和工作转换次数的结论有助于我们对已有研究进行一定的反思。已有研究实际上过分关注了大学毕业生群体的工作转换，甚至在部分结论中暗示了这些群体的过高的工作转换率（如翁杰等，2008）。然而当我们将目光放到所有文化程度群体时，正如我们的研究所表明的那样，大学毕业群体的工作转换是低于更低的学历群体的，而或许后者的工作转化因此更值得我们重视。就本研究的结果而言，我们似乎可以进一步对工作转换进行区分。研究结果提示我们，不同的青年的换工作的倾向与动机可能是不同的。或许我们可以区分出两种不同的工作转换：一种是相对较高的工作转换率，其换工作相对并不多，但是其主要是在一定社会结构之下以自身资源谋求更好的职业发展；另一种则是相对较低的工作转换率，其换工作频繁，但是其在相应的社会结构之下，局限于相似工作之间的变换。这可能是与劳动力市场的二元分割联系在一起的，前者主要在初级劳动力市场中实现，而后者却主要在次级劳动力市场中发生。本研究尚缺乏足够的证据来进行上述的区分，但是我们的结论中，文化程度较低或者服务型行业（主要是批发与零售业、住宿与餐饮业、租赁与商业服务）换工作率较高可能更多地与后一种工作转换联系在一起；而在高文化程度群体中，男性相对于女性有更高的工作转换率则暗示了以职业发展为目标的前一种工作转换。已有的很多研究都混杂于这两种并不完全相同的工作转换中，而也许，对这两种工作转换作明确的区分和研究是厘清已有研究、进一步深化已有结论的重要开始。

本研究所得到的青年自身发展阶段对工作转换有重要意义的结论使得我们必须将工作转换的研究置入到一个长时期的范围内：每个青年的工作历程都呈现出不同的阶段，短时间的相关研究很可能获得的不是青年工作的特征，而是工作历程某一阶段的特点。就如大学生工作的相关研究所获得的往往是初入职者在职业初期所表现出的特点，而不是大学生本身的特点。当我们用"职业生涯发展"这样的长时期范畴来进行研究时，我们是非常可能和已有研究得出不同的结论的。当已有研究在大学毕业生刚毕业的若干年内对大学生过多的工作流动进行批评性研究时（如李志等，2009），我们非常可能在一个更长的时间范畴下指出，这种职业初期的高流动性是一种"正常"的可以理解的现象，职业初期的"转换"，实际上可以认为是现在的大学生在不断转型的社会结构和社会背景之下，不断依据自身规划与资源，对自己的职业和人生进行调适的社会过程;其不应该被简单视为一种社会问题,而是应该由研究者在新的视角下进行重新思考的社会现象。或许研究理路也需要一个从单纯"就业"到"先就业后择业"的重要转变。

本研究的第三个结论也要求研究者始终重视社会结构和社会文化的重要意义,尤其是后者,其并不能被简单地归纳为变量之间的数据关系。社会结构始终是制约着青年工作转换的重要因素,对青年工作转换的研究也离不开对目前的社会结构,包括高等教育扩招、大学生劳动力市场供求结构、社会市场经济转型、就业体制分割和行业分割等多种社会结构的判断。而正如我们在研究中所看到的那样,像社会性别这样的社会文化因素,尽管在单纯的数据意义上可能并没有形成显著的差异,但是其仍然可能通过不同的方式有其重要的影响。从我们的模型中发现,文化程度高的女性相对于男性而言有更低的工作转换几率;父母压力仅仅对男性的工作转换有影响;这些都表明,社会性别文化对青年的工作转换有重要作用。因而在进一步的研究中,这样一些变量必须要引起足够的重视;大量出现在现实社会文化生活中的常见概念,都有可能对已有的研究结论提出重要的反思。

最后需要说明的是,本研究对于城市在职青年的工作转换的研究仍然是探索性的。本研究的主要遗憾存在于两个方面:一是在因变量的测量上仍然显得过于简单。尽管本研究把握了在职青年是否进行工作转换,并且初步探索了工作转换频次,然而,对工作转换的这两种测量仍然忽视了工作转换的方向性;如我们在讨论中论及,在职青年工作转换的一大差异可能在于一部分青年是以职业发展为目标的转换,一部分青年只是在相似工作间的流动;因而前者实际上是向"上"进行工作转换,而后者却是"水平"工作转换,对这一方向的区分显然能够使我们对于在职青年工作转换有更为深入的理解。二是在研究方法上尚缺乏纵向式研究。本研究还是过多依赖于截面数据,但是在职青年的工作转换是一个长期的动态的过程,其首职以及前一次的职业状况都可能与工作转换联系在一起,在进一步的研究中,我们期望能收集城市在职青年的事件史材料以对该问题有更深入的探讨。

参考文献:
1. 风笑天 a:《社会学视野中的青年与青年问题研究》,《探索与争鸣》2006 年第 6 期。
2. 风笑天 b:《第一代独生子女婚后居住方式:一项 12 城市的调查分析》,《人口研究》2006年第5期。
3. 风笑天:《独生子女父母的空巢期:何时开始?会有多长?》,《社会科学》2009年第1期。
4. 李若建:《当代中国职业流动研究》,《人口研究》1995年第2期。
5. 李向民等:《当代企业员工离职及影响因素探析》,《中央财经大学学报》2007年第4期。
6. 李志等:《从企业内部破解大学生员工"跳槽"之谜》,《科技管理研究》2009年第5期。
7. 廖根深:《当代青年职业流动周期的研究:兼论当代中国青年职业发展的三个阶段》,《中国青年研究》2010年第1期。
8. 龙书芹:《"自主选择"还是"身不由己":对南京企业员工职业流动的事件史分析》,《社会》2009年第6期。
9. 宋月萍:《职业流动中的性别差异》,《经济学》2007年第2期。
10. 唐美玲:《青年白领的职业获得与职业流动:男性与女性的比较分析》,《青年研究》2007年第12期。
11. 翁杰等:《中国大学毕业生就业稳定性的变迁:基于浙江省的实证研究》,《中国人口科学》2008年第2期。
12. 吴冰等:《社会网络视角下新进员工跳槽的生存分析》,《科研管理》2012年第5期。
13. 吴愈晓:《社会关系、初职获得方式与职业流动》,《社会学研究》2011年第5期。

第五章　青年农民工首次外出年龄研究

一、研究的问题

农民外出打工在 20 世纪 80 年代中期以来的中国已经成为一种"正常"的社会现象，相反农村的青壮年劳动力如果不外出打工就被农民自己或周围的熟人看成是传统、守旧、"没出息"。虽然 2008 年等年份出现过因为经济危机而导致部分农民工被动性回流，部分农民工也选择返乡创业，但总体上农村青壮年劳动力外出打工仍然是主流。但打工"过度"的负面影响开始出现：2012 年 2 月 14 日，一个初中二年级就外出打工的名叫吴艳春的 21 岁青年当街捅死同样 21 岁也是初二辍学的职业中介舒照岭，而原因仅仅是 300 元中介费；2012 年 5 月 6 日，江西宜春的一个村庄发生了一个爷爷照看的五个孙子孙女在落水时由于全村找不到一个年轻人而发生同时溺亡的事件。类似现象的接连发生表明"打工"文化已经"过度"渗透到了农村的角角落落。由此引出一个让人不得不思考的问题：什么样的外出打工才算是合理的？农民尤其是青壮年人口外出打工有没有合理的水平或限度？有哪些不合理的打工现象及我们必须找到什么样的办法进行改变？这是我们目前探讨城市化、现代化、农村劳动力转移过程中探讨较少的问题。

过度劳累、超长加班等过度打工现象已经被人们普遍重视，尤其是富士康 N 连跳之后学术界也就此问题进行了大量的对策研究，国家也进行了大力地整改，特别是劳资关系、劳动权益保护方面改善不少。但过早打工问题近些年来不但没有改善，反而在部分地区有愈演愈烈的趋势。其中最突出的就是初中生不毕业就外出打工。目前在中西部农村地区，劳动力"全民"打工非常普遍，在乡镇上做小生意的或者是有一定技术（比如建筑、装修、运输）的人当中还留下了一些年轻人，在农业劳动力人口中，人们如果见一个年轻人就会条件反射式地问"你为什么不出去打工"；不但没有青壮年男性留下来，青年甚至中青年女性也越来越少，原来的"留守妇女"也越来越多地外出打工。在这种大环境的影响下,未成年人也遏制不住打工的冲动,不少初中生辍学外出打工——在贵州从江县丙妹镇的公路上打出"磨刀不误砍柴工,读完初中再打工"的标语,这说明镇政府发现了"辍学"打工的现象比较普遍。

本研究拟梳理农村年龄提早的"过度打工"现象,拟通过呈现这种现象的规模、比例,分析个人过早外出打工的途径、动机,进而分析这一现象的社会基础与思想理念,结合社会背景分析哪些主客观条件共同推动了这一现象的形成,并基于此提出可能的政策方向。

二、文献回顾与研究方法

1. 国外文献回顾

关于青少年辍学"行为"认知的理论主要有塔尔德的模仿论、班杜拉的社会学习理论,二者都强调人类行为的产生不是创造出来的,而是"习得"的。"习得"的对象可以是家人,也可以是老师,或者是同辈群体,也可以是社会大众传媒,比如流行歌曲、服装款式等时尚行为都是典型的模仿、"习得"。辍学的初中生往往具有较强的模仿性。但这一理论似乎只能解释辍学的模仿和习得,解释不了辍学者为什么不去模仿"成功",鼓励自己好好学习,也解释不了一个成绩差的学生放在一个优秀生旁边却不能模仿、习得的原因。

"社会抑制"理论认为"偏差"行为的产生都是个人内外在抑制力与环境因素之间进行博弈的过程,如果个人内外在抑制力,比如个人信念、父母的教育管理等力量弱于社会外在因素的吸引力,"偏差"行为就会产生,不论是辍学或是吸毒,都是两类力量博弈"失衡"的结果。此理论能够解释"偏差"产生的社会机制,侧重于社会力量尤其是宏观的社会环境、文化等因素对个人的潜在或显在影响。

非理性理论和阶层传递理论主要关注农民角色与行动模式的"传统性"、世袭性。其代表理论主要来自恰亚诺夫的"自足"说和斯科特的"生存伦理"说。恰亚诺夫通过实证调查资料得出的结论认为农民的生产模式就是"小农"意识主导的、以满足家庭消费为主的"自给自足"式的"自然经济",其"小农"模式的最大特征是农民追求的是"风险"最低而非"利益"最大(1996:8—15、60、187)——农民在基本需求得到满足之后就丧失了资本投入的动力,而不是马克思所形容的"资本动力大小会与利率成正比",因而恰亚诺夫给我们呈现的农民是一种保守、落后、低效率、非理性的生产者形象。这一点在斯科特(J. C. Scott)的研究中也得到类似的描述,斯科特把农民的劳动动机形容为"水深齐颈"的情况下才会有动力的"生存伦理",否则农民喜欢安逸、平静的生活。此理论可以部分解释辍学打工的农村青年追求现实可触摸的、可自我选择的低就业风险,而不是未来不可测的上大学之路。

"经济人"理论和社会迁移理论则认为传统的农业发展缓慢不是因为农民缺乏理性的进取精神,而是劳动力技术和人力资本等因素阻碍了农民投入的收益增长。主要代表人物是舒尔茨(T. W. Schultz)。他在《改造传统农业》中认为农民虽然在生产资料上是"小农",但农民的生产观念跟资本家没有明显的区别,农民对生产要素的配置也符合帕累托最优原则,因而农民的经营也是有效率的(Schultz,1999)。波普金(Popkin)也支持这一观点,他在《理性的小农》中认为农民是追求个人或家庭福利的最大化的劳动者——在行为选择前往往进行衡量、比较可能获得所期望的最大利益后才做出行动的选择,并会对自己的选择结果进行反思和评估(Popkin,1979)。特别是推拉理论等移民理论的解释强调在一定社会因素的综合作用下,农民会主动、积极选择自己的就业、生活方式来改变自己的处境,无论是农业到农业的迁移或是农业到非农产业的迁移都表明农民"理性、精于计算"的一面,只要有一定的客观政策、技术等条件许可,农民就会合理配置他们的资源和劳动力,追求效率和最大收益。

2. 国内文献回顾

关于辍学的规模、比例。根据国家统计局公布的数据,2008年中国当年初中辍学人数达140万(国家统计局,2010);根据农业部2003年调查,样本村中农民子女的辍学率平均为10.7%(个别农村地区的最高辍学率达到74.4%)(卢德生、赖长春,2009);王身佩等人运用官方统计数据对河南省农村义务教育阶段的辍学进行统计分析发现,2000年、2002年和2003年三届初中三年级的辍学率分别是20.44%、12.88%和8.95%(王身佩、徐宏升、王连照,2006)。

关于辍学的"微观"因素,主要关注家庭关系、父母管教方式、老师教育方法及学校管理方式等。如牛建林利用中国综合社会调查数据与县级主要社会经济统计资料的分析发现,农村地区同龄人外出务工对初中生辍学具有吸引与示范作用,具体表现为一个区县同龄人外出务工的比例越高,在校学生义务教育阶段辍学的可能性越高;与完成义务教育者相比,初中辍学者更有可能外出务工,但家人外出却可以降低农村中小学生辍学的可能,促进其接受较高的教育(牛建林,2012)。苏群等人通过实证调查数据分析认为父亲和母亲的受教育程度、户主职业、子女个数、家中是否有病人以及子女个人特征诸变量对农户子女辍学行为有显著影响,外出打工的父母及家庭生活方式的变化会影响孩子的学习生涯(苏群、丁毅,2007;卢德生、赖长春,2009;瑞雪·墨菲,2009)。

关于辍学的"宏观"研究,主要强调国家政策、社会风气与文化环境。如周潇认为大规模的持续的农民流动带来了村庄生活方式、社会组织以及家庭结构的深刻变迁,由此对农村学校发展带来不利的影响,农村青少年面对的大环境日益恶化,加上社会功利观的盛行,共同导致大量的农村青少年转向打工挣钱而非继续学业(黄平,1998;蒋中一、戴洪生,2005;周潇,2011;谭深,2011)。

关于农民这一角色或身份的行为特征与逻辑解释主要有制度理性理论与"社会化小农"论。前者是郑风田(2000)在"道义小农""理性小农"、有限理性假说和新制度经济学派的制度变迁理论基础上提出的,认为不同制度下农民的理性有异质性,完全自给自足的制度下,农民的理性是家庭效用最高。在完全商品经济的市场制度下,小农行为追求利润最大化,是理性的"经济人"行为。徐勇(2006)从当今中国农村面对的"大社会"背景出发,结合当前农村社会化程度高、土地均等化、税费全免等现状,认为中国农村在改革后按照人口均分土地基本解决了生存问题,同时社会大生产渗透到了农户生产、生活、交往等各个环节、各个领域,由此,小农的约束条件由生存约束转为货币约束,小农经济伦理由生存伦理转为货币伦理,农民的人生目标由生存、效用最大化转为货币收入最大化。

3. 文献评价

首先,关于辍学或农民角色行为的理论研究往往更多地集中于一个视角而不是较为系统的整体性研究,如恰亚诺夫和斯科特的理论主要贡献在于解释农民的"传统性",舒尔茨的贡献在于解释了农民为什么在市场面前是行动有效的、能够适应的。在价值导向方面,经济学、管理学等视角强调对打工文化的肯定和倡导,而相对忽视打工和过度打工引起的负功能。

其次,在实证研究中,以定性的访谈、归纳性分析为主,定量的研究较少。而辍学既然作为一个普遍的社会现象,其发生机制、影响因素之类的分析理应更多地用数据来证明,个案归纳与推理对这一现象的解释力受到较大的局限。

最后,在量化调查中,研究方法还有待改进,比如在方法设计、变量操作、统计方法上,针对辍学原因的分析进行回归分析的较为缺乏,而回归分析是因果分析的最适合的技术。

4. 概念界定

"打工"概念的理解与界定。打工是指本来从事农业活动的人口转移到工业或商业等非农业生产领域,但又不是正式的人口迁移,而是在一定时间内,受雇于他人而获得一定物质收入且不改变其农村人社会身份的社会生产与经营活动。

由上述定义可以看出,打工作为一个被社会大众所熟悉的专业术语,其概念的内涵包含以下特征:短暂性、过渡性、非正式性(边缘性)、被动性(被雇佣)。但在经济学视角主导的"打工"政策设计当中,打工的"生产"特征被充分关注甚至是过度关注而诸如短暂性、非正式性、被动性的社会特征却被忽略。

打工文化是指针对打工生产活动所形成的社会亚文化,尤其是在中西部的农村地区,现在形成了一种流行的打工文化:无论是青年人,或是中年人,或是老年人都认同"打工"是农村人的"出路";国家在流动政策上也支持或影响而造就了这种亚文化的扩张——主要是国家不但在城乡差距的控制上并不足以改变农村人的贫困,而且在农村人口流动方面主要以"农村劳动力乡城转移"为主而较少考虑"返迁"或"回流"的需求。

5. 分析单位与"过度打工"的操作化定义

就分析单位来讲,笔者认为"社会现象"意义上的过度打工是一种"结果性存在",农村的村庄和整个社会显现出来的过度打工的现象都是农村青壮年劳动力的"行动"选择的结果,所以,行动可以作为问题分析的起点。当然,这种"行动"选择又是受既定的社会政策、城乡差距等"社会现象"影响和制约的。为了分析的简便,本研究将以农民工的"过度打工"作为一种"行动"来操作化定义。

就农民工打工这一行动本身而言,"过度打工"的字面含义很容易被理解为"过度劳累",比如加班导致农民工打工的劳动时间、劳动强度超过了自身合理的承受极限时,即为过度打工。如富士康 N 连跳当中呈现出来的青年农民工在劳动强度上明显超过正常劳动时间和强度标准,还有一些农民工不顾及职业病危害、工作环境条件恶劣来换取较高的收入。笔者不否认这些是属于过度打工的外延范围,但过度劳累性质的工作不但在农民工身上有,在医生、教师甚至公务员等各职业、行业领域中也广泛存在,所以,纯粹劳动时间、劳动强度意义上的过度打工不是农民工的特有属性,而是当下中国普遍的社会特征。

因此,在概念操作上,本研究主要考虑两种"操作情境":第一种是外出前是否应该外出,本研究以年龄为标准进行判断;第二种是外出后是否应该回流,本研究主要以家庭需求如子女教育为标准进行判断。然后依据行动结果与这种应然的逻辑关系来区分是否属于"过度打工"。行动选择结果与"应然"之间一致的是理想状态,不一致的即为过度打工。

第一种操作情境是"外出前":主要从"行动者"的年龄角度来考虑。农民工外出打工首先需要行动的主体达到法定的劳动力年龄,一般要18岁至少要16周岁才能外出打工,实际的选择结果如果是16周岁之前外出打工便属于过度打工。除本研究的调查数据外,还将应用全国2000年13、14、15周岁的人口数与当年初中受教育总人数的差额来估算相应的提前务工人数规模。

第二种操作情境是"打工后":主要是从农民工的生命周期来考虑。当一个农民工遇到生育子女、抚养子女的关键周期时(比如孩子上小学、上初中),应当是以家庭和子女教育为重而却仍然选择外出打工、将子女留守在家乡时,即为过度打工。这里将那些带子女一起在务工地生活(流动儿童)的农民工排除在过度打工之外。不可否认,许多打工的农民工正是为了给子女攒钱、为了让子女接受更好的教育条件才"打工"的,但笔者认为,如果一个农民工的打工行动的终极目标是"子女的教育和发展",而在小学、初中的教育关键期"父母缺席"的话,直接导致子女的社会化风险加大,甚至导致教育失败(转向犯罪),那么即使其初衷是"为了子女好",但行动选择达不到子女教养的照顾、教育需求的打工也是"过度打工"。

6. 数据来源

本研究主要采用问卷调查法,兼采用统计年鉴的二手数据资料,分析方法主要用数据进行量化的比较。数据来源主要有两个部分,一个是笔者主持的国家社科基金项目的调查数据,一个是统计年鉴的数据。

前者具体包括农民工的调查,第一代农民工子女的调查(含在校大学生样本、在押的犯罪青年样本),后者主要采集国家统计年鉴和教育统计年鉴的数据。根据国家流动人口的分布概况,农民工的调查选择东中西部六个省进行抽样调查,调查抽样采用多阶段抽样:第一层抽取省份,共抽取6个省;第二层抽取县区,每个省抽取3个县区(四川、河南作为劳务输出大省抽取4个),共抽取20个区县;第三层抽取村庄(实际执行时改为抽取具有抽中县区户籍的本校学生),每个县区抽取3个村庄,共抽取60个村庄;第四层由每个调查员根据研究设计要求抽取本村15户样本"家庭"和村委会主任。调查过程完全采用"问卷法",具体发放900份村民问卷和60份村委会主任问卷(实际有村支部书记或会计代替的情况)。回收后发现有5个村庄的调查问卷存在多处"逻辑"矛盾的问题,即废卷。作为抽样的补充,又在安徽选择10个村庄进行补充调查,这样,农民户的调查问卷实际发放1050份,实际得到有效问卷817份,有效回收率77.8%。村委会主任的调查问卷有70份,有效65份。

7. 操作化与研究假设

本研究中的目标是探讨农村青少年过早打工现象的存在情况及其原因,在描述调查样本中过早打工者所占比例、规模推算的基础上,运用回归分析研究首次外出打工年龄的影响因素。影响因素主要考虑人口变量、个人因素、家庭因素、村庄因素、宏观的社会文化因素。

因变量:打工年龄。

自变量:性别,年龄,个人经济观念强度,父母教育观念和方式,打工前家庭经济地位判断,村庄打工普遍程度,农村社会距离感,城市社会距离感,宏观社会发展的认知。

性别采用虚拟变量赋值,男性为1,女性为0;年龄直接采用填空题。打工前的家庭经济地位判断采用"上、中上、中、中下、下"五等级判断,其他各自变量均采用李克特量表测量并"总加"得分的格式,即每个自变量包含10项"问题",答案赋值采用5分制。最终每个自变量的赋值区间为5—50分。

个人经济观念强度用的十个问题包括"能够挣钱就是好事""理想再好不能挣到钱就没有用""农村人为了打工而辍学是正常的""打工能挣到钱一样活得精彩""有钱能使鬼推磨是正确的""挣钱比一家人在一起还要重要""农村人有钱一样有地位""学费太贵上大学不划算"

"没钱的人都会比较自卑""农村劳动方式自由,但太不挣钱,我就不喜欢"。答案由"完全不同意"(1分)到"完全同意"(5分),分数越高表明经济观念越强。

父母教育观念和方式是采用调查对象对父母在下列问题上的态度进行判断而得到的:"农民即使对子女教育很重视,孩子也不一定考上大学""农村人即使考上大学也难找好工作""农村孩子即使上大学找到工作也不一定比打工挣钱多""农村孩子学习不如城市的孩子好""农村孩子比城市孩子笨""农村父母没有城市父母重视子女教育""农村孩子生活习惯不如城市孩子""农民即使有条件孩子成功的机会仍然小于城市""早点打工挣钱会更多""在父母的影响方面农村孩子不如城市孩子"。答案由"非常同意"(1分)到"非常不同意"(5分),分数越高表明观念越积极。

本人外出打工时本村打工的普遍程度包括"父母外出打工将子女留给爷爷奶奶带""父母过年时为了补偿孩子一下子买很多吃的玩的""留守儿童成绩下降""留守儿童的生活习惯不太好""老人照顾孙子很费力但照看效果又不好""农业耕种、收割方面由于缺劳力实行机械化""村民在盖房的事情上有攀比的心理而都去打工""打工挣钱买了洗衣机也用不上""青年人大多出去打工了""中年人大多出去打工了"。答案由"非常符合"(1分)到"完全不符合"(5分),分数越低表明受打工的影响程度越高。

宏观社会发展趋势的认知包括"您身边熟悉的人中,大多数人的生活压力(负向)""身边的大多数人对未来生活的信心""抱有怨恨心理的人数变化(负向)""社会贫富分化加快(负向)""底层人向上流动的机会""农村孩子的受教育机会""民众不满情绪(负向)""官员腐败程度(负向)""总体社会稳定程度""群体上访事件发生情况(负向)"。答案由"明显上升"(5分)到"明显下降"(1分),分数越高表明态度越消极。

农村社会距离测量的操作化包括"我喜欢家乡农村的安静环境""我喜欢家乡人与人之间的亲近""我喜欢家乡熟悉的生活环境""农村劳动方式很自由""农村消费低""我不习惯家乡比较单调的生活方式(负)""我对靠农业生活完全不抱信心(负)""我对农业劳作技术基本不了解(负)""我非常不愿意回到农村生活(负)""我不希望子女在农村接受教育(负)"。答案由"非常符合"(1分)到"完全不符"(5分),分数越低表明社会距离越近。

城市社会距离的操作化(下列因素对城市生活的影响大小,认为影响越小距离越近)测量包括"城市生活费用高""没有医疗保障""买不起住房""小孩上学困难""人际交往少""空闲时间少""家人没人照顾""交通拥挤""没有家的感觉或漂泊感""传染病等公共卫生隐患多"。答案由"影响非常小"(1分)到"影响非常大"(5分),分数越低表明社会距离越近。

根据社会学的社会化理论,个人成长过程主要受家庭、社区、文化的影响,而且这三类因素是由近及远。同时,由于现代社会生活方式的信息化、青少年学习能力和自主能力的增强,本研究假设青少年辍学打工既受家庭、社区(村庄)、文化的影响,也受个人认知观念的影响。研究假设分解为:

假设1:家庭因素对个人打工年龄的影响是最重要的因素。具体应表现为个人打工前的家庭经济地位感受对个人打工年龄有影响,即家庭经济地位感知上越处于低位越倾向于提前外出打工;父母教育观念对个体外出打工年龄有影响,父母教育观念越倾向于消极个人就越倾向于提前打工。

假设2:农村村庄由于打工带来的变化作为社区因素对个人的耳濡目染过程是第二位因素,具体应表现为调查对象所在村庄打工现象的普遍性在回归方程中有影响,即本人感觉到的本村打工的现象越多、越普遍个体就越提早打工。

假设3:城乡差距并具体体现为个人对城市、农村的社会距离感作为宏观的社会文化背景应在回归方程中有影响,具体应表现为个人对城市的社会距离感越近越倾向于提早外出打工、个人对农村社会距离感越远越倾向于提早外出打工。

假设4:个人的经济观念强度对其外出打工的年龄有影响,即经济观念越强其打工年龄越提前。

三、实证分析

1. "辍学"打工的调查与推断

从国家公布的历次农民工年龄数据可知,国家公布了25岁或30岁以下农民工的频数、频率,但没有给出16岁以前的农民工之具体数据(这一年龄段没有单独划分)。本研究主要是考虑16岁以前打工者的数据,因为根据打工年龄与义务教育的年龄比较可知,一方面法律规定16岁之前不能外出打工,一方面义务教育一般应该在15周岁才能完成。由此可以推断,如果一个初中生未完成义务教育,中途辍学的青年(青少年)当中,除个别的生病、意外事故等,外出打工是最主要的原因。

本研究在初步的研究设计过程中主题是调查农村人口流动及其回流的情况,其中包含有调查对象首次打工的年份,根据调查对象的年龄(出生年份)可以推算出调查对象第一次打工时的年龄。在817名调查对象中,有240名是没有外出打工过的务农人口,有577名是打工者或者是曾经外出打工现在回流到家乡。在这577名有务工经历的调查对象中,在15岁及之前就已经外出打工的占总体调查对象的7.6%(7岁的两个个案一个是跟随父母外出进行"乞讨"挣钱,一个是跟随单身父亲捡垃圾;8岁的两个个案分别是捡垃圾、摆水果摊)。16岁这一年外出打工的占5.2%,16岁及之前打工的占到12.8%。但如果把调查对象按照年龄划分为35岁以上者的中年组和35岁以下者的青年组,则青年组的农民工首次外出打工的年龄属于15岁及以前的比例明显较高。由此,本研究重点分析和探讨35岁以下人群的过早打工问题。

表5-1 调查对象首次外出打工的年龄

首次打工年龄	35岁以下者($N=249$)		35岁以上者($N=328$)	
	频数	频率	频数	频率
15岁及以前	33	13.3	11	3.4
16—18岁	89	35.7	30	9.1
19岁及以后	127	51.0	287	87.5

在本研究中还有两个数据相互印证:一个是村庄干部(具体包括村委会主任、村支书、村民小组长三类)"所知道"的本村辍学人数,一个是初中学校的辍学率统计。前一个数据如表5-2所示,数据表明,在我们抽中的村庄中,没有一个村庄是"无人辍学"的,同时辍学的绝对数也表明辍学的普遍存在。但遗憾的是村干部的调查问卷中没有设计"本村在读初中生人数",所以无法估计相应的辍学率。

表 5-2　本调查 65 个样本村庄中村干部"所知道"的初中生辍学情况

村干部回答的本村辍学人数	频数	频率
1—9 人	28	43.1
10—19 人	16	24.6
20—29 人	8	12.3
30—39 人	5	7.7
40—49 人	1	1.5
50 人及以上	7	10.8

在上述问卷结果统计的基础上,笔者选择了三个省的三所初中(三所初中首先考虑的是学校的可介入性,其次考虑的是学校规模)进行辍学率的计算与推断。根据初中每一届学生在招生时人数及三年后毕业人数之差,扣除相应的转学(转出与转入)人数,可以得出"辍学"率。

表 5-3　浙鄂豫三所初中学校的辍学率(排除转入与转出人数后)(%)

	2001 级	2002 级	2003 级	2004 级	2005 级	2006 级	2007 级	2008 级
浙江 D 初中	8.85	8.65	8.08	7.28	5.98	6.64	6.71	5.69
湖北 T 初中	4.37	4.95	9.97	9.47	12.55	10.89	7.64	6.29
河南 W 初中	9.57	9.88	6.15	7.84	9.01	8.32	4.88	5.36

三个样本学校均为乡镇政府所在地的初中学校。浙江 D 中学在 2001 年招生规模每年在 600 人上下,2008 年当年招生新生只有 492 人;湖北 2001 年招生规模为 801 人,2008 年一年级招生人数只有 620 人;河南 2001 年招生人数为 1224 人,2008 年下降到 840 人。总体上学生规模在下降,应该主要与人口结构有关,并不是说绝对人数的下降就意味着辍学,但数据确实表明辍学率的相对稳定存在的事实,基本在 5% 至 10% 之间。

如果运用同样的方法,推算全国的辍学率(数据由全国各省的统计年鉴获得),则得到的辍学率比笔者调查的三个样本初中更高(虽然这一计算方法忽略了转入与转出的人数,但包括广东、浙江在内的也是辍学率达到 5% 以上):

表 5-4 贵州的辍学情况统计推论

年份	初中学校数	初中毕业人数	初中招生人数	初一到初三的减少数	初一到初三毛辍学率(%)
1997	1511	276443	412114		
1998	1567	298548	445196		
1999	1592	312633	494406		
2000	1648	331329	557466	80785	19.60
2001	1523	362647	638216	82549	18.54
2002	1923	434933	703105	59473	12.03
2003	2068	502251	728959	55215	9.90
2004	2183	573295	721590	64921	10.17
2005	2193	627254	710857	75851	10.79
2006	2151	650318	704579	78641	10.79
2007	2189	645490	709794	76100	10.55

表 5-5 川鄂豫浙粤辍学率统计推论(%)

	四川	湖北	河南	浙江	广东
1997	15.57	17.30	6.89	7.41	10.80
1998	16.02	18.76	8.39	6.33	13.38
1999	14.83	16.80	9.42	5.08	11.22
2000	15.72	14.83	12.19	4.56	9.99
2001	13.80	11.39	5.12	3.06	7.91
2002	12.93	11.02	2.29	2.33	6.75
2003	13.58	8.82	5.79	2.17	7.92
2004	7.60	8.12	3.57	1.99	9.59

根据湖北、山东、湖南、河南、贵州、四川的数据推算,六个省份平均辍学率为10.1%,这与农业部2003年调查所得全国农村平均辍学率为10.7%非常接近(卢德生、赖长春,2009)。据此对全国进行估算:2000年中国农村14至35岁的青年人口总计为30127.95万人,2009年对应的是20440.12万人,那么中国14—35岁的青年人口中辍学的总规模大致在2000万至3000万人之间。

就本研究调查结果来看,无论是三个样本初中,或教育统计年鉴的推算结果,由教育统计口径得到的平均辍学率低于农民工群体调查样本中15岁之前辍学外出打工者的比例(相差3.2%),这一点应该主要是教育统计数据引起的,比如我们在湖北和河南的初中学校了解情况时发现,有的学生已经离开学校外出打工,但学校由于没有接到本人的正式退学申请,所以学籍还保留,"数据"也就保留;另外,近些年农村由于实行义务教育,学校为了套取国家的义务教育经费也会尽量地减少学生数据的流失甚至是人为增加学生数据(2012年9月4日,教育部网站通报,黄石市阳新县教育局局长曹某,因虚报学生人数套取义务教育公用经费1687.96万元被免职)。无论是受社会经济变迁的影响,或是受大学生就业困难等产生的读书无用论的影响,辍学率比较高而且自愿辍学的情况在农村初中学校中比较普遍,据东北师范大学农村教育研究所2001—2003年对全国17所农村初中的调查,农村初中最高辍学率达74.3%,平均辍学率为43%(邬志辉,2008),当然,从笔者调查的实际经验来看这样高的数据也是不可靠的;而"学生的学籍都在,但实际上都不再在学校"的隐性辍学群体也大量存在(兰靖、张念蒙,2009)。

2. 过早性"辍学"打工的认知

未到成熟的劳动力年龄而过早打工虽然普遍存在,但在当下的社会发展形势下,尤其是国家非常强调义务教育并对其逐步增加投资改善公民接受义务教育的条件之背景下,当父母的农民大多数还是希望孩子能够读完初中三年。问题出在大多数"辍学"者不是由于学费、生活费用等经济原因被迫辍学,而是普遍地由于各种原因"主动"辍学。"成绩不好""不想上学了"是初中老师及家长最常听到的孩子"辍学"理由。但在打工的民工当中,我们调查发现,越是过早打工的农村青年选择"非常同意""功利取向"的选择比例就越高,具体如表5-6所示。

表5-6 调查对象中35岁以下的青年农民工对下列各项选择"非常同意"项的比例

%

	能挣钱就是好事	理想再好不能挣到钱也没用	农村人辍学打工是正常的	打工能挣到钱一样活得精彩	有钱能使鬼推磨是正确的	人有比有学历还重要	农村人有钱一样有地位	大学学费太贵上大学不划算	没钱的人都会比较自卑	个人学历越来越没有钱重要
15岁或更早 (N=33)	27.3	18.2	54.5	72.7	54.5	27.3	18.2	54.5	54.5	54.5
16—18岁 (N=89)	16.7	23.3	20.0	26.7	20.0	23.3	20.0	20.0	23.3	20.0
19岁及以后 (N=127)	14.3	11.8	11.5	12.2	11.5	11.8	11.5	22.4	12.9	22.4

在农民工回答自己外出打工的动机时,15岁及更早外出打工的农民工选择"见世面、增长见识"这一项比例明显高于其他两组;选择"别人都出去打工了"项的比例也高于另外两组,而在"为了谋生""为了子女"的选项上则明显低于另外两组。这表明过早打工者首次打工时更多的考虑是看看外面的世界、跟随或者模仿别人的打工行为,而真正出于谋生的需要去打工的则是微乎其微,具体如表5-7所示。

表5-7 农民工对自己首次打工原因的回答

		别人都出去打工了	给子女创造更好条件	见世面、增长见识	学技术本领	在家闲得慌	工作主要是为了谋生
15岁或更早 ($N=33$)	频数	9	0	15	4	3	2
	频率	27.3	0.0	45.5	12.1	9.1	6.1
16—18岁 ($N=89$)	频数	16	9	30	13	6	15
	频率	18.0	10.1	33.7	14.6	6.7	16.9
19岁及以后 ($N=127$)	频数	21	29	39	18	4	16
	频率	16.5	22.8	30.7	14.2	3.1	12.6
合计 ($N=249$)	频数	46	38	84	35	13	33
	频率	18.5	15.3	33.7	14.1	5.2	13.3

$X^2=19.390$ df=10 sig.<0.05

所谓"世面"在青年农民工看来主要是城市的"发达",即获知途径主要是通过看电影、电视、报纸、网络等,也有自己上网、村里人的讲述等,这些认知途径是"多元交叉"的,但电视传播与村里人的经历讲述是最主要的,尤其是村里人打工挣了钱的,回到村里给青年人带来的印象是"打工挣钱好"。

  之前通过看电视了解到城市是很发达的,高楼大厦、地铁、超市、商场、白领、名牌、名车、肯德基、大学、外国人,也是很美的,各种风格的建筑、公园、风景区。当然也了解到城市空气差、消费高、人情冷漠、治安差。我在深圳待了两年,去过很多好玩的地方……
  在家的话,父母很唠叨,在外打工,他们管不着我,很自由,想干啥就干啥,坚持走自己的路就行。但是上班就不自由了,迟到一分钟都不行,经常加班,很累的。(个案HN的访谈记录,28岁,初二即外出打工)

就过早打工者对自身和提前外出打工的认知来看,也存在"懵懵懂懂"的情况:他们外出打工的目标、意识在语言表述上是"清晰"的,但又显得有些盲目和冲动。

一个初一时辍学外出打工者 LB（河南籍，28 岁，已经打工 15 年）的陈述：

> 上学最终为了啥？还不是为了赶明儿（方言，明天、将来的意思）能挣钱，挣大钱！我呢，知道自己成绩不好，但不上学也可以挣钱的话，我又何必要上学？我们庄儿（村）出去打工的人多了，特别是年轻人，都出去了。除了几个家里有生意的没有出去。那些打工的挺好的，自己想干什么就干什么，每月还向家里寄钱。我父母都是老老实实的农民，供养我上学挺不容易的。

一个初二辍学外出打工者 LHS（河南籍，20 岁，已经打工六年）的陈述：

> 头先（方言，以前、先前的意思）家里穷嘛！那时候儿上学都是紧巴巴的穷学生，反正家里也确实没有钱，所以哪有什么零花钱！自己要是想买个啥，或者想出去玩玩儿，都不中，都得编瞎话儿给父母要——像自己需要买个课外资料了，想完成老师留的课外作业了，有时也会直说是想上网，但会说上网也是为了查阅老师要的资料什么的。时间长了，自己都觉得过意不去，父母恁辛苦，而我还欺骗他们的钱，也欺骗了他们的感情，那种感觉很不好，有时还有些难受，特别是看到某某孝顺的孩子成绩又好或怎么样的，就自己很惭愧。后来初二就跟着村里人出去打工了。眼前回过来头看，我觉得打工没有什么不好，自己挣钱，一是自由，二是不会有心理负担，每月还可以给家里寄点儿，心理上好多了。况且，在外面打工也见了世面。

上述阐述表明了辍学者对"辍学"打工并没有觉得有什么"不合适"，相反是自己早日独立、早日成人的表现；虽然只有初二就外出打工，但无论是对将来终极目标的认知，或是对父母情感上的判断，都说明他们初二时外出打工已经认识到"人民币是硬道理"，知道打工可以"有钱"，知道城市是美好的天堂，知道自己学习不好不被老师喜欢所以"自卑"，知道父母为了打工挣钱也不容易，进而想通过自己的行动来改变命运。

过早打工的农村青少年不论是出于对外面世界的憧憬、冲动或者是出于对打工行为的模仿、从众，其首次外出时由于年龄不够大，应该会得到熟人的帮助才能够得以实现。表 5-8 的数据表明越是提早外出打工的农村青年越倾向于通过亲戚邻居的介绍而获得打工的岗位,这表征着"熟人社会"或"熟人网络"对过早打工有意或无意的"推动"或者是"拉动"。

表 5-8 调查对象中 35 岁以下者首次外出打工的岗位获得途径

		亲戚邻居介绍的	同学朋友帮助	政府组织的	单位招工	自己找的	其他
15 岁或更早 ($N=33$)	频数	16	5	0	3	7	1
	频率	50.0	15.6	0.0	9.4	21.9	3.1
16—18 岁 ($N=89$)	频数	35	24	0	10	17	3
	频率	39.3	27.0	0.0	11.2	19.1	3.4
19 岁以后 ($N=127$)	频数	34	13	5	29	44	2
	频率	26.8	10.2	3.9	22.8	34.6	1.6
合计 ($N=248$)	频数	85	42	5	42	68	6
	频率	34.3	16.9	2.0	16.9	27.4	2.4
		$X^2=29.700$		df=10		sig.<0.001	

从调查过程中的访谈得知,提前外出打工的农村青年民工大多认为自己初中尤其是初二年级时"独立意识"增强明显。小学及以前都是纯正或幼稚性的"孩子",但到了初中,是"半大不小"的孩子了,这时的身体发育已经"个头比较高"了,通过读书识字也了解了一些外面的花花世界并且对城市充满了向往,自己也可以单独坐车、单独行动了,在身体长高、长大的同时,有一种强烈的自我支配欲望。农村外出打工的人在回家乡过年或其他原因回家时,如果带同乡外出,小学生肯定是不会带的,但带一个初中在读的青少年,是农村人普遍接受的,主要的理由是也"半大不小"了。

3. 过早打工的影响因素

在呈现辍学打工现象的规模、普遍程度并对其外出时间、动机有所理解的基础上,本研究依据研究设计的变量操作,以首次打工的年龄为因变量,采用回归统计的方法,将性别、年龄、个人经济观念强度、父母教育观念和方式、打工前家庭经济地位判断、村庄打工普遍程度、农村社会距离感、城市社会距离感、宏观社会发展的认知等作为自变量进行回归分析。逐步回归的结果如表 5-9 所示。

表 5-9 农民工首次打工年龄的回归分析结果(逐步回归)

模型		回归系数	标准误	标准回归系数	T值	显著水平	零阶相关系数	偏相关系数	部分相关系数
1	常量	7.896	1.590		4.966	0.000			
	年龄	0.405	0.058	0.470	6.950	0.000	0.470	0.470	0.470
2	常量	10.060	1.563		6.436	0.000			
	年龄	0.405	0.055	0.470	7.382	0.000	0.470	0.494	0.470
	农民工经济观念强度	-0.120	0.025	-0.305	-4.792	0.000	-0.305	-0.346	-0.305
3	常量	13.438	1.830		7.342	0.000			
	年龄	0.436	0.054	0.506	8.052	0.000	0.470	0.528	0.498
	农民工经济观念强度	-0.122	0.024	-0.311	-5.019	0.000	-0.305	-0.361	-0.311
	宏观社会趋势的认知判断	-0.161	0.049	-0.208	-3.308	0.001	-0.113	-0.247	-0.205
4	常量	8.662	2.416		3.586	0.000			
	年龄	0.418	0.053	0.485	7.847	0.000	0.470	0.519	0.475
	农民工经济观念强度	-0.108	0.024	-0.275	-4.445	0.000	-0.305	-0.325	-0.269
	宏观社会趋势的认知判断	-0.147	0.048	-0.189	-3.058	0.003	-0.113	-0.230	-0.185
	城市社会距离总分	0.155	0.053	0.184	2.945	0.004	0.298	0.222	0.178
5	常量	12.459	3.061		4.071	0.000			
	年龄	0.400	0.054	0.464	7.466	0.000	0.470	0.501	0.448
	农民工经济观念强度	-0.099	0.025	-0.252	-4.050	0.000	-0.305	-0.300	-0.243
	宏观社会趋势的认知判断	-0.159	0.048	-0.205	-3.319	0.001	-0.113	-0.249	-0.199
	城市社会距离总分	0.140	0.053	0.165	2.644	0.009	0.298	0.201	0.159
	农村社会距离总分	-0.118	0.059	-0.127	-1.992	0.048	-0.273	-0.153	-0.120

回归分析结果显示,本研究的研究假设中前两个有关家庭因素、社区因素(村庄)均排除在方程之外,即原研究假设1和2不成立,假设3和假设4成立。家庭因素对个人社会化过程中影响不显著存在两种可能,一种是本研究的调查对象均为"打工"的农民工,与父辈属于同层次的阶层传递,而不是上升或下降的阶层流动,这样可能表明这个样本群体的家庭阶层背景和社会地位大致相当,二者是作为"共性"而存在的;另外一种可能是本研究的设计存在一定的缺陷,在子承父业的代际变迁过程中,家庭背景和父母教养方式对农村青少年首次外出打工的时

间并不产生显著影响。笔者倾向于第二种判断,因为越是走向现代社会,青少年社会化过程受社会文化等宏观因素的影响越大,而家庭等微观因素的影响逐渐式微。这与马库比(Maccoby)和马丁(Matin)、哈里斯(Harris)等人的研究结论相吻合,他们的研究结果证明家庭和父母亲对孩子的影响越来越不显著,而同辈群体、社会环境等因素成为模仿行为、习得信念的关键(Maccoby & Martin,1983:82;Harris,1995:458-489)。同理,村庄作为一个社区因素对农村青少年的影响不显著可能与当下农村社会变迁过程中村庄的式微有关,农村青少年在信息化、现代化教育与生活环境中越来越多地受电影电视、网络等现代媒体的影响,村庄中对个体有影响的可能是具体的熟人或同学,而不是村庄;或者村庄中各种社会变化不是以直接的方式影响个体的首次打工年龄。

根据回归结果,我们可以得出以下方程:

$$Y = 12.459 + 0.4X_1 - 0.099X_2 - 0.159X_3 + 0.140X_4 - 0.118X_5$$

标准化方程为:

$$Y = 0.464X_1 - 0.252X_2 - 0.205X_3 + 0.165X_4 - 0.127X_5$$

其中,Y 为首次打工年龄,X_1 为年龄,X_2 为经济观念强度,X_3 为宏观社会趋势认知,X_4 为城市社会距离感,X_5 为农村社会距离感。

五次方程模型的解释力分别为 22.1%、31.4%、35.6%、38.8%、40.2%,调整解释力分别为 21.7%、30.6%、34.5%、37.3%、38.4%。

年龄在方程中的显著影响表明年龄越大的人其首次外出打工的时间越晚,越年轻者其首次外出时间越早。这表明首次打工年龄首先映射着时代的变化,社会的共性起主要作用,年轻者比年长者更提前打工是这个时代变化的结果。就代际差异而言,统计数据显示 35 岁以上的农民工群体第一次外出打工年龄平均为 29.13 岁,而 35 岁以下的新生代农民工第一次外出打工的年龄平均值为 19.03 岁,相差超过 10 年,而普通体力劳动者打工的黄金年限也就是 20 年。但性别作为一个虚拟变量,并没有显著影响,这表明在本研究的统计中,男女性别因素对其首次打工的年龄并不具有显著的影响。

但除去年龄这一"天然"因素外,或者说除去时代共性的因素外,首先进入方程的是农民工的经济观念强度,这表明个人的认知观念在后天自致因素中是最重要的影响因素。而且在进入方程的四类社会影响因素中是标准回归系数最高,也是偏相关系数最高的,这表明首次打工年龄的"后致"因素中,个人经济观念强度的影响力最显著。

其次是宏观社会趋势的认知、判断对个人首次打工年龄具有显著影响,而且个人对宏观社会发展趋势的判断越倾向于消极,其打工年龄就越倾向于提前。而且对宏观社会趋势的认知指数居于社会因素的第二位,这表明社会宏观的文化环境、结构特征、价值导向、社会稳定等看似与个人没有直接关联的宏观现象对青少年的感知与判断自己的未来、选择自己的人生道路却产生重要的影响。

最后,城市社会距离感与农村社会距离感分别作为个人首次外出年龄的"拉力"与"推力"因素在回归议程中具有显著影响。与城市社会距离感越近,越倾向于提前打工,与农村社会距离越远越倾向于提前打工。这表明城乡二元结构背景下的城市与乡村对农村青少年的印象及其生活影响也是农村青少年提前外出打工的重要变量。

四、讨论与思考

提前性过早打工的影响是不言而喻的,首先是无法继续学业,但除这一明显的影响之外,过早打工带来的个人发展空间是受限的,大多数过早打工的青年缺乏一技之长。可以说农村青少年以辍学为代价的提前外出打工是牺牲了个人的长远发展前途而"抄近路"挣钱,是一种非常明显的短期行为。抛开上大学等上升流动不讲,在子承父业的农二代群体内,由于打工的时间点不一样,农民工获得职业资格证书的比例"差异显著",具体如表5-10所示。

表 5-10 农民工中 35 岁以下者有无专业技术资格证书的比较

		有	没有	总计
15岁及以前(初中时打工)	频数	6	27	33
	频率	18.2	81.8	100.0
16—18岁(高中或中专时外出打工)	频数	35	54	89
	频率	39.3	60.7	100.0
19岁以后(成年后打工)	频数	53	74	127
	频率	41.7	58.3	100.0
合计	频数	94	155	249
	频率	37.8	62.2	100.0

$X^2 = 6.328$ df = 2   sig. < 0.05

在辍学而过早打工的归因上,已有的研究主要归因于两种:一种是经济说和家庭因素的解释——家庭经济贫困而导致辍学,或者家庭教育观念、教育方式等非经济因素(张士菊,2003;苏群、丁毅,2007;张明水,2011;刘国瑞,2001),这是将微观因素视为主导的分析思路;第二种是社会归因,有学者分析了国家人口流动政策导致农民工子女不得不留守、农民在教育投入水平与收益期望水平之间的差距较大等,进而得出农村子女辍学较多(王志中、胡萍,2010;唐佩、冉云芳,2008)。

本研究结果表明,社会宏观因素确实是影响辍学打工的重要原因,家庭因素却不显著,个人观念、理念(虽然其形成也受社会、家庭的影响)是最显著的"自致"因素。或者可以这样认为:在社会大环境的变迁过程中,辍学提前打工者在自己的行动理念上,把手段当成了终极目标,把过渡当成了可持续发展,把非正式的边缘性职业当成了正式的稳定的职业来追求。但这种个人的经济观念强度直接或间接受宏观的社会结构、文化环境、价值导向等力量的约束,也受城乡结构背景下的社会距离意识的影响,因此,农村青少年过早打工的影响原因归根到底可以归结为价值理念的导向与形成问题,简单地说,过早打工是过度理性造成的。

1. 过度"理性"与提前打工

第一是过早、过度追求直接的打工"效益"——挣钱"立竿见影"。过早打工的青年在个人行动理念中具有较强的"经济理性"诉求,而且这种诉求对打工的直接效益期望超越了进一步接受教育和完成基本义务的期望,这表明当今的农民工在思维方式上与父辈追求"风险"最低而非"利益"最大的逻辑基本相同,即没有跳出恰亚诺夫所形容的"小农"思维模式(恰亚诺夫,1996:187)。

甚至少年不管是主动的或被动的,其决定性的理念都是追求"立竿见影"的经济效益,即使以后能够考上大学那也是太遥远的事情了,迫不及待地挣钱是理性计算的第一目标,也是最直接的目标。如果中学生的父母抱定这一观念,就会认定"读书无用论",进而主张孩子过早辍学打工;如果是中学生自己较早地意识到这一"效益",就会直接导致主动辍学。

第二是打工的"快活"——所谓"不枯燥",这是辍学青少年摆脱枯燥学习的单调生活之初衷。塔尔德和班杜拉(Bandura)在对人类的行为进行理论解释的过程中都强调人们的"模仿性",模仿父母、模仿朋友、模仿电影电视上的演员;而本调查显示过早辍学打工的青少年模仿的是熟人当中的打工者,而且在首次外出寻找工作岗位的过程中越是年龄提前者受亲邻熟人影响的比例越高。辍学过早打工的初中生主要模仿辍学后自由自在不再单调的生活方式,打工者往往认为学习的生活太单一乏味了,每天都是同样的周而复始,加上年龄的冲动与不成熟,急于寻求可以自由选择甚至刺激的生活。

第三是未来的自主性——生活可以"把握"。过早辍学打工的农村青少年在"终极目标"的理性驱使下,对上中学考大学想象出更多的不确定性,"连大学毕业生都不一定找到工作",所以对上学的未来充满疑惑,而且农民的孩子上大学尤其上重点大学的比例越来越低,具体到农村孩子个人身上是个人感觉"机会越来越渺茫",农村孩子通过求学改写命运的"活教材"越来越少;而打工挣钱的"活版本"比比皆是,虽然不一定改变命运,但可以解决眼前的现实问题,打工成为一个看得见、摸得着的"确定性"选择,过早打工者自认为生活的未来可以把握在自己手中,好像是自己能够选择的行动就是"自主"。

第四是打工的外部效应——对城市的向往与体验。在非经济层面,打工行动同时伴随着"生活方式"的改变,农民进城打工还享受到城市"现代文明"的气息,虽然参与消费并不多,但观感、听闻本身也是对现代文明气息的"近距离体验"。比如,大多数农民工并不会购买汽车、购买楼房,但在城市中体验汽车的川流不息、高楼大厦的鳞次栉比是很多农民对城市印象的"感叹"。

2. "理性化的傻子"

借用阿玛蒂亚·森的说法,过早打工的农村青少年是"理性化的傻子","傻"是指其观念的"偏执"、过度。

第一,青少年本人及其父母对利益维度把握的单一性(纯经济理性)。提前过早打工的青少年在"计算"自己人生道路的投入与产出效益时,只核算直接可以看得到、接触得到的经济"投入与产出"数,只看到那些赚到钱的打工者,而对那些"带着失落的情绪和空空的钱袋返乡者"(瑞雪·墨菲,2009:187)却缺乏反思的能力。笔者在农村调查的过程中,确实感觉到相当一部分农村父母与孩子的"偏执"一致:对于孩子未来的个人发展空间、社会地位等问题不重视;对于本村某一个人家的孩子考上了重点大学,而自己的孩子则只能打工的问题,大多数打工的农民则并不着急,也不觉得"没有面子"。他们的理由主要有二:一是"没上大学的人多了"(从众、随大流),不上大学也不丢人,甚至觉得自己都不识字,孩子能够认识字已经不错了;二是打工挣钱盖房子是我可以"把握"的,只要想改变立马就可以动手做,而且三五年就完全可以实现(计算好自己的打工收入和盖房子的总支出就可以了);这个过程是完全可控的——想多挣点的时候就多加点儿班儿,无非是多干些挣钱的重活儿,多吃点儿苦。而上大学不但要花费大笔的学费,将来工作的问题也没有把握,即使上班了也不一定有多高的工资,有的家长甚至是计算大学生平均工作多少年才能挣回"上学的成本",并且加入了上大学期间不能打工的"机会成本"。这种单一的经济理性思维在越是年轻的农民工身上越显得浓厚,其形象正如马尔库塞所描述的单面人所具有的"单向度的思想和行为方式"(马尔库塞,1989:12)。

第二,对事情发展把握的短期性。只看到现在的住房、生活消费等眼前利益,看不到也顾不了长远发展。过早打工的青少年及其家长在选择过早打工的"考虑"过程中,往往把诸如住房、家庭日常开支运转等显在的、眼前的事项列为"当紧的"内容,而且认为这些非解决不可。比如住房,我们发现农村要是别人盖了新房子,自己家没有盖新房子,该户的主要劳动力(夫妻双方和长大的孩子)都会非常着急,他们一般认为别人有房子就有面子,而自己没有新楼房就是没有面子;针对"面子"的真实含义他们的解读往往是不但"不好看",而且是没有能力的象征——别人都可以挣到钱,盖新房子,你为什么不能?那不是你没有本事嘛!对于"下一代"的未来将会怎么样,往往认为那是多少年以后的事"谁说得了"。这表明农民工对自己人生发展缺乏长远规划,也缺乏波普金所说的那种对行动选择结果的反思与评估(Popkin,1979)。

第三,对风险认知的片面性。在我们的调查中,大多数农民工对家庭劳动力投入的计算只算一个人从事某一"行当"时的经济投入和劳动力的个数,而对家庭整体的投入成本及机会成本往往是不太考虑的。比如,农民核算农业与打工之间的风险与收益的比较时,他们只核算同样一个劳动力如果在家时一年需要的化肥、农药、种子钱等,而外出打工除了车费外,不需要"投入"了;而相比之下,农业的收入则是非常低的,一年按照两季种植的话,一个劳动力从事农业的纯收入大概平均在2000—3000元的样子,而打工的话一个月的纯收入就有这么多。而且打工的钱是现金,大多情况下还是当月兑现,而农业收入则要等一年。但农民对这两个行当的劳动力强度、劳动力具体的劳动时间的多少、体力支出的量是不计较的;孩子的教育、老人的照顾这种由于打工而"衍生"出来的风险投入或者叫风险成本在他们考虑"投入收益风险"的比较过程中是不计算在内的,甚至根本没有去考虑;而是理所当然地认为既然要外出打工,那么家庭就是照顾不了的,"这没有什么好说的"。这表明当今的农民工确实具有"既为家庭生产又为社会生产"的双重理性,但他们在计算劳动投入的成本时,确实倾向于忽略长远发展而更重视短期的、直接的效益,但农民工认为在他们不能改变命运的情况下,这种选择又是合理的,这种辩证正如马尔库塞批判的资本主义"不合理性中的合理性"一样。

第四,对个人本位与家庭本位的变换。家庭本位逐步让位或转向个人本位,打工的农民工在考虑个人行动时虽然口头上会说"为了家人,为了孩子",但实际上他们的选择逻辑却转向了个人本位。首先为了孩子的感情(孩子往往需要父母陪伴在家里)和教育孩子而选择留在家里的三四十岁的青壮年劳动力几乎没有,留在农村的青壮年劳动力也往往是因为在家里有经济性的"正事"(比如跑运输、搞建筑、做加工门窗、做家具、开商店等)。在笔者调查到的湖北 D 村 6 组 30 名家长中,只有一个农民是为了孩子的教育而选择"清苦"过日子的,他把每天教育、监督孩子的学习并与孩子谈心作为第一要务,通过在家务农、规模养殖鸡鸭获得收入,最终一个孩子考入华中科技大学,一个孩子考入东北师范大学。遗憾的是这种农民太少了。

第五,从过度理性化到物化、异化。物化是指农民的劳动观念越来越具"工具理性"——不给钱甚至是钱给少了就不干,而不管对方是什么具体危急情况。农民本来是很乐于助人的,我国见义勇为、救助他人于危急时刻的"英雄"多是农民和农民工,在农业生产过程中的"农民互助"也是经常性的,但在"效率"观念过度普及之后,似乎越来越"急功近利",大多农民工不论是客观的能力造成的,还是主观愿望的改变,结果是不再那么朴实,不再那么乐于"帮助"别人。这种帮助不但在"经济生产"上弱化和消失,也会在人情互动上弱化甚至消失。富士康员工跳楼的一个重要原因是"心理问题""精神问题"——其员工缺乏一个有效的心理互助平台、人际交往上缺乏工友之间的精神支持网也是重要原因。这也许就是理性化的牢笼效应之体现。

3. 过度打工的政策寓意

在 2010 年 5 月 19 日举行的中国人口与发展咨询会上发布的《中国劳动力变动趋势及判断》指出中国人力资本对经济增长的贡献率仅为 35%,远低于发达国家 75% 的平均水平,而在当前 14—35 岁的青年人口中,就大约有 2000 万至 3000 万个的义务教育辍学者,部分地回答了中国人力资本贡献率较低的问题。回到本章开头提到的初二辍学的吴艳春案件及其类似现象的发生,会让我们认识到过早打工、过度打工已经"有规律地"出现各种"意想不到"的后果。说是意想不到,是因为这些事件基本上是非经济"核算""计算"所能够预料到的,尤其是非短期内的经济计算可以看到的。农民决定打工时,往往只算"经济账"——可以精确核算的也只有经济账。长远规划、子女教育质量、家庭命运、国家层面的人力资本与社会发展等非经济问题或者说社会成本往往是无法核算清楚的,甚至是不可预测的。但国家和人口流动政策的管理部门不应该把其看作只是"农民工"个人选择的事情。

第一,在打工政策的导向上,必须矫正过度功利、单一的经济导向观念,正视打工的短暂性、过渡性、非正式性(边缘性)、被动性(被雇佣)等根本特征。自从以经济建设为中心的方针确定以来,我们国家和主流的经济学将"经济增长"当成一种不可否定的社会指导理念(加尔布雷思,1980:Ⅶ),虽然现在提倡经济与社会协调发展,但经济霸权思维还是主流。无论是维护全面的社会稳定,还是促进城乡社会的可持续健康发展,都应该结束打工的"超长期"进行,要么向正式的人口迁移转变,要么促进农民工合理、适度的回流。最基本的底线是保证未到成年年龄者不能过早外出务工。而要守住这一底线,农业收入水平提高多少才能让农民不再"过度打工"应当成为一个政策顶层设计。农民过早、过度打工的根源在于过度的利益导向融合城乡差距,制约了农民和农村青少年的选择方向。必须清醒地认识到,虽然我们的城市化、工业化需要大力推进,但和谐的城乡关系必须以务农收入足以合理拉动青年农民愿意务农为前提。如果这一条不能实现,农民工就不会回流,留守儿童问题就不可能化解,农村青少年辍学打工问题不可能从根本上得以改善。

第二,改革现有的人口流动政策,实施梯度人口流动,并通过进一步完善义务教育制度(制度应当引导农民更多地把子女教育放在家庭决策的首位)、家庭奖励制度、年龄梯度引导农村人口合理、有节的流动,而不是所有自认为"有劳动能力的人"都可以外出打工,来促进劳动力供求结构(杜绝提前性过度打工、子女成长关键期父母至少一方不得外出打工等)的合理化发展。甚至有必要通过强化法律手段的执行来落实梯度人口流动政策的硬性限制。

这里应当指出,阶段或阶梯性地限制农民外出打工,并不等于促使农民"贫困化"。近年发展中国家贫困率(每天1美元标准)的下降(从1993年的28%降至2002年的22%),主要就归功于农村贫困率的下降(农村贫困率从37%降至29%,而城市贫困率基本维持不变,为

13%）。而在农村贫困人口的减少中,80%以上归功于农村地区的条件改善,而不是贫困人口的迁出。因此,农村人口向城市迁移并不是农村（及全球）减少贫困的主要手段——这与人们的一般感觉刚好相反（《2008年世界发展报告》,"概要"第3页）。

第三,对于已经形成的过度打工结果应建立"应急性农民工救助机制"。由于早期人口流动政策缺乏对流动人口子女教育方面的保护与政策倾斜,留守儿童问题形成了很大的"历史遗留问题",农村青少年犯罪、流动的青年民工犯罪上升成为一个突出的社会问题(陈刚、李树、陈屹立,2009)。在社会上的大批青年农民工在面临既找不到工作又求助无门的生存"危机"时,必定走向"偷盗""抢劫";或者在面临生存困境时因为"一点儿小钱"而杀害利益矛盾的对方当事人也不罕见。所以,从应急的当下情境考虑,我们还应该针对农民工建立一个"危机应急救助"体系,主要应以民政、团委、妇联等部门进行协调,或者是增加农民工"社会工作"人员为其提供专门救助,专职社工人员主要提供的"危机支持"应该是以"什么样的困难找什么人解决",但求助者遇到"没钱吃饭"的生存底线时,必须马上解决其吃饭问题。否则,农民工可能随时会滑入"犯罪"歧途,所以应该是建立"519"之类的社会工作救助专线电话,把每年的5月19日定为农民工"我需要救助"宣传日。一是这个日期是"我要救助"的谐音,很好记,也很好理解。二是这个日期不敏感,离国庆、春节等距离正好是中间。

参考文献：

1. 〔俄〕恰亚诺夫：《农民经济组织》,萧正洪译,中央编译出版社1996年版。
2. 秦晖：《当代农民研究中的"恰亚诺夫主义"》,载《农民经济组织》,中央编译出版社1996年版。
3. 黄宗智：《华北的小农经济与社会变迁》,中华书局2000年版。
4. 〔印度〕阿马蒂亚·森：《贫困与饥荒》,商务印书馆2001年版。
5. 〔美〕斯科特：《农民的道义经济学:东南亚的反叛与生存》,译林出版社2001年版。
6. 文军：《从生存理性到社会理性选择:当代中国农民外出就业动因的社会学分析》,《社会学研究》2001年第6期。
7. 徐勇：《再识小农与社会化小农的建构》,《华中师范大学学报（人文社会科学版）》2006年第3期。
8. 郑风田：《制度变迁与中国农民经济行为》,中国农业科技出版社2000年版。
9. 〔美〕舒尔茨：《改造传统农业》,商务印书馆1987年版。

10. 邬志辉:《农村义务教育质量至关重要》,《教育研究》2008 年第 3 期。
11. 兰靖、张念蒙:《异化与危机——隐性辍学论》,云南大学出版社 2009 年版。
12. 蒋中一、戴洪生:《降低农村初中辍学率和义务教育体制的改革》,《中国人口科学》2005 年第 4 期。
13. 卢德生、赖长春:《从学生自愿性辍学看我国"控辍"政策的调整与转变》,《教育学术月刊》2009 年第 1 期。
14. 〔爱尔兰〕瑞雪·墨菲:《农民工改变中国农村》,浙江人民出版社 2009 年版。
15. 苏群、丁毅:《初中阶段农户子女辍学行为影响因素分析——以闽北农村地区为例》,《中国农村经济》2007 年第 6 期。
16. 谭深:《中国农村留守儿童研究述评》,《中国社会科学》2011 年第 1 期。
17. 黄平:《对农业的促成或冲击:中国农民外出务工的村级研究》,《社会学研究》1998 年第 3 期。
18. 王身佩、徐宏升、王连照:《从官方数据看辍学——河南省农村义务教育阶段辍学问题研究》,《教育研究与实验》2006 年第 3 期。
19. 国家统计局:《新中国六十年统计资料汇编》,中国统计出版社 2010 年版。
20. 牛建林:《农村地区外出务工潮对义务教育阶段辍学的影响》,《中国人口科学》2012 年第 4 期。
21. 陈刚、李树、陈屹立:《人口流动对犯罪率的影响研究》,《中国人口科学》2009 年第 4 期。
22. 〔美〕马尔库塞:《单向度的人——发达工业社会意识形态研究》,重庆出版社 1990 年版。
23. 〔美〕加尔布雷思:《经济学和公共目标》"中译本序言",商务印书馆 1980 年版。
24. Becher, G., *The Economic Approach to Human Behavior*, Chicago: University Press, 1976.
25. Oi, Jean C., *Rural China Takes off: Institutional Foundations of Economic Reform*, Berkeley: University of California Press, 1999.
26. Popkin, S., *The Rational Peasant*, Berkeley: University of California Press, 1979.
27. Maccoby, E. E., & Martin, J. A., "Socialization in the Context of the Family: Parent-child Interaction," in P. H. Mussen (Series Ed.) & E. M. Hetherington (Vol. Ed.), *Handbook of Child Psychology: Vol. 4. Socialization, Personality, and Social Development*, 4th ed., New York: Wiley, 1983, pp. 1-101.
28. Harris, J. R., "Where is the Child's Environment? A Group of Socialization Theory of Development," *Psychology Review*, No. 102, 1995, pp. 458-489.

第六章 青年农民工的就业质量

就业是农村青年进入城市的主要目的和途径,而就业质量的高低则影响着他们在城市的生存境遇,影响着他们对城市的认同和融入。国家统计局从2008年年底建立了统计监测制度,对农民工的流动和就业情况进行监测,《2012年全国农民工监测调查报告》指出,2012年全国农民工总量达到2.6亿人,农民工以青壮年为主。① 农村剩余劳动力进城务工已经三十多年了,农民工也由"60、70年代",到了"80、90年代",从"老一代"到了"新生代"。"新生代"农民工与"老一代"相比,文化程度更高,对农业知识的了解更少,对融入城市的渴望更加强烈。那么,青年农民工的就业状况如何?与同龄的城市青年相比,他们之间的就业差距是否还存在,差距有多大?对这些问题的回答,有利于我们更好地了解当前我国青年农民工的就业状况,为有针对性地提出促进青年农民工就业的策略和措施提供借鉴,更好地促进青年农民工的城市融入与发展。

一、文献回顾

1. 就业质量的概念和指标体系

20世纪90年代,国际劳工组织提出了"体面就业"的概念,把它定义为:促进男女在自由、公平、安全和具备人格尊严的条件下获得体面的、生产性的、可持续的工作机会,并且编制了一套衡量各国"体面劳动"的主要指标体系,内容有:(1)就业机会;(2)不可接受的工作;(3)足够的收入和生产性的工作;(4)合理的工作时间;(5)工作的稳定性;(6)社会公平待遇;(7)劳动安全;(8)社会保障;(9)工作与家庭生活;(10)社会对话与劳动关系;(11)经济和社会因素(刘素华,

---

① 国家统计局:《2012年全国农民工监测调查报告》,http://www.stats.gov.cn/tjsj/zxfb/201305/t20130527_12978.html。

2005)。在此框架下,就业质量研究得到了人们的广泛关注,一些国际组织和国家都根据自己的情况制定了相应的指标体系,如欧盟委员会提出了"工作质量"指标体系,欧洲基金会构建了"工作和就业质量"指标体系。2010年联合国欧洲经济委员会协调上述三个国际组织的指标体系,编制了"就业质量"指标体系,包括:就业安全和道德伦理;收入和福利;工作时间和工作—生活平衡;就业安全和社会保障;社会对话;技能发展和培训;工作关系和工作动机7个维度,并在此框架下发表了"2010年欧洲9国就业质量国别报告"(UNECE,2010:4)。

就业质量是一个涉及多方面的综合概念,很难给它下一个高度统一的定义,从拉斐尔(Rafael)等人(2011)总结的就业质量的二十多种指标体系可以看出,国外对就业质量的研究也没有统一的概念界定和指标体系,有的研究从个体角度出发,关注劳动者的工作质量,如德国工会组织使用的"好工作指标"(good work index);有的研究则从雇主角度分析劳动者的就业质量,如欧洲雇主委员会的指标体系;有的研究则主要采用国家统计数据,如失业率、就业率等指标;还有的研究则涵盖了从个人微观指标到国家宏观指标,如2005年福特基金支持的"好工作指标"(good job index)。

国内对就业质量的研究始于20世纪初,概括来讲,就业质量是反映整个就业过程中劳动者与生产资料结合并取得报酬或收入的具体状况之优劣程度的综合性范畴。2004年9月,国际劳工组织和中国劳动和社会保障部共同举办了"2004年中国就业论坛",中外专家与我国政府达成共识:"不断扩大就业规模,提高就业质量将是中国政府的一项长期而紧迫的任务",首次明确提出将提高就业质量作为中国政府工作的一项重要目标(刘素华,2005)。就业质量研究引起了广泛关注,就业质量的指标体系不尽相同(见表6-1)。

表6-1 国内研究者提出的就业质量指标体系

研究者	维度	指标
李军峰,2003	(1)就业稳定指数;(2)工作质量指数;(3)劳资关系指数;(4)福利和社会保障指数;(5)职业发展指数	(1)工作的平均持续时间或更换工作的次数;(2)平均工资和周平均劳动时间;(3)劳动合同签订指数、参与率指标;(4)享受各种福利和保险的劳动者占总体的比例;(5)参与技术培训的劳动者占总体的比例、培训的次数和晋升机会

(续表)

研究者	维度	指标
马庆发，2004	(1)职业社会地位；(2)工资水平；(3)社会保障；(4)发展空间	职业声望、职业期望满足程度、职业成就、职业锚、专业方向与职业的适应性、人职匹配诸方面
刘素华，2005	(1)工作的性质；(2)聘用条件；(3)工作环境；(4)社会保障；(5)劳动关系	(1)是否自由、自愿地选择就业；(2)工作时间、劳动报酬、工作稳定性、职工培训；(3)工作的物理条件和工作的安全条件，企业的声望、职业的声望、工作的孤独感、社会的认同等；(4)社会保险享有情况；(5)是否依法签订和履行劳动合同、劳资双方是否平等、劳动者是否有表达自己意见的渠道、劳动者是否能参与与自己有关问题的决策、其民主权利能否得到保障、工会组织能否发挥保障劳动者权益的作用、有无各种歧视等
赖德胜、苏丽锋、孟大虎、李长安，2011	(1)就业环境；(2)就业能力；(3)就业状况；(4)劳动者报酬；(5)社会保护；(6)劳动关系6个一级指标，20个二级指标和50个三级指标	(1)经济发展与就业、就业服务、劳动力市场分割状况、劳动力供需；(2)教育水平、培训；(3)就业机会、就业结构、就业效率、就业稳定性、就业公平、工作安全；(4)劳动者工资性收入、工资增长情况、收入分配、劳动报酬；(5)社会保险、社会保障；(6)工会建设、劳资关系
秦建国，2011	(1)总量指标；(2)就业前的主客观前提指标；(3)就业岗位质量指标；(4)就业满意度指标	微观层面：(1)就业率；(2)工作收入、工作地点、工作时间、工作环境；(3)工作的稳定性、专业的对口性、劳动关系的和谐性、发展前景和社会保障的完整性。宏观层面：(1)GDP增长速度、城镇登记失业率、基尼系数、第三产业就业比重、就业政策投入占GDP的比重；(2)就业能力、就业制度、就业服务、就业法律法规体系满意度、岗位创造；(3)工作条件、工作环境、工作报酬；(4)专业的对口性、工作的稳定性、劳动关系的和谐性、职业发展前景
高伟、张广胜、孙若愚，2012	在宏观层面上，指一特定范围内的劳动者整体工作状况的好坏。微观层面上，是个体劳动者的工作状况，包括五大基本因素：工作性质；聘用条件；工作环境；社会保障；劳动关系	宏观层面用平均工资、社会保险参与率等指标。微观层面包括劳动者择业是否自由；工作时间、工作报酬、工作稳定性和职工培训情况；工作的外部物理条件和安全性；社会保险参与情况；劳动合同的签订与履行情况、劳资双方的地位是否平等和劳动者是否有反映意见的渠道等

(续表)

研究者	维度	指标
刘素华、孔燕然，2013	客观指标主要是工资、福利、工作环境、培训、职业前景、社会保障、人格尊严与民主权利等方面的状况；主观指标是劳动者对自身就业质量的主观感受和评价。	
苏丽锋，2013		(1)劳动报酬；(2)就业稳定性；(3)社会保护；(4)职业发展；(5)工作生活平衡度；(6)社会对话；(7)员工关系；(8)劳动安全；(9)劳动合同；(10)培训机会；(11)工作强度；(12)工作与专业匹配度；(13)加班及待遇；(14)工资发放；(15)职业受尊重程度

从上述研究者提出的测量指标来看，"就业质量"涉及的维度多、指标多，测量指标既包括宏观层面的，如城镇登记失业率、基尼系数等，也包括微观层面的个人工作主要特征等；既有客观层面的，如工作时间、收入等，也有主观层面的，如工作满意度、工作—生活平衡。研究者根据资料的可得性和研究的侧重点不同，指标体系也存在较大的差异，但在测量中基本上都涵盖了国际劳工组织在"体面就业"概念下提到的工资收入、工作情况、工作环境、社会保障、劳动关系等方面的内容。

2. 农民工就业质量的测量

"现在要对不同群体的就业质量做深入研究，要有不同对策。临时用工、非正规就业人员可能面临的是获得就业岗位的问题，但是农民工可能面对的就是工资、工时的问题；专业人员、城市白领的就业质量更加强调职业发展、灵活的工作时间安排等。要针对不同群体的情况提供不同的解决方案，制定差别化的、精细化的政策。"（曾湘泉，2013）不同群体的特点决定了他们在就业中的诉求和就业质量标准也不尽相同，大学生、青年农民工是就业质量研究的主要群体。从中国期刊网上查到的关于"就业质量"的研究来看，1997年以来篇名中含有"就业质量"的各类期刊文章一共522篇，其中涉及"农民工"/"流动"+"就业质量"的文章39篇，高校毕业生就业质量的文章275篇。[①] 不同群体就

---

① 查询时间：2013年8月1日。

业质量研究中涉及的指标不同,那么,对农民工就业质量的测量主要采用的指标有哪些?

陈海秋(2009)提出农民工就业质量评价体系包括:(1)聘用条件。分为工作时间、劳动报酬、工作稳定性、职工培训四个要素。(2)工作环境。分为物理环境、安全环境、心理环境三个要素。(3)劳动关系。分为劳动合同、民主管理、工会组织、平等协商和集体合同、社会对话五个要素。(4)社会保障。分为养老保险、医疗保险、工伤保险、失业保险、生育保险五个要素。张妍、韩嘉玲(2012)在对流动妇女的研究中主要测量了四个维度:就业稳定性、就业环境、工资收入和社会保护,具体的指标包括:劳动者更换工作的频率;工作时间和工作场所的安全;工资水平;劳动合同签订、是否拥有城镇职工养老保险和医疗保险。林竹(2012)的研究中则将农民工就业质量操作化为工资福利、劳动关系、职业发展、工作环境、权益保护及参与管理和心理感受。张卫枚(2013)对新生代农民工就业质量的测量包括工作状况(就职行业、工作时长、劳动报酬、社保状况)、工作环境(物理环境、安全环境、人际环境)、劳动关系(合同签约率、就业稳定性、管理参与)以及工作满意度。

由此可见,对农民工就业质量的测量也没有统一标准,现有的研究中大都包括:工作环境、工作安全、就业稳定性、工作时间、工资水平、社会保障、权益保护和工作满意度等几个方面的指标。

3. 新生代农民工的就业质量状况

近年来,对新生代农民工就业质量的研究多是对某一地区的调查分析。张海枝(2013)通过对武汉市新生代农民工就业质量的调查发现,大多数新生代农民工的就业是不稳定的;过低的工资水平制约着新生代农民工的消费能力,并进而影响其生活质量的提高;新生代农民工在城市中主要从事的是低声望的工作;新生代农民工中有38%的人没有签订过任何劳动合同,参加社会保障的情况不是很乐观;参加过就业培训的比例不高,占总体的68%。

张卫枚(2013)通过对长沙市新生代农民工的调查发现,新生代农民工大都分布在制造业、建筑、服务等行业的低层次岗位上,平均每天工作9.16个小时,每周工作6.05天,高于法定的正常工作时间。从劳动报酬来看,则大都处于低收入阶层或中低收入阶层,高收入阶层比例很小,收入仅为长沙市城镇单位在岗职工月收入工资的58.5%。新生代农民工的养老、失业、医疗保险的参保率很低,多数处于社会保障体系之外;多数人没有接受培训或仅接受过简单的培训,绝大多数人未能得到职业发展的机会,无法实现自我发展的愿望。从环境来看,新生代农民工的物理工作环境较为恶劣,用人单位提供的安全保护条件堪忧,新生代农民工相互之间的同事关系相对和谐,而与直接上级的关系相对紧张。新生代农民工就业稳定性差,就业的满意度偏低,就业期望与现实存在较大差距。

林竹(2012)通过对江苏省新生代农民工的调查发现,新生代农民工的薪资水平较高,因为加班和工资水平相关,所以多数人对加班不反感。70%以上的人有工伤保险、养老保险和医疗保险。在劳动关系上,72.6%的人签订了劳动合同,75%以上的人的劳动合同都是两年之内的短期合同。在职业发展上,76.2%的被调查者在工作期间接受过培训,但多数人对将来晋升的信心不足。从工作环境来看,新生代农民工往往选择那些相对环境优越、安全、不影响健康的工作,多数人对工作的物理环境、安全性及健康影响方面没什么不满。在权益保护及参与管理方面,知道企业有工会的比例不高,并且多数被调查者不认为工会能够起到权益保护的作用。从心理感受来看,多数人不认为户籍对其工资、福利和晋升有什么影响,不觉得自己的职业不体面。

何亦名、王翠先、黄秋萍(2012)通过对珠三角新生代农民工的调查发现,新生代农民工工资过低、就业稳定性差,无劳动合同和劳动合同短期化倾向严重,实际劳动时间过长,人力资本投资缺乏,职业技术培训实施程度低,新生代农民工的团结意识较强,但组织化程度仍然不高,劳资关系不容乐观。

新生代农民工的研究多为对某一地区农民工的调查,比较研究则非常少。十年前,美国贝兹大学的玛格丽特·莫勒-法齐奥(Margaret Maurer-Fazio)等人通过对120家企业的调查,对外来民工和城市职工的收入水平、流动性、教育水平等进行了比较,她发现外来人口的工资水平要高于城市职工水平,但小时工资低于城市职工;55%的外来农民工接受过培训,低于在岗职工的培训比例,但要高于下岗职工接受培训的比例;和城市职工相比,农民工工作时间长,天数多;农民工的流动性要高于城市职工,50%以上的农民工换过工作,而有60%的城市职工从未换过工作;农民工对于再就业的信心也高于城市职工,近70%的农民工认为自己在1—3个月内就可以找到工作,而城市职工的这一比例不到50%(张照新、宋洪远,2002)。苏丽锋(2013)对本地非农户口人群与外地农业户口人群的就业质量指标得分差异进行分析发现,除了劳动安全、工作强度、加班及待遇、工资发放等方面二者没有明显差别外,其余指标差异较大,尤其是就业稳定性、职业发展、社会对话、劳动合同、工作与专业匹配度、职业受尊重程度方面本地非农户口群体的指标得分明显较高,表明外地农业户口人群的就业质量与本地非农户口人群之间存在较为严重的不平等问题。通过对不同户口人群就业质量总指数的比较,发现就业质量最高的是本地非农业户口劳动者,最低的是外地农业户口劳动者。

4. 影响农民工就业质量的因素分析

影响农民工就业的因素研究伴随着农民工的出现引起了学界的关注。早期的研究主要关注的是农民工如何进入城市并找到工作,研究发现以亲缘、地缘为主要方式的社会关系,在农民工就业过程中起着重要作用。社会资本通过降低交易成本,提供更广泛的信息,增加了农民工找到工作的机会(蔡昉,1997;李培林,1996;赵延东、王奋宇,2002)。随着我国市场化进程的加快,新一代农民工进入城市,他们的文化程度、诉求与上一代不同,文凭、技能、工作经验等在农民工的就业过程中发挥的作用越来越明显,劳动力按户口等制度性因素分层逐渐转变为按照市场机会和人力资本分层,人力资本对农民工就业的影响越来越大(李强,2002;张永丽、黄祖辉,2008)。人力资本和社会资本是影响新一代农民工就业质量的重要因素。谢勇(2009)通过对南京外来务工人员的调查发现,人力资本因素是决定城市中外来农民工就业质量的关键因素,在受教育程度、接受培训的状况以及技能水平等方面具有优势的农民工,其就业的质量也较高。社会资本对于农民工的就业质量也有着重要的影响,在社会资本方面具有优势的农民工,在城市中取得一份稳定工作的可能性也相对较高。但是在劳动合同的签订以及工资报酬方面,社会资本并没有体现出显著的、积极的作用。青年农民工就业质量偏低的现状表明,城市化进程中的青年农民工在经济资源、组织资源、文化资源等方面处于相对贫乏状态,在社会等级上处于较低层次。青年农民工内在的人力资本因素和外在的社会制度因素对其就业质量施加着相当显著的影响,文化程度在很大程度上影响着青年农民工的收入水平,文化程度越高,收入水平也越高,对青年农民工的职业声望和收入水平都有显著影响的是就业机构、就业培训和继续教育状况(彭国胜,2008)。不可否认,新生代农民工的社会资本与其就业质量之间存在着密切关系,网络质量对就业质量指标中的工作收入、工作满意度、心理契约达成三个方面均表现出显著的正向影响,网络中处于较高地位的帮助者拥有较多的资源,能施加较大影响,更加有助于新生代农民工找到高质量的工作(张昱、杨彩云,2011)。

总的来看,新生代农民工就业存在一些共同的特点:大都分布在社会声望较低的行业和岗位上,工作环境差、劳动强度大、工作时间长、就业不稳定、工资报酬低、缺乏社会保护是基本的状况。人力资本和社会资本是影响青年农民工就业质量的非常重要的因素。那么,青年农民工的这些特点是他们特有的吗?与城市青年相比,他们之间的就业差距主要表现在哪些方面,就业差距有多大?影响城乡青年就业质量的因素有没有不同?古罗马著名学者塔西陀曾说:"要想认识自己,就要把自己同别人进行比较。"比较是认识事物的基础,是人类认识、区别和确定事物异同关系的最常用的思维方法。比较研究法现已被广泛运用于社会科学研究的各个领域,只有通过比较研究,才能更客观地说明青年农民工的就业质量。

二、研究设计

本研究中的青年农民工是指年龄在35岁及以下,受雇于他人或自雇的从事或从事过非农职业的农村户籍青年。与其相比较的城市青年指的是年龄在35岁及以下,受雇于他人或自雇的从事或从事过非农职业的非农户籍青年。

1. 主要概念

对于就业质量,笔者认为,从宏观层面来看,它是一个国家和地区就业状况的整体评价,从微观层面来看,则是对个体就业状况的综合反映,既包括客观的工作状况指标,也包括个体的就业感受等主观指标。鉴于研究资料的限制,这里只对青年农民工和城市青年就业质量的客观方面,即工作状况进行分析。主要包括:

工作收入。收入是大多数人工作的前提和目的,也是维持个人生活的基本条件,更是青年农民工能否在城市立足的前提和基础,测量中的工作收入包括工资、奖金和津贴等。

工作特征。工作特征指的是所从事的工作具有的某些属性和特征,包括所在行业、工作身份、工作场所、工作时间等指标。

工作保障。就业安全感和社会保障关系到劳动者抵御风险的能力,是高质量就业的重要内容之一。是否签订劳动合同是劳动者劳动权益的保障,而社会保险则可以为劳动者遭遇劳动风险时提供补偿和帮助。

工作关系。和谐的劳动关系有助于营造融洽、友好的工作环境,对个人工作的开展、保持愉悦的心情有重要意义。工作关系既包括与同事的关系,也包括与上级主管或领导的关系。

职业发展。能够在工作中不断学习新的知识和技术,更好地适应社会的发展需要,是多数青年人对职业的诉求。良好的职业发展前景是高质量就业的重要指标,这里主要通过技能培训和晋升机会来测量。

2. 数据来源

"中国综合社会调查数据"(CGSS)是中国第一个全国性、综合性、连续性的大型社会调查项目,涉及的人群广,调查内容全面,2006 年和 2008 年调查中涵盖了就业质量客观指标的多个方面[①]。考虑到研究的时效性,本章在分析时首先采用 2008 年的调查数据,2008 年调查没有的指标则采用 2006 年的调查。本章所抽取的样本为年龄在 35 岁及以下、目前从事非农工作或曾经从事过非农工作的人,主要分析的是他们最后一份非农工作的情况。"CGSS2008"中符合条件的样本为 1426 人,其中非农户口的占 56.5%,农业户口 43.5%;"CGSS2006"中符合条件的样本为 1824 人,其中非农户口的占 56.5%,农业户口 43.5%,具体情况见表 6-1:

表 6-1 分析样本的基本情况(%)

时间 城乡 项目		CGSS2006		CGSS2008	
		农村青年 ($n=794$)	城市青年 ($n=1030$)	农村青年 ($n=620$)	城市青年 ($n=806$)
性别:男性		51.6	51.0	45.0	51.7
女性		48.4	49.0	55.0	48.3
文化程度:小学及以下		18.5	1.6	21.9	2.9
初中		54.0	16.9	44.0	17.0
高中		21.5	38.3	24.0	32.0
专科		4.4	24.8	6.8	24.8
本科及以上		1.5	18.3	3.2	23.3

---

① 本研究使用数据全部(部分)来自中国国家社会科学基金资助之《中国综合社会调查(CGSS)》项目。该调查由中国人民大学社会学系与香港科技大学社会科学部执行,项目主持人为李路路教授、边燕杰教授。作者感谢上述机构及其人员提供数据协助,本研究内容由作者自行负责。

三、结果与分析

就业质量是反映当代青年生活状况的最重要内容之一,下面分别对城乡青年的就业情况进行比较分析。

1. 工作收入

收入是衡量人们社会经济地位的重要指标,调查数据显示,2006年青年农民工的平均月工资收入(包括工资、奖金、津贴)为1148.48元,标准差为1021.18元,高于2006年各地的最低工资标准[①]。城市青年的平均月工资收入为1515.08元,标准差为1614.71元,比青年农民工高近400元。同时,不管是青年农民工还是城市青年的月工资收入都存在很大差异,月工资收入从最低的两三百元到最高的上万元不等,青年农民工低收入的比例高于城市青年,而高收入的比例则低于城市青年。青年农民工月收入在800元以下的有33.7%,而城市青年只有20.4%,近四成(39.6%)的城市青年收入在1500元及以上,而青年农民工中则只有31.9%。

从年收入来看,2007年青年农民工的年收入平均为16243.76元,标准差为22283.53元,城市青年的年收入平均为23947.68元,标准差为19573.77元。2005年青年农民工的年收入平均为11036.14元,标准差为10901.8元,城市青年为18334.27元,标准差为16036.17元。虽然青年的年收入都有了大幅提升,青年农民工的工资增长了47.19%,城市青年的工资增长了30.62%,但农村青年和城市青年绝对收入的差距加大(由7298.13元增加到7703.92元)。

城乡青年收入的差异,是因为他们户籍身份的差别吗?众多研究指出,受教育程度与个人的收入有非常重要的关系,那么同等文化程度下,青年农民工和城市青年的收入是否存在差距?

---

① 《截至2006年11月底各省、自治区、直辖市月最低工资标准》,http://www.molss.gov.cn/gb/ywzn/2006-11/29/content_150965.htm。

表 6-2　不同文化程度城乡青年月平均工资的差异情况(元)

文化程度	农村青年	城市青年	F 检验
2006 年个人月平均收入:均值(标准差)			
小学及以下	779.48(820.879)	746.67(488.455)	$F=0.018, p=0.893$
初中	1022.40(878.76)	870.84(506.19)	$F=3.252, p=0.072$
高中	1450.83(1108.21)	1338.23(1236.2)	$F=0.836, p=0.361$
专科	1938.13(1638.99)	1542.41(968.68)	$F=3.845, p=0.051$
本科及以上	1900.00(961.48)	2335.12(2794.69)	$F=0.240, p=0.625$
2007 年个人平均年收入:均值(标准差)			
小学及以下	8583.33(7487.10)	10115.79(7033.99)	$F=0.689, p=0.408$
初中	14325.23(22089.68)	15757.36(13053.46)	$F=0.380, p=0.538$
高中	20311.63(15128.60)	21052.00(17424.00)	$F=0.163, p=0.687$
专科	22940.54(16535.14)	28261.49(21616.43)	$F=1.973, p=0.162$
本科及以上	45312.50(95316.455)	30501.81(21275.65)	$F=2.731, p=0.100$

从表 6-2 的结果可以看出,不管是 2006 年的平均月收入还是 2007 年的平均年收入,同等文化程度的青年农民工和城市青年并不存在显著性差异,也这就是说青年农民工与城市青年收入的差异,可能是因为两者文化程度差异较大所致(见表 6-1),而不是因为他们的户籍和农民工的身份。青年农民工虽然文化程度较上一辈有了较大的提高,但 2006 年和 2008 年的调查都显示,初中以下文化程度者在 65% 以上,而城市青年初中以下文化程度者不到 20%。

2. 工作特征

就业行业。第六次人口普查数据显示,34 岁以下城市职工所从事的主要行业分别为:制造业(29.42%),批发和零售业(19.77%),建筑业(6.13%),交通运输、仓储和邮政业(6.10%),住宿和餐饮业(5.39%),[1]制造业和批发零售业是目前青年就业的主要行业。2008 年调查数据显示,青年农民工就业的主要行业是制造业(32.4%)、批发零售(21.9%)、建筑业(11.2%)和居民服务及其他服务业(10.9%),而城市青年就业的主要行业则依次为制造业(25.4%)、批发零售(17.5%)、文教卫(16.9%)和居民服务及其他服务业(11.6%)。制造业和批发零售业是青年农民工就业的主要领域(占 54.3%),青年农民

---

[1] 《全国 2010 年人口普查资料》"表 4-5a 全国分年龄、性别、行业大类的就业人口(城市)",http://www.stats.gov.cn/tjsj/pcsj/rkpc/6rp/indexch.htm。

工在建筑业就业的比例也较高,相比之下,城市青年在制造业和批发零售业就业者相对较低,而在文教卫行业就业的较多,这与城市青年文化程度较高不无关系。

工作状态与工作单位。从工作状态来看,近1/4(24.5%)的青年农民工从事非全日制、临时性工作,其中打零工、散工的比例高达17.7%,而城市青年中90.3%的人都从事比较稳定的全日制工作,只有5.4%的人从事临时性工作。

从工作单位来看,多数青年农民工(74.0%)在私营或个体单位就业,而城市青年则在国有、集体单位就业的比例最高(见表6-3)。虽然经济体制改革使"单位制"对人们生活的影响逐渐减弱,但个体、私营企业与国有、集体经济单位相比,无论在资源优势还是稳定性上都存在一定的差距,从这一点上来说青年农民工更多地处于就业的弱势和不稳定状态。

表6-3 工作类型和单位类型的比较(%)

类型	工作类型			单位类型		
	全日	非全日	临时工作	国有集体	私营个体	外资
农村青年	75.5	6.8	17.7	19.0	74.1	6.9
城市青年	90.3	4.4	5.3	47.0	43.9	9.1
	$\chi^2 = 62.533$, $p<0.05$			$\chi^2 = 98.838$, $p<0.05$		

就业稳定性。就业者是否换过工作以及换工作的频率都是体现就业稳定性的重要指标。2008年调查数据显示,青年农民工换过工作的比例为72.4%,没有换过工作的只有27.6%,而城市青年换过工作的只有43.3%,56.7%的人没有换过工作。是否换过工作与城乡青年的文化程度有较大的关系,文化程度越高,没换过工作的比例越高($r=0.398, p<0.01$),从表6-4可以看出,在文化程度相同的情况下,初中和高中文化程度的城乡青年在职业流动上有差异。初中文化程度的青年农民工和城市青年换过工作的比例都高于未换过工作者,其中青年农民工换过工作的比例比城市青年高10%;高中文化程度的城市青年换工作和没换工作的比例相差不大,而青年农民工换工作的比例比城市青年高15%以上;文化程度在大专及以上者,无论是青年农民工还是城市青年,未换过工作的比例都较高,并且城乡青年不存在显著差异。

表 6-4　不同文化程度城乡青年换工作情况（%）

文化程度		城市青年	青年农民工	
小学及以下	没换过	16.7	10.0	10.8
	换过	83.3	90.0	89.2
	$\chi^2 = 0.486$		$p > 0.05$	
初中	没换过	33.0	22.7	26.2
	换过	67.0	77.3	73.8
	$\chi^2 = 4.085$		$p < 0.05$	
高中	没换过	49.6	33.8	43.9
	换过	50.4	66.2	56.1
	$\chi^2 = 8.784$		$p < 0.01$	
大专	没换过	65.1	53.8	63.2
	换过	34.9	46.2	36.8
	$\chi^2 = 1.767$		$p > 0.05$	
本科及以上	没换过	74.2	68.4	73.7
	换过	25.8	31.6	26.3
	$\chi^2 = 0.296$		$p > 0.05$	

工作内容和工作时间。从工作内容来看，青年农民工多从事简单的、技能要求较低的工作，2006年调查数据显示，44.5%的青年农民工所从事的工作不需要进行专门的训练和培训，50.8%的人表示一周之内可以掌握工作的主要技能。相比之下，城市青年认为需要进行专门的训练或培训的为69.5%，而掌握工作主要技能在一周之内的仅为37.4%。这种差异，可能并不是因为青年农民工比城市青年有更强的技能适应性，而更多的是由工作内容决定的，青年农民工从事的工作相对简单，重复性较高。另外，青年农民工从事繁重体力劳动的比例高于城市青年，26.8%的青年农民工表示经常从事繁重的体力劳动，从来没有从事繁重体力劳动的只有17.1%，而城市青年中经常从事繁重体力劳动的只有10.6%，从没有的为33.2%。

从工作时间来看，无论是青年农民工还是城市青年都会遇到超时工作的情况。新《劳动法》规定，"劳动者每日工作时间不超过8小时，平均每周工作时间不超过44小时"，2008年调查中，青年农民工每周的平均劳动时间为57.16小时（标准差为16.36小时），高于城市青年近9个小时（48.17小时）。从劳动时间的分布来看，城市青年每周工作时间在44小时以下的比例远高于青年农民工，而每周工作时间在71小时以上的青年农民工比城市青年高10%（见表6-5），2006年和2008年的调查结果非常一致。

表6-5 城乡青年每周工作时间比较（%）

每周工作时间	青年农民工		城市青年	
	2006年	2008年	2006年	2008年
少于44小时	23.3	22.3	52.3	49.2
45—56小时	34.7	36.3	32.3	34.3
57—70小时	28.4	26.4	10.5	11.7
71小时以上	13.6	15.0	4.9	4.8
合计	100（$n=352$）	100（$n=613$）	100（$n=987$）	100（$n=798$）
平均数	56.20	57.16	47.3	48.17
标准差	15.52	16.36	12.84	12.55

每周的工作时间与青年所在单位性质有直接关系，在私营、个体企业工作的青年每周工作时间最长，平均为55.52小时（标准差15.58小时），其次是外资企业，平均为47.1小时（标准差12.97小时），在国有、集体企业工作的青年每周工作时间最短，平均为45.88小时（标准差11.21小时）。无论在何种类型的单位工作，青年农民工的工作时间都比城市青年长（见表6-6）。

表6-6 不同类型单位城乡青年每周工作时间的比较（小时）

工作单位	青年农民工	城市青年	F检验
国有集体单位	50.27（12.09）	44.44（10.04）	$F=24.598, p<0.001$
私营个体单位	58.55（16.41）	51.72（13.49）	$F=36.961, p<0.001$
外资企业	53.73（17.47）	43.55（7.85）	$F=17.101, p<0.001$

3. 工作保障

2008年调查数据显示，青年农民工签订劳动合同的比例比城市青年低25%，城市青年签订劳动合同的比例为68.0%，青年农民工只有43.3%。从不同单位签订劳动合同情况来看，外资企业与劳动者签订正式劳动合同的比例最高，为79.4%；其次是国有集体单位，为76.8%；私营、个体企业与劳动者签订合同的比例最低，只有39.2%。进一步分析发现，青年农民工和城市青年签订劳动合同存在差异，除国有、集体企业与城乡青年签订劳动合同的差别不显著外，在其他企业中

(外资、合资企业和私营、个体企业)城市青年签订劳动合同的比例都高于青年农民工(见表6-7),在外资、合资企业中,城市青年签订劳动合同的比例比青年农民工高21.2%,个体、私营企业中,城市青年签订劳动合同的比例比青年农民工高19.7%。

表6-7 不同单位与劳动者签订正式合同的情况(%)

企业类型	合同签订	青年类型		
		城市青年	青年农民工	合计
国有集体单位	有	78.8	70.3	76.9
	没有	21.2	29.7	23.1
		$\chi^2 = 3.185$	$p > 0.05$	
私营个体企业	有	49.7	30.0	39.3
	没有	50.3	70.0	60.7
		$\chi^2 = 25.200$	$p < 0.01$	
外资合资企业	有	87.0	65.8	79.4
	没有	13.0	34.2	20.6
		$\chi^2 = 6.722$	$p < 0.05$	

虽然《社会保险法》明确规定用人单位应当为劳动者缴纳基本养老保险、基本医疗保险、工伤保险、失业保险等社会保险,但外出务工人员享有社会保险的比例总体不高。据国家统计局2012年发布全国农民工监测报告显示,外出农民工参加社会保险的水平有所提高,但总体仍然较低,雇主或单位为农民工缴纳养老保险、工伤保险、医疗保险、失业保险和生育保险的比例分别为14.3%、24%、16.9%、8.4%和6.1%,分别比上年提高0.4、0.4、0.2、0.4和0.5个百分点。[①] 2008年与2006年比较,青年农民工参加社会保险状况有了改善,特别是养老保险和医疗保险[②]的参保率,分别达到了31.4%和36.7%(见表6-8),但青年农民工享有社会保险的比例低于城市青年。

[①] 国家统计局:《2012年全国农民工监测调查报告》,http://www.stats.gov.cn/tjsj/xzfb/201305/t20130527_12978.html。
[②] 这里的养老保险和医疗保险,包括调查问卷中涉及的基本养老保险、补充养老保险、基本医疗保险、公费医疗和补充医疗保险。

表6-8 青年享受社会保险情况(%)

内容	农村青年		城市青年	
	2006年	2008年	2006年	2008年
养老保险	10.7	31.4	56.6	65.5
医疗保险	20.0	36.7	61.8	68.2
失业保险	5.8	13.3	36.6	37.7
住房补贴	8.4	—	34.6	—

城乡青年社会保险参保情况在零工和自由或个体经营者中的差异并不明显,但受雇于他人的青年的社会保险参保有较大的差异,并且与其所在单位的性质有较大的关系。2008年调查数据显示,国有、集体单位和外资、合资企业为青年劳动者提供了较好的社会保险,而私营、个体企业中无论是城市青年还是农村青年,社会保险享有率都最低(见表6-9)。

表6-9 不同所有制单位青年的社会保险情况(%)[1]

保险类型	国有集体		私营个体		外资合资	
	青年农民工	城市青年	青年农民工	城市青年	青年农民工	城市青年
养老保险	50.0	82.5	23.0	43.9	44.7	83.5
医疗保险	56.9	85.9	29.4	46.1	47.3	83.6
失业保险	27.6	49.6	8.6	20.8	21.1	57.4

4. 职业发展

青年农民工与上一代农民工最大的差别是他们不仅想在城市中生存下来,更想在城市发展下去。开阔视野,积累经验,为以后自己创业和发展奠定基础是很多青年农民工进城务工的重要原因。技能培训为劳动者职业发展提供了机会,而职位晋升则是职业发展的重要表现之一。

从参加技能培训的情况来看,没有接受过职业技能培训的青年占了大多数,城市青年参加过培训的比例和培训的次数都高于青年农民工。2008年调查数据显示,完全没有接受过短期培训或职业培训的青年农民工占64.5%,城市青年为53.8%,比2006年有所改善(2006年分别为75.4%和57.7%),但改善状况并不显著。从参加培训的次数

---

[1] 卡方检验的结果,p值均小于0.01。

来看,青年农民工平均参加培训2.61次,标准差为2.87次,城市青年平均接受培训次数3.52次,标准差为3.97次。

从获得更高学历的情况看,11.4%的城市青年的最高学历是在参加了工作之后获得的,而青年农民工的比例只有1.5%,远低于城市青年。这一方面可能与青年所从事的工作有关,另一方面也可能是城市青年本身的受教育起点较高,比较容易通过继续教育获得较高学历,而青年农民工以初中文化水平为主,限制了他们的学历提升。

从职位晋升情况看,城市青年获得晋升的比例高于青年农民工。2006年调查数据显示,青年农民工在过去三年获得过晋升的只有11.6%,而城市青年为21.2%。工资等级上获得提升的城市青年更是多丁青年农民工,46.8%的城市青年在过去三年获得过工资等级的晋升,而青年农民工仅为28.0%。对于未来的晋升机会,只有12.5%的青年农民工表示很有可能获得晋升,而城市青年中认为很有可能获得晋升的比例为33.2%。

5. 工作关系

在工作关系中,不管是青年农民工还是城市青年均与同事的交往较多,2006年调查数据显示,71.1%的青年农民工、73.3%的城市青年经常与同事打交道,两者相差不大,但是青年农民工不与同事打交道的比例高于城市青年,9%的青年农民工表示不常与同事打交道,而城市青年中则只有5.8%。青年与上级主管或领导有交往的相对较少,只有27.1%的青年农民工、29.1%的城市青年表示经常和领导打交道,三分之一左右的青年很少或从不与领导打交道,两者的差异不大。

在与主管打交道时,城市青年比青年农民工更能对直接主管表达不同的意见(47.6% > 36.8%)。在工作时间处理私人事务时,工作单位给予了青年一定的支持,89.9%的青年农民工和92.1%的城市青年都表示不经过直接主管同意,工作时间可以打私人电话,37.0%的青年农民工和38.3%的城市青年表示可以离开工作岗位30分钟,两者的差别不大。

四、影响青年农民工就业质量的因素

青年农民工和城市青年就业质量在多个方面表现出差异,但导致他们之间差异的原因可能除了户籍的影响外,还有其他的一些因素,如教育水平差别、工作后是否参加培训等。那么,影响城乡青年就业质量的因素有什么不同？这里对就业质量中青年农民工与城市青年存在较大差异的两个因素：收入（用全年收入测量）和职业稳定性（用是否签订劳动合同测量）的影响因素进行分析。

在这两个因素中，全年收入是连续性变量，可用简单线性回归分析，职业稳定性用"是否签订劳动合同"来测量，因这一变量为类别变量（1表示签订，0表示没有签订），采用Logistic回归分析。自变量则主要借鉴现有研究中涉及较多的人力资本因素和社会资本因素，并且也考虑到工作单位的性质对收入、劳动合同的签订有重要的影响，也将其作为自变量（见表6-10）。

表6-10 影响城乡青年就业质量的因素分析①

变量	全年收入		职业稳定性	
	青年农民工	城市青年	青年农民工	城市青年
性别[a]	0.158**	0.137**	0.121	0.291
文化程度[b]	0.303**	0.349**	0.225**	0.167**
身体健康[c]	0.060	0.101**	0.005	-0.035
14岁之前生活地[d]				
镇	0.003	0.065	-0.594	-0.111
县城	-0.017	-0.027	-0.467	-0.608*
地级市	0.122*	0.036	0.247	-0.326
省会城市	0.154**	0.115	0.961**	-0.039
找工作是否他人帮助[e]				
家人帮助	-0.015	-0.052	0.189	-0.189
朋友帮助	-0.059	0.003	-0.070	-0.183
熟人帮助	0.043	-0.053	0.785¹	-0.717¹
同事帮助	—	0.069	—	21.500
同学战友帮助	0.025	-0.026	0.872	0.098
同乡帮助	-0.036	-0.019	-0.540	-2.074
单位所有制[f]				
国有集体	-0.029	-0.125¹	0.353	0.385
私营个体	0.020	-0.067*	0.346¹	-1.143**
Constant	—	—	-1.226	-0.043*
N	472	589	511	650

① 数据来源于CGSS2008数据。

（续表）

	全年收入		职业稳定性	
R^2	0.206	0.205		
F	8.458**	9.847**		
-2Log likelihood			562.945	735.818
Nagelkerke R Square			0.291	0.272
Cox & Snell R Square			0.215	0.202

注：a 性别：1=男性；0=女性。b 文化程度：1=没受过教育；2=私塾；3=小学；4=初中；5=职业高中；6=普通高中；7=中专；8=技校；9=大学专科（成人高等教育）；10=大学专科（正规高等教育）；11=大学本科（成人高等教育）；12=大学本科（正规高等教育）；13=研究生及以上。c 身体健康：1=很不健康；2=比较不健康；3=一般；4=比较健康；5=很健康。d 参照对象为"农村"。e 参照对象为"无帮助"。f 参照对象为"外资合资企业"。

通过分析，可以看到：

1. 不管是青年农民工还是城市青年的收入和职业稳定性，文化程度在其中起到了重要作用。对青年农民工来说，文化程度每提高一个等级，收入增加0.303，签订劳动合同的比例会增加25.2%（Exp(B)=1.252）。文化程度对城市青年收入的影响也非常显著，文化程度每提高一个等级，收入增加0.349，签订劳动合同的可能性增加18.2%（Exp(B)=1.182）。

2. 对青年农民工来说，14岁以前在非农村地区生活，对他们的收入和职业稳定性都产生了较大的影响。14岁之前在地级市和省会城市生活的青年农民工，他们的收入高于14岁之前在农村生活的青年农民工，回归系数分别为0.122和0.154。14岁以前在省会城市生活的青年农民工，他们签订劳动合同的可能是在农村地区生活的青年农民工的2.614倍（Exp(B)=2.614）。

3. 青年所在单位的性质，对城市青年的收入和劳动合同签订都有影响，在国有、集体单位和私营、个体企业就业的城市青年的收入低于在外资、合资企业工作的青年。在个体、私营企业就业的城市青年签订劳动合同的比例仅为外资、合资企业青年的31.9%（Exp(B)=0.319）。但单位的性质对青年农民工收入和是否签订合同的影响都不太显著。

4. 青年的收入也存在性别差异，不管是青年农民工还是城市青年，男性的收入普遍高于女性。

五、结论与建议

通过前面的分析可以看出,就业质量是一个复杂的概念,青年农民工的就业质量近年来有所提高,但与城市青年相比,总的来看,在工作特征上表现出收入水平低、劳动时间长、就业稳定性差的特点。在工作保障上,表现为劳动合同签订率低,社会保险覆盖范围小;在职业发展上,表现为技能培训比例低和发展空间小。在工作关系上,青年农民工与城市青年的差别不大。同时,我们也看到,虽然城市青年的就业质量好于青年农民工,但也存在就业时间长、社会保障覆盖率低、职业晋升有限等问题。

随着经济全球化,我国经济体制改革的推进,产业结构的转变,社会就业压力的增大,青年农民工的就业质量问题也将日益突出。提高青年农民工的就业质量,对缩小城乡差距、统筹城乡发展、维护社会稳定、促进青年的城市融入、提高城市化质量都具有重要意义。如何提高青年农民工的就业质量?或许可以在以下方面开展一些工作:

1. 加大农村地区教育投入,提高青年农民工的基础教育水平

2009年农民工监测调查报告指出,外出农民工中初中文化程度的占多数,高中及以上文化程度的比例提高,30岁以下各年龄组中,接受过高中及以上教育的比例均在26%以上[①],2008年数据显示,青年农民工初中文化程度的比例为44.0%,高中(包括职业高中、技校)为24.0%,而城市青年初中文化程度的比例为17.0%,高中为32.0%。虽然青年农民工的受教育程度有所提高,但高中,甚至只有初中学历也就决定了他们所能进入的行业和职业层次。作为准公共物品,政府对教育投资具有不可推卸的责任,城乡居民有平等的享受公共资源的权利。因此,应改善教育投资结构失调的状况,加大对农村地区教育的投入,切实改善农村地区的教育状况,缩小城乡教育水平,促进基础教育和职业教育的发展,鼓励、支持和帮助农村青年获得更高的学历教育。

---

① 国家统计局农村司:《2009年农民工监测调查报告》,http://www.stats.gov.cn/tjsj/xzfb/201305/t20130527_12978.html。

2. 加强职业培训,提高青年农民工的就业能力

技能培训对劳动者掌握劳动技能、促进职业发展具有重要意义。因此,应充分发挥政府在职业培训中的重要作用,统筹、合理分配培训资源,加大对农民工培训的投入。政府可以和企业、社会组织合作,将技能培训与继续教育结合起来,弥补青年农民工基础教育的不足,而不仅仅对农民工进行简单职前培训或"走过场"。提高青年农民工的劳动力技术水平,培养高级技术人员,为青年农民工人力资本积累提供可能,为产业结构调整提供条件,破解"招工找工难"困境。

3. 规范企业的用工行为,保障青年农民工的就业权益

企业的性质、用工的形式和青年农民工的工作质量有较大的关系。非正规就业的劳动者的就业质量处于所有劳动者的最底层。调查数据显示,有单位的正式工中,青年农民工和城市青年的差异显著减少,在用工的形式、工资收入等诸多方面都不存在显著性差异。在国有、集体企业中,青年农民工与城市青年的差异小于在个体、私营企业就业者。因此,政府应加强对企业规范用工行为的监管,规范企业的用工行为,监督企业与个人劳动合同的订立;加大对非正规就业单位、个人的引导和监督,保障劳动者的就业权益。

4. 完善社会保障制度,提高农民工的社会保障覆盖率

外出农民工参加社会保险的水平有所提高,但总体仍然较低,青年农民工社会保险覆盖率高于农民工平均水平。加强对社会保障相关政策法规的宣传,加大对雇主为农民工缴纳社会保险的监督和管理,提高青年农民工对社会保障重要性的认识和参与度,加强城乡基本社会保障项目的建设,为非正规就业人员提供基本社会保障。打破基本社会保障项目的户籍限制,把农民工纳入到城市社会保障和公共服务体系中,探索为长期在某一地区就业的外地户籍人员提供基本社会保障的途径。加强社会保障的异地接续工作,提高社会保障的一体化程度。

5. 提供政策支持和技术指导,促进青年农民工创业

数据显示,青年农民工从事自由或个体经营的比例高于城市青年,自主创业的意愿较高。但在创业的过程中,农村青年往往会受到资金、技术等方面的限制而很难发展。各级政府和金融机构可考虑扩展融资

优惠政策,大力发展农村小额信贷和适合创业初期青年的各种微型金融服务,为青年创业提供资金支持。政府相关部门和社会组织(如共青团等)可以通过建立创业指导机构,组织不定期的创业指导、培训与讲座,为青年农民工创业提供技术、政策指导和支持。

参考文献:

1. 李军峰:《就业质量的性别比较分析》,《市场与人口分析》2003年第6期。
2. 刘素华:《就业质量:内涵及其与就业数量的关系》,《内蒙古社会科学(汉文版)》2005年第5期。
3. 程蹊、尹宁波:《浅析农民工的就业质量与权益保护》,《农业经济》2003年第11期。
4. 赖德胜、苏丽锋、孟大虎、李长安:《中国各地区就业质量测算与评价》,《经济理论与经济管理》2011年第11期。
5. 张照新、宋洪远:《中国农村劳动力流动国际研讨会主要观点综述》,《中国农村观察》2002年第1期。
6. 王德文、吴要武、蔡昉:《迁移、失业与城市劳动力市场分割——为什么农村迁移者的失业率很低?》,《世界经济文汇》2004年第1期。
7. 彭国胜:《人力资本与青年农民工的就业质量》,《湖北社会科学》2009年第10期。
8. 彭国胜、陈成文:《社会资本与青年农民工的就业质量》,《湖北行政学院学报》2009年第4期。
9. 马庆发:《提升就业质量:职业教育发展的新视角》,《教育与职业》2004年第12期。
10. 张肖敏:《农村流动人口就业问题初探》,《学海》2006年第2期。
11. 张妍、韩嘉玲:《北京市本地与流动妇女就业质量的比较研究》,《人口与发展》2012年第5期。
12. 刘素华、孔燕然:《当前我国就业质量问题的新动向与道德、制度因应》,《河北师范大学学报(哲学社会科学版)》2013年第2期。
13. 刘素华:《建立我国就业质量量化评价体系的步骤与方法》,《人口与经济》2005年第6期。
14. 刘素华:《就业质量:概念、内容及其对就业数量的影响》,《人口与计划生育》2005年第7期。
15. 高伟、张广胜、孙若愚:《基于主成分分析法的农民工就业质量评价体系构建及应用——以沈阳市农民工为例》,《中国集体经济》2012年第6期。
16. 秦建国:《就业质量评价指标体系探析》,《广东行政学院学报》2011年第2期。
17. 陈海秋:《农民工就业质量的提高与"体面就业"》,《当代经济管理》2009年第6期。

18. 李林、张丽:《农民工就业质量调查与分析》,《经济论坛》2010 年第 10 期。
19. 张昱、杨彩云:《社会资本对新生代农民工就业质量的影响分析——基于上海市的调查数据》,《华东理工大学学报(社会科学版)》2001 年第 5 期。
20. 钱芳、周小刚、胡凯:《受教育年限与农民工就业质量的实证研究——基于一项江西地区的问卷调查》,《教育学术月刊》2013 年第 7 期。
21. 曾湘泉:《提升就业质量的关键因素》,《职业》2013 年第 6 期。
22. 苏丽锋:《我国新时期个人就业质量研究——基于调查数据的比较分析》,《经济学家》2013 年第 7 期。
23. 张卫枚:《新生代农民工就业质量分析与提升对策——基于长沙市的调查数据》,《城市问题》2013 年第 3 期。
24. 林竹:《新生代农民工就业质量调查——基于江苏省 735 份调查问卷》,《开发研究》2012 年第 6 期。
25. 张海枝:《新生代农民工就业质量实证研究》,《人力资源》2013 年第 2 期。
26. 何亦名、王翠先、黄秋萍:《珠三角新生代农民工就业趋势与就业质量调查分析》,《青年探索》2012 年第 1 期。
27. 谢勇:《基于就业主体视角的农民工就业质量的影响因素研究——以南京市为例》,《财贸研究》2009 年第 5 期。
28. 蔡昉:《劳动力流动择业与自组织过程中的经济理性》,《中国社会科学》1997 年 4 期。
29. 李强:《农民工与中国社会分层》,北京:社会科学文献出版社 2002 年版,第 82—93 页。
30. 李培林:《流动民工的社会网络和社会地位》,《社会学研究》1996 年第 4 期。
31. 张永丽、黄祖辉:《中国农村劳动力流动研究述评》,《中国农村观察》2008 年第 1 期。
32. 赵延东、王奋宇:《城乡流动人口的经济地位获得及决定因素》,《中国人口科学》2002 年第 4 期。
33. 彭国胜:《青年农民工的就业质量与阶层认同——基于长沙市的实证调查》,《青年研究》2008 年第 1 期。
34. Rafael Muñoz de Bustillo, Enrique Fernández-Macías, José-Ignacio Antón, Fernando Esteve, "Measuring More than Money: The Social Economics of Job Quality," *Edward Elgar Publishing*, 2011, pp.87-148.
35. UNECE, *Measuring Quality of Employment: Country Pilot Report*, United Nation, 2010.

第七章 新生代农民工的工作压力

一、引 言

"富士康 N 连跳事件"发生之后引起了社会广泛关注,对此现象不同的人从不同的角度做出了不同的解释,但是殊途同归,都将目光锁定在了新生代农民工这一特殊社会弱势群体之上。对于产生这种现象的原因,更是仁者见仁,智者见智,但都承认一个共同点,那就是这一特殊社会弱势群体的工作压力。

据国家统计局发布的《2012 年全国农民工调查监测报告》显示,2011 年全国农民工总量达到 26261 万人,其中 40 岁及以下的占到 59.3%。① 可见,新生代农民工已经成为农民工的主体,成为我国产业工人的重要组成部分。新生代农民工虽已成为农民工的主体,支撑着中国经济的发展,但是由于长期以来受到在计划经济体制下所形成的城乡"二元结构"及其固有的经济社会制度等客观因素,以及新生代农民工自身综合素质与能力等主观因素的制约,特别是近几年产业结构调整步伐的加快,使新生代农民工面临的工作压力越来越大,不可避免地会引起新生代农民工强烈的心理矛盾与冲突,从而产生一系列的消极失范行为。新生代农民工的工作压力问题已经成为社会稳定与和谐的制约因素。正如前国务院总理温家宝接受中国政府网、新华网联合专访,与广大网友在线交流时所谈到的,新生代农民工与老一代农民工相比,有一些特殊困难,"第一,他们许多生在城市,在农村没有土地,也就是说没有生产资料;第二,他们长期在城市生活,对农业生产也不熟悉;第三,他们许多人没有解决户籍问题,因此,他们的恋爱、结婚,以致

---

① 《国家统计局发布 2012 年全国农民工监测调查报告》,http://www.gov.cn/gzdt/2013-05/27/content_2411923.htm。

将来子女上学等一系列问题都需要妥善加以解决"①。"富士康 N 连跳事件"背后折射出中国新生代农民工面临着巨大的工作压力,且极度缺乏自我解压的能力与条件。这不仅危及新生代农民工自身的身心健康,而且将最终影响到中国社会的和谐稳定。因此,在当前对新生代农民工工作压力进行研究,具有重要的实践意义。

二、文献回顾

压力原本是物理学中的一个概念,20 世纪 70 年代,西方心理学、管理学、社会学将这一概念引入工作领域,关注人们因工作而产生的紧张、困难、痛苦,即"工作压力"。经过五十余年的发展,工作压力的概念日渐清晰,解释模型日渐成熟。成果主要集中在以下几个方面:

其一,工作压力的定义。西方学术界关于工作压力的定义主要有三种类型,即刺激学说、反应学说和刺激—反应交互作用学说。刺激学说认为工作压力是因为工作的内部和外部环境对个体产生刺激作用,而使个体出现紧张、痛苦、恐惧等各种消极的情绪情感反应。反应学说则认为,工作压力是个体为了应对工作环境刺激因素而产生的一系列生理反应,强调个体对工作环境刺激的一种生理回应。刺激—反应交互作用学说则是在综合刺激学说和反应学说的基础之上提出来的,认为工作压力是个体与工作环境刺激相互作用的结果,是个体形成生理反应、心理反应和行为反应的过程。另外有些学者为了实证研究的需要,对工作压力给以操作性的界定,如将某些工作特点定义为工作压力,如工作负荷、工作复杂性、角色冲突、角色模糊等(R. D. Caplan et al., 1975:75—160)。

其二,工作压力的测量。由于工作压力是一个内涵非常丰富的概念,不同的职业工作压力源不同,不同的个体对压力的反应差别较大,因此发展一套适用于各种行业的工作压力量表仍然是目前西方学术界的一大难题。不过,西方学者在如何测量工作压力方面已经形成了几点共识:如强调对工作环境的测量应既有主观的测量也有客观的测量(T. A. Beehr, J. E. Newman, 1978);压力的测量应包括压力的强度和压力发生的频率这两个方面(C. D. Spielberger, E. C. Reheiser, 1995)。

其三,工作压力的影响因素。影响工作压力的因素是多方面的,不

---

① 《温家宝:新生代农民工与老一代相比有三方面特殊困难》,http://news.xinhuanet.com/politics/2010-02/27/content_13062736.htm。

同学者因理论倾向不同,选取的解释工作压力的因素也不同。总体而言,西方学者主要从三个角度,即社会因素、组织特点、个体因素,分析工作压力的影响因素。社会因素影响说主要强调社会环境的变化对工作压力的影响,认为引起工作压力的社会因素有双重职业、组织机构减少,竞争增加,技术变化,社会角色的变化,公司破产,机构调整,个体患病或残疾,决定退休,这些都是引起压力的社会因素(石林,2003)。组织影响说认为,当组织不能满足员工的需要、甚至给员工造成压力时,员工交换给组织的将是低工作效率、不满和离职。大量研究发现引起压力的组织因素包括:角色冲突、角色模糊、角色超负荷、时间压力、低工作自主、低能力运用、低参与、低控制、管理—监督问题、组织气氛、群体矛盾(石林,2003)。个体影响说认为,相同的社会环境和组织特点在不同的劳动者个体身上所引起的反应是不同的,对有些劳动者可能构成压力,而对其他劳动者可能并不会构成压力。如 Schaubroeck 等人发现虽然增加对工作的控制被认为是减轻工作压力的一种方法,但他们的研究发现,只是对具有较高自我效能感的个体才有这种影响,而对于自我效能感较低的个体,由于他们缺乏控制工作的能力,因此要求个体有较高控制的工作反而会增加他们的压力(石林,2003)。

国内关于工作压力的研究,始于20世纪90年代末期,主要集中在对西方工作压力的研究成果进行介绍和验证。在工作压力实证研究方面,对护士和教师等服务性质的职业研究较多,而随着工作压力理论的逐渐深入,有关企业员工工作压力的研究也逐渐增多。

孟晓斌、许小东、谢小云(2007)以浙江26家企业的管理人员为研究对象构建了我国企业管理人员工作压力源的七因素模型,即角色冲突与角色模糊压力、工作特征压力、工作关系与氛围压力、期望压力、职业发展压力、生活压力和自身素质压力。

陈录生和刘新学(2007)通过对开封、安阳、南阳、洛阳等地的大中型企业193名员工的调查,研究企业员工工作压力与应付方式的关系。研究表明应付方式问卷中的幻想与工作压力问卷中的工作兴趣有显著的相关,而与合理化有非常显著的相关。外显性焦虑量表与应付方式量表中的解决问题、自责、求助、幻想和退避因子有非常显著的相关,与合理化有显著的相关;而与工作压力量表上的三个维度只有弱相关。

汤超颖和辛蕾(2009)选取北京5家IT企业153名员工,对IT企业员工工作压力与离职意向间的关系进行了实证研究。结果显示:工作压力与离职意向呈显著正相关。因子分析和回归分析表明,工作压力包含工作要求、工作回报、工作超载、工作角色和人际关系五个维度,除了工作要求与离职意向呈负相关外,其他四类压力与离职意向均呈正相关。工作满意度在工作压力与离职意向间起到中介作用。

史宇、林琳、王詠(2009)以北京市本土房地产开发企业员工为研究对象,借鉴以往研究的工作压力量表并适当修正,对房地产开发企业的员工工作压力源、工作压力反应状况以及二者之间的关系进行了研究。结果表明:目前此类企业员工整体压力负荷较为严重,工作压力源、压力反应状况在不同人口统计学变量上有显著差异,且体现出其行业特点;此类企业员工的工作与家庭冲突、职业生涯发展、自我激励与认可、组织与工作特点、职业兴趣等工作压力源对压力反应状况有较好的预测效力。

对于农民工的工作压力研究,目前还不多见。代表性的有方翰青、谭明(2012)通过对长三角地区(上海、苏州、无锡、常州等地)生产性企业中的 220 名农民工的调查,研究农民工工作压力现状及其与心理健康的关系,结果发现:农民工承受着中等以上强度的工作压力;其工作压力之间不存在性别差异;36 岁以上组农民工在工作家庭冲突、工作超载、难度超载等因子上得分显著高于其他某些组别;未婚组农民工在工作家庭冲突及组织氛围两个因子上得分显著低于已婚组农民工;工作年限也是影响农民工工作压力大小的因素之一。躯体化、抑郁及焦虑等心理健康因素与工作压力各因子之间几乎都存在显著性相关。经进一步回归分析后发现,难度超载对躯体化和焦虑均具有预测作用,难度超载及组织结构对抑郁具有预测作用。在此基础上,文章着重从远程教育的角度提出缓解农民工工作压力,维护农民工心理健康的对策。

彭率军(2008)通过对深圳 8 家企业 274 名农民工的问卷调查,并辅之以个案访谈,研究发现:(1)目前深圳企业农民工所承受的主要压力是社会薪酬制度不公平、薪酬较少、职业发展不明朗,次要压力为人际关系紧张、完成工作需要能力越来越高、工作中与同事沟通不畅、工作中自己角色不清楚、与领导沟通不通畅、工作难度大、应有的升迁很少、工作自主性不强。(2)深圳企业农民工在压力反应方面的消极程度是在中等偏上的(其中离职倾向最大、生理反应排在第二、工作不满排在第三位)。可见深圳企业农民工面对压力所做出的反应对组织影响很大。(3)深圳企业农民工在压力管理方面主要是通过自我化解来排除压力,组织层面的系统压力管理几乎为零。

关于新生代农民工工作压力的专项研究目前还没有发现,只是在相关调查研究方面有所涉及。如李伟和田建安(2011)在山西省的调查发现,新生代农民工每周平均工作6—7天的占到了76.8%;每天工作超过9小时的占到了68.6%。但超时间和超强度的劳动,并没有得到应有的回报,因此换工作成为普遍现象。

新生代农民工问题已经引起了中国政府的高度重视和学者们的高度关注,且已经取得了较为丰硕的研究成果。但也存在一些不足之处,主要表现在:

第一,从研究内容上来看,目前农民工的工作压力还没有引起学者们的关注。在中国期刊全文数据库(中国目前最大的学术论文检索系统),搜索系统中选择"篇名",关键词为"农民工",限定搜索时间为"1980年到2013年"①,搜索结果显示"找到22,760条结果";然后再以"工作压力"为篇名,选择"在结果中检索",搜索结果显示"共有记录1条"。这也就是说,从20世纪80年代中国出现农民工以来,只有1篇关于农民工工作压力问题的论文。这说明关于农民工工作压力问题的研究还非常薄弱,很多现实与理论问题迫切需要回答。

第二,从工作压力的理论解释来看,中西方学者主要是从个体和组织两个角度进行压力源和压力后果的分析,而少有从宏观的社会制度层面进行解释。中国新生代农民工在城市面临巨大的工作压力,终极原因在于中国不公平的社会制度。所以从社会制度层面来解释工作压力,将推动工作压力理论的新发展。

三、研究设计

1. 新生代农民工的界定

本研究所指的"新生代农民工"包含以下几层含义:从职业上说,他们被企事业单位雇佣从事第二、第三产业劳务,主要收入来自劳务工资;从制度、身份上说,他们是农业户口,属于农民身份;从劳动关系上说,他们是被雇佣者;从地域上说,他们是由户籍所在县(市)流出至户籍所在县(市)外的地区;从年龄上说,他们出生于1978—1995年间。

---

① 笔者的检索时间为2013年12月18日。

即在本项研究中,将新生代农民工界定为在调查时点,大专学历及以下、1978—1995年出生、农村户口持有者跨县(区)域流动到城市务工的人员。

2. 拟探讨的影响因素

本项研究拟从以下几个方面考察新生代农民工工作压力的影响因素:

一是新生代农民工个体基本特征,包括性别、年龄、是否独生子女;自评家庭经济条件,采用李克特量表的形式进行测量,并赋1—5分,得分越高,家庭经济条件越差。

二是新生代农民工人力资本因素,包括是否参加培训、外出打工年限;文化程度,这里区分为小学及以下、初中、高中/中专/职高/技校、大专四个等级。

三是新生代农民工社会资本因素,包括是否亲友介绍工作、参加社会组织的个数、在务工当地好朋友的个数。

四是社会环境因素,包括是否来自外省;务工地点,并以成都作为参照组。

五是企业制度因素,包括单位性质,以国有企业作为参照组;职业,以"其他"职业作为参照组;企业规模、是否拖欠工资、是否签订劳动合同。

3. 数据来源

本研究的数据来自于笔者主持的一项"新生代农民工婚恋问题"的问卷调查。调查于2011年12月—2012年2月在成都、上海、义乌三个城市展开。抽样方法采取的是简单随机抽样,即在每座城市人力资源与社会保障局的支持下,简单抽取50家农民工相对比较集中的用工单位,每个单位抽取10名新生代农民工,三个城市共抽取了1500名农民工。调查采用自填问卷方式进行,由经过培训的大学生调查员将问卷发放给被抽中的新生代农民工,当场填答,当场回收。调查实际成功完成有效问卷1318份,有效回答率为87.87%。样本基本情况如表7-1:

表 7-1 样本构成

特征		百分比(%)
性别	男	54.3
	女	45.7
年龄	16—20 岁	22.0
	21—27 岁	49.7
	28—33 岁	28.4
文化程度	小学及以下	2.2
	初中	38.5
	高中、中专、技校	45.2
	大专、高职	14.0

四、结果与分析

1. 工作压力量表及因子分析

工作压力是指在一种与工作有关的因素和新生代农民工交互作用之下,形成的改变新生代农民工心理与生理正常状态的各种负性刺激因素。工作压力源是指导致新生代农民工在工作中产生压力感的刺激因素。

在本项研究中,对新生代农民工的测量,主要参考了首都经贸大学白玉苓博士开发的服装产业知识型员工工作压力量表(白玉苓,2010:87),同时考虑到新生代农民工这一群体的自身特征,结合正式调查之前的个案访谈,对该量表进行了改编。本次研究将采用 17 项指标来测量新生代农民工工作压力源,分别是:工作量大、工作单调重复机械化、经常加班、工作中学不到新的知识和技能、单位不太关心我们的职业发展、在这个单位个人发展的空间较小、工作中经常与同事产生矛盾、工作中经常与领导产生矛盾、在工作时感到被孤立、工作中领导的要求经常不一致、与城市人同工不同酬、工作中奖惩不太明确、工作纪律要求太严格、单位的管理比较混乱、我不太了解自己的职责范围、工作中缺少自由或自主、有时不清楚领导到底要我做什么。这 17 项指标采取李克特量表的形式进行测量,并赋 1—5 分,得分越高,说明压力越大,得分越低,说明压力越小。

我们对这 17 个指标进行 KMO(Kaiser-Meyer-Olkin)检验,这 17 个指标的 KMO 值为 0.931,巴特利特球状检验(Bartlett test of sphericity)的卡方值为 9273.1135,自由度为 136,在 0.000 的水平上显著,各指标

的共同度都在都在 0.5 以上,五个因子的累计方差贡献率也达到 68.373%。这说明本项研究编制的新生代农民工工作压力量表具有较高的效度。

表 7-2 的结果表明,17 个测量新生代农民工工作压力不同方面的具体指标最终被概括为 5 个因子。根据每一因子所包含的指标的内容,我们分别给新因子取名为人际关系压力因子、组织管理压力因子、职业发展压力因子、工作角色压力因子和工作强度压力因子。

表 7-2 新生代农民工工作压力因子摘要表

指标	因子1	因子2	因子3	因子4	因子5	共同度
工作量大	0.108	0.201	0.109	0.063	0.830	0.757
工作单调重复机械化	0.033	0.021	0.475	0.192	0.594	0.616
经常加班	0.192	0.237	0.223	0.097	0.664	0.594
工作中学不到新的知识和技能	0.150	0.108	0.742	0.155	0.233	0.664
单位不太关心我们的职业发展	0.159	0.314	0.740	0.168	0.184	0.733
在这个单位个人发展的空间较小	0.152	0.267	0.772	0.068	0.126	0.711
工作中经常与同事产生矛盾	0.846	0.123	0.138	0.229	0.104	0.813
工作中经常与领导产生矛盾	0.818	0.199	0.176	0.223	0.110	0.801
在工作时感到被孤立	0.740	0.180	0.111	0.284	0.126	0.688
工作中领导的要求经常不一致	0.482	0.541	0.192	0.188	0.125	0.613
与城市人同工不同酬	0.230	0.723	0.155	0.077	0.210	0.650
工作中奖惩不太明确	0.168	0.698	0.334	0.251	0.145	0.711
工作纪律要求太严格	0.025	0.533	0.083	0.416	0.258	0.532
单位的管理比较混乱	0.198	0.582	0.321	0.423	0.006	0.660
我不太了解自己的职责范围	0.349	0.167	0.084	0.719	0.041	0.676
工作中缺少自由或自主	0.202	0.274	0.222	0.701	0.161	0.683
有时不清楚领导到底要我做什么	0.315	0.166	0.132	0.752	0.115	0.723
因子命名	人际关系压力	组织管理压力	职业发展压力	工作角色压力	工作强度压力	
特征值	2.666	2.422	2.401	2.321	1.813	
方差贡献率	15.684	14.249	14.121	13.651	10.667	
累计方差贡献率	68.373					

为了考察本项研究编制的新生代农民工工作压力量表的信度,我们计算这 17 个指标的 Cronbach's Alpha 系数为 0.914。工作压力量表各维度的信度系数见表 7-3。表 7-3 的结果表明,除"工作强度压力"维度的信度系数接近 0.7 以外,其他维度的信度系数都在 0.7 以上,说明本项研究编制的新生代农民工工作压力量表具有较高的信度。

表 7-3 工作压力量表信度分析

构成因素	项目数	Cronbach's Alpha
人际关系压力	3	0.864
组织管理压力	5	0.812
职业发展压力	3	0.795
工作角色压力	3	0.790
工作强度压力	3	0.680

本项研究开发的测量新生代农民工工作压力量表与白玉苓博士开发的服装产业知识型员工工作压力量表的不同在于,白玉苓博士开发的服装产业知识型员工工作压力量表一共包含23项指标,经因子分析之后,这23项指标分别归入六个维度,即组织机制与组织风格维度、职业发展维度、工作本身因素维度、人际关系维度、角色压力维度、工作与家庭冲突维度(白玉苓,2010:87)。

2. 新生代农民工工作压力现状评估

(1) 新生代农民工工作压力源分析。

表 7-4 新生代农民工压力源分析(%)

	很不符合	不太符合	一般	比较符合	非常符合	均值	标准差
工作量大	1.4	6.0	49.7	26.8	16.1	3.50	0.881
工作单调重复机械化	3.5	13.0	40.0	26.2	17.3	3.41	1.029
经常加班	7.7	20.8	36.2	19.7	15.7	3.15	1.148
工作中学不到新的知识和技能	6.5	21.2	37.8	23.2	11.3	3.12	1.070
单位不太关心我们的职业发展	7.4	22.0	38.9	19.4	12.3	3.07	1.094
在这个单位个人发展的空间较小	6.0	19.5	38.9	22.0	13.4	3.17	1.079
工作中经常与同事产生矛盾	26.7	35.7	25.8	8.6	3.2	2.26	1.044
工作中经常与领导产生矛盾	25.6	35.9	25.3	9.4	3.8	2.30	1.066
在工作时感到被孤立	19.5	37.5	29.7	9.8	3.5	2.40	1.018
工作中领导的要求经常不一致	14.0	31.4	33.0	14.4	7.3	2.70	1.104
与城市人同工不同酬	11.4	26.7	35.1	16.7	10.0	2.87	1.129
工作中奖惩不太明确	9.9	23.1	38.0	18.5	10.4	2.96	1.109
工作纪律要求太严格	7.0	18.5	44.7	20.7	9.0	3.06	1.015
单位的管理比较混乱	13.5	29.9	34.0	15.3	7.3	2.73	1.100
我不太了解自己的职责范围	21.9	34.7	26.9	11.8	4.7	2.43	1.097
工作中缺少自由或自主	13.4	26.7	39.3	13.5	7.2	2.74	1.076
有时不清楚领导到底要我做什么	16.9	35.0	30.9	11.0	6.3	2.55	1.087

我们将测量新生代农民工压力源的17项指标进行描述统计分析（见表7-4），可以得出这样几点结论：其一，新生代农民工承受着较大的工作压力，这主要表现在我们设计的17项指标中，均值超过3分的有7项指标，占41.2%；均值超过2.5分的有13项指标，占75.5%。其二，新生代农民工群体内部，工作压力的分化程度比较大，这主要表现在我们设计的17项指标当中，标准差超过1分的有16项指标，占94.1%。其三，工作量大、工作单调重复机械化和个人发展的空间较小是新生代农民工最主要的工作压力源。如有42.9%的新生代农民反映"工作量大"符合自己的实际工作情况，均值为3.50；如有43.5%的新生代农民工反映"工作单调重复机械化"符合自己的实际工作情况，均值为3.41；如有35.4%的新生代农民反映"在这个单位个人发展的空间较小"符合自己的实际工作情况，均值为3.17。

工作量是体现工作压力状况的最直接的指标。按照法律，职工每天工作8小时；每周工作5天；每年享受11天的法定假日；根据工龄，每年享受10—15天的法定带薪休假。但是本次调查发现，真正一周工作不超过5天的只占24.8%，一周工作6天的占47.7%，一周工作7天的占27.6%。一天工作不超过8小时的占55.9%。这也从客观层面体现出新生代农民工的工作量是比较大的。

新生代农民工进城之后，由于自身素质不高，绝大多数都是从事技术含量较低的体力劳动，工作环境往往比较艰苦，工作地偏僻，工作繁重劳累、单调，技术性较低，重复性较大，甚至还有的是从事一些危险性较高的工作。这也是新生代农民工工作压力的主要来源之一。

与第一代农民工相比，新生代农民工进城已不仅仅是为了打工挣钱，而是怀有追求个人发展、融入城市社会的梦想。因此，他们在城市务工过程中，对自己的职业发展较为重视。但同时他们往往又看不清自己的职业发展方向，难以进行职业生涯规划。原因至少有三个方面，其一，自身文化层次不高，再学习的能力有限，机会不多，兴趣不大；其二，工作层次较低，技术含量不高，无法看清自己所在行业的发展方向，难以把握自己所在行业的发展机会。其三，用工单位给新生代农民工提供的培训机会少。所有这些都给新生代农民工职业发展带来较大的压力。

（2）新生代农民工工作压力状况评估。

表7-5 新生代农民工工作压力的描述性统计

	最小值	最大值	均值	标准差	众数（比例）	中位数
劳动强度压力	1.00	5.00	3.3530	0.80047	3（22.2%）	3.33
职业发展压力	1.00	5.00	3.1250	0.90817	3（19.3%）	3.00
人际关系压力	1.00	5.00	2.3149	0.92299	2（21.6%）	2.00
组织管理压力	1.00	5.00	2.8628	0.82349	3（12.5%）	2.80
角色压力	1.00	5.00	2.5664	0.91101	3（17.1%）	2.67
总体工作压力	1.06	5.00	2.8463	0.68914	2.8（7.5%）	2.82

从表7-5可以看出，新生代农民工工作压力量表的总均值为2.8463，可见新生代农民工工作压力处于中等偏下水平。其中以劳动强度的压力最为显著，均值达到了3.3530，且标准差相对最小，说明新生代农民工对劳动强度压力的评价较为一致。其次是职业发展压力，均值为3.1250，中位数为3.00。再次是组织管理方面的压力，均值为2.8628，中位数为2.80。这一点比较符合新生代农民工工作的实际情况。相对而言，人际关系压力的均值只有2.3149，低于中等水平，这说明人际关系不是新生代农民工面临的主要工作压力。在工作中，与领导、同事的关系较为和谐。

为了更为清晰地反映新生代农民工工作压力情况，同时也为了与前人的研究结论进行比较，我们参照方翰青、谭明（2012）提出的标准，将工作压力各因子的得分均值进行排序分等处理，将1≤均值得分≤2.5分的都归入低压力，2.5＜均值得分＜3.5分的将评为中等压力，3.5≤均值得分≤5的归入高压力。这样处理后，得到表7-6的结果。

表7-6 新生代农民工工作压力综合评估(%)

	分等级			均值
	低压力	中等压力	高压力	
劳动强度压力	13.0	48.0	39.0	中等压力
职业发展压力	24.5	43.8	31.7	中等压力
人际关系压力	62.1	27.1	10.8	低压力
角色压力	49.3	36.5	14.2	中等压力
组织管理压力	32.2	47.2	20.6	中等压力
总体工作压力	31.2	52.3	16.5	中等压力

表7-6的结果表明,总体来讲,新生代农民工工作压力处于中等水平。突出表现在工作压力的五个侧面中,除人际关系压力均值处于低压力水平之外,另外四个侧面的压力均值均处于中等压力水平,总体工作压力的均值也处于中等水平。劳动强度压力和职业发展压力相对最大,这两方面处于高压力状态的分别达到了39.0%和31.7%。人际关系压力和角色压力则相对较轻,这两方面处于低压力状态的分别占62.1%和49.3%。

这与方翰青、谭明通过对长三角农民工调查,得出的农民工工作压力处于中偏高水平的结论基本一致(参见表7-7)。

表7-7 长三角农民工工作压力(%)

	分等级		
	低压力	中等压力	高压力
工作家庭冲突	50.5	40.9	8.6
工作超载	39.5	51.4	9.1
经济压力	28.6	40.5	30.9
组织结构	32.3	49.5	18.2
组织氛围	34.5	46.8	18.6
个人发展	30.5	52.3	17.3
难度超载	41.4	45.9	12.7

资料来源:方翰青、谭明,《长三角地区农民工工作压力与心理健康的调查分析——基于远程教育的视角》,《中国成人教育》2012年第11期,第157页。

(3)不同特征新生代农民工工作压力状况比较分析。

第一,新生代农民工工作压力的性别差异不大。

对男女新生代农民工工作压力的均值比较分析发现(见表7-8),新生代农民工工作压力的性别差异不大。在总体工作压力、角色压力、组织管理压力、人际关系压力以及职业发展压力方面都不存在显著性差异。只是在劳动强度方面,男性的压力略大于女性。这说明男女新生代农民工工作压力的共性是主要的,差异性是次要的。

表7-8 男女新生代农民工工作压力比较分析

	男性	女性	F检验
劳动强度压力	3.40 ± 0.79	3.30 ± 0.82	$F = 4.673^*$
职业发展压力	3.15 ± 0.88	3.11 ± 0.91	$F = 0.567$
人际关系压力	2.36 ± 0.92	2.27 ± 0.92	$F = 2.445$
组织管理压力	2.89 ± 0.81	2.84 ± 0.83	$F = 0.703$

(续表)

	男性	女性	F 检验
角色压力	2.58±0.89	2.56±0.92	F=0.166
总体工作压力	2.88±0.67	2.82±0.70	F=1.790

注：* $0.01<\text{sig.}<0.05$，** $0.001<\text{sig.}\leqslant 0.01$，*** $\text{sig.}\leqslant 0.001$。

第二，不同地区新生代农民工工作压力存在较大差异。

表7-9 不同地区新生代农民工工作压力比较分析

	成都	上海	义乌	F 检验
劳动强度压力	3.17±0.80	3.60±0.77	3.34±0.78	F=30.092***
职业发展压力	2.92±0.92	3.31±0.87	3.18±0.89	F=20.003***
人际关系压力	2.04±0.87	2.39±0.86	2.51±0.95	F=34.473***
组织管理压力	2.64±0.85	3.03±0.79	2.95±0.77	F=27.065***
角色压力	2.30±0.93	2.70±0.86	2.72±0.88	F=30.820***
总体工作压力	2.62±0.70	3.01±0.63	2.95±0.66	F=40.157***

注：* $0.01<\text{sig.}<0.05$，** $0.001<\text{sig.}\leqslant 0.01$，*** $\text{sig.}\leqslant 0.001$。

对不同地区新生代农民工工作压力的比较分析发现(见表7-9)，新生代农民工工作压力的地区差异非常显著。总体工作压力以及工作压力的六个侧面，成都、上海、义乌三地都存在显著性差异。在总体工作压力、劳动强度压力、职业发展压力、人际关系压力、组织管理压力方面，三地的差别均表现为上海＞义乌＞成都；在角色压力方面，义乌＞上海＞成都。因此，我们可以得出结论，就本次调查的范围而言，上海新生代农民工工作压力最大，义乌其次，而成都新生代农民工工作压力最小。这可能与三地的社会文化环境有关，上海是中国第一大城市，也是改革开放的前沿阵地，市场发育充分，竞争激烈，给新生代农民工带来的工作压力也会更大一些。而成都则是全国有名的休闲城市，如易中天这样描述成都："也许正因为有丰厚的物质基础，生活格外的方便舒适吧，成都人才少有显得紧紧张张、忙忙碌碌的，而是从从容容、悠悠闲闲。成都人无论是干什么行当大都不愿意为几个小钱放弃自己的闲适潇洒，也不想为挣大钱成富豪而拼掉老命……班是要上的，钱是要挣的，但玩更是不可或缺的。悠闲一点，随便一点，享受生活，这就是成都人的哲学。"(林文询，2006)时至今日，"打点儿小麻将、吃点儿麻辣烫、炒点儿渣渣股、看点儿歪录像、上街逛一逛、脚杆烫一烫、OK 唱一唱"被誉为很多成都人生活方式的形象写照。可能正是因为"闲适、和谐、包容"为特征的区域文化和生活方式超越了以世俗成功为核心的人生唯一目标,成为缓解成都新生代农民工工作压力的人文环境。

第三,不同年龄新生代农民工工作压力差异较为显著。

表 7-10　不同年龄新生代农民工工作压力比较分析

	15—20 岁	21—27 岁	28—33 岁	F 检验
劳动强度压力	3.40 ± 0.86	3.34 ± 0.78	3.35 ± 0.78	$F = 0.633$
职业发展压力	3.16 ± 0.93	3.13 ± 0.91	3.10 ± 0.88	$F = 0.383$
人际关系压力	2.47 ± 0.98	2.26 ± 0.90	2.20 ± 0.91	$F = 5.170$**
组织管理压力	2.99 ± 0.77	2.85 ± 0.82	2.80 ± 0.87	$F = 4.170$*
角色压力	2.76 ± 0.91	2.52 ± 0.91	2.49 ± 0.90	$F = 8.176$***
总体工作压力	2.94 ± 0.68	2.83 ± 0.68	2.82 ± 0.70	$F = 3.258$*

注:* $0.01 < \text{sig.} < 0.05$,　** $0.001 < \text{sig.} \leq 0.01$,　*** $\text{sig.} \leq 0.001$。

对不同年龄新生代农民工工作压力的比较分析发现(见表 7-10),新生代农民工工作压力的年龄差异较为显著。不同年龄新生代农民工在总体工作压力和角色压力、组织管理压力、人际关系压力三个侧面存在显著性差异,只是在劳动强度压力、职业发展压力方面不存在年龄差异。这说明不同年龄新生代农民工差异性是主要的,共同性是次要的。这种差异性主要体现在年龄越小,感受到的工作压力就越大。无论是在总体工作压力方面,还是在角色压力、组织管理压力和人际关系压力三个侧面,都是 15—20 岁的新生代农民工感受到的压力相对最大,21—27 岁的新生代农民工次之,而 28—33 岁的新生代农民工感受到的压力相对最小。这一方面可能在于 15—20 岁的新生代农民工刚刚走出校门,初次进城务工,生活阅历有限,社会经验不够丰富,维护自身合法权益的能力不足等,导致在同一单位甚至在同一工作岗位上,所承受的工作压力比年长的新生代农民工大。另一方面可能在于,不同年龄新生代农民工承受的工作压力的客观状况是一样的,但是低龄的新生代农民工自身抗压能力弱,甚至还有几分稚气或娇气,导致稍微有点工作压力就会引起较强的负向情绪,从而使其体验到的工作压力较大。

第四,不同文化程度新生代农民工工作压力差异较为显著。

表 7-11　不同文化程度新生代农民工工作压力比较分析

	小学及以下	初中	高中	大专	F 检验
劳动强度压力	3.61 ± 0.85	3.43 ± 0.85	3.29 ± 0.78	3.26 ± 0.66	$F = 3.397$**
职业发展压力	3.48 ± 1.11	3.17 ± 0.91	3.06 ± 0.90	3.14 ± 0.88	$F = 2.684$*
人际关系压力	3.00 ± 1.00	2.43 ± 0.95	2.19 ± 0.89	2.22 ± 0.86	$F = 11.755$***

(续表)

	小学及以下	初中	高中	大专	F 检验
组织管理压力	3.19 ± 0.95	2.91 ± 0.84	2.79 ± 0.81	2.83 ± 0.76	F = 3.144*
角色压力	3.13 ± 0.90	2.67 ± 0.96	2.44 ± 0.86	2.47 ± 0.85	F = 10.140***
总体工作压力	3.32 ± 0.79	2.93 ± 0.72	2.76 ± 0.67	2.78 ± 0.61	F = 9.638***

注:* $0.01 < \text{sig.} < 0.05$,** $0.001 < \text{sig.} \leq 0.01$,*** $\text{sig.} \leq 0.001$。

对不同文化程度新生代农民工工作压力的比较分析发现(见表7-11),新生代农民工工作压力的文化程度差异非常显著。在总体工作压力以及工作压力的六个侧面,不同文化程度新生代农民工都存在显著性差异。在总体工作压力、职业发展压力、人际关系压力、组织管理压力、角色压力方面,不同文化程度新生代农民工的差别,均表现为"小学及以下 > 初中 > 大专 > 高中";在劳动强度压力方面,"小学及以下 > 初中 > 高中 > 大专"。因此,我们可以得出结论,新生代农民工工作压力随着文化程度的提高呈"U"形变化趋势,即小学及以下文化程度的新生代农民工工作压力最大,初中文化程度的新生代农民工次之,而高中文化程度的新生代农民工工作压力最小,到大专文化程度的新生代农民工工作压力又有回升。

第五,不同类型单位新生代农民工工作压力差异较小。

表 7-12 不同类型单位新生代农民工工作压力比较分析

	事业单位	国有企业	集体企业	个体/私营企业	外资企业	合资企业	F 检验
劳动强度压力	3.27 ± 0.79	3.08 ± 0.85	3.35 ± 0.77	3.30 ± 0.81	3.60 ± 0.79	3.54 ± 0.89	F = 3.833*
职业发展压力	3.08 ± 0.85	3.11 ± 0.73	3.10 ± 0.97	3.11 ± 0.89	3.36 ± 1.06	2.95 ± 0.94	F = 1.604
人际关系压力	2.52 ± 0.93	2.71 ± 0.91	2.51 ± 0.99	2.26 ± 0.91	2.17 ± 0.75	2.14 ± 0.86	F = 4.595***
组织管理压力	2.92 ± 0.85	3.05 ± 0.83	2.80 ± 0.76	2.82 ± 0.82	3.07 ± 0.87	2.77 ± 0.69	F = 2.231*
角色压力	2.68 ± 0.90	2.69 ± 0.73	2.61 ± 0.85	2.52 ± 0.93	2.69 ± 0.76	2.47 ± 0.76	F = 1.326
总体工作压力	2.89 ± 0.69	2.93 ± 0.60	2.86 ± 0.73	2.81 ± 0.69	3.00 ± 0.64	2.78 ± 0.65	F = 1.536

注:* $0.01 < \text{sig.} < 0.05$,** $0.001 < \text{sig.} \leq 0.01$,*** $\text{sig.} \leq 0.001$。

对不同类型单位新生代农民工工作压力的比较分析发现(见表7-12),不同类型单位新生代农民工工作压力差异较小。在总体工作压力以及角色压力和职业发展压力两个侧面,不同类型单位新生代农民工不存在显著性差异。而在劳动强度压力、人际关系压力、组织管理压力三个侧面,不同类型单位新生代农民工的差别较大。具体而言,在劳动强度方面,不同类型单位新生代农民工的压力差别主要表现为"外资企业 > 合资企业 > 集体企业 > 个体/私营企业 > 事业单位 > 国有企业";在人际关系方面,不同类型单位新生代农民工的压力差别主要表现为"国有企业＞事业单位＞集体企业＞个体/私营企业＞外资企业＞合资企业";在组织管理方面,不同类型单位新生代农民工的压力差别主要表现为"外资企业＞国有企业＞事业单位＞个体/私营企业＞集体企业＞合资企业"。

第六,不同职业新生代农民工工作压力差异较为显著。

表 7-13 不同职业新生代农民工工作压力比较分析

	企业普通工人	企业技术工人	企业管理人员	商业服务业人员	机关工勤人员	其他	F 检验
劳动强度压力	3.44±0.80	3.32±0.74	3.19±0.78	3.17±0.82	3.16±0.53	3.38±0.84	$F=4.283$ *
职业发展压力	3.21±0.95	3.10±0.83	2.84±0.86	2.99±0.90	3.14±0.57	3.18±0.88	$F=4.398$ **
人际关系压力	2.38±0.92	2.31±0.89	2.17±0.88	2.00±0.87	2.35±0.56	2.41±0.98	$F=4.703$ ***
组织管理压力	2.92±0.83	2.91±0.78	2.65±0.78	2.67±0.81	2.53±0.65	2.95±0.87	$F=4.933$ ***
角色压力	2.64±0.89	2.52±0.87	2.35±0.90	2.26±0.86	2.63±0.73	2.72±0.98	$F=6.628$ ***
总体工作压力	2.92±0.69	2.84±0.61	2.64±0.67	2.61±0.66	2.69±0.41	2.93±0.74	$F=6.884$ ***

注:* $0.01<\text{sig.}<0.05$, ** $0.001<\text{sig.}\leq 0.01$, *** $\text{sig.}\leq 0.001$。

对不同职业新生代农民工工作压力的比较分析发现(见表 7-13),新生代农民工工作压力的职业差异非常显著。总体工作压力以及工作压力的六个侧面,不同职业新生代农民工都存在显著性差异。在劳动强度和职业发展方面,企业普通工人感受到的压力最大,而在人际关系、组织管理、角色压力以及总体工作压力方面,"其他"职业的新生代农民工感受的压力最大。

(4) 新生代农民工工作压力影响因素分析。

为了考察新生代农民工工作压力的影响因素,我们以工作压力各因子得分和工作压力综合得分为因变量,以本项研究拟考察的因素做自变量,建立多元线性回归模型,得到表 7-14 的结果。

表 7-14 新生代农民工工作压力影响因素的多元回归分析(Beta 值)

	劳动强度压力	职业发展压力	人际关系压力	组织管理压力	角色压力	总体工作压力
个体基本特征:						
性别(男=1)	0.065 *	-0.014	0.048	0.013	0.029	0.042
年龄	-0.062	-0.038	-0.030	-0.130 ***	-0.151 ***	-0.104 **
是否独生子女	-0.025	-0.047	0.026	-0.038	-0.032	-0.037
自评家庭经济条件	-0.086 *	-0.051	-0.042	-0.078 *	0.011	-0.063
收入	0.013	-0.044	0.018	-0.035	-0.028	-0.042
人力资本:						
参加技能培训	-0.037	-0.097 *	-0.069 *	-0.015	-0.082 *	-0.073 *
文化程度	-0.049	0.033	-0.079 *	0.015	-0.071 *	-0.034
外出打工年限	0.040	0.031	-0.002	0.065	0.059	0.048

（续表）

	劳动强度压力	职业发展压力	人际关系压力	组织管理压力	角色压力	总体工作压力
社会资本：						
是亲友介绍找工作	-0.108**	-0.071*	-0.074	-0.112*	-0.095*	-0.113**
参加组织个数	-0.046	-0.088*	-0.004	-0.049	-0.040	-0.058*
几个本地朋友	-0.019	-0.062*	-0.053	-0.082*	-0.059*	-0.077*
社会环境：						
是否外省	0.013	-0.042	-0.071	-0.028	-0.074	-0.041
上海1	0.130*	0.152*	0.217***	0.169***	0.158**	0.207***
义乌1	0.049	0.112*	0.250***	0.136**	0.183***	0.180***
企业制度：						
集体企业	-0.006	-0.014	-0.030	-0.044	-0.037	-0.024
私营企业	-0.026	0.039	-0.142***	-0.085	-0.043	-0.055
外资企业	0.059	-0.080**	-0.134***	0.031	0.036	0.022
合资企业	0.044	0.018	-0.088*	-0.011	-0.005	-0.011
企业普通工人	0.016	-0.019	0.041	-0.005	-0.040	0.005
企业技术工人	-0.032	0.005	0.002	0.012	-0.068	-0.014
企业管理人员	-0.068	-0.113*	-0.035	-0.032	-0.062	-0.064
商业服务业人员	-0.069*	-0.068*	-0.056	-0.064	-0.122**	-0.101**
企业规模	-0.020	-0.047	-0.033	-0.058	-0.078*	-0.062
拖欠工资	0.114**	0.119*	0.097*	0.194***	0.135***	0.174***
签订劳动合同	-0.007	-0.015	-0.079*	-0.108*	-0.056	-0.078*
R^2	0.120	0.121	0.133	0.168	0.156	0.199
F 值	4.284***	4.236***	4.850***	6.263***	5.769***	7.272***

注：* $0.01 < \text{sig.} < 0.05$，** $0.001 < \text{sig.} \leq 0.01$，*** $\text{sig.} \leq 0.001$。

从表7-14的结果可以看出：以本研究中涉及的影响因素做自变量来预测新生代农民工的劳动强度压力，可削减12.0%的误差；预测新生代农民工的职业发展压力，可削减12.0%的误差；预测新生代农民工人际关系压力，可削减13.3%的误差；预测新生代农民工的组织管理压力，可削减16.8%的误差；预测新生代农民工的角色压力，可削减15.6%的误差；预测新生代的农民工总体工作压力，可削减19.9%的误差。各个回归模型都通过了显著性检验，说明各回归模型有意义。各模型的预测能力比较低，这充分说明影响新生代农民工工作压力的因素是非常复杂的，还有一些影响因素在本项研究中没有考虑到，这也是以后应该深入研究的方向。但正如郭志刚（2003：66）所说："在社会科学研究中，多元回归确定系数值一般不是很高，故这一方法多用于进行分析，较少进行预测。"所以本模型的解释力相对较低并不影响对现有影响因素的分析。

首先,个体基本特征对新生代农民工工作压力的影响。男性的劳动强度压力大于女性,从标准回归系数 Beta 值中可以看到,男性新生代农民工工作压力比女性新生代农民工高出 0.065 个标准单位。年龄越小的新生代农民工,承受的组织管理压力、角色压力和总体工作压力就越大;从标准回归系数 Beta 值中可以看到,新生代农民工年龄每增加一个标准单位,新生代农民工所承受的组织管理压力、角色压力和总体工作压力分别降低 0.130、0.151 和 0.104 个标准单位。自评家庭经济条件越好的新生代农民工,感受到的劳动强度压力和组织管理压力就越小。新生代农民工自评家庭经济条件每增加一个标准单位,其感受到的劳动强度压力和组织管理压力就降低 0.086 和 0.078 个标准单位。

其次,人力资本因素对新生代农民工工作压力的影响。参加过技能培训的新生代农民工,感受到的职业发展压力、人际关系压力、角色压力和总体工作压力就相对较小;从标准回归系数 Beta 值中可以看到,参加过技能培训的新生代农民工,职业发展压力、人际关系压力、角色压力和总体工作压力比未参加过培训的新生代农民工低 0.097、0.069、0.082 和 0.073 个标准单位。文化程度越高的新生代农民工,感受到的人际关系压力和角色压力就越小。从标准回归系数 Beta 值中可以看到,新生代农民工文化程度每提高一个标准单位,其人际关系压力和角色压力就会降低 0.079 和 0.071 个标准单位。

然后,社会资本因素对新生代农民工工作压力的影响。通过亲友介绍找到工作的新生代农民工,感受到的劳动强度压力、职业发展压力、组织管理压力、角色压力和总体工作压力小;从标准回归系数 Beta 值中可以看到,通过亲友介绍工作的新生代农民工,感受到的劳动强度压力、职业发展压力、组织管理压力、角色压力和总体工作压力比通过市场渠道就业的新生代农民工低 0.108、0.071、0.112、0.095 和 0.113 个标准单位。参加社会组织越多的新生代农民工,感受到的职业发展压力和总体工作压力就越小;标准回归系数 Beta 值表明,新生代农民工参加社会组织个数每提高一个标准单位,其感受到的职业发展压力和总体工作压力就会降低 0.088 和 0.058 个标准单位。本地朋友越多的新生代农民工,感受到的职业发展压力、组织管理压力、角色压力和总体工作压力就越小;标准回归系数 Beta 值表明,新生代农民工本地朋友个数每增加一个标准单位,其感受到的职业发展压力、组织管理压力、角色压力和总体工作压力就会降低 0.062、0.082、0.059 和 0.077 个标准单位。

再次,社会环境因素对新生代农民工工作压力的影响。上海的新生代农民工,感受到的劳动强度压力、职业发展压力、人际关系压力、组织管理压力、角色压力和总体工作压力都高于成都;标准回归系数Beta值表明,在上海务工的新生代农民工,所感受到的劳动强度压力、职业发展压力、人际关系压力、组织管理压力、角色压力和总体工作压力,比在成都务工的新生代农民工分别高0.130、0.152、0.217、0.169、0.158和0.207个标准单位。义乌的新生代农民工,感受到的职业发展压力、人际关系压力、组织管理压力、角色压力和总体工作压力都高于成都;标准回归系数Beta值表明,在义乌务工的新生代农民工,感受到的职业发展压力、人际关系压力、组织管理压力、角色压力和总体工作压力,比在成都务工的新生代农民工高出0.112、0.250、0.136、0.183和0.180个标准单位。

最后,企业制度对新生代农民工工作压力的影响。从单位类型来看,私营企业务工的新生代农民工感受到的人际关系压力比国有企业新生代农民工小;外资企业务工的新生代农民工感受到的职业发展压力、人际关系压力比国有企业新生代农民工小;合资企业务工的新生代农民工感受到的人际关系压力比国有企业新生代农民工小。标准回归系数Beta值表明,私营企业务工的新生代农民工,感受到的人际关系压力比在国有企业务工的新生代农民工低0.142个标准单位;外资企业务工的新生代农民工感受到的职业发展压力、人际关系压力比在国有企业务工的新生代农民工低0.080和0.134个标准单位。在合资企业务工的新生代农民工感受到的人际关系压力比在国有企业务工的新生代农民工低0.088个标准单位。

从新生代农民工从事的职业来看,企业管理人员感受到的职业压力比"其他"职业的新生代农民工小;从事商业服务业的新生代农民工,感受到的劳动强度压力、职业发展压力、角色压力和总体工作压力比"其他"职业的新生代农民工小。标准回归系数Beta值表明,企业管理人员感受到的职业发展压力比"其他"职业的新生代农民工低0.113个标准单位;从事商业服务业的新生代农民工,感受到的劳动强度压力、职业发展压力、角色压力和总体工作压力比"其他"职业的新生代农民工低0.069、0.068、0.122和0.101个标准单位。

从企业规模来看,企业规模越大,新生代农民工感受到的角色压力就越小;标准回归系数Beta值表明,企业规模每增加一个标准单位,新生代农民工感受到的角色压力就降低 0.078 个标准单位。

从工资支付情况来看,工资拖欠增大新生代农民工劳动强度压力、职业发展压力、人际关系压力、组织管理压力、角色压力和总体工作压力。标准回归系数 Beta 值表明,工资被拖欠的新生代农民工,感受到的劳动强度压力、职业发展压力、人际关系压力、组织管理压力、角色压力和总体工作压力比工资没有被拖欠的新生代农民工高出 0.114、0.119、0.097、0.194、0.135 和 0.174 个标准单位。

从劳动合同签订情况来看,签订劳动合同可以降低新生代农民工的组织管理压力和总体工作压力。标准回归系数 Beta 值表明,签订了劳动合同的新生代农民工,感受到的组织管理压力和总体工作压力比没有签订劳动合同的新生代农民工低 0.079 和 0.108 个标准单位。

五、结论与启示

1. 结 论

本项研究通过对成都、上海、义乌三地 1318 名新生代农民工的抽样调查,分析探讨新生代农民工工作压力状况及影响因素。通过研究,可以得出以下几点结论:

(1) 新生代农民工工作压力的内部结构。

不同的职业工作压力源不同,不同的个体对压力的反应差别较大,因此,无论是西方还是国内学术界到目前为止,还没有开发出一种适合各类职业或工种的工作压力量表。或许也正是因为各类职业或工种的工作压力源差异较大,开发出一套统一的工作压力量表是根本不可能的。也许还可以这样认为,强行推行某种"权威"的、"普适性"的工作压力量表,来测量各类职业或工种的工作压力,反而会降低测量的信度与效度。因此,编制一套具有较高信度与效度、适合新生代农民工这一中国社会转型时期城市社会边缘群体的工作压力量表,是本项研究的前提和关键所在。本项研究在对国内外大量有关工作压力以及进城农民工的工作、生活状况的文献进行仔细研读的基础上,结合在正式调查前与近 20 位新生代农民工进行访谈获得的素材,形成了一个包含 17 项指标的工作压力量表。经因子分析之后,提炼出新生代农民工工作压力结构由五个因子构成,即人际关系压力因子、组织管理压力因子、职业发展压力因子、工作角色压力因子和工作强度压力因子,这五个因子一共解释了 68.373 的方差。这说明本项研究编制的工作压力量表具有较高的效度。经信度分析发现,这 17 个指标的 Cronbach's Alpha 系数为 0.914。从各维度的信度系数来看,除"工作强度压力"维度的信度系数接近 0.7 以外,其他维度的信度系数都在 0.7 以上,说明本项研究编制的新生代农民工工作压力量表具有较高的信度。

(2) 新生代农民工工作压力处于中等水平。

新生代农民工工作压力量表的总均值为 2.8 分,各个维度均值得分由大到小依次是劳动强度压力(3.35 分) > 职业发展压力(3.13 分) > 组织管理压力(2.86 分) > 角色压力(2.57 分) > 人际关系压力(2.31 分)。也就是说,劳动强度压力是新生代农民工感受到的最大方面的工作压力。从压力源来看,42.9% 的新生代农民反映自己的"工作量大",43.5% 的新生代农民反映自己的"工作单调重复机械化"。一周工作不超过 5 天的只占 24.8%,一周工作 6 天的占 47.7%,一周工作 7 天的占 27.6%。一天工作不超过 8 小时的占 55.9%。按照前人设计的分级评估原则,总体工作压力处于中等水平的占 52.3%,处于高压力水平的占 16.5%,低压力水平的占 31.2%。劳动强度压力和职业发展压力相对最大,这两方面处于高压力状态的分别达到了 39.0% 和 31.7%。人际关系压力和角色压力则相对较轻,这两方面处于低压力状态的分别占 62.1% 和 49.3%。

(3) 不同特征新生代农民工工作压力存在较大的差异。

通过差异比较,本项研究发现,新生代农民工工作压力的性别差异不大,只是在劳动强度方面,男性的压力略大于女性。新生代农民工工作压力的地区差异非常显著,上海新生代农民工工作压力最大,义乌其次,而成都新生代农民工工作压力最小。新生代农民工工作压力的年龄差异较为显著。主要体现为年龄越小,感受到的工作压力就越大。15—20 岁的新生代农民工感受到的压力相对最大,21—27 岁的新生代农民工次之,而 28—33 岁的新生代农民工感受到的压力相对最小。不同文化程度的新生代农民工工作压力差异较为显著。新生代农民工工作压力随着文化程度的提高呈"U"形变化趋势,即小学及以下文化程度的新生代农民工工作压力最大,初中文化程度的新生代农民工次之,而高中文化程度的新生代农民工工作压力最小,到大专文化程度的新生代农民工工作压力又有回升。不同类型单位新生代农民工工作压力差异主要体现在:在劳动强度方面,不同类型单位新生代农民工的压力差别主要表现为"外资企业 > 合资企业 > 集体企业 > 个体/私营企业 >

事业单位＞国有企业"；在人际关系方面,不同类型单位新生代农民工的压力差别主要表现为"国有企业＞事业单位＞集体企业＞个体/私营企业＞外资企业＞合资企业"；在组织管理方面,不同类型单位新生代农民工的压力差别主要表现为"外资企业＞国有企业＞事业单位＞个体/私营企业＞集体企业＞合资企业"。不同职业新生代农民工工作压力差异较为显著。总体工作压力以及工作压力的六个侧面,不同职业新生代农民工都存在显著性差异。在劳动强度和职业发展方面,企业普通工人感受到的压力最大,而在人际关系、组织管理、角色压力以及总体工作压力方面,"其他"职业的新生代农民工感受的压力最大。

（4）人力资本、社会资本、企业制度、社会环境都是影响新生代农民工工作压力的重要因素。

从人力资本因素来看,参加过技能培训的新生代农民工,感受到的职业发展压力、人际关系压力、角色压力和总体工作压力就相对较小；文化程度越高的新生代农民工,感受到的人际关系压力和角色压力就越小。从社会资本因素来看,通过亲友介绍找到工作的新生代农民工,感受到的劳动强度压力、职业发展压力、组织管理压力、角色压力和总体工作压力相对小些；参加社会组织越多的新生代农民工,感受到的职业发展压力和总体工作压力就越小；本地朋友越多的新生代农民工,感受到的职业发展压力、组织管理压力、角色压力和总体工作压力就越小。从社会环境因素来看,上海的新生代农民工,感受到的劳动强度压力、职业发展压力、人际关系压力、组织管理压力、角色压力和总体工作压力都高于成都；义乌的新生代农民工,感受到的职业发展压力、人际关系压力、组织管理压力、角色压力和总体工作压力都高于成都。从企业制度环境来看,企业规模越大,新生代农民工感受到的角色压力就越小；工资拖欠增大新生代农民工的劳动强度压力、职业发展压力、人际关系压力、组织管理压力、角色压力和总体工作压力；签订劳动合同可以降低新生代农民工的组织管理压力和总体工作压力。

2. 管理启示

"富士康 N 连跳事件"折射出的不仅仅是跳楼者个人、家庭的悲剧,同时也是企业甚至整个社会的悲剧。这种悲剧的根源在于社会对新生代农民工工作压力的熟视无睹,在于缓解新生代农民工工作压力有效措施的缺乏。如果这种状况得不到有效的改变,影响到的不仅仅是新生代农民工自身的身心健康、工作绩效,①还会影响到整个中国社会的工业化、城市化的进程,影响到社会主义和谐社会的建设,影响到全面小康社会的实现。因此,针对本项研究的结论,提出以下建议供相关部门决策时参考:

(1) 提高新生代农民工人力资本。

本项研究发现,新生代农民工自身的人力资本,如教育程度、培训经历都可在不同程度上缓解其工作压力。这启示我们,提升新生代农民工自身人力资本是缓解其工作压力的重要途径之一。与第一代农民工相比,新生代农民工具有文化程度相对较高的特点,如本次调查发现,具有高中、大专文化程度的新生代农民工接近60%。文化基础相对较好,为其接受继续教育、职业培训奠定了充实的基础。而且与第一代农民工打工挣钱、维持生存的进城目的不同,新生代农民工更多追求的是自我发展和自我价值的实现,因而对继续教育、职业培训有较大的需求。因此,无论是流出地政府部门还是流入地政府部门,抑或是用工单位,都要高度重视和大力支持新生代农民工群体的文化教育、职业培训,加大对新生代农民工文化教育和职业培训的政策支持和财政投入。充分利用现有的职业教育、远程教育和网络教育资源等,加强对新生代农民工的职业技术技能短期培训教育。多元化筹集新生代农民工继续教育、职业培训资金,切实减轻新生代农民工教育培训资金的负担。政府可以对中等职业学校、高职高专院校进行相应的财政补贴,用工单位也要合理分担新生代农民工的培训费用。

(2) 拓展新生代农民工社会资本。

本项研究发现,农民工的社会资本,如参加社会组织的个数,本地朋友的多少都能在一定程度上影响新生代农民工的工作压力。这启示我们拓展新生代农民工的社会资本是缓解其工作压力的又一重要途径。就组织参与而言,本次调查发现,新生代农民工组织参与程度并不高,如参加了单位中的党组织的占3.9%,参加了工会的占19.4%,参加了妇女组织的占2.4%,参加了共青团组织的占14.1%,参加了同乡会的占6.1%,参加了互助会的占4.3%。为了提高农民工的组织参与率,首先必须加强企业组织建设,尤其是要加强相关立法,促使企业建设和完善基层党组织、工会组织、共青团等正式组织,以维护农民工的

---

① 有关工作压力的后果变量,如工作压力对新生代农民工身心健康、城市融入、职业稳定的影响,由于篇幅所限,在本项研究中没有涉及。将在后继研究中,逐渐呈现。

权益。其次，基层党组织、工会、共青团等正式组织应该加强对农民工的技能培训、职业介绍、权益维护等方面的服务工作，以便使新生代农民工从组织中得到更多的"实惠"，从而提高其组织参与的主动性、积极性。再次，基层党组织、工会、共青团等正式组织应针对农民工职业不稳定、流动性强的特点，主动深入农民工工作、生活中，积极发展组织成员，创造性地做好农民工组织转接工作。

新生代农民工进城之后，原有乡土社会资本会因空间的阻隔出现一定程度的疏远甚至断裂，因此，在流入地拓展城市新生社会资本就显得尤为重要。但是新生代农民工城市新生社会资本的拓展还不够理想，如本次调查发现，新生代农民工平均只有4.28个城市本地朋友，其中一个城市本地朋友都没有的新生代农民工占43.1%，拥有1个城市本地朋友的占15.5%，拥有2个城市本地朋友的占14.3%，拥有3个城市本地朋友的占7.2%，拥有4个及以上城市本地朋友的仅占20%。基于此，无论是流入地政府，还是用工单位，都要积极地创造条件，为外来新生代农民工与城市本地居民的沟通、交流创造机会，搭建平台，促使其相互了解、相互沟通、相互认同，增进其和谐相处，逐步帮助新生代农民工拓展城市新生社会资本。

（3）规范企事业单位用工制度。

按照本项研究的结果，进入不同类型的单位，或从事不同工种是影响新生代农民工工作压力的重要因素。这就意味着，长期以来的制度约束、身份歧视仍然存在。许多用工单位通过制度门槛，身份限制，将农民工排斥在外。与城市人的"同工同权""同工同酬""同工同时"还没有完全实现。如本次调查发现，"与城市人同工不同酬"非常符合自己实际情况的占10.0%，比较符合的占16.7%，一般的占35.1%，不太符合的占26.7%，很不符合的仅占11.4%。因此，政府应该采取强有力的措施，打破机关、企事业单位"正式职工""铁饭碗"的传统人事劳动制度，切实维护新生代农民工的合法权益。

本项研究还揭示了，工资拖欠、不签订劳动合同将增强新生代农民工的工作压力。这启示我们，杜绝拖欠工资，全员签订劳动合同，是缓解新生代农民工工作压力的重要途径。但是本次调查也同时发现，2011年以来，在目前工作的单位有过工资被拖欠经历的新生代农民工占14.4%，明确表示与目前工作单位签订了书面劳动合同的占72.6%，没有签订书面劳动合同的占25.9%，还有2.5%的新生代农民工"不清楚"与用工单位是否签订了书面劳动合同。《劳动法》第十六条规定:"劳动合同是劳动者与用人单位确立劳动关系、明确双方权利和义务的协议。建立劳动关系应当订立劳动合同。"第五十条规定:"工资应当以货币形式按月支付给劳动者本人。不得克扣或者无故拖欠劳动者的工资。"用工单位应该自觉遵守《劳动法》,相关执法部门应加强监督检查。

参考文献:

1. R. D. Caplan, S. Cobb, J. R. P. French, R. Van Harrison, S. R. Pinneau, *Job Demands and Worker Health*: *Main Effects and Occupational Differences*, Washington, D. C. : U. S. Government Printing Office,1975.
2. T. A. Beehr, J. E. Newman, "Job Stress, Employee Health, and Organizational Effectiveness: A facet Analysis, Model, and Literature Review," *Personnel Psychology*, 1978, No. 31, pp. 665—669.
3. C. D. Spielberger, E. C. Reheiser, "Measuring Occupational Stress: The Job Stress Survey,"in Rick Crandal and Pamela L. Perrewe, eds. , *Occupational Stress*: *A Handbook*, 1995.
4. 石林:《工作压力的研究现状与方向》,《心理科学》2003 年第 3 期,第 496 页。
5. 孟晓斌、许小东、谢小云:《企业管理者工作压力源的结构与属性——以浙江省企业为实证》,《经济管理》2007 年第 15 期,第 38—41 页。
6. 陈录生、刘新学:《企业员工工作压力与应付方式的研究》,《心理科学》2007 年第 4 期,第 974—976 页。
7. 汤超颖、辛蕾:《IT 企业员工工作压力与离职意向关系的实证研究》,《管理评论》2009 年第 7 期,第 30—36 页。
8. 史宇、林琳、王詠:《北京房地产开发企业员工工作压力源与压力反应状况的实证研究》,《人类工效学》2009 年第 3 期,第 42—45 页。
9. 方翰青、谭明:《长三角地区农民工工作压力与心理健康的调查分析——基于远程教育的视角》,《中国成人教育》2012 年第 11 期,第 156—160 页。
10. 彭率军:《深圳市企业农民工工作压力研究》,华中农业大学硕士学位论文,2008 年。
11. 李伟、田建安:《新生代农民工生活与工作状况探析——基于山西省 6 座城市的调查》,《中国青年研究》2011 年第 7 期,第 57 页。
12. 白玉苓:《工作压力与工作倦怠关系研究——以服装产业知识型员工为例》,首都经济贸易大学博士学位论文,2010 年。
13. 林文询:《成都人》,四川文艺出版社 2006 年版,第 14 页。
14. 郭志刚:《社会统计分析方法——SPSS 软件应用》,中国人民大学出版社 2003 年版。

中编　青年婚姻与家庭

第八章 城市青年的择偶方式

一、问题与背景

择偶是人们进入婚姻、建立家庭的起点。有学者指出,择偶"不仅是婚姻缔结、家庭建立的前提,而且直接影响婚姻的质量和家庭的幸福"(林胜,2002)。因此,不同历史时期、不同社会中的青年择偶问题,一直是家庭社会学关注和研究的重要领域之一。改革开放以来,虽然国内学术界对青年的择偶问题进行了较多的研究,但从总体上看,这方面的研究主要集中在青年的择偶标准及其变迁等问题上(徐安琪,2000),有关青年择偶过程中的结识方式问题,则相对较少地受到研究者的关注。

进入 21 世纪以来,我国改革开放后出生的新一代青年已陆续开始进入到人生的成家立业阶段。择偶、结婚、建立自己的家庭,已成为他们目前最重要的任务之一。他们的婚姻及其与婚姻相关的择偶问题也开始引起社会的普遍关注。特别是由于城市社会中一部分大龄女青年在择偶上出现困难,造成了所谓的"剩女"现象,更加剧了社会对这一代青年择偶问题的关注程度(风笑天等,2011;王小璐,2010;沈晖,2010;唐利平,2010)。与此同时,随着我国的改革开放和向现代化方向的快速发展,这一代青年的择偶过程、择偶模式及其相关文化也发生了改变。无论是青年的择偶标准,还是他们的择偶方式和择偶行为,都在不同的程度上形成了这一代青年所独有的特征。

在择偶方式上,以"80后"为代表的这一代青年显然早已脱离了"父母之命,媒妁之言"的传统模式。但在现实社会生活中,他们在择偶方式上究竟表现出什么样的特点?是以自己在生活中结识对象为主,还是以他人介绍结识对象为主?青年在未婚时的择偶方式与最终走进婚姻的青年实际结识方式之间有没有什么不同?具有不同社会背景的青年在择偶方式上是否具有不同的特点?这些不同特点揭示出什么样的内涵?这些就是本研究所关注的主要问题。此外,尽管从人口学角度看,目前社会舆论和媒介普遍关注的"剩女"问题或许主要涉及不同性别的青年人口的总体比例和分布状况,但在一定程度上也可能与青年的择偶方式和结识途径有关。因此,那些年龄相对大的已婚女性主要是通过什么途径认识和找到婚姻对象的?她们与年龄相对较小的已婚女性在择偶方式上有没有明显区别?这也是目前并不十分清楚的问题。而弄清楚这些问题,不仅可以进一步增强人们对青年择偶方式和途径的认识,同时也可以为更好地引导和解决城市大龄青年择偶难问题提供一定的参考依据。

二、文献回顾

近三十年来,国内学术界开展过几项较大规模的家庭调查研究,比如20世纪80年代初(1983年)进行的"全国五城市家庭调查",90年代初(1993年)进行的"全国七城市家庭调查",90年代末(1998年)进行的上海、成都两地城乡家庭调查,以及2008年进行的新的五城市家庭调查等,都涉及择偶途径或结识方式的内容。但这些研究都有一个共同的特点,就是它们的调查样本都是由各个年龄段的对象所组成,而不是仅仅集中于青年对象(刘英等,1987;沈崇麟,1995;沈崇麟,1999;马春华,2011)。因此,这些研究的结果对于理解和回答本研究所关心的问题来说,存在明显不足。

笔者通过CNKI的文献检索[①],发现国内目前以青年为对象探讨择偶方式或结识途径的经验研究相当少,检索到的只有下列几项:

1986年团中央与中国消协组织的对全国18个城市1470名青年(未婚和已婚的基本各半)结婚观念与结婚消费的大规模调查。研究的结果表明,"就结合途径而言,一个较大的变化是自己认识、自由恋爱而缔结婚姻所占比例的增加",已婚青年中,"自由恋爱的比例为48.2%,经人介绍的比例为50.8%"。"相关分析表明,已婚青年的结合途径与他们的年龄无关,受本人文化程度、父母文化程度、性别,及青年对婚姻重要性的评价影响较小,而不同职业的青年其结合途径略有差异,不同城市的青年结合途径差异较为明显。可见,青年个人背景对结合途径的影响不大"(杨善华,1988)。该项研究的不足是仅将青年择偶的结识方式区分为"自己认识"和"经人介绍"两大类,所关注的也只是"自己认识"与"介绍认识"这种粗略的划分的比例和趋势,没有进一步区分和

[①] 检索时间:2011年7月。

探讨各种具体的、互不相同的结识方式在青年择偶过程中所扮演的角色。换句话说,这一研究没有回答"青年是如何自己认识的"或者"青年是通过谁介绍认识的"问题。同时,研究者也没有对未婚青年的择偶方式与已婚青年的择偶方式进行对比,因而无法了解青年的择偶方式从未婚到已婚所发生的变化。

1995 年北京市青少年研究所对北京十个单位 417 名青年进行的调查。调查对象中,未婚青年 245 名,占 59.9%;已婚青年 148 名,占 35.7%;离婚青年 4 名,占 1.0%;分居青年 16 名,占 3.9%。由于该研究主要关注的是青年的择偶观念,因而只用了很少篇幅描述青年的择偶途径。其研究结果虽然表明,在有过恋爱经历的青年中,41.5% 的人是自己在日常交往过程中结识恋人的;通过父母认识对象的比例占 30.5%(纪秋发,1995)。但该研究同样没有说明青年是通过何种具体途径,或者是在和哪些人的日常交往中结识恋人的。

1996 年徐安琪对上海 911 对夫妻婚前状况的调查。结果表明,"上海自 20 世纪 80 年代后期以来,男女双方自己结识的比例也超过了 50%,30 岁以下青年女性自识的比例已达 59.7%。"同时,"文化程度较高的女性,其自识比例也相对较高""同事、朋友是介绍婚姻的主要媒体""亲缘和地缘关系在婚姻媒介中的作用减少(从 1966 年前的 57.7% 下降为 1987 年后的 41.0%),而同学、同事、朋友当红娘的则递增,其中同学从 5.0% 上升到 14.8%,同事、朋友更是从 28.3% 增加到 44.3%,成为月下老人的主体(1966 年前父母及其长辈做中间人所占的比例最高)"(徐安琪,1997)。由于该调查关注的主要不是已婚青年,而是普通城市夫妻,样本中青年比例很小(30 岁以下者只有 71 人,仅占样本的 7.8%)。因此,该项研究的上述结论所反映的主要是包含各个年龄段夫妻在内的普通城市居民的结果,而不是青年夫妻的结果。换句话说,上述各方面的结论,更多地反映的是不同年代结婚的对象的不同情况。

2003 年徐安琪等对上海和成都 800 位 20—30 岁未婚青年择偶过程的调查。这是与本研究最为相关的研究。该研究对样本中有恋爱对象的 427 人的结识途径进行了专门探讨,结果表明,"82% 的情侣是自己认识的,其中年龄较小、教育程度较高者自己结识的更多些"。在自己认识的被访者中,"双方是同事/同行或者同学的为最多,分别为 31% 和 30%,双方是邻居的仅占 1%,而在亲朋好友的聚会、派对或婚礼等场合认识的占到 20%,在公共场所邂逅相遇的也有 18%"。研究者还指出,"年龄、地区差异和教育程度对结识途径偏好的影响无统计显著性"(徐安琪等,2004)。该项研究的主要不足是仅有对未婚青年的调查结果,即只有关于城市青年择偶方式"正在进行时"的描述和分析,而缺乏城市青年择偶方式"现在完成时"的状况及其比较。

文献回顾表明,几项样本规模较大的经验研究,其研究对象往往是包括各个年龄段人口的普通居民,青年只是其中很小的一部分;专门针对青年的经验研究一方面样本规模往往较小,另一方面很少对未婚青年与已婚青年同时进行研究和比较。因此,笔者希望利用 2004 年、2007 年以及 2008 年所开展的三项针对城市青年的大规模抽样调查的结果,来集中描述和比较当代城市青年的择偶方式从未婚到已婚的差别和变化,并对若干相关因素进行分析讨论,以弥补这一领域的研究在这些方面的不足。

三、样本与数据

笔者 2004 年和 2007 年的两次调查都是在全国 12 个城市(北京、上海、重庆、长春、南京、兰州、新乡、厦门、桂林、鄂州、金华、安顺)进行的,两次调查的城市完全相同。城市样本的设计既考虑到地理区域的因素,也考虑到城市规模、城市类型的因素。调查对象都是年龄在 18—31 岁之间的城市在职青年。调查对象的抽取主要考虑到青年职业的因素。两次调查的样本规模分别为 1253 人与 2357 人。2008 年的调查则是在京、沪、宁、汉、蓉五大城市对 1216 位已婚青年进行的。这次调查是考虑到前面两次调查中已婚青年的数量相对较少的状况,完全针对城市已婚青年进行的(当时主要选取中心大城市的原因,是希望保证样本中有足够的独生子女)。有关三次调查的具体抽样方法、抽样程序、资料收集方法以及样本基本情况,可参见笔者相关论文中的详细介绍(风笑天,2006;2009a;2009b)。

本研究的主要研究变量是青年的择偶方式,也称做青年择偶结识方式。它指的是青年在择偶过程中,最初认识恋爱对象(对未婚者来说)或配偶(对已婚者来说)的方式或途径。以往研究中关于青年择偶结识方式的划分主要有分为"自己认识""介绍认识"和"父母包办"三类的(徐安琪,1997),也有仅划分为"自己认识"和"他人介绍认识"两类的(杨善华,1988;马春华等,2011)。本研究中则结合当前我国社会的现实情况以及城市在职青年的生活实际,同时考虑到青年社会交往中的血缘关系、地缘关系、业缘关系以及趣缘关系等多个方面,将其具体操作化为九种不同情况:同一个单位工作、工作关系结识、原来的同学、住在一起的邻居、从小就认识、父母及家人介绍认识、同事或朋友介绍认识、偶然机会相识以及其他方式相识。调查资料汇总后发现"住在一起的邻居""从小就认识"两类情况非常少,因此将他们并入"其他方式相识"一类中。所以,最终统计时的分类主要为工作单位结识、工作关系结识、原来的同学、父母及家人介绍认识、同事朋友介绍认识、偶然机会相识以及其他方式相识七类。

四、结果与分析

1. 未婚青年与已婚青年择偶结识方式的比较

为了更好地比较和分析未婚青年与已婚青年在择偶结识方式上的差异,笔者在三项调查的问卷中均列出了完全相同的调查问题及其答案。表8-1就是三次不同的调查中,未婚青年择偶结识方式与已婚青年择偶结识方式的分布状况统计:

表8-1 未婚青年与已婚青年择偶结识方式分布状况的统计　　　%

结识方式	2004年12城市在职青年调查		2007年12城市在职青年调查		2008年五城市已婚青年调查
	未婚青年	已婚青年	未婚青年	已婚青年	已婚青年
原来的同学	47.6	22.4	47.8	17.6	17.2
在一个单位工作	10.1	11.0	9.3	18.1	13.1
工作关系认识	6.0	5.8	3.2	3.6	6.6
同事或朋友介绍	11.7	26.7	9.2	24.4	28.0
父母和家人介绍	2.7	14.4	2.6	12.7	12.3
偶然机会认识	18.7	15.9	19.9	16.5	15.0
其他方式认识	3.1	3.8	8.8	7.1	7.7
样本规模(n)	(929)	(465)	(1205)	(722)	(1207)

从表8-1的结果中,我们可以看出这样几个特点:首先,2004年与2007年的调查结果在各种具体结识方式上的分布状况基本相同。无论是未婚青年的结识方式,还是已婚青年的结识方式,两次调查的各项百分比分布都十分一致。对于这一结果的形成,笔者分析有两个主要的原因。一方面可能是由于两次调查的城市相同,调查的对象属性也相

同,相隔的时间仅有三年,所以调查所得到的结果基本相同。但另一方面,两次调查结果基本一致也可能反映出在当前社会整体背景,特别是在当前社会文化观念的影响下,当代城市青年在择偶过程中,与恋人、爱人的结识途径本身具有相对稳定的特点和规律。

其次,仔细分析这种总体上相对稳定的结识途径的分布特点,我们发现,未婚青年择偶的结识方式与已婚青年的结识方式之间有着明显的不同,反映出当青年从未婚走到已婚时,择偶的具体方式发生了一定的变化。这种变化的特征是:在未婚青年中,恋爱对象是"原来的同学"的比例最多,接近总数的一半,成为其最主要的结识方式;而恋爱对象是通过他人介绍结识的比例最少,大约只在10%—15%之间,特别是通过"父母或家人介绍"结识的比例更是少到几乎可以忽略不计的地步(不到3%)。但是,与这种分布相反,在已婚青年中,由他人介绍结识的方式却成为男女青年走到最终结合的主要途径,其比例达到40%左右。其中通过"同事或朋友介绍"结识的比例超过25%,成为已婚青年结合过程中最主要的结识方式。相比之下,在未婚青年结识方式中占主导地位的"原来的同学"的比例则下降到20%左右。未婚青年与已婚青年的两种不同结果启示我们:虽然原有的同学关系是未婚青年择偶结识方式的最主要来源,但真正能走到结婚成家的,只是其中的一小部分,其比例往往只占这类青年总体的三分之一至二分之一。这揭示出,未婚青年择偶方式中最重要的"同桌的你",在他们进入社会、参加工作后所面临的各种现实面前,往往会大打折扣,只有不到一半的人能最终走进结婚殿堂,成为夫妻。

再次,三次不同调查中,已婚青年择偶方式的结果都非常接近,表现出一种十分稳定的分布和趋势。这就是:60%的已婚青年是自己结识,40%是通过介绍结识。已婚青年的这种比例与2004年、2007年两次调查中未婚青年的这两类比例反差强烈。在未婚青年中,自己结识的比例高达88.2%和85.6%,而通过介绍结识的比例则仅为11.8%和14.4%。这种明显差别启示我们:尽管目前社会的文化规范为广大城市青年提供了自由择偶、自己结识恋爱对象的精神环境,但由于体现在青年个体身上的各种客观社会条件的限制,使得这种自由和自主存在相当大的局限。正是对这种限制和局限的了解,为本章下面逐一分析已婚青年的年龄、文化程度、职业、城乡背景等因素与择偶方式的关系提出了要求。

最后,总体上看,未婚青年通过工作关系结识的不到15%,通过父母家人和同事朋友介绍的也不到15%,而偶然机会相识和其他方式相识的比例则超过了20%。这可以说是未婚青年择偶的又一个特点。其原因或许是由于未婚青年参加工作的时间相对较短,因而从工作中结识对象的比例不大。但如果把问卷中"偶然机会相识"和"其他方式相识"的回答中的相当部分理解成目前兴起的网络交友、媒介交友等新的结识方式的话,那么可以看出这些新的结识方式在现代城市青年择偶的结识方式中无疑同样占据了一定的地位,值得引起重视。实际上,本研究中未将这些新的结识方式单独在调查问卷中列出,或许也是本研究存在的主要不足之一。

2. 与已婚青年择偶方式相关的因素探讨

如果说未婚青年择偶方式更多地反映了青年所具有的主观意愿和自发倾向的话,那么已婚青年实际的结识方式则更多的是社会的各种客观条件的限制及其这种限制与青年主观意愿结合的结果。因此,对已婚青年择偶方式相关因素的分析显得十分重要。在本研究中,笔者主要利用2008年全国五大城市已婚青年调查的资料,选取了青年的结婚年龄、职业、文化程度,以及城乡背景等几个因素来进行分析。

首先,女青年的结婚年龄与她们择偶方式之间的关系。针对目前社会舆论关注的"剩女"问题,我们首先来分析已婚女青年的结婚年龄与她们择偶方式之间的关系。尽管调查样本中的青年大体上属于同一个年龄群体,但不可否认的是,对于择偶和结婚来说,青年的年龄显然是一个十分敏感的变量。对于女青年尤其如此。事实上,处于不同年龄段的女青年所面临的择偶环境、择偶条件、择偶压力和择偶心态都是不一样的。这种不同的择偶压力和择偶心态是否会导致她们在择偶方式上有所不同?以及有什么样的不同?为弄清楚这一点,笔者将样本中的女青年以及男青年的妻子按结婚年龄划分为"26岁及以下"和"27岁及以上"两个群体,分别代表相对低年龄的对象和相对高年龄的对象。下面表8-2就是女青年以及男青年的妻子结婚时的年龄段与择偶方式的交互统计:

表8-2 已婚女青年的结婚年龄与他们择偶方式的交互统计　　　　　%

结识方式	结婚年龄		合计
	26岁及以下	27岁及以上	
在一个单位工作	13.9	10.1	13.1
偶然机会认识	15.6	13.3	15.1
原来的同学	16.2	21.4	17.3
同事或朋友介绍	25.8	37.1	28.1
父母或家人介绍	13.6	7.3	12.3
工作关系认识	7.0	5.2	6.6
其他方式认识	8.0	5.6	7.6
(n)	(943)	(248)	(1191)

Pearson Chi-Square = 23.522　　df = 6　　Sig. = 0.001

0 cells (0.0%) have expected count less than 5. The minimum expected count is 16.45.

表8-2的结果表明,两类不同年龄的女青年的结识方式有明显差别。仔细比较发现,二者在自己结识的各种具体方式上的差别都不大,而主要的差别则是出现在通过他人介绍的两类方式上:在高年龄对象中,通过"同事或朋友介绍"的比例显著高于低年龄对象的比例,而通过"父母或家人介绍"的比例却不但明显低于低年龄对象,且显著低于"同事或朋友介绍"的比例。这一结果似乎与人们通常的理解有所不同。一般认为,子女(特别是女儿)年龄越大,父母会越着急,因而会更积极主动地为子女找对象,因此,高年龄子女中通过父母或家人介绍结识的比例应该更高。可结果为什么恰恰相反呢?笔者分析,造成这一结果的原因可能是,现在的父母大部分只有一两个孩子,子女(特别是女儿)的婚姻问题往往很早就已进入他们关注的范围。所以,在子女还相对年轻时,他们就会主动地考虑和张罗给子女,特别是给女儿找合适的对象,因而造成低年龄组中父母及家人介绍结识的比例相对较高的结果。至于高年龄女青年中父母及家人介绍的比例相对降低,而由同事或朋友介绍相识的比例提高,则可能是由于父母及家人所具有的人际关系网络资源是十分有限的,在这种网络资源已经用完时,就不得不更多地依赖于其他方式,特别是通过同事或朋友介绍的方式来结识。这一结果也启示我们,对于目前城市中的"剩女"(以及"剩男")们来说,除了更积极主动地通过自己结识恋爱对象外,或许还应该注意,不能将结识择偶对象的途径和方式过多地放在父母及家人身上,而应该更多地通过同事和朋友来扩大交友和结识对象的范围。

其次，青年的职业与他们的择偶方式之间的关系。对于城市在职青年来说，工作是他们主要的社会生活内容，而不同职业的工作既意味着不同的社会经济地位，同时也意味着不同的社会交往方式和交往范围。那么，具有不同职业的已婚青年在择偶方式上有没有差别呢？表8-3是交互统计的结果：

表8-3 青年的职业与他们的择偶方式的交互统计   %

结识方式	职业								合计
	企业工人	行政干部	服务业人员	商业人员	文教科卫	金融通讯业	个体经营	其他职业	
同一单位工作	16.5	6.2	13.5	14.8	10.4	16.2	10.4	13.6	13.2
偶然机会结识	11.6	9.3	17.8	16.7	13.6	15.2	22.4	15.4	15.0
原来的同学	13.9	30.9	14.7	19.4	25.3	21.0	9.7	11.2	17.1
同事朋友介绍	33.0	32.0	24.5	25.0	27.9	22.9	21.6	32.0	28.1
父母亲戚介绍	14.2	8.2	18.4	9.3	8.4	8.6	15.7	11.8	12.4
工作关系认识	5.6	5.2	4.9	8.3	7.1	7.6	9.7	5.3	6.5
其他方式结识	5.2	8.2	6.1	6.5	7.1	8.6	10.4	10.7	7.6
(N)	(267)	(97)	(163)	(108)	(154)	(105)	(134)	(169)	(1197)

Pearson Chi-Square = 77.368   df = 42   Sig. = 0.001

0 cells (0.0%) have expected count less than 5. The minimum expected count is 6.32.

表8-3的结果表明，不同职业青年的结识方式之间的确存在明显差别。其中最突出的差别是：行政干部中，"同一单位工作"相识的比例最低，"偶然机会结识"的比例也最低，而"原来是同学"的比例则显著地高于其他职业者。与此同时，文教科卫职业的对象中，"原来是同学"的比例也很高。这种情况提示我们，行政人员与文教科卫人员可能由于他们的教育程度普遍高于其他职业对象，因而在学校的时间更长，由同学相识到结婚的比重也相应最大。

另一个有显著差别的职业是个体经营者，他们的情况与行政干部及文教科卫人员的情况正好相反，他们的结识方式中，"偶然机会相识"的比例最大，且是他们择偶过程中最主要的结识方式，而同学关系结识的比例最小；此外，服务业人员、个体经营者以及企业工人中，"父母及家人介绍"相识的比例相对较高。而行政干部、文教科卫人员以及金融通讯业人员中，"父母及家人介绍"相识的比例相对较低。考虑到前一类职业的青年中，文化程度相对较低，而后一类职业的青年中，文化程度相对较高的现实，这两种情况似乎都在暗示一个共同的原因：青年的文化程度不同,他们择偶的方式也不同。

再次,青年的文化程度与他们的择偶方式之间的关系。根据上述职业与择偶方式的交互分析结果,青年的文化程度似乎是更为关键的变量。实际情况如何呢?表8-4是交互统计的结果:

表8-4 青年的文化程度与他们的择偶方式的交互统计　　　　　　　%

结识方式	文化程度					合计
	初中及以下	高中或中专	大专	本科	研究生以上	
在一个单位工作	9.2	16.3	14.1	11.6	6.0	13.1
偶然机会认识	16.3	14.4	16.3	13.6	13.3	14.9
原来的同学	4.1	8.2	15.8	26.2	41.0	17.2
同事朋友介绍	28.6	29.5	28.6	27.6	22.9	28.2
父母或家人介绍	21.4	18.5	12.1	5.6	4.8	12.4
工作关系认识	10.2	6.3	5.3	8.3	3.6	6.6
其他方式认识的	10.2	6.9	7.8	7.0	8.4	7.6
(n)	(98)	(319)	(398)	(301)	(83)	(1199)
Pearson Chi-Square = 114.680　　df = 24　　Sig. = 0.000						

0 cells (0.0%) have expected count less than 5. The minimum expected count is 5.47.

表8-4的结果证实了上述职业交互分析中的猜测,交互统计及卡方检验的结果表明,不同文化程度青年的择偶方式有着十分明显的差别。这种差别主要体现在两方面:一是随着被调查者文化程度的提高,配偶为"原来的同学"的比例也越来越高,从初中文化程度的4.1%直到研究生文化程度的41%,后者的比例整整是前者的十倍;二是随着文化程度的提高,由"父母和家人介绍"相识的比例越来越下降,从初中文化者的21%左右,到研究生文化程度者的4.8%。应该说,这是本研究中一个值得注意的研究发现。如果说,随着文化程度上升,同学关系结识比例的增加在一定程度上可能与青年的年龄有关的话(高中生的年龄一般在15—18岁,大学本科生的年龄一般在19—22岁,应届硕士研究生的年龄一般在23—25岁),那么,由"父母和家人介绍"结识的比例减少则显然无法用年龄因素来解释。这一结果一方面提示我们,中学阶段的同学关系远不像大学阶段那样容易成为今后的结婚对象。同时也提示我们,当子女具有较高文化程度时,父母和家人的介绍的方式或许会变得不受子女的欢迎。

最后,青年的城乡背景与他们择偶方式之间的关系。一个人从小的社区生活背景往往会在很多方面给人留下痕迹。虽然本研究所涉及的三次调查的对象都是城市青年,但不可忽视的是,其中有相当一部分人是从小生长在乡镇,直到大学毕业参加工作后才留在城市的。这种有着电视剧《新结婚时代》中"何建国"身影的青年与那些从小生长在城市、有着"顾小希、顾小桐"身影的青年不仅会在择偶观念、行为方式等方面具有差别,他们在择偶过程中所具有的社会关系网络也有着较大的差别。那么,他们在择偶方式上是否会有明显的不同呢?下面的表 8-5 就是调查统计的结果:

表 8-5　青年的城乡背景与他们择偶方式的交互统计　　　　%

结识方式	18 岁以前生活背景		合计
	城市背景	农村背景	
在一个单位工作	12.7	14.3	13.1
偶然机会认识	15.6	13.1	14.9
原来的同学	17.7	15.6	17.1
同事朋友介绍	30.0	24.2	28.4
父母或家人介绍	11.4	15.0	12.3
工作关系认识	6.5	7.3	6.7
其他方式认识的	6.3	10.5	7.4
(n)	(861)	(314)	(1175)
Pearson Chi-Square = 12.921	df = 6	Sig. = 0.044	

0 cells (0.0%) have expected count less than 5. The minimum expected count is 21.11.

表 8-5 的结果表明,一方面,目前城市已婚青年中,来源于城乡不同生活背景的人,在择偶方式上的确存在一定差别。这种差别主要体现在城市背景的青年中,通过"同事或朋友介绍"结识的比例略高于农村背景的青年。而后者通过"父母或家人介绍"结识以及通过"其他方式结识"的比例则略高于前者。但另一方面,两类青年在择偶结识方式上的差别并没有想象的那么大。笔者分析,这或许在一定程度上是由于在择偶交友的主要年龄段中,两类青年都经历着相似的上大学、毕业工作等生活事件和生活环境的缘故。

五、小结与讨论

研究运用三项大规模抽样调查所得的资料,对目前城市青年择偶过程中的结识方式进行了定量的统计和描述,并对未婚青年择偶结识方式与已婚青年夫妻实际的结识方式进行了比较分析。研究结果表明,未婚青年择偶方式与已婚青年择偶方式之间存在着明显差别。这种差别的主要特征是:"原来的同学"是未婚青年择偶中最主要的结识方式,但依靠这种方式结识的对象最终能走进婚姻的却不到其比例的一半。同时,尽管从总体上看,自己结识显然是青年择偶方式的主流,但由他人介绍结识的方式在已婚青年择偶中已占到40%,同样具有十分重要的地位。

对已婚青年调查结果的分析还表明,青年的结婚年龄、文化程度、职业以及城乡背景等因素,都与青年择偶方式有一定关系。首先,两类不同年龄段的已婚女青年在自己结识的各种具体方式上的差别都不大,而在通过他人介绍的两种方式上差别明显:高年龄者通过"同事或朋友介绍"的比例显著高于低年龄者,通过"父母或家人介绍"的比例却明显低于低年龄者。其次,不同职业青年的结识方式之间也存在明显差别。其中最突出的是:行政干部中,"同一单位工作""偶然机会结识"的比例最低,"原来的同学"的比例则显著地高于其他职业者。而个体经营者的情况则正好与此相反。再次,不同文化程度青年的结识方式差别明显。其特征是:随着被调查者文化程度的提高,配偶为"原来的同学"的比例会越来越高,由"父母或家人介绍"相识的比例则会越来越低。最后,来源于城乡不同生活背景的青年,在择偶方式上虽存在一定差别,但这种差别并没有想象的那么大。

从本研究的结果中,笔者觉得有几个问题值得进一步探讨。一是社会学中所区分的亲缘关系、地缘关系、业缘关系以及趣缘关系在当代城市青年择偶方式中的作用问题。本研究结果中,地缘关系的作用显然就像传统文化中的"父母之命、媒妁之言"一样,在城市青年择偶方式中已基本消失了。这与现代城市社会中陌生、多变、冷漠的邻里关系现状或许有一定的关联。而从未婚青年相对单一的结识途径,到已婚青年相对全面的结识途径,特别是从未婚青年以原有同学关系为主的结识途径,转变为以他人介绍为主的结识途径,这种变化在一定程度上揭示出目前城市青年择偶方式中,业缘关系、趣缘关系具有比亲缘关系更为重要的作用。而从未婚青年基本上完全以自己相识为主,到已婚青年中通过介绍相识的比例已接近自己认识比例的转变中,我们也应该认识到,虽然随着社会的发展,青年择偶的自主性更为增强,但客观的社会环境和条件也在一定程度上淡化和局限了青年通过各种途径直接结识婚姻对象的过程,同时也显示出通过介绍结识的方式所具有的必要性和重要意义。这一结果或许会给当前城市青年择偶方式,特别是大龄青年的择偶方式和择偶过程带来一些新的启示。此外,青年择偶方式的上述变化是否也会对青年婚配对象的构成、对已婚青年的家庭生活、夫妻关系、婚姻质量等产生较大影响,也是值得进一步关注和探讨的问题。

二是我国城市青年择偶方式与西方国家青年择偶方式的差别问题。日本学者曾指出,"根据1993年进行的第十次生育能力调查显示,在过去5年恋爱结婚的夫妇当中,其相识的契机,最多的是'工作单位或工作关系',占42%;接下来'通过朋友、兄弟姐妹认识'紧随其后,占27%;其他'在学校''在路上或旅途中''在学校之外的俱乐部活动中''在打工过程中'相识,以及'从小认识、邻居'等都不足10%。这些数据在过去15年结婚的夫妇中基本上没有出现太大的变化。"因此,"日本人选择配偶的主要方式,是依赖于工作单位等身边的人际关系。与欧美各国人们大都通过舞会或社交俱乐部相识相比较,日本人的选择范围可以说是局限于较为狭窄的人际关系中。"(望月嵩,2002:104)将这一结果与本研究中已婚青年的结果进行比较,不难发现,一个重要的差别是,我国城市青年择偶方式中工作单位或工作关系结识的比例相对较低。根据前面表8-1结果,我国城市青年通过这一方式结识的比例大约在15%—20%之间,不足日本青年这一方式比例42%的一半。为什么会存在这样的差别?这种差别所具有的社会含义又是什么?这些问题同样值得今后进一步探讨。另一个重要差别是,中国青年择偶过程中,父母的主动参与相对较多,而在日本以及西方社会中,父母在这方面的作用似乎微乎其微。这或许在一定程度上揭示出西方青年择偶更多地被看做是青年个体的事情,而在中国则在相当程度上与整个家庭相关联。

三是有关新的"媒介"结识方式的问题。本研究的一个不足是没有将现实社会中业已存在的通过电视征婚、网络交友、大型相亲会等新媒介结识对象的方式放入问卷中进行调查,因而属于此类方式的被访者只能选择问卷中的"偶然机会相识"或"其他方式相识"作为回答。而调查结果表明,这两类方式的比重相当可观,其比例接近25%,值得引起重视。有学者甚至认为,这种"现代意义上的'媒人'却逐渐在婚姻市场中起着越来越明显的作用"(林胜,2002)。在各种媒介的覆盖面和影响力越来越大的现代社会生活中,这方面情况究竟如何?会不会成为现代城市青年择偶方式的新的重要途径?也是值得今后关注和探讨的问题之一。

参考文献：

1. 林胜:《从择偶的理论到择偶理论——从社会学方法论的争论看择偶研究》,《社会》2002年第9期。
2. 徐安琪:《择偶标准:五十年变迁及其原因分析》,《社会学研究》2000年第6期。
3. 风笑天等:《中国内地"剩女"问题研究述评》,《青年研究学报》2011年第1期。
4. 王小璐:《从解析"剩女"到建立婚姻角色过渡的分析框架》,《中国青年研究》2010年第5期。
5. 沈晖:《都市"剩女"现象的后现代解读》,《中国青年研究》2010年第5期。
6. 唐利平:《社会变迁与"剩女"现象,当代大龄女青年婚姻困境探究》,《中国青年研究》2010年第5期。
7. 刘英等主编:《中国婚姻家庭研究》,社会科学文献出版社1987年版。
8. 沈崇麟等:《当代城市家庭研究》,中国社会科学出版社1995年版。
9. 沈崇麟等:《世纪之交的城乡家庭》,中国社会科学出版社1999年版。
10. 马春华等:《中国城市家庭变迁的趋势和最新发现》,《社会学研究》2011年第2期。
11. 杨善华:《城市青年的婚姻观念》,《青年研究》1988年第4期。
12. 纪秋发:《北京青年的婚姻观》,《青年研究》1995年第7期。
13. 徐安琪:《上海女性择偶行为的现状和变迁》,《妇女研究论丛》1997年第4期。
14. 徐安琪等:《青年的择偶过程:转型期的嬗变》,《青年研究》2004年第1期。
15. 风笑天:《第一代独生子女婚后居住方式:一项12个城市的调查分析》,《人口研究》2006年第5期。
16. 风笑天a:《独生子女父母的空巢期:何时开始?会有多长?》,《社会科学》2009年第1期。
17. 风笑天b:《城市独生子女与父母的居住关系》,《学海》2009年第5期。
18. 杨善华:《城市青年的婚姻观念》,《青年研究》1988年第4期。
19. 马春华等:《中国城市家庭变迁的趋势和最新发现》,《社会学研究》2011年第2期。
20. 望月嵩:《结婚与家庭》,中国大百科全书出版社2002年版。
21. 林胜:《从择偶的理论到择偶理论——从社会学方法论的争论看择偶研究》,《社会》2002年第9期。

第九章 新生代农民工的择偶期望与实践

农民工是我国改革开放和工业化、城镇化进程中涌现出的一支新型劳动大军,是我国产业工人的重要组成部分,对我国城乡经济社会发展做出了巨大贡献。农民工客观上已经成为与传统农民、城市居民并列的第三大社会群体;就其发展趋势而言,农民工的规模仍在不断扩大,在未来中国社会仍将扮演十分重要的角色。据国家统计局发布的《2012年全国农民工监测调查报告》显示,2012年全国农民工总量达到26261万人,其中16—20岁的占4.9%,21—30岁占31.9%,31—40岁占22.5%。可见,新生代农民工已成为农民工中的主体,是现代化建设中一支不可缺少的力量。

新生代农民工集中于80后、90后,正处于继续社会化的关键时期。"结婚成家是青年继续社会化道路上最为重大的任务之一,也是青年从出身家庭进入定位家庭的分水岭"(风笑天,2006)。因此,恋爱婚姻问题是新生代农民工目前所面临的问题之一。外出打工对于新生代农民工来讲,不仅仅是为了挣钱,谋发展,更是继续社会化过程中一个具有重大影响的因素。从封闭传统的农村到开放现代的大都市,从相对单纯的学校学习生活转向现代化的工厂工作,这一特定的人生经历不仅仅改变着他们的生活道路和人生轨迹,而且也深刻改变着他们的价值观念、行为模式。择偶期望与实践常常被视作时代变幻和价值观念转型的晴雨表。因此,本章拟通过对新生代农民工的择偶期望与实践进行研究,从一个侧面考察外出务工对农村青年价值观的影响。

一、文 献 综 述

2006年风笑天在《人口研究》发表学术论文《农村外出打工青年的婚姻与家庭:一个值得重视的研究领域》,呼吁学术界关注农村外出青年的婚姻家庭问题。在该文的影响启发下,学术界从对农村外出青年的职业发展、城市适应、社会保障等方面的研究,逐渐拓展到婚姻家庭领域。具体包括以下几个方面:

1. 新生代农民工通婚圈研究

目前学术界关于新生代农民工通婚圈的变化趋势,存在三种观点:

一种观点认为新生代农民工的通婚圈在扩大。如潘永、朱传耿(2007)在安徽对528名农民工的调查中发现,21.7%的80后农民工择偶半径超过50公里,跨过县界,其中有6.9%的人择偶半径在100公里以上,跨过省界,并认为这与新生代农民工外出打工过程中交际圈的扩大有关。长子中(2010)认为,随着择偶方式市场化,新生代农民工的择偶区域大大延伸,**通婚**圈突破了原来地缘和血缘关系的狭隘限制。李继萍(2009)以云南大理白族自治州为例,考察人口流动对族际通婚的影响,发现人口流动导致了白族族际通婚圈的扩大,但也表现出了非常明显的性别差异:男性流动人口多,但他们的通婚范围不大,族际通婚者不多,以省内通婚为主,省外通婚少。女性流动人口不多,但族际通婚相对较多,她们通过婚姻迁移方式流入当地民众认为的空间等级的高层(经济较发达地区),且省外通婚多于省内通婚。

另一种观点认为新生代农民工外出务工并没有带来通婚圈的扩大。如李爱芹(2009)对徐州267名青年农民工的调查发现,37.9%的青年农民工选择"在同一城市务工的老乡",31.4%的青年农民工选择"未外出打工或不在同一城市打工的家乡人",13.6%的青年农民工选择"在同一城市务工结识的外地人",9.6%的青年农民工选择"进城后认识到的城里人",7.5%的青年农民工选择"其他",并认为新生代农民工择偶"内卷化",仍然是以血缘和地缘为基础的初级关系,这使得他们的择偶范围受到极大的限制。

还有一种观点认为,外出务工后,民族村落通婚圈呈现出"内卷"和"扩大"并存的状态。韦美神(2008)通过对瑶族村落——广西田东县L屯的田野考察发现,外出务工扩大交往范围,促成通婚圈的扩大化。但同时,外出打工切断了年轻人与附近村落的联系,缩小了传统的交往范围,在这样的情况下,秉着"不与外族通婚"的习俗,屯内联姻逐渐增多。外出务工促成通婚圈内卷。

2. 新生代农民工择偶标准研究

对于新生代农民工择偶标准研究,目前有代表性的观点包括:

潘永、朱传耿(2007)在安徽对528名农民工的调查中发现,"80后"农民工择偶标准中,最看重的是感情基础,其次看重的是对方的人品及能力,最不关心的是对方的政治条件。就性别差异而言,男方比女方更注重对方的年龄和相貌,女方比男方更关注对方的人品、能力及性格。

叶妍、叶文振(2005)在对厦门市 487 名流动人口的调查中发现,流动人口的择偶标准表现出多元化的特点,即考虑的因素同时涉及个人、家庭及社会三个大的层面,其中最受重视的是个人品质,其次是生理条件,再次是社会条件、家庭背景,而物质条件和政治面貌则不太受重视。教育、性别和年龄对择偶标准有显著性影响。

叶文振等(2006)在对 153 名打工妹的调查中发现,外来打工妹更加注重对方的个人品质和所拥有的社会资本。传统的择偶倾向,特别是对学历背景和政治面貌的偏好,都有很大程度的淡化。Logistic 回归分析表明,打工妹的择偶标准主要受母亲受教育程度和自身年龄的影响。

李爱芹(2009)对徐州 267 名青年农民工的调查发现,青年农民工在择偶标准中,最看重的是"感情因素","个人品质"和"相貌身材"分别位于第二位和第三位,就性别差异而言,男性对对方的相貌身材比较看重,而女性则更看重对方的人品素质。曾经比较受到重视的"文化程度""家庭背景"和"政治面貌"已经变得不再重要。

胡序怀(2011)等在对深圳 1615 名未婚流动人口的调查中发现,女性的择偶标准顺序依次为人品、收入、能力、房子、性格、相貌、学历和幽默;而男性的择偶标准顺序依次为人品、相貌、性格、收入、房子、能力、学历和幽默。

3. 新生代农民工婚恋观念研究

黄润龙(2000)1998 年在对江苏女性流动人口的调查中发现,江苏外来妇女大多处于传统型向现代型婚恋生育观转变的过程中,而东部发达的城市地区则有少数人由现代型向开放型婚恋生育观过渡。但是,江苏外来妇女婚姻观念相差很大。经商妇女大多生活在城市,她们年龄较大,有些是先结婚后流动,婚恋观念受农村传统婚恋观念的影响较大;打工女年龄小、文化程度高,她们大多生活在城镇,因而受城市女孩现代婚恋观念影响较大。

胡珍、程静(2008)2006 年 4 月通过对成都青年农民工较大规模的问卷抽样调查,总结出青年农民工的恋爱方式及观念逐步城市化的七个方面的表现,包括:青年农民工的恋爱已经由过去农村里主要靠"父母之命,媒妁之言"走向现代的自由恋爱、在恋爱时"舍得花钱培养感情"、"城市化"特色鲜明的"人格气质"成为男性青年农民工的首要择偶标准、青年农民工逐步增强了婚姻的自主意识、城市化使得青年农民工对婚姻持否定态度的比率已经高于其他青年群体、不想要孩子的青年农民工占1/5、与传统的结婚仪式渐行渐远。

杨立、疏仁华(2010)认为,新生代农民工婚恋观的现代性主要体现在:文化水平较高,婚恋追求更趋理性;生活范围的扩大带来婚恋交往对象和方式的多样化;婚恋观、恋爱形式和方式以及子女观等问题的认识上有明显的城市化倾向,有向城市同龄青年模仿的比照行为取向;婚恋自主性提高。

4. 新生代农民工的婚恋行为研究

叶文振等人(2006)对厦门市外来打工妹的调查研究发现,由于她们在流入城市的边缘性地位以及由此产生的生存压力,使得她们不得不把婚恋演变为一种尽快从经济上脱贫致富、从精神上排解孤独的工具,使自己的婚恋变迁呈现出"二元"并存的状态,即交织着爱情与功利、自我与从众的综合变化。

吴银涛和胡珍(2008)对成都青年农民工的调查发现,来自不同家庭结构的青年农民工的婚恋行为呈现出显著性差异。这种家庭背景导致的婚恋行为差异,可以从不同家庭结构的家庭关系找到原因。在扩展家庭中,青年农民工与长辈、与孩子的双重亲子关系以及自身的夫妻关系,对家庭矛盾的缓和、对个人行为的约束都发挥了积极的作用。青年农民工家庭中的老年人的存在对青年农民工的婚姻行为有着明显的影响:和配偶父母关系十分融洽的青年农民工表示与配偶感情"深厚"的达81.61%;关系一般的,与配偶感情也"一般"的达43.07%;关系紧张的,与配偶感情"淡薄、紧张"的达39.58%。

吴银涛和肖和平(2008)利用成都服务行业青年农民工的调查资料,分析了青年农民工的婚外恋问题。研究发现,男性青年农民工37.01%、女性11.56%有婚外恋经历。婚外恋者的平均年龄为26.1岁,平均结婚次数为1.18次(无婚外恋者是1.03次)。婚外恋容易导致离婚、婚外性行为、家庭暴力以及更低的婚姻满意度评价。子女数、婚前恋爱次数、夫妻家庭角色和婚前性行为是导致青年农民工群体婚外恋行为的主要因素,并认为青年农民工群体中的这一非主流现象和城市工业化的大背景有关,也与其特殊的社会经历有关。

二、资料来源

本研究的数据来自于笔者主持的一项"新生代农民工婚恋问题"的问卷调查。调查于2011年12月—2012年2月在成都、上海、义乌三个城市展开。抽样方法采取的是简单随机抽样,即在每座城市人力资源与社会保障局的支持下,简单抽取50家农民工相对比较集中的用工单位,每个单位抽取10名新生代农民工,三个城市共抽取了1500名新生代农民工。调查采用自填问卷方式进行,由经过培训的大学生调查员将问卷发放给被抽中的新生代农民工,当场填答,当场检查,当场回收。调查实际成功完成有效问卷1318份,有效回答率为87.87%。样本基本情况如表9-1:

表9-1 样本构成

特征		百分比(%)
性别	男	54.3
	女	45.7
年龄	16—20岁	22.0
	21—27岁	49.7
	28—33岁	28.4
文化程度	小学及以下	2.2
	初中	38.5
	高中、中专、技校	45.2
	大专、高职	14.0

本研究中将从择偶目的、择偶自主性、通婚圈、择偶标准、择偶结识方式、传情递爱方式、期望的与实际的恋爱年龄、期望的与实际的结婚年龄、与市民通婚的理想与现实、双方年龄差别、择偶中的困难共计11个方面,来描述和分析新生代农民工择偶的期望与实践。

在本项研究中,将新生代农民工界定为在调查时点,大专学历及以下、1978年至1995年出生、农村户口持有者跨县(区)域流动到城市务工的人员。

三、结果与分析

1. 择偶的目的

为考察新生代农民工的择偶目的,在问卷中我们设计了这样一个问题:"你觉得人择偶结婚的目的是什么?"调查结果显示,选择"人生有伴,相互照应"的占41.4%,"相亲相爱"的占34.0%,"一种人生的必然过程"的占21.1%,"传宗接代"的占2.9%,"满足父母愿望"的占0.7%。这说明,感情追求已经成为新生代农民工择偶的最主要目的。

男女新生代农民工在择偶目的方面有显著性差异,表现为男性新生代农民工择偶目的相对更传统一些,而女性新生代农民工则更为注重感情追求。如表9-2的结果显示,在女性新生代农民工中选择"人生有伴,相互照应"和"相亲相爱"的分别占43.5%和34.3%,比男性新生代农民工高出4.1%和1.5%;而男性新生代农民工中选择"传统接代"和"一种人生的必然过程"的分别占4.5%和22.6%,比女性新生代农民工高出3.3%和2.3%。

表9-2 性别与择偶目的的差异(%)

	人生有伴,相互照应	相亲相爱	一种人生的必然过程	传宗接代	满足父母愿望
男	39.4	32.8	22.6	4.5	0.7
女	43.5	34.3	20.3	1.2	0.8
$X^2 = 12.249$	df = 4	Sig. = 0.016			

不同经济收入的新生代农民工,在择偶目的方面存在显著性差异。月收入在2501元以上的新生代农民工当中,选择"相亲相爱"和"一种人生的必然过程"的占39.6%和22.7%,比月收入在1501—2500元的新生代农民工高出9.3%和1.0%,比月收入在1500元以下的新生代农民工高出4.4%和5.1%。而月收入在1501—2500元的新生代农民工当中,选择"人生有伴,相互照应"的占45.5%,比收入在1500元以下和2501元以上的新生代农民工高出2.9%和12.8%。

表9-3 收入与择偶目的的差异(%)

	人生有伴,相互照应	相亲相爱	一种人生的必然过程	传宗接代	满足父母愿望
1500元及以下	42.6	35.2	17.6	4.2	0.5
1501—2500元	45.5	30.3	21.7	2.1	0.3
2501元及以上	32.7	39.6	22.7	3.7	1.2
$X^2 = 21.837$	df = 8	Sig. = 0.005			

2. 新生代农民工择偶自主性

新生代农民工择偶自主性较高,父母的影响较弱。本次调查发现,选择"完全以自己的意见为主"的占26.4%,"以自己的意见为主,参考父母的意见"的占65.0%,"以父母的意见为主,自己的意见为辅"的占6.9%,"完全听从父母的意见"的占1.7%。父母规定过恋爱年龄的占26.6%,没有规定过恋爱年龄的占73.4%;父母对找对象提出过条件、要求的占41.7%,没有提出过条件、要求的占58.3%;父母催促过自己早点结婚的占39.2%,没有催促过自己早点结婚的占60.8%。

表9-4的结果表明,男性新生代农民工择偶的自主性比女性新生代农民工要强些,或者说,女性新生代农民工在择偶过程中,受父母的影响或干预强些。如男性新生代农民工当中,父母没有规定过恋爱年龄、没出提出找对象的条件、完全以自己的意见为主的分别占77.5%、65.6%和31.9%,比女性新生代农民工分别高出9.0%、17.8%和12.4%。

表9-4　性别与新生代农民工择偶自主性的差异(%)

	没有规定恋爱年龄	没有提出对象条件	没有催促早点结婚	完全以自己的意见为主
男性	77.5	65.6	54.2	31.9
女性	68.5	47.8	68.8	19.5
Sig值	0.001	0.000	0.000	0.000

3. 新生代农民工通婚圈

地域通婚圈。新生代农民工长期外出务工,社会活动的地域范围扩大,会对其通婚圈产生怎样的影响呢?本次调查发现,新生代农民工平均婚恋距离为279.68公里,其中婚恋距离≤1公里的占11.1%,1公里<婚恋距离≤10公里的占22.7%,10公里<婚恋距离≤50公里的占21.6%,50公里<婚恋距离≤100公里的占10.9%,100公里<婚恋距离≤200公里的占12.6%,200公里<婚恋距离的占21.2%。从行政地域范围来看,现在的配偶或恋人是"同村"的占4.0%,"同乡镇其他村"的占19.9%,"同县其他乡镇"的占22.2%,"同省其他县"的占32.1%,"外省"的占21.8%。可见,无论是从婚恋的绝对距离还是从行政地域范围来看,与过去相比,新生代农民工的地域通婚圈都扩

大了。

婚恋年代与地域通婚圈。从总体来看,进入21世纪以来,新生代农民工地域通婚圈呈扩大的趋势。2000年及以前,新生代农民工婚恋距离平均为158.40公里,2001—2006年婚恋距离平均为294.75公里,2007—2011年婚恋距离平均为298.87公里。统计检验表明,这种差距在总体中也是显著存在的。表9-5的结果表明,在2000年及以前,婚恋距离在10公里之内的占39.6%,比2007—2011年高出10.3%;2007—2011年,婚恋距离超过100公里的占37.5%,比2000年及以前高出10.8%。表9-6的结果表明,2000年及以前,新生代农民工当中,同一乡镇范围内婚恋的占29.2%,比2007—2011年高出9.8%;2007—2011年新生代农民工省际婚恋的占24.3%,比2000年及以前高出6.6%。卡方检验表明,这些差异在总体中是真实存在的。这充分说明,随着时代的推移,新生代农民工通婚地域范围越来越广。

表9-5 恋爱年代与通婚距离(%)

	婚距≤1	1<婚距≤10	10<婚距≤50	50<婚距≤100	100<婚距≤200	婚距>200
2000年及以前	11.2	28.4	24.1	9.5	13.8	12.9
2001—2006	11.2	29.5	18.7	11.6	8.4	20.7
2007—2011	11.0	18.3	22.4	10.8	14.4	23.1

$X^2 = 22.902$　　df = 10　　$p = 0.011$

表9-6 恋爱年代与通婚行政范围(%)

	同村	同乡其他村	同县其他乡镇	同省其他县	外省
2000年及以前	7.1	22.1	21.2	31.9	17.7
2001—2006	5.7	25.3	22.9	27.8	18.4
2007—2011	2.5	16.9	22.1	34.2	24.3

$X^2 = 19.866$　　df = 8　　$p = 0.012$

阶层通婚圈。在市场经济条件下,收入是衡量人们社会地位最直接的指标。然而在调查过程中,要求被调查者回忆当初恋爱时夫妻或恋人的经济收入是难以做到的。因此,在本项研究中,我们采取间接的指标来测量夫妻或恋人当初恋爱时的经济差距。即"总起来看,当初恋爱时,对方的家庭背景、经济条件与您家相比是好些还是差些?""总体来看,当初恋爱时,你俩父母家所在地区的社会经济条件哪里更好些?"调查结果显示,当初恋爱时,双方家庭经济条件"差不多"的占68.8%,

双方所在地区社会经济条件"差不多"的占 67.7%。这说明超过三分之二的新生代农民工是在同一收入阶层内部通婚。表 9-7 的结果显示，2007—2011 年婚恋双方经济条件"差不多"的占 70.9%，比 2000 年及以前的婚恋双方高出 16.6%。统计检验表明，这种差异在总体中也是显著的。这说明随着时代的发展，新生代农民工通婚收入阶层内圈化是比较明显的。表 9-8 的结果显示，2007—2011 年婚恋双方所在地区社会经济条件"差不多"的占 70.4%，比 2000 年及以前的婚恋双方高出 9.0%。虽然没有达到社会学一般要求的统计检验要求，但仍然存在通婚收入阶层内圈化的趋势。

表 9-7 恋爱年代与婚恋双方家庭经济条件差距(%)

	好很多	好一些	差不多	略差一些	差很多
2000 年及以前	1.7	25.0	54.3	16.4	2.6
2001—2006 年	0.8	16.3	70.9	10.4	1.6
2007—2011 年	2.0	17.0	70.9	8.5	1.5

$X^2 = 16.128 \quad df = 8 \quad p = 0.041$

表 9-8 恋爱年代与婚恋双方所在地区社会经济条件差距(%)

	男方好得多	男方好一些	差不多	女方好一些	女方好得多
2000 年及以前	3.5	16.7	61.4	17.5	0.9
2001—2006 年	1.2	18.4	64.8	14.8	0.8
2007—2011 年	1.1	14.7	70.4	12.3	1.5

$X^2 = 10.02 \quad df = 8 \quad p = 0.264$

4. 择偶标准

在本项研究中，我们将择偶标准界定为新生代农民工选择婚配对象时的条件和要求。从多个侧面来测量择偶标准已经成为学术界的共识。最具代表性的当属李煜、徐安琪(2004)的研究设计，他们将青年人的择偶标准操作化为 29 项指标，并用 1—5 分别表示从"根本不考虑"到"非常重要"。参照这一设计，同时也考虑到时代的变化以及新生代农民工群体的特殊性，我们从中选择 19 项指标。我们把所调查的有关指标的描述性结果及性别差异的方差分析结果列表如下(见表9-9)，以对目前中国新生代农民工择偶标准作一基本描述。从表 9-9 中我们可以得出这样几个结论：(1) 新生代农民工择偶标准较高，不存在"随随便便找一个凑合"的想法。这表现在我们设计的 19 项指标中，除"身高、身材、容貌""贞操""住房""学历教育水平""对方父母的社会经济地位"五个指标均值得分低于3.5分之外,其余14项指标均值都超过3.5分,倾向"比较重要"。(2)择偶标准越来越多元化。这突出表现在每项指标的标准差都比较大,有2项指标的标准差超过1分,有7项指标的标准差超过0.9分不足1分,有9项指标的标准差超过0.8分不足0.9分。(3)女性的择偶标准高于男性的择偶标准。这表现在我们设计的19项指标中,经过F检验有16项指标得分存在显著的性别差异,且在每个指标上都是女性的得分高于男性。(4)在择偶标准的排序上男女两性既有共性也有差异性。共性突出的表现在得分最高的四项标准中男女两性是一样的,依次是"健康""品性、品质""性格脾气"及"有无婚史",也就是都将个性品质类标准放在了优先考虑的位置。差异性主要表现在男性把"年龄""身高、身材、容貌"等生理条件放在更优先考虑的位置,而女性则把"职业""住房""收入"等经济条件放在更优先考虑的位置。

表9-9 新生代农民工择偶标准及其性别比较

	全体		男			女			F检验	性别差异
	均值	标准差	均值	标准差	排序	均值	标准差	排序		
1 年龄	3.64	0.926	3.65	0.955	11	3.65	0.888	16	0.004	
2 身高、身材、容貌	3.49	0.875	3.50	0.897	14	3.47	0.835	18	0.357	
3 贞操	3.92	1.031	3.86	1.060	6	3.98	0.999	5	4.267*	女>男
4 健康	4.39	0.757	4.31	0.667	1	4.47	0.730	1	14.541***	女>男
5 性格脾气	4.17	0.809	4.04	0.840	3	4.31	0.755	3	32.967***	女>男
6 品性、品质	4.24	0.825	4.15	0.840	2	4.35	0.808	2	17.699***	女>男
7 家庭照料、理家能力	3.93	0.856	3.88	0.896	5	3.97	0.819	6	3.004	
8 有无婚史	4.08	1.065	3.96	1.131	4	4.20	0.970	4	14.908***	女>男
9 职业	3.51	0.859	3.32	0.861	16	3.72	0.823	14	68.195***	女>男
10 住房	3.42	0.938	3.21	0.928	18	3.69	0.856	15	88.707***	女>男
11 收入	3.55	0.920	3.30	0.901	17	3.83	0.867	12	108.938***	女>男
12 学历/教育水平	3.48	0.827	3.37	0.856	15	3.59	0.779	17	21.206***	女>男
13 聪明才干	3.74	0.857	3.58	0.870	13	3.90	0.816	10	42.820***	女>男
14 对方父母的社会经济地位	3.17	0.953	3.09	0.979	19	3.27	0.901	19	10.977***	女>男

（续表）

	全体		男			女			F检验	性别差异
	均值	标准差	均值	标准差	排序	均值	标准差	排序		
15 对方父母通情达理/好相处	3.80	0.958	3.68	1.003	10	3.92	0.881	8	19.419***	女>男
16 思想观念接近	3.81	0.886	3.73	0.889	9	3.90	0.874	11	12.483***	女>男
17 兴趣爱好相似	3.69	0.916	3.62	0.933	12	3.77	0.888	13	8.658**	女>男
18 性格脾气相投	3.86	0.905	3.78	0.924	8	3.94	0.887	7	9.513**	女>男
19 生活习惯相容	3.86	0.880	3.79	0.888	7	3.92	0.873	9	7.676***	女>男

到底什么是最重要的标准呢？首先要解决的就是划分最重要标准的依据是什么？李煜、徐安琪（2004）认为，最重要的择偶标准必须具备两个条件："（1）它被人们认为较其他标准而言来得重要；（2）其重要性是被广泛接受的。反映在统计指标上则需满足两个条件，即重要性得分高且标准差小。"笔者以为，他们提出的这种划分标准是比较科学的，在本项研究中，我们沿用这一划分标准。将每项指标的均值作为横轴，标准差作为纵轴，做出19项指标的趋势分析图（见图9-1）。

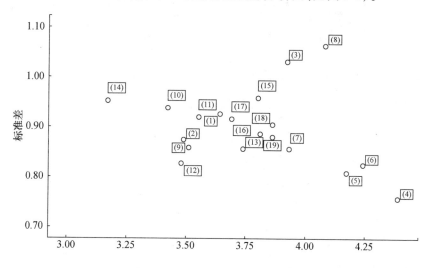

图9-1 新生代农民工择偶标准

从图中我们可以看到:(1)"健康""品性、品质""性格脾气"这三项指标的均值较大,认为比较重要,且标准差小,不存在较大的争议,因此,可视为是新生代农民工择偶过程中最重要的三项标准。(2)"贞操""有无婚史"这两项指标的标准差最大,可以视为是新生代农民工择偶过程中争议较大的标准。(3)"对方父母的社会经济地位""住房"这两项指标均值较小,可以视为是不太重要的标准。

5. 择偶结识方式

为了考察新生代农民工的择偶结识方式,问卷中我们设计了这样一个问题:"您和您现在的配偶或男(女)朋友是怎样结识的?"调查结果显示,选择"从小就认识"的占2.7%,"读书认识的"的占16.7%,"打工认识"的占37.9%,"别人介绍认识"的占27.5%,"偶然相识"的占10.8%,"父母包办"的占1.9%,"网上认识的"占2.4%,"征婚广告/婚姻介绍所"结识的占0.1%。可见,"打工认识""别人介绍认识"和"读书认识"是新生代农民工择偶的三个主要途径。如果把新生代农民工婚恋的结识方式分为传统与现代两种,传统的择偶方式包括"从小就认识""别人介绍认识""父母包办";现代的择偶方式包括"读书认识""打工认识""外出中偶然结识""网上认识"和通过"征婚广告、婚姻介绍所"认识。统计显示,通过传统方式择偶的占32.1%,通过现代方式择偶的占67.9%。这说明,新生代农民工逐渐从传统的择偶方式过渡到现代的择偶方式。

表 9-10a 恋爱年代与结识方式的差异(%)

	从小认识	读书认识	打工认识	别人介绍	偶然相识	父母包办	网上认识	广告婚介
2000 年及以前	3.5	8.7	33.0	45.2	5.2	2.6	0.9	0.9
2001—2006	4.0	20.0	36.8	26.0	7.6	3.2	2.4	0.0
2007—2011	1.9	16.9	39.4	24.4	13.5	1.1	2.8	0.0

$X^2 = 47.364$ df = 14   Sig. = 0.000

表 9-10b 恋爱年代与结识方式的差异(%)

	传统方式	现代方式
2000 年及以前	51.3	48.7
2001—2006	33.2	66.8
2007—2011	27.4	72.6

$X^2 = 25.029$ df = 2   Sig. = 0.000

表9-10的结果表明,随着时间的推移,新生代农民工择偶方式的现代化程度逐步提高。如在2007—2011年恋爱的新生代农民工当中,通过"打工认识"和"偶然相识"的占39.4%和13.5%,分别比2001—2006年恋爱和2000年及以前恋爱的新生代农民工高出2.6%和6.4%、5.9%和8.3%;而2000年及以前恋爱的新生代农民工当中,"别人介绍"认识的占45.2%,分别比2001—2006年恋爱和2007—2011年恋爱的新生代农民工高出19.2%和20.8%。2007—2011年恋爱的新生代农民工当中,通过现代方式择偶的占72.6%,分别比2001—2006年恋爱和2000年及以前恋爱的新生代农民工高出5.8%和23.9%。

表9-11a 文化程度与结识方式的差异(%)

	从小认识	读书认识	打工认识	别人介绍	偶然相识	父母包办	网上认识	广告婚介
小学及以下	7.1	14.3	21.4	35.7	14.3	7.1	0.0	0.0
初中	4.0	10.2	41.5	28.6	10.2	1.8	3.7	0.0
高中	1.7	18.9	38.1	27.4	10.2	2.0	1.5	0.2
大专	1.7	29.2	29.2	22.5	14.2	0.0	3.3	0.0

$X^2 = 42.950$ df = 21 Sig. = 0.000

表9-11b 文化程度与结识方式的差异(%)

	传统方式	现代方式
小学及以下	50.0	50.0
初中	34.5	65.5
高中	31.1	68.9
大专	24.2	75.8

$X^2 = 8.523$ df = 3 Sig. = 0.039

表9-11的结果表明,随着文化程度的提高,新生代农民工的择偶方式逐渐从传统向现代过渡。如在大专文化程度的新生代农民工当中,通过"读书认识"的占29.2%,分别比高中、初中、小学及以下文化程度的新生代农民工高出10.3%、19.2%和14.9%。而在小学及以下文化程度的新生代农民工当中,通过"别人介绍"认识的占35.7%,分别比初中、高中及大专文化程度的新生代农民工高出7.1%、8.3%和13.2%。在大专文化程度的新生代农民工当中,通过现代方式择偶的占75.8%,分别比高中、初中、小学及以下文化程度的新生代农民工高出6.9%、10.3%和25.8%。

表 9-12a 婚恋状况与结识方式的差异(%)

	从小认识	读书认识	打工认识	别人介绍	偶然相识	父母包办	网上认识	广告婚介
恋爱但未婚	2.0	21.4	39.2	19.2	15.0	0.7	2.5	0.0
已婚	3.3	12.8	36.8	34.3	7.3	2.8	2.4	0.2

$X^2 = 48.407$ df = 7 Sig. = 0.000

表 9-12b 婚恋状况与结识方式的差异(%)

	传统方式	现代方式
恋爱但未婚	21.9	78.1
已婚	40.4	59.6

$X^2 = 35.043$ df = 1 Sig. = 0.000

表 9-12 的结果表明,恋爱但未婚的新生代农民工的结识方式与已婚新生代农民工的结识方式之间既有共性也有不同。共性主要表现在,无论对未婚还是已婚的新生代农民工而言,"打工认识"都是其最主要的择偶方式,超过三分之一。同时也存在明显的不同,反映出当新生代农民工从未婚走到已婚时,择偶的具体方式发生了一定的变化。这种变化的特征是:在恋爱但未婚的新生代农民工中,通过"读书认识"和"偶然相识"的占 21.4% 和 15.0%,分别比已婚的新生代农民工高出 8.6% 和 7.7%;而在已婚的新生代农民工当中,通过"别人介绍"认识的占 34.3%,比恋爱但未婚的新生代农民工高出 15.1%。恋爱但未婚的新生代农民工当中,通过现代方式择偶的占 78.1%,比已婚的新生代农民工高出 18.5%。未婚新生代农民工与已婚新生代农民工的两种不同结果启示我们:虽然原有的同学关系、偶然相识这些充满浪漫色彩的现代择偶方式是未婚新生代农民工择偶结识方式的重要来源,但真正能走到结婚成家的,只是其中的一小部分。这揭示出,未婚新生代农民工择偶方式的"同桌的你""浪漫邂逅",在他们进入社会、参加工作后所面临的各种现实面前,往往会大打折扣,只有不到一半的人能最终走进婚姻的殿堂,结为夫妻。

6. 传情递爱方式

为了考察新生代农民工传情递爱的方式,问卷中我们设计了这样一个问题:"您和现在的恋人或配偶在谈恋爱时,是怎样表达思念、牵挂和关心对方的(可多选)?"调查结果显示,选择"写情书"的占 6.1%,

"发短信"的占 55.6%,"发电子邮件"的占 5.7%,"网上聊天"的占 36.2%,"串门"的占 12.7%,"打电话"的占 76.0%,"工作过程中"的占 13.9%。可见,"打电话"成为新生代农民工恋爱时,传情递爱最主要的方式,其次是"发短信",再次是"网上聊天"。这说明,新生代农民工传情递爱方式的现代化程度急剧提高。2001 年徐安琪(2004)对成都、上海 800 名青年的调查发现,"近三分之二的年轻人仍以传统、古典、富有想象力和浪漫色彩的情书为媒介来传情递爱",而在本研究中,通过情书为媒介来传情递爱的还不足十分之一。这一方面可能与新生代农民工文化程度不高有关,如徐安琪(2004)的研究已证实,"教育程度高的青年男女更多地使用书信向情侣传递思念、牵挂和温馨"。另一方面可能是因为近十年来,是电话、手机、网络普及最快的十年,十年内完成了从奢侈品到生活必备品的转变,电话特别是手机几乎已经成了中国人包括新生代农民工的必备通讯工具,因此,传情递爱方式从传统到现代的转变就是必然了。

表 9-13 恋爱年代与传情递方式的差异(%)

	写情书	发短信	发电子邮件	网上聊天	串门	打电话	在工作中
2000 年及以前	6.0	27.6	5.2	11.2	21.6	55.2	21.6
2001—2006 年	8.0	47.0	4.8	22.7	13.5	72.9	13.1
2007—2011 年	5.0	64.1	5.4	44.8	11.1	80.4	12.2
Sig 值	0.260	0.000	0.941	0.000	0.010	0.000	0.028

表 9-13 的结果表明,随着时间的推移,新生代农民工传情递爱方式的现代化程度逐步提高。如在 2007—2011 年恋爱的新生代农民工当中,通过"发短信"传情递爱的占 64.1%,较之 2001—2006 年、2000 年及以前恋爱的新生代农民工分别提高了 17.1%、36.5%;在 2007—2011 年恋爱的新生代农民工当中,通过"网上聊天"传情递爱的占 44.8%,较之 2001—2006 年、2000 年及以前恋爱的新生代农民工分别提高了 18.1%、33.6%;在 2007—2011 年恋爱的新生代农民工当中,通过"打电话"传情递爱的占 80.4%,较之 2001—2006 年、2000 年及以前恋爱的新生代农民工分别提高了 7.5%、25.2%。在 2000 年以前恋爱的新生代农民工当中,通过"串门"传情递爱的占 21.6%,较之 2001—2006 年、2007—2001 年及以前恋爱的新生代农民工分别降低了 8.1%、10.5%;在 2000 年及以前恋爱的新生代农民工当中,通过"在工作中"

传情递爱的占 21.6%，较之 2001—2006 年、2007—2001 年及以前恋爱的新生代农民工分别降低了 8.5%、9.4%。

表 9-14 文化程度与传情递方式的差异（%）

	写情书	发短信	发电子邮件	网上聊天	串门	打电话	在工作中
小学及以下	5.3	21.1	0.0	21.1	21.1	63.2	10.5
初中	4.3	50.0	3.5	29.9	12.8	70.4	15.2
高中	5.1	52.9	5.1	34.4	10.0	74.6	13.7
大专	11.4	56.0	13.6	52.1	14.3	74.3	6.4
Sig 值	0.017	0.013	0.000	0.000	0.247	0.411	0.068

表 9-14 的结果表明，文化程度越高，新生代农民工传情递爱方式的现代化程度就越高。如在大专文化程度的新生代农民工当中，通过"发短信"传情递爱的占 65.0%，比高中、初中、小学及以下的新生代农民工分别高出 3.1%、6.0% 和 21.8%；在大专文化程度的新生代农民工当中，通过"发电子邮件"传情递爱的占 13.6%，比高中、初中、小学及以下的新生代农民工分别高出 8.5%、10.1% 和 13.6%；在大专文化程度的新生代农民工当中，通过"网上聊天"传情递爱的占 52.1%，比高中、初中、小学及以下的新生代农民工分别高出 17.7%、22.2% 和 31.0%；在大专文化程度的新生代农民工当中，通过"写情书"传情递爱的占 11.4%，比高中、初中、小学及以下的新生代农民工分别高出 6.3%、7.1% 和 6.1%。

表 9-15 婚恋状况与传情递方式的差异与检验　　　　%

	写情书	发短信	发电子邮件	网上聊天	串门	打电话	在工作中
恋爱未婚	5.6	64.3	6.1	48.1	10.2	78.9	11.9
已婚	6.3	46.7	4.4	23.0	15.6	71.9	15.2
Sig 值	0.666	0.000	0.272	0.000	0.017	0.016	0.155

表 9-15 的结果表明，目前恋爱但未婚的新生代农民工传情递爱的方式比已婚的新生代农民工现代化一些。如在恋爱未婚的新生代农民工当中，选择"发短信"传情递爱的占 64.3%，比已婚的新生代农民工高出 17.6%；在恋爱未婚的新生代农民工当中，选择"网上聊天"传情递爱的占 48.1%，比已婚的新生代农民工高出 25.1%；在恋爱未婚的

新生代农民工当中,选择"打电话"传情递爱的占 78.9%,比已婚的新生代农民工高出 7.0%。在已婚的新生代农民工当中,选择"串门"传情递爱的占 15.6%,比恋爱未婚的新生代农民工高出 5.4%。

7. 期望的与实际的恋爱年龄

调查中,我们对所有新生代农民工都询问了下列问题:"你认为外出务工青年男女多大年龄谈恋爱比较合适?"对于未婚新生代农民工来说,我们将这一问题理解成他们所期望的恋爱年龄。而对于已婚新生代农民工来说,则理解成他们所建议的恋爱年龄。实际恋爱年龄则是用新生代农民工第一次谈恋爱的年份减去其出生年份得到的。分析中,我们分别按青年的性别进行了统计,下面是统计的结果。(见表9-16)

表 9-16　新生代农民工分性别的期望恋龄与实际恋龄　累计百分比

年龄	未婚女性新生代农民工期望的恋爱年龄	已婚女性新生代农民工建议的恋爱年龄	女性新生代农民工实际的恋爱年龄	未婚男性新生代农民工期望的恋爱年龄	已婚男性新生代农民工建议的恋爱年龄	男性新生代农民工实际的恋爱年龄
14 及以下	—	—	4.5	—	—	7.2
15	—	—	9.0	—	—	10.0
16	1.6	0.4	15.6	1.0	—	18.0
17	2.5	—	27.2	1.7	—	27.7
18	16.2	7.0	43.8	9.1	2.6	38.1
19	22.4	10.1	59.1	12.4	3.4	52.0
20	55.1	38.2	76.3	37.0	20.7	66.0
21	63.2	46.9	85.2	42.2	24.1	77.0
22	78.5	67.5	91.0	60.1	43.5	86.5
23	88.8	80.7	95.0	69.0	56.9	91.4
24	94.4	87.3	96.8	75.7	72.4	94.1
25	98.1	96.1	98.4	91.2	90.9	95.9
26	—	99.6	99.2	93.3	94.4	98.0
27	98.4	—	99.5	94.3	95.3	98.8
28	99.1	—	100.0	97.9	97.4	99.2
29	—	—	—	—	—	—
30	100	—	—	99.8	99.6	99.8
31 及以上	—	100.0	—	100.0	100.0	100.0
均值	20.84	21.68	18.94	22.20	23.03	19.33
n	321	228	565	419	231	488

首先从均值来看,男女新生代农民工中都呈现出这样的特点:已婚新生代农民工认为合适的恋爱年龄往往比未婚新生代农民工期望的恋爱年龄晚,在女性新生代农民工中平均晚0.84岁,在男性新生代农民工中晚0.8岁。但是,新生代农民工实际的恋爱年龄却普遍比其所期待的年龄更早,这种现象在男性新生代农民工当中更为明显。女性新生代农民工实际的恋爱年龄平均只有18.94岁,比未婚女性新生代农民工期望的恋爱年龄早1.9岁,比已婚女性新生代农民工建议的恋爱年龄早2.74岁。男性新生代农民工实际的恋爱年龄平均只有19.33岁,比未婚男性新生代农民工期望的恋爱年龄早2.87岁,比已婚男性新生代农民工建议的恋爱年龄早3.7岁。从恋爱年龄分布来看,女性新生代农民工当中,实际恋爱年龄在20—24岁的只占37.3%,比未婚女性新生代农民工期望恋爱年龄在20—24岁的要低34.3%,比已婚女性新生代农民工建议恋爱年龄在20—24岁的要低39.9%。男性新生代农民工当中,实际恋爱年龄在20—24岁的只占42.1%,比未婚男性新生代农民工期望恋爱年龄在20—24岁的要低21.2%,比已婚女性新生代农民工建议恋爱年龄在20—24岁的要低26.9%。

其次,女性新生代农民工的恋爱年龄比男性新生代农民工要早。女性新生农民工实际恋爱年龄平均为18.94岁,比男性新生代农民工早0.39岁。未婚女性新生代农民工期望的恋爱年龄平均为20.84岁,比未婚男性新生代农民工期望的恋爱年龄早1.36岁;已婚女性新生代农民工建议的恋爱年龄为21.68岁,比已婚男性新生代农民工建议的恋爱年龄早1.25岁。从恋爱年龄分布来看,女性新生代农民工当中,20岁及以前恋爱的占到76.3%,高出男性新生代农民工10.3%;未婚女性新生代农民工当中,期望在20岁及以前恋爱的占到55.1%,比未婚男性新生代农民工期望在20岁及以前恋爱的高出18.1%。已婚女性新生代农民工当中,建议在20岁及以前恋爱的占到38.2%,比已婚男性新生代农民工建议在20岁及以前恋爱的高出17.5%。

再次,"早恋"现象在新生代农民工群体中还比较普遍。如果我们把17岁及以下恋爱界定为早恋的话,在女性新生代农民工当中,早恋比率达到27.2%,男性新生代农民工群体中为27.7%。这也就是说,在有过恋爱经历的新生代农民工当中,有近三成的初次恋爱属于早恋。但是未婚新生代农民工期望早恋的只是极少数,没有一名已婚新生代农民工建议早恋。可见,新生代农民工对早恋的危害是有充分认识的,只是在现实生活中,"情不由己""爱情来了挡也挡不住啊"。

8. 期望的与实际的结婚年龄

调查中,我们对所有新生代农民工都询问了下列问题:"你认为外出务工青年男女多大年龄结婚比较合适?"对未婚新生代农民工来说,我们将这一问题理解成他们所期望的结婚年龄。而对于已婚新生代农民工来说,则理解成他们所建议的结婚年龄。分析中,我们分别按照青年的性别进行了统计,下面是统计的结果。(见表9-17)

表 9-17 新生代农民工分性别的期望婚龄与实际婚龄　累计百分比

	未婚女性新生代农民工期望的结婚年龄	已婚女性新生代农民工建议的结婚年龄	女性新生代农民工实际的结婚年龄	未婚男性新生代农民工期望的结婚年龄	已婚男性新生代农民工建议的结婚年龄	男性新生代农民工实际的结婚年龄
14 及以下	—	—	0.4	—	—	2.1
15	—	—	1.3	—	—	3.0
16	—	—	2.2	—	—	3.8
17	0.3	—	—	—	—	6.4
18	1.2	1.3	4.4	1.0	—	8.1
19	1.9	0.0	13.1	—	0.4	9.7
20	11.2	6.1	22.3	6.0	3.9	13.1
21	17.8	7.5	37.6	8.0	4.3	21.6
22	30.8	26.8	52.0	16.9	10.8	34.7
23	52.6	49.1	64.6	25.5	15.1	47.9
24	67.0	66.7	76.4	36.9	28.9	59.7
25	90.0	84.2	86.0	63.1	56.9	71.2
26	95.6	89.9	89.5	72.0	71.6	82.6
27	96.9	93.0	93.0	78.3	78.4	88.6
28	98.1	99.1	97.8	90.6	89.7	93.6
29	98.8	99.6	99.1	92.3	90.1	97.5
30	100.0		99.6	98.6	97.8	99.6
31 及以上	—	100.0	100.0	100.0	100.0	100.0
均值	23.37	23.76	22.58	25.13	25.56	23.54
n	321	228	229	415	232	235

首先从均值来看,男女新生代农民工中都呈现出这样的特点:已婚新生代农民工认为合适的结婚年龄往往比未婚新生代农民工期望的结

婚年龄晚,在女性新生代农民工中平均晚0.39岁,在男性新生代农民工中平均晚0.438岁。但是,新生代农民工实际的结婚年龄却普遍比其所期待的年龄更早,这种现象在男性新生代农民工当中更为明显。女性新生代农民工实际的结婚年龄平均只有22.58岁,比未婚女性新生代农民工期望的结婚年龄早0.79岁,比已婚女性新生代农民工建议的结婚年龄早1.18岁。男性新生代农民工实际的结婚年龄平均为23.54岁,比未婚男性新生代农民工期望的结婚年龄早1.59岁,比已婚男性新生代农民工建议的结婚年龄早2.02岁。

从结婚年龄分布来看,女性新生代农民工当中,实际年龄22岁及以后结婚(晚婚)的占62.4%,比未婚女性新生代农民工期望晚婚的要低19.8%。比已婚女性新生代农民工建议晚婚的要低20.1%。男性新生代农民工当中,实际年龄24岁及以后结婚(晚婚)的占52.1%,比未婚男性新生代农民工期望晚婚的要低23.4%。比已婚女性新生代农民工建议晚婚的要低32.8%。

其次,"早婚"现象在新生代农民工群体中还比较普遍。如果我们把女性新生代农民工19岁及以前结婚、男性新生代农民工21岁及以前结婚视为早婚的话,在已婚女性新生代农民工当中,早婚比率达到13.1%,已婚男性新生代农民工群体中早婚为21.6%。但是,无论是在未婚新生代农民工当中,还是在已婚新生代农民工当中,期望早婚的只是极少数,可见,新生代农民工对早婚的危害也是有充分认识的。

9. 与市民通婚的理想与现实

愿意与市民恋爱结婚的新生代农民工不足三分之一。本次调查发现,如果有选择的机会,"非常愿意"与城市人恋爱的占7.3%,"比较愿意"的占20.4%,"无所谓"的占54.2%,"不太愿意"的占15.1%,"一点都不愿意"的占3.0%。"非常愿意"与城市人结婚的占6.7%,"比较愿意"的占20.8%,"无所谓"的占52.9%,"不太愿意"的占15.8%,"一点都不愿意"的占3.8%。可见,明确表示愿意与市民恋爱结婚的不足三分之一,明确表示不愿意与市民恋爱结婚的不足两成,超过一半的新生代农民工对与城市居民恋爱结婚持无所谓的态度。这说明新生代农民工并不刻意强调与市民恋爱与否,而是"顺其自然"。

多数新生代农民工对与市民通婚的可能性持"不确定"态度。在回答"你觉得外来青年与城市人恋爱结婚的可能性大吗?"问题时,选择"非常大"的占2.8%,"比较大"的占9.5%,"不好说"的占60.5%,"不太大"的占 25.2%,"一点可能性都没有"的占 2.1%。可见,多数新生代农民工对与市民通婚的可能性持"不确定态度",持肯定态度的占一成,持否定态度的近三成。

感情是促使新生代农民工与市民通婚的重要基础。本次调查中,我们设计了这样一个问题:"你觉得外来青年愿意与城市青年结婚的主要原因是什么?"选择"感情"的占 59.0%,"使自己成为城市人"的占 10.9%,"改变自己社会地位"的占 21.4%,"为改变子女地位"的占 8.7%。可见多数新生代农民工认为,他们与城市青年恋爱结婚主要是基于感情,功利性不是很强。相比较而言,在功利性动机中,首先是为了提升自己的社会地位,其次是为了使自己成为城市人,再次才考虑子女地位的改变。问卷中我们还设计了这样一个题:"外来人成为城市人最好的办法之一是与城市人结婚?"对这种说法"很同意"的占 5.8%,"比较同意"的占 13.8%,"无所谓"的占 25.6%,"不太同意"的占 34.9%,"很不同意"的占 19.9%。可见,超过一半的新生代农民工对这种功利性的婚恋动机持否定态度。

新生代农民工能理性对待与城市青年的恋爱婚姻问题。在回答"假如你与城市人恋爱或婚姻失败以后,你还会与城里人恋爱结婚吗?"问题时,选择"肯定会"的 5.9%,"可能会也可能不会,视具体情况而定"的占 72.8%,"肯定不会"占 21.3%。这说明多数新生代农民工能够理智地对待与市民通婚,在与市民恋爱或婚姻失败以后,既不是非市民不嫁或不娶,也不是从此就拒绝与市民通婚。

四成新生代农民工与市民通婚的想法是由自己决定的。在中国长达数千年的封建时期,婚姻当事人没有择偶的自主权,完全听从于"父母之命,媒妁之言",父母往往是从整个家庭甚至家族的利益出发,选择并决定子女的婚配。本次调查发现,在回答"您与城里人结婚的想法是由谁帮你做出的"这一问题时,选择"自己"的占 40.0%,选择"家人"的占 12.5%,选择"同事或朋友"的占 17.5%,选择"亲属"的占 4.8%,选择"其他"的占 23.3%。可见,有四成新生代农民工对自己与市民的通婚有自主权。

社会结构障碍是影响新生代农民工与城市青年通婚的主要原因。在本项研究中,我们把影响新生代农民工与城市青年通婚的障碍因素分为两大类,即社会结构障碍和个人障碍。社会结构障碍包括户口限制、生活方式不同、价值观念不同、生活环境不同、社会地位不同;个人障碍包括交往对象不同、工作不同、收入不同以及亲戚朋友反对。调查发现(见表9-18),新生代农民工与城市青年通婚障碍的因素构成有以下几个特点:其一,社会结构障碍是影响新生代农民工与城市青年通婚的主要障碍,有91.1%的新生代农民工提到了影响其与城市青年通婚的结构障碍,占通婚障碍因素构成的60.7%。其二,社会结构障碍的构成。在社会结构障碍中,生活方式不同、生活环境不同、价值观念不同三者的影响相对较大,各占四分之一左右。其三,个体障碍的构成。亲戚朋友反对的阻碍最大,占三分之一左右,收入不同次之,占28.8%。

表9-18 新生代农民工与城市青年通婚障碍因素构成(%)

障碍类型	提到该障碍的调查对象在总体中所占比率	特定因素在通婚障碍中所占百分比		
		在所有关系中	在体制障碍中	在个人障碍中
体制障碍	91.1	60.7	100.0	
户口限制	30.0	10.6	15.5	
生活方式不同	46.6	16.5	24.1	
价值观念不同	45.6	16.1	23.5	
生活环境不同	46.6	16.5	24.0	
社会地位不同	25.1	8.9	12.9	
个人障碍	59.1	39.3		100.0
交往对象不同	16.4	5.8		18.4
工作不同	16.8	5.9		18.9
收入不同	25.7	9.1		28.8
亲戚朋友反对	30.1	10.7		33.9

约四分之一的新生代农民工与城市青年谈过恋爱,但成功率不高。本次调查发现,在有过婚恋经历的新生代农民工当中,与城市青年谈过恋爱的占25.0%,没有与城市青年谈过恋爱的占74.9%。在与城市青年谈过恋爱的新生代农民工当中,目前"正在谈"的占29.4%,"已经结婚了"的占35.7%,"分手或离婚了"的占34.9%。这说明新生代农民工与城市青年的通婚率并不高。

10. 双方年龄差别

夫妻双方的年龄大小与差距,是新生代农民工在择偶时会遇到和考虑的一个问题。传统的文化观念已经形成了一种男大于女的主流趋势。对于新生代农民工来说,他们在考虑双方之间年龄大小以及差距问题上的观点如何,他们在婚姻实践上所表现出来的特点又是怎样的呢?本项调查的结果见表9-19:

表 9-19　新生代农民工期望的和实际的双方年龄大小　　　　　　%

	未婚女性新生代农民工期望	已婚女性新生代农民工建议	未婚男性新生代农民工期望	已婚男性新生代农民工建议	已婚新生代农民工实际状况
男比女大	72.3	70.7	60.5	66.1	70.7
女比男大	3.2	3.3	3.5	5.2	17.7
男女年龄相同	8.4	9.3	9.9	10.4	11.5
无所谓	16.1	16.7	26.1	18.3	—
n	311	215	403	230	451

首先,无论是未婚新生代农民工还是已婚新生代农民工,也无论是男性新生代农民工还是女性新生代农民工,男大于女始终是主流的期望与实践;但是,相对来说,女性新生代农民工比男性新生代农民工更看重这一点。将未婚新生代农民工总体期望与已婚新生代农民工实际状况比较可以看出,主要的差别在于,未婚新生代农民工中有接近两成的人选择了无所谓。但在已婚新生代农民工中,这一部分比例基本上分布到了男女一样大和女大于男两类中。或许正是因为有了两成的新生代农民工不在意双方年龄的大小差别,所以才会出现新生代农民工实际婚姻状况中,1/3左右的人并没有遵从男大于女这一传统规范的现实。我们也可以认为,在关于双方年龄大小的问题上,新生代农民工的期望与实践之间没有大的差别。[①]

通过对已婚新生代农民工中男大于女以及女大于男的年龄差距的统计,我们发现,女大于男的范围和男大于女的范围都为 13 岁。在那些女大于男的夫妻中,35.1%的人大 1 岁、20.1%的人大 2 岁、21.3%的人大 3 岁、6.3%的人大 4 岁,大于 5 岁的超过 17.2%。而在那些男大于女的夫妻中,22.2%的人大 1 岁、23.8%的人大 2 岁、18.2%的人大 3 岁、15.7%的人大 4 岁,大于 5 岁的超过 20.1%。风笑天(2006)2004 年在全国 12 个城市对 1786 名 18—28 岁的在职青年的调查中发现,在那些女大于男的夫妻中,55%的人大 1 岁、28%的人大 2 岁,大 3 岁和大 4 岁的都只占 8%左右。而在那些男大于女的夫妻中,大 1—3 岁的占 61%,大 4—5 岁的占 26%,大 6—8 岁的占 8%,大 9—12 岁的占 4%。可见,新生代农民工通婚的年龄范围比城市在职青年要大得多。这一差别与其说是新生代农民工择偶观念现代性的反映,倒不如说是其自

---

① 这与风笑天 2004 年在全国 12 个城市对 1786 名 18—28 岁的在职青年的调查结果一致。

身各方面条件相对城市在职青年而言要差一些,在择偶的时候,不得不放宽对年龄的要求,从而导致其通婚的年龄范围扩大。

11. 择偶中的困难

本次调查发现,觉得城市外来青年找对象"非常困难"的占 7.8%,"比较困难"的占 24.2%,"不好说"的占 47.0%,"不太困难"的占 17.1%,"一点都不困难"的占 4.0%。这也就是说,有近三分之一的新生代农民工认为,城市外来青年在找对象过程中是存在困难的。

进一步分析发现,男性新生代农民工在择偶中感受到的困难要比女性新生代农民工大一些。如男性新生代农民工觉得外来青年找对象"非常困难"和"比较困难"的占 11.1% 和 28.0%,比女性新生代农民工高出 7.0% 和 8.6%;而女性新生代农民工当中,认为外来青年找对象"不太困难"和"一点都不困难"的占 19.4% 和 4.7%,比男性新生代农民工高 4.7% 和 0.9%。

表 9-20　性别与新生代农民工择偶困难程度的差异(%)

	非常困难	比较困难	不好说	不太困难	一点都不困难
男性	11.1	28.0	42.4	14.7	3.8
女性	4.1	19.4	52.3	19.4	4.7
$X^2 = 38.733$　df = 4　Sig. = 0.000					

城市外来务工青年在找对象的过程中,主要存在哪些困难呢？调查显示,选择"收入低"的占 55.2%,"交往的范围太小"的占 46.7%,"工作流动性大"的占 41.2%,"家庭经济条件差的"的占 30.9%,"工作太忙"的占 29.1%,"户口不在本地"的占 27.4%,"社会地位较低"的占 15.9%,"年龄相当的不多"的占 5.6%。可见,收入低、交往范围小和工作流动性大是新生代农民工在择偶时遇到的最主要的三个方面的困难。

四、结论与讨论

通过对成都、上海、义乌三个城市 1318 名新生代农民工调查资料的统计分析,本章从择偶目的、择偶自主性、通婚圈、择偶标准、择偶结识方式、传情递爱方式、期望的与实际的恋爱年龄、期望的与实际的结婚年龄、与市民通婚的理想与现实、双方年龄差别、择偶中的困难共计 11 个方面描述和分析了新生代农民工择偶的期望与实践。研究结果表明：

感情追求已经成为新生代农民工择偶的最主要目的,女性新生代农民工尤其如此。新生代农民工的择偶自主性较高,父母的影响较弱,男性新生代农民工尤其如此。新生代农民工地域通婚圈呈现扩大的趋势,教育程度的提高、择偶方式的现代化是促进其地域通婚圈扩大的重要原因;而新生代农民工阶层通婚圈则出现了内圈化趋势,自身文化程度的提高是促进其阶层通婚圈内圈化的原因。新生代农民工择偶标准普遍较高,且群体内部的差异性比较大,表现出多元化的趋势,且女性新生代农民工择偶标准高于男性新生代农民工。择偶方式逐渐从传统型过渡到现代型,教育程度的提高和时代的推移是促进这一过渡的重要原因。传情递爱方式的现代化程度急剧提高,这与近十多年来,电话、手机、网络的迅速普及有密切关系。已婚新生代农民工认为合适的恋爱年龄往往比未婚新生代农民工期望的恋爱年龄晚,女性新生代农民工的恋爱年龄比男性新生代农民工要早,"早恋"现象在新生代农民工群体中还比较普遍。已婚新生代农民工认为合适的结婚年龄往往比未婚新生代农民工期望的结婚年龄晚,"早婚"现象在新生代农民工群体中还比较普遍。愿意与市民恋爱结婚的新生代农民工不足三分之一,社会结构障碍是影响新生代农民工与城市青年通婚的主要原因。男大女小的婚配模式仍旧是主流,但新生代农民工通婚的年龄范围比城市在职青年要大得多。三分之一的新生代农民工认为,城市外来青年在择偶过程中是存在困难的,其中最主要的三个困难分别是收入低、交往范围小和工作流动性大。

研究结果也给我们带来了一些值得进步讨论的问题:

其一,新生代农民工婚恋观念与行为现代性的成长。研究结果表明,新生代农民工婚恋观念与行为的现代性得到了快速成长,如感情追求成为其婚姻的主要动机,择偶方式、传情递爱方式逐渐从传统向现代过渡等。社会学家早就发现"城市改造人性",如伯特·赫斯利兹把城市化过程与人的现代化过程相提并论,认为"城市展示出一种不同于乡村的精神,城市是引进新观念和新行事方法的主要力量和主要场所。因此,在不发达国家中,我们可以把城市看作关键的地方,在这里才能实现对新方法、新技术、新的消费与生产模式和新的社会组织的适应"(转引自英克斯,1997:321)。而在英克尔斯看来,城镇本身就是"现代性的一个学校"。新生代农民工从农村向城市的流动过程,也是从传统到现代、从农业文明到工业文明、从乡土文明到城市文明的转型过程。因此,乡城流动成为影响和造就新生代农民工婚恋观念和行为的一股重要力量,促使其婚恋观念和行为从传统到现代的过渡。虽然其婚恋与行为现代性的快速成长是不可逆转的大趋势,但现代性的快速成长并不意味着对传统的简单否定和摒弃。中国传统婚姻家庭观念中的精华需要保留,并赋予新的时代内涵。如传统婚姻观念中强调"和谐",这有助于新生代农民工协调夫妻关系,消除家庭中的紧张状态,维护家庭的团结与稳定。传统家庭观念中强调"忠贞不渝",这仍然是新生代农民工处理夫妻关系的道德底线。只不过在男女平等的现代社会,"忠贞不渝"是对男女两性共同的道德要求。

其二,期望与现实的差距。通过对已婚与未婚新生代农民工婚恋观念与行为的比较可以发现,未婚新生代农民工的婚姻期望中,现代性的成分相对更多一些,而已婚新生代农民工的实践结果则相对传统一些。在一定程度上,我们可以这样认为:未婚新生代农民工的期望与已婚新生代农民工的实践结果在很大程度上正是新生代农民工在恋爱婚姻方面自由表现的两极——传统与现代。虽然城市经历能催生新生代农民工婚恋观念与行为现代性的成长,但人的现实生活是不可能脱离历史传统的,人从生下来开始,就要受到传统文化的影响。正如兰德曼所言:"人类的行为是由人们已获得的文化所控制的。人如何养育和繁衍,如何穿衣和居住,在实际上和伦理上如何行动,如何说话和看世界,他所利用的一切文化形式,都以历史上的创造为基础。"(转引自李桂海,2002:312)对于新生代农民工而言,延绵几千年的中国传统文化是历史性的存在,并渗透到新生代农民工的婚姻家庭生活中,发挥着其自身的影响,甚至作为一种趋向和定势,引导和制约着新生代农民工的婚恋观念与行为。尤其在目前二元社会体制还没有根本改变的现实背景下,新生代农民工还没有完全融入城市社会。作为城市社会的边缘群体甚至过客的新生代农民工,相对更为传统的农村原生家庭仍然是他们的"避难所"或最后的归属,因此,当他们从未婚走向已婚、从浪漫走向现实的时候,传统的力量就会更强有力地突显出来。

其三,父母影响的削弱。研究结果表明,婚姻动机在于"满足父母愿望"的只是极少数,不足百分之一;择偶过程中"完全听从父母的意见"的仅占1.7%;结识方式"父母包办"的仅占1.9%;甚至男女新生代农民工不约而同地将"对方父母的社会经济地位"视为相对最不重要的择偶标准。所有这些都充分说明父母对新生代农民工婚恋观念与行为影响的削弱。以前"父母之命,媒妁之言"是青年男女择偶的主要方式。

对婚姻当事人来讲,是一种不自由的择偶方式,婚姻的选择权、决定权主要掌握在父母手中。而父母又主要是从整个家庭甚至家族的整体利益出发来选择、决定子女的婚配,很少顾及子女的想法与愿望。这种择偶方式是与小农生产方式相联系的。因为"单一的农业劳动更依赖于长者的生产经验,加上农业生产的效率低导致收入的低水平,家庭成员的收入由家长集中管理,统一使用,父亲是家庭经济的主持人,未婚子女既无支配自己劳动所得的权利,也不具备自由婚嫁所必要的物质条件,只能听从父母出于家庭利益的婚事安排"(樊爱国,1998:46)。但外出务工彻底打破了小农生产方式以及依附于这种生产方式的亲子关系。新生代农民工在外出务工过程中,掌握了更多与现代工业文明相联系的生产经验、劳动技能,与其父辈相比,他们的视野更开阔,社会交往更加广泛,经济收入更高,独立自主意识更强。尤其是长期在外务工,父母对他们的支持越来越少,原生家庭对他们的重要性逐渐下降。所有这一切都为他们独立、自由、自主地决定自己的婚姻创造了条件。

其四,婚姻挤压效应开始显现。本项研究发现,男女新生代农民工的婚恋观念与行为存在不少差异,如女性新代农民工择偶标准高于男性,择偶动机比男性更为现代,而男性新生代农民工感受到择偶压力更大,择偶自主性更强,早婚率更高等。我们以为,所有这些差异都可能与婚姻挤压有关。"婚姻挤压是指婚龄男女人数相差较大,比例失调,将导致一部分人口难以按现行的标准择偶。"(李树茁等,2006:208)从整个中国人口的性别结构来看,婚姻挤压男性已成为共识。有学者测算,"中国1978年至2000年出生的人口中,男性比女性多出2300万人"(姜金保等,2010)。从农民工群体内部来看,国家统计局农村司发布的《2012年农民工监测调查报告》显示,"男性外出农民工占66.4%,女性占33.6%"。可见,无论是从中国总体人口性别还构成来看,还是从农民工群体内部来看,都对男性新生代农民工形成了"婚姻挤压"。这种"挤压"对女性新生代农民工的初婚有利,增加了她们可供选择的潜在对象,从而使其有条件提高择偶标准,注重情感的追求与实现;相反这种婚姻挤压对男性新生代农民工是非常不利的,所以他们不得不采取必要的策略,如"树立危机意识"感受到的择偶压力就更大;"先下手为强""生米煮成熟饭",推动早婚。面对婚姻挤压,父母对儿子的婚姻最理想也是最现实的策略就是"撒手不管""放松政策",以增加其择偶的机会,如不规定恋爱年龄、不提出找对象的条件。即使父母"插手",对男女新生代农民工婚事干预的方向也存在较大差异。男性新生代农民工当中,父母催过其早点结婚的占45.8%,高出女性新生代农民工14.6%。在父母"催过"早点结婚的新生代农民工当中,男性新生代农民工平均为22.9岁,女性新生代农民工平均达到22.2岁父母催其早点结婚。这也就是说,男性新生代农民工超过法定结婚年龄不到1岁,父母就开始着急了,而女性新生代农民工超过法定结婚年龄2岁以上,父母才开始着急。这与其说是对其婚事的干预,不如说是对其婚事的促进。

参考文献:

1. 风笑天:《城市在职青年的婚姻期望与婚姻实践》,《青年研究》2006年第2期,第12—19页。
2. 潘永、朱传耿:《"80"农民工择偶模式研究》,《西北人口》2007年第1期,第127页。
3. 长子中:《当前新生代农民工择偶、生育及相关方面的研究》,《北方经济》2010年第11期,第20页。
4. 李继萍:《人口流动对族际通婚的影响——以大理州白塔村为例》,《玉溪师范学院学报》2009年第11期,第67—68页。
5. 李爱芹:《青年农民工择偶观念与行为的实证分析——以徐州市青年农民工为例》,《河北青年管理干部学院学报》2009年第3期,第23—26页。
6. 韦美神:《"内卷"与"扩大":外出务工对瑶族通婚圈的影响——以广西田东县L屯为例》,《广西民族大学学报(哲学社会科学版)》2008年第6期,第13—17页。
7. 叶妍、叶文振:《流动人口的择偶模式及其影响因素——以厦门市流动人口为例》,《人口学刊》2005年第3期,第48—51页。
8. 叶文振、胡峻岭、叶妍、陈娜:《外来打工妹的择偶意愿研究》,《市场与人口分析》2006年第6期,第32—41页。
9. 胡序怀、陶林、何胜昔、吴露萍:《深圳流动人口择偶模式调查研究》,《中国性科学》2011年第10期,第41页。
10. 黄润龙、仲雷、杨来胜:《江苏外来女婚恋观念和婚育现状的比较研究》,《人口学刊》2000年第2期,第65页。
11. 胡珍、程静:《青年农民工恋爱及婚前性行为状况研究报告——基于成都市服务行业青年农民工的调查》,《中国青年研究》2008年第1期,第42—46页。
12. 杨立、疏仁华:《新生代农民工婚恋观的现代性研究》,《山西农业大学学报(社会科学版)》2010年第3期,第279—281页。
13. 吴银涛、胡珍:《来自不同家庭结构的青年农民工婚恋行为研究——以成都市服务行业为例》,《中国性科学》2008年第7期,第32页。

14. 吴银涛、肖和平:《青年农民工婚外恋的社会学分析》,《当代青年研究》2008 年第 2 期,第 21—23 页。
15. 李煜、徐安琪:《择偶模式和性别偏好研究——西方理论和本土经验资料的解释》,《青年研究》2004 年第 10 期,第 4 页。
16. 徐安琪、李煜:《青年择偶过程:转型期的嬗变》,《青年研究》2004 年第 1 期,第 22 页。
17. 〔美〕阿列克斯·英克尔斯、戴维·H.史密斯:《从传统人到现代人》,顾昕译,中国人民大学出版社 1992 年版。
18. 李桂海:《冲突与融合——中国传统家庭伦理的现代转向及现代价值》,中南大学出版社 2002 年版。
19. 樊爱国:《转型期中国人的爱情与婚姻》,中国妇女出版社 1998 年版。
20. 李树茁、姜全保、〔美〕费尔德曼:《性别歧视与人口发展》,社会科学文献出版社 2006 年版。
21. 姜全保、果臻、李树茁:《中国未来婚姻挤压研究》,《人口与发展》2010 年第 3 期,第 40 页。

第十章 "万人相亲会"与青年的择偶标准

近年来,随着我国出生性别比失衡问题所带来的社会风险与社会影响逐步显现,人们对于青年男女婚恋问题的关注和讨论日渐增多。择偶这一婚姻家庭研究领域的经典话题,如今面临性别失衡的人口结构形势,又增添了更为重要的研究意义和价值。国内有学者依据调查资料推算:1980—2000年间,全国婚龄人口中男性(相对于女性)已经累计多出2079万余人(潘金洪,2007);到2004年,0—24岁"女性赤字"将进一步扩大到2379万人(王金营,2003)。这些庞大的数字背后意味着当他们陆续进入婚恋阶段后,将会有大量的男性面临严峻的择偶形势。近期有研究表明:截至2010年,20—49岁男性(相较于女性)已多出近1035万人,这一状况若不能得到重视和有效缓解,势必会造成男性的"择偶拥挤"(贾志科,2012)。然而,表面上却又似乎矛盾的是,"剩女"在女性中的比例也越来越高,数量不断攀升。根据2005年中国综合社会调查数据,从1997年到2005年,30—34岁的未婚女性比例激增,尤其是30岁的未婚人口,未婚比例从1.2%增加到3.4%(宁鸿,2008)。另有数据显示,北京的"剩女"早在几年前就突破了50万(相树华、刘明福,2011:60),而国内其他大城市(如上海)的"剩女"现象也在不断地显露出来。尽管全国的"剩女"数量我们暂时无从查证,但这一中国特色的婚恋问题,足以引起我们的关注和重视。

有学者对当前的"剩男""剩女"现象做过判断,认为"剩女"是个伪问题,"剩男"是个大问题,"剩女"多是主动选择的结果,而"剩男"则更多是条件所限的被动结果(刘孙恒,2012)。一个突出的表现在于,"剩男"多集中在农村地区,而绝大多数"剩女"在城市,尤其是在大都市中更加突出。无论是"剩男",抑或是"剩女",他们被"剩"下来或主动"剩"下来,缘由何在?笔者认为:一方面,就总体而言,可能与城乡性别比例失衡、二元分离的体制以及不同的生活方式之间存在关联;另一方面,就青年自身而言,可能与他们的择偶观念和择偶标准密切相关。本研究旨在通过解读都市特定择偶场域中青年的择偶标准来揭示其被

"剩"下来或主动"剩"下来的原因。

南京万人相亲会是应南京及周边地区青年男女择偶之需,以服务大众、解决"单身公害"为目的而创立的一个大型的公益组织平台,由于参加人数在2006年1月1日突破万人,因而得名。自2011年10月15日正式落户南京市GL公园以来,万人相亲会与某高端婚恋机构联手GL公园管理处定期(一般为周末)举办相亲会和专场相亲(如亿万富翁专场、公务员专场、海外相亲专场)等,通过会员制的方式,由会员自愿加入并为其现场展示相亲牌,而帮助未婚青年达到相亲的目的。这一在"中国举办最早、规模最大、次数最多"的相亲会,为南京及周边各地的青年男女相亲择偶提供了现场交流的平台,也为交际范围、空间较窄的年轻人创造了更多的交往机会。然而,在这一现实的择偶场域中,都市青年男女是否能够真的找到他们的另一半?参加相亲会的这些青年男女,其择偶标准具有怎样的特点,他们更看重对方的哪些条件?他们的择偶标准是否因性别、年龄、文化程度、职业等方面的不同而存在差异?具体表现如何?这是本研究关心和试图回答的主要问题。

一、文献回顾与评述

1. 关于择偶标准研究的回顾与述评

关于择偶标准与择偶观念的研究,国内社会学界、人口学界关注较多,但涉及青年男女择偶标准的文献,根据CNKI的检索结果[①],仅有为数不多的几篇。按照研究所采取的方法进行划分,大致可以分为两类:一类是问卷调查,另一类是内容分析。

其中,问卷调查类的研究主要有5项。陈宇鹏(2011)的研究是以义乌市经商未婚男女青年为研究对象,采取问卷调查的方法,对其择偶标准及行为进行了实证分析,得出了"经商青年择偶特征与行为体现了商人的经济理性选择结果"的结论,这一研究非常具有典型性,且专门针对特殊群体,但解释范围较窄,研究结论不能很好地推至其他青年群体;而徐安琪(1997;2000)等1996年在上海、哈尔滨对3200名已婚男女的入户调查,则以近50年来在不同年代择偶、恋爱的已婚者为研究样本,对50年来择偶标准的变迁及其原因进行了描述与较为深入地分

---

① 检索时间:2011年12月。

析。相比较而言,另外几项调查虽规模不大,但对青年择偶标准研究也做出了一定的贡献,一类是以大学生为调查对象(田岚,1993;秦季飞,1995),另一类则针对武汉高校的青年教师(种道平,2004)。而采取内容分析方法的研究则较多地集中于选取报刊、杂志上的征婚广告进行研究。例如,董金权、姚成(2011)的研究是通过对《现代家庭》杂志上刊载的 6612 则征婚广告进行内容分析,描述了青年择偶标准 25 年的嬗变,并将人们择偶标准的变化脉络置于三个阶段的时代背景下,探讨了社会变迁与人们择偶标准之间的内在关联,然而,由于其研究对象选取范围的局限性,虽可在一定程度上描述青年择偶标准的变化,但对于当前青年择偶标准与择偶行为的解释力有限。此外,还有一些其他学者的研究(吴雪莹、陈如,1997;〔美〕弗劳拉·博通·白哈、罗梅尔·科内霍·布斯达曼德,1992;张萍,1989;钱铭怡等,2003;朱松等,2004;种道平、王绪朗,2003;韩荣炜,2002),他们分别选取不同的报纸杂志,对青年男女的择偶标准进行了分析。在采取内容分析法所做的研究中,值得一提的是靖元(2007)的研究,该研究选取报刊、杂志等之外的另一媒介——网络,通过对"我爱南开 BBS"鹊桥版上所抽取的 527 个有效样本进行内容分析,考察了当代青年在择偶时所关注的重要指标,探讨了择偶的性别差异以及上学者与工作者对被征者要求的差异等,然而,其研究是基于网络上的版面内容所进行的分析,而网络与现实的距离,也在无形之中降低了其研究结论的可靠性。

总的来说,以往研究虽已在青年男女择偶标准方面做了很多探讨,但多数研究由于其研究对象与研究方法上的局限,不可避免地影响了研究的深入和对现实问题的解释力。一方面,基于问卷调查的研究,由于多是针对特殊群体,从而对于在整体上理解和把握青年男女的择偶标准与择偶行为,难免会有偏差;另一方面,基于内容分析的研究,多是选取报纸杂志以及网络上的征婚广告作为研究对象,而这些征婚广告能否真实地体现和反映征婚者的现实择偶意愿,值得怀疑。因此,在未来的研究中,若能将二者有效地结合起来,或者在任一研究方法的基础上增加深入访谈或质性研究方法,或许能够获得更为科学的结论与判断。

2. 关于相亲活动研究的回顾与述评

对于相亲活动,由于其属于新兴事物,也是近年来在城市中所产生的新兴择偶方式,所以目前学界的研究还不多,而且较为粗浅。记者咪拉(2007)曾于2007年以现场访谈的方式,对北京石景山游乐园的"万人相亲大会"进行了选点式的场景描述,零零散散地指出了相亲会上青年男女择偶过程中存在的一些问题,但分析较为肤浅,仅限于一些基本的描述和粗略的报道。

而其他的一些研究则主要针对择偶方式、相亲活动的特点以及择偶步骤和策略等进行了探讨。如胡桂锬(2007)发现,城市中集体相亲的主体是"三高"(高学历、高收入、高年龄)群体,并指出,集体相亲因其选择范围广、目的性强、参加主体阶层相似、便捷快速等特征而逐渐成为当今城市白领所热衷的择偶方式;而唐韡(2008)通过对上海人民公园的"相亲角"进行研究,发现了"相亲角"具有"求偶女性多,男性少""求偶的白领几乎不露面""成功率很低"等特点;孙沛东(2012)则通过对参与相亲角的人员进行实地访谈指出,相亲角和"白发相亲"现象具有城市性,公园、晨练等城市公共空间建构了相亲的实体场所和操作路径,"白发相亲"是"知青一代"父母代替子女相亲所采取的择偶步骤和择偶策略,其实质是"毛的孩子们"试图帮助"邓的一代"解决婚恋难题。这些研究,都在一定程度上描绘了当前城市中的集体相亲活动场景。然而,专门针对相亲会上青年男女择偶标准与择偶观念的研究,目前国内尚无学者对此进行探讨。

二、调查概况与研究设计

1. 调研点的选择及其基本情况

2011年10月15日至2012年1月20日,笔者选择了江苏南京的"万人相亲会"作为调研点,对当代都市青年的择偶标准、择偶观念与择偶行为进行了实地调查与研究。之所以选择南京万人相亲会作为调研点,主要原因在于其发展相对较为成熟,且对于笔者而言,有着经费、时间、精力、交通等各方面考虑上的优势及便利。

根据相亲会工作人员的介绍,南京万人相亲会的历史演变及基本情况[①]如下:(1) 2005年11月1日,相亲会诞生于南京BM公园,创办

[①] 南京"万人相亲会"的历史演变及基本情况资料来源于对"万人相亲会"创办人许晓明先生及其工作人员的访谈笔录。

人许晓明策划了第一次"南京父母相亲大会",由南京市妇女儿童活动中心冠名主办,此次相亲大会有3000多人报名,5000多人参加,活动引起了巨大的社会反响,央视、新华社、南媒网等多家媒体跟踪报道。(2)2005年11月26日,第二次相亲大会正式召开,现场相亲牌达4000多个,参加人员增至6000余名。(3)2006年1月1日,举办了第三次相亲会,由江苏广电总台城市频道冠名主办,参加人数突破万人,"万人相亲会"由此得名。此次相亲会实现两个突破:第一是子女亲自参与;第二,开设专场相亲,包括魅力淑女秀、优秀男士专场、海归专场等。(4)2006年2月,万人相亲会在工商部门正式注册,成为唯一合法拥有该字号的独立机构。(5)2006年到2008年,万人相亲会与江苏广电总台城市频道合作,相亲会名曰"城市频道·万人相亲会"。期间,在江苏广电总台举办的东方情人节上,万人相亲会以"中国举办最早、规模最大、次数最多"荣获吉尼斯证书。自此,相亲会已举办百场之余,注册会员达至3万多名。(6)2008年3月,万人相亲会与《扬州晚报》合作,易名为"扬子交友·万人相亲会",江苏广电总台休闲频道为联合主办单位。(7)2011年10月15日,万人相亲会正式落户南京市 GL 公园,和 GL 公园管理处正式缔约联姻,与南京某高端婚恋机构成为重要战略合作伙伴,并联手打造了南京第一家爱情公园和相亲茶楼。(8)2012年初至今,"万人相亲会"仍定期举办相亲会;定期召开如何找对象的专家讲座;定期举办"三高人士"专场相亲会;特殊节日如光棍节、情人节等,相亲会还会举办各类专场相亲,如亿万富翁专场、公务员专场、海外相亲专场等。

2. 资料收集与数据来源

本研究的资料收集主要是借助于南京市 GL 公园的万人相亲会这一平台。之所以选择万人相亲会,主要在于:一是相亲会作为一种新型的择偶方式,正在全国各地的城市地区流行开来,这一现象得到了网络和媒体的关注与报道,而学界对此尚未做出反应,作为关注社会现实问题的社会学界而言,有必要对此做出理性思考;二是相比较传统的择偶方式,以及网络相亲、电视相亲等方式,万人相亲会的会员多是主动要求登记其资料,并代为展示进行征婚的,这在一定程度上反映了人们较为真实的择偶标准与择偶观念;三是由当地自发组织举办的相亲会集中了本地及周边地区大量的青年男女,他们有着表达自己真实择偶意愿的便利,而在这种表达背后能够反映更真实和更现实的需求与观念;四是相比较报刊、杂志等媒介上刊载的征婚广告和征婚启事,万人相亲会的会员资料更贴近现实,也更接近真实的生活。基于此,笔者通过两个多月的调查研究、实地访谈和参与观察,搜集了大量的定量和定性的资料,限于篇幅,这里暂且主要就其中的部分定量资料进行分析,并结合部分访谈资料展开一些探讨。

定性资料主要来源于2011年10月15日至2012年1月20日期间,笔者在万人相亲会上与相亲会工作人员、前来参加相亲的个别青年和一些代子女相亲的父母等所进行的访谈,以及实地的参与观察记录。

定量资料主要是将2011年11月13日至12月10日期间相亲会上所展示的会员资料随机进行收集,而后进行整理。近一个月内共收集到有效会员资料1255份,其中男性363份,女性892份。由于在相亲会上,会员的年龄从21—85周岁(1926—1990年出生)不等,而本章集中探讨18—35周岁(1976—1993年生)青年男女的择偶标准与择偶观念。因此,剔除不在年龄范围内的会员资料319份,共获取21—35周岁青年男女有效会员资料936份,其中男性218份,女性718份。这一样本的选择,尽管带有很大的局限性,不能在严格的统计学意义上推论全国,但大致可以反映南京万人相亲会上青年男女在择偶标准与择偶观念方面的现状。

表10-1 有效样本(会员资料)的基本情况(%)　　$n = 936$

性别	男	76.7	办事人员	3.5
	女	23.3	领导干部负责人	27.2
出生年份	1976—1980	29.0	医务人员	15.3
	1981—1985	54.3	专业技术人员	5.6
	1986—1990	16.8	职业状况 商业、服务业人员	28.0
文化程度	高中及以下	5.4	文化艺术体育工作者	13.5
	大专	21.3		
	本科	51.8	军人	5.2
	研究生及以上	21.4	其他	1.6

3. 研究方法与具体操作

本研究的定量资料分析主要采用内容分析的方法,对936份会员资料逐一进行编码,并输入计算机,进行统计分析。

内容分析方法的具体操作如下：

概念操作化与定义变量。择偶标准，即男女选择结婚对象的条件或要求。根据本研究所收集到的936份青年男女的有效会员资料，笔者先进行了概要的通读，而后将涉及的择偶要求或条件一一列出，主要包括：年龄、身高、文化程度、留学经历、优先职业[①]、工作稳定、户口、收入、住房、购房能力、有房无贷、车辆、婚史、子女、家庭经济情况、家庭政治背景、父母养老保障、人品、品位、气质修养、脾气性格、生活习惯、兴趣爱好、聪明、责任心、事业心、孝顺、爱心、感情经历、生育能力、持家能力、容貌、身材、身体健康、缘分眼缘、未来目标规划、海外考虑、技术特长以及排斥条件等，共计39项。然后根据会员择偶条件与要求中是否提及，对每一变量，进行赋值，0为未提及，1为提及，从而对各变量进行量化处理，以便进行统计分析。此外，根据我国《婚姻法》中对男女年龄的规定以及择偶早于结婚数年的事实，再加上考虑到实际所收集到的会员资料情况，本研究中将青年的年龄界定在18—35周岁之间。

编码。考虑到在编码过程中，不同个体对各项因素理解上的差异，以及编码录入的工作量，本研究采取了如下办法进行处理：(1)由2男3女共5位编码者进行编码；(2)编码前仔细讨论对各项因素的理解，并提取少量会员资料，进行尝试编码，而后再进行讨论，以基本达成较为一致的理解；(3)为了更好地理解会员资料中的表述，我们采取同性编码的方式，即由男编码者对男性会员资料进行编码，女编码者对女性会员资料进行编码，编码时两人或三人一起，遇到问题及时商量讨论；(4)由笔者对部分编码结果进行抽检，对于编码中理解不一致的地方，重新进行讨论，统一认识后，再次编码；(5)编码结束后，由笔者逐一对照会员资料与编码，对编码质量进行再检验，进而得到最后的编码。

数据录入与分析。首先，利用EpiData V3.02程序将936份会员资料逐份编码录入计算机，转化为量化的编码结果；而后，使用SPSS18.0对变量进行频率统计、描述统计等分析。

三、相亲会上青年择偶标准的总体情况

如前所述，在近一个月的实地研究中，笔者共收集到了1255份有

[①] 这里的优先职业是指会员在资料中提及择偶时优先考虑的职业，如提及优先考虑教师、公务员、医生等职业的情况。

效会员资料,男性约占 28.9%,女性约占 71.1%,其中包括了年龄从 21—85 周岁(1926—1990 年出生)不等的会员,本节主要对相亲会上人们的择偶标准做一总体描述,进而重点对 18—35 周岁(1976—1993 年生)青年男女的择偶标准与择偶观念进行分析。

1. 相亲会会员择偶标准的整体状况

表 10-2　相亲会会员择偶条件(要求)的整体状况　　　　$n=1255$

择偶条件(要求)	提及率(%)	排序	择偶条件(要求)	提及率(%)	排序	择偶条件(要求)	提及率(%)	排序
身高	63.1	1	孝顺	14.8	14	排斥条件	2.3	27
年龄	59.7	2	生活习惯	14.3	15	购房能力	1.8	28
脾气性格	48.8	3	身体健康	12.7	16	留学经历	1.6	29
工作稳定	44.2	4	户口	12.4	17	海外考虑	1.5	30
文化程度	41.8	5	优先职业	10.5	18	技术特长	1.3	31
人品	31	6	家庭经济情况	9.4	19	聪明	1.1	32
住房	27.9	7	婚姻子女要求	8	20	车辆要求	1	33
责任心	26.6	8	品位	5	21	父母养老保障	1	33
婚史	18.6	9	爱心	5	21	生育能力	1	33
气质修养	17.1	10	持家能力	4.9	23	目标规划	0.8	36
收入	16.2	11	缘分眼缘	4.7	24	家庭政治背景	0.7	37
容貌	16.2	11	身材	4.1	25	有房无贷	0.6	38
事业心	15.8	13	兴趣爱好	3.3	26	感情经历	0.4	39

整体上看,不分年龄,不论性别,从 1255 份会员资料中人们对于对方的择偶条件(要求)总体的状况(表 10-2)可以看到,相亲会上的单身男女们,最看重的对方的主要还是一些个人方面的条件,如身高、年龄、脾气性格如何、工作是否稳定、文化程度以及人品如何等。但另一方面,我们也可以看到,相亲会上人们的择偶条件(要求)几乎涉及了人们日常生活的方方面面,从个人条件到家庭情况,人们能想到的要求几乎都包括了在内,有些甚至还是一些非常具体的条件(要求)。尽管有的条件(要求)提及率高,有的条件(要求)提及率低,但这在一定程度上也反映了人们不同的择偶观念与需求。

2. 青年择偶标准的基本情况分析

表 10-3　青年择偶条件（要求）的基本情况　　　　　　　　　　　n = 936

择偶条件（要求）	提及率（%）	排序	择偶条件（要求）	提及率（%）	排序	择偶条件（要求）	提及率（%）	排序
身高	70.7	1	婚史	14.5	14	排斥条件	2.8	26
年龄	57.8	2	户口	13.9	15	购房能力	2.4	28
工作稳定	50.3	3	生活习惯	12.6	16	海外考虑	2.0	29
脾气性格	47.9	4	身体健康	11.2	17	留学经历	1.8	30
文化程度	47.6	5	优先职业	10.9	18	车辆要求	1.4	31
责任心	29.5	6	家庭经济情况	8.7	19	父母养老保障	1.3	32
人品	29.4	7	爱心	5.1	20	聪明	1.3	32
住房	28.5	8	身材	4.4	21	目标规划	1.1	34
事业心	19.8	9	缘分眼缘	4.4	21	技术特长	1.1	34
孝顺	17.1	10	品位	4.2	23	家庭政治背景	0.9	36
收入	17.0	11	婚姻子女要求	3.4	24	有房无贷	0.7	37
气质修养	16.5	12	持家能力	3.2	25	感情经历	0.5	38
容貌	16.1	13	兴趣爱好	2.8	26	生育能力	0.1	39

整体而言（见表10-3）南京万人相亲会上青年择偶时更看重对方的身高、年龄、工作是否稳定、脾气性格如何以及文化程度等个人基本条件方面的情况，而住房、收入、家庭经济情况等物质条件方面的情况，则排在后面；相比较事业心（对事业的）而言，更看重责任心（对家庭的）；相比较爱心（对小孩子的）而言，更看重孝顺（对老人的）；相比较身材而言，更看重容貌，然而这些外貌条件吸引力有限；对于脾气性格、人品、气质修养等个人内在条件等，南京地区青年还是比较看重的；而对于户口、身体健康等因素，南京地区青年已不太看重；至于缘分、眼缘等因素，已没有那么多人相信。而对于持家能力、兴趣爱好、排斥条件、购房能力、海外考虑、留学经历、车辆要求、父母养老保障、聪明、目标规划、技术特长、家庭政治背景、有房无贷、感情经历、生育能力等，只有少数、个别的青年会关注一些，多数青年并不看重。

总的来说，本研究结果与其他研究相比，既有一致的地方，也有不同之处。例如，有研究表明人们对配偶性格品德的要求一直都是最为关注的，排在第一位（董金权、姚成，2011），而我们的研究由于是将脾气性格和人品分开来计，故排序靠后，但若合并在一起，提及率高达77.3%，亦可排至第一位，因此，在这一点上，研究结论具有根本上的一致性。而不同之处在于,本研究中青年对于健康和容貌的看重程度远低于现有研究。可能的原因在于:一方面,对于健康,由于人们生活水平的提高,健康程度普遍有所提升,因而这一因素并不再像以往那样受到重视,以往研究也表明,人们对于健康的提及比例随年代的更新在逐渐下降(董金权、姚成,2011);另一方面,对于容貌,由于样本中性别比例的严重失衡(女多男少),而男性对于容貌的关注程度在总体样本资料中不能突显出来,因此导致了总体上对于容貌较低的提及率。

3. 样本整体状况与青年基本情况的排序对比分析

作为相亲会上参与相亲择偶的主要人群,青年的择偶标准与全体会员(包括青年、中年和老年)的择偶标准之间是否存在差异,程度如何?通过以下的简单对比,我们可以得到一些发现。

表10-4 样本整体状况与青年基本情况的排序对比

择偶条件(要求)	全样本排序	青年排序	升降位次	择偶条件(要求)	全样本排序	青年排序	升降位次
身高	1	1		品位	21	23	↓2
年龄	2	2		爱心	21	20	↑1
脾气性格	3	4	↓1	持家能力	23	25	↓2
工作稳定	4	3	↑1	缘分眼缘	24	21	↑3
文化程度	5	5		身材	25	21	↑4
人品	6	7	↓1	兴趣爱好	26	26	
住房	7	8	↓1	排斥条件	26	26	
责任心	8	6	↑2	购房能力	28	28	
婚史	9	14	↓5	留学经历	29	30	↓1
气质修养	10	12	↓2	海外考虑	30	29	↑1
收入	11	11		技术特长	31	34	↓3
容貌	12	13	↓1	聪明	32	32	
事业心	13	9	↑4	车辆要求	32	31	↑1
孝顺	14	10	↑4	父母养老保障	34	32	↑2
生活习惯	15	16	↓1	生育能力	34	39	↓5
身体健康	16	17	↓1	目标规划	36	34	↑2
户口	17	15	↑2	家庭政治背景	37	36	↑1
优先职业	18	18		有房无贷	38	37	↑1
家庭经济情况	19	19		感情经历	39	38	↑1
婚姻子女要求	20	24	↓4				

由表10-4可见,我们将样本整体状况与青年基本情况做了一个简

单的排序对比。

从排序位次的波动幅度上看,我们可以看到青年的择偶条件(要求)中,排序出现波动幅度最大的是婚史和生育能力,降幅高达5位;其次是事业心、孝顺、婚姻子女要求、身材,升降幅度达4位,其中,婚姻子女要求降了4位,其他都是上升4位;再次是缘分眼缘和技术特长,其中,缘分眼缘上升3位,技术特长下降3位;而其他择偶条件(要求)的排序波动不大,幅度在1—2位之间,个别择偶条件(要求)排序没有发生变化。

从是升位还是降位上看,脾气性格、人品、住房、婚史、气质修养、容貌、生活习惯、身体健康、婚姻子女要求、品位、持家能力、留学经历、技术特长、生育能力等14项择偶条件(要求)的排序下降了;而工作稳定、责任心、事业心、孝顺、户口、爱心、缘分眼缘、身材、海外考虑、车辆要求、父母养老保障、目标规划、家庭政治背景、有房无贷、感情经历等15项择偶条件(要求)的排序上升了;而身高、年龄、文化程度、收入、优先职业、家庭经济情况、兴趣爱好、排斥条件、购房能力、聪明等10项择偶条件(要求)的排序未发生变化。

综合排序位次的波动幅度与是否升降两方面考虑,可以发现,青年的择偶条件(要求)中,上升且幅度较大的是事业心、孝顺、身材等3项,下降且幅度较大的是婚史、生育能力与婚姻子女要求等3项,这比较符合我们的日常生活判断。由于青年正处于事业的起步阶段和上升期,因此,对于事业比较看重;而在家庭中,未婚青年男女因多数还跟父母或老人生活在一起,因而更看重对方是否孝顺;对于个人条件而言,外在的形象也是青年在择偶时相对于其他年龄段的人群而言比较看重的,因此身材的排序也上升幅度较大。然而,一些比较明显地带有再婚色彩的择偶条件(要求),如婚史、生育能力与婚姻子女要求等,由于青年中多数还是单身未婚,所以对于这些因素的考虑,自然排序也就下降了。当然,这只是根据初步的研究结果,所做出的推论与判断,究竟是否合理与科学,还有待于进一步的研究和检验。

四、青年择偶标准的差异及原因分析

根据SPSS统计所显示的结果,我们选择了青年择偶更看重的(提及率在10%以上)各项指标,进行进一步的分析。其中包括:身高、年龄、工作稳定、脾气性格、文化程度、责任心、人品、住房、事业心、孝顺、收入、气质修养、容貌、婚史、户口、生活习惯、身体健康、优先职业等,共计18项。进而分析青年的择偶标准在性别、出生年份、文化程度以及职业等方面的差异。

1. 青年择偶标准的性别差异及原因分析

表 10-5 都市青年所看重择偶条件的性别差异(%)　　　　$n=936$

择偶条件（要求）	是否提及	性别 女	性别 男	总体	统计检验的显著度
年龄	未提及	31.0	11.2	42.2	0.042
	提及	45.7	12.1	57.8	
身高	未提及	20.0	8.3	29.3	0.016
	提及	58.8	15.5	70.7	
文化程度	未提及	38.9	13.5	52.4	0.066
	提及	37.8	9.8	47.6	
工作稳定	未提及	35.7	14.0	49.7	0.000
	提及	41.0	9.3	50.3	
优先职业	未提及	68.9	20.2	89.1	0.193
	提及	7.8	3.1	10.9	
户口	未提及	67.5	18.6	86.1	0.002
	提及	9.2	4.7	13.9	
收入	未提及	60.6	22.4	83.0	0.000
	提及	16.1	0.9	17.0	
住房①	未提及	48.2	23.0	71.5	—
	提及	28.5	0	28.5	
婚史	未提及	64.9	20.6	85.5	0.143
	提及	11.9	2.7	14.5	
人品	未提及	49.5	21.2	70.6	0.000
	提及	27.2	2.1	29.4	
气质修养	未提及	67.4	16.1	83.5	0.000
	提及	9.3	7.2	16.5	
脾气性格	未提及	45.2	6.9	52.1	0.000
	提及	31.5	16.3	47.9	
生活习惯	未提及	68.2	19.2	87.4	0.014
	提及	8.5	4.1	12.6	

---

① 需要说明的是,由于在"住房"这一指标上,男性提及的样本数为0,不满足交叉表卡方检验的要求,但从数据背后的内涵上分析,这明显地反映出男女之间在是否提及住房要求方面的差异,故在此仍然列出。

（续表）

择偶条件（要求）	是否提及	性别		总体	统计检验的显著度
		女	男		
责任心	未提及	48.0	22.5	70.5	0.000
	提及	28.7	0.7	29.5	
事业心	未提及	57.7	22.5	80.2	0.000
	提及	19.0	0.7	19.8	
孝顺	未提及	64.4	18.5	82.9	0.112
	提及	12.3	4.8	17.1	
容貌	未提及	69.1	14.7	83.9	0.000
	提及	7.6	8.5	16.1	
身体健康	未提及	67.3	21.5	88.8	0.068
	提及	9.4	1.8	11.2	

表10-5最后一列的统计显著性检验结果表明，不同性别的青年，除了在文化程度、优先职业、婚史、孝顺、身体健康等5项指标上不存在统计意义上的显著性差异之外，其他13项指标均存在较为显著的性别差异。这说明，在上述18项择偶标准中，72.2%的择偶要求或条件与都市青年的性别之间存在一定的相关关系，男女两性在择偶标准上存在较为显著的差异。

从表10-5第三列和第四列中男女各自的提及比例对比可见，相较于男性而言，女性更为看重年龄、身高、工作稳定、户口、收入、人品、气质修养、脾气性格、生活习惯、责任心、事业心等因素；而相较于女性而言，男性则更看重容貌。可见，在择偶要求和条件上，女性要比男性有着更多、更高的要求。

此外，值得注意的是，没有一个男性提及"住房条件"，而28.5%的提及率全部是由女性贡献的。这表明，在南京地区，女方要求男方负责住房问题的传统观念依然明显存在。究其原因，我们认为，一方面，由于南京地区较高的房价给人们生活带来了较大的压力，要求男方负责解决住房问题，最起码可以为女性未来较为安定的生活提供一定的物质基础和保证；另一方面，这可能跟婚后的居住方式也有一定关系，已有研究表明，"青年婚后小家单独居住的比例高达2/3，成为第一代独生子女婚后居住方式的主流"（风笑天，2006），住房是作为迫切且必要的资源需要而出现在女方的要求和条件中的，因此，女性对于住房的要求要显著高于男性。

通过对于男女两性择偶标准差异的分析,恰恰也证实了我们在研究前的理论假设,在万人相亲会上,女性的确要比男性有着更多的要求,男女之间在择偶的条件或要求上确实存在较为显著的差异,这种择偶要求上的偏多、偏高,在一定程度上可能会使得都市中的女性不断地"剩"下来,从而建构出了都市中的"剩女"现象。

2. 青年择偶标准的年龄差异及原因分析

表10-6 都市青年所看重择偶条件的年龄差异(%)　　n=936

择偶条件(要求)	是否提及	出生年份			总体	统计检验的显著度
		1976—1980	1981—1985	1986—1990		
年龄	未提及	11.9	22.4	7.9	42.2	0.388
	提及	17.1	31.8	8.9	57.8	
身高	未提及	10.4	14.7	4.2	29.3	0.017
	提及	18.6	39.5	12.6	70.7	
文化程度	未提及	15.7	29.5	7.2	52.4	0.029
	提及	13.2	24.8	9.6	47.6	
工作稳定	未提及	15.5	26.6	7.6	49.7	0.232
	提及	13.5	27.7	9.2	50.3	
优先职业	未提及	27.5	47.6	14.0	89.1	0.000
	提及	1.5	6.6	2.8	10.9	
户口	未提及	26.4	47.1	12.6	86.1	0.000
	提及	2.6	7.2	4.2	13.9	
收入	未提及	24.7	45.5	12.6	83.0	0.049
	提及	4.3	8.8	4.0	17.0	
住房	未提及	23.5	38.1	9.8	71.5	0.000
	提及	5.4	16.1	6.9	28.5	
婚史	未提及	22.1	48.4	15.0	85.5	0.000
	提及	6.8	5.9	1.8	14.5	
人品	未提及	18.7	40.7	11.2	70.6	0.005
	提及	10.3	13.6	5.6	29.4	
气质修养	未提及	24.6	46.4	12.6	83.5	0.008
	提及	4.4	7.9	4.2	16.5	
脾气性格	未提及	13.7	29.8	8.7	52.1	0.122
	提及	15.3	24.5	8.1	47.9	
生活习惯	未提及	24.7	48.0	14.7	87.4	0.442
	提及	4.3	6.3	2.0	12.6	

(续表)

择偶条件（要求）	是否提及	出生年份			总体	统计检验的显著度
		1976—1980	1981—1985	1986—1990		
责任心	未提及	19.9	38.8	11.9	70.5	0.712
	提及	9.1	15.5	4.9	29.5	
事业心	未提及	23.9	42.8	13.5	80.2	0.463
	提及	5.0	11.4	3.3	19.8	
孝顺	未提及	24.6	44.7	13.7	82.9	0.581
	提及	4.4	9.6	3.1	17.1	
容貌	未提及	23.6	45.7	14.5	83.9	0.365
	提及	5.3	8.5	2.2	16.1	
身体健康	未提及	25.5	48.4	14.9	88.8	0.913
	提及	3.4	5.9	1.9	11.2	

表10-6最后一列的统计显著性检验结果表明，不同出生年份的青年，在年龄、工作稳定、脾气性格、生活习惯、责任心、事业心、孝顺、容貌以及身体健康等9项指标上，不存在统计学意义上的显著性差异。而对于对方的身高、文化程度、优先职业、户口、收入、住房、婚史、人品、气质修养等方面的要求，存在着统计学意义上的显著性差异。这说明，在上述的18项择偶标准中，有50%的择偶要求或条件与都市青年所处的出生年份之间存在一定的相关关系。

从表10-6第三、第四、第五列中不同出生年份青年提及比例的对比可见，他们在择偶标准方面的差异突出表现为：在身高、文化程度、收入、人品和气质修养上，1981—1985年出生的青年男女最看重，其次是1976—1980年出生的，而1986—1990年出生的相较于前两者而言，不那么看重；而在优先职业、户口和住房等方面，1981—1985年出生的青年男女依然最看重，排在其次的是1986—1990年出生的，而1976—1980年出生的看重程度排在最后。可见，在择偶要求和条件上，1981—1985年出生的青年男女看重的因素最多，不论是个人基本条件还是物质方面的条件，相比较其他两个年龄段的青年，都存显著差异。究其原因可能在于，1981—1985年出生的青年男女现正处于婚恋择偶的黄金时期（25—30岁），这一时期个人自身条件已基本成熟，有的已经有了较为稳定的工作和收入，事业已经开始起步，有了选择的"资本"，因此倾向于提出更多更高的要求；而1976—1980年出生的已经过了婚恋择偶的最佳时期，尤其是女性，在身材、容貌等男性较为看重的因素上逐渐失去优势,而在物质条件方面有了一定的基础,因而在择偶上,相较于1986—1990年出生的而言,更倾向于看重身高、文化程度、人品和气质修养等个人自身因素;而1986—1990年出生的,由于年纪尚轻,再加上相亲会上家长的主导意见,因而更倾向于看重优先职业、户口和住房等方面的因素。

此外,值得一提的是婚史方面的要求,数据显示,青年男女对于对方婚史的关注,随着年龄的减小,呈现出逐步下降的趋势:1976—1980年出生的最看重,其次是1981—1985年出生的,最后是1986—1990年出生的。我们认为,出现这一趋势的原因,一方面可能与青年自身的经历与阅历有关,年龄较小的由于尚未步入婚姻家庭,对于婚史的问题接触不多,因而也较少提及;而年龄稍大的有的甚至已经结过婚,离婚后再来相亲择偶,因而提及婚史。另一方面可能也反映出了由于当今社会越来越开放和包容的社会环境使得年龄越小的青年越表现出宽容的态度,逐渐改变着"从一而终"的传统观念。

3. 青年择偶标准的文化程度差异及原因分析

表 10-7　都市青年所看重择偶条件的文化程度差异(%)　　$n=936$

择偶条件（要求）	是否提及	高中及以下	文化程度		研究生及以上	总体	统计检验的显著度
			大专	本科			
年龄	未提及	2.5	8.9	22.2	8.7	42.2	0.913
	提及	3.0	12.4	29.6	12.7	57.8	
身高	未提及	2.1	7.6	13.9	5.7	29.3	0.036
	提及	3.3	13.7	38.0	15.7	70.7	
文化程度	未提及	4.3	14.3	25.1	8.6	52.3	0.000
	提及	1.2	7.0	26.7	12.8	47.7	
工作稳定	未提及	3.2	9.9	23.4	13.0	49.6	0.001
	提及	2.2	11.3	28.4	8.3	50.4	
优先职业	未提及	5.2	20.6	44.5	18.7	89.1	0.000
	提及	0.2	0.6	7.4	2.7	10.9	
户口	未提及	4.9	17.9	43.2	20.2	86.2	0.001
	提及	0.5	3.4	8.7	1.2	13.8	
收入	未提及	4.3	17.2	42.2	19.3	83.0	0.027
	提及	1.2	4.1	9.6	2.1	17.0	
住房	未提及	3.9	12.6	36.7	18.3	71.4	0.000
	提及	1.6	8.7	15.2	3.1	28.6	

(续表)

择偶条件（要求）	是否提及	高中及以下	文化程度		研究生及以上	总体	统计检验的显著度
			大专	本科			
婚史	未提及	4.7	17.5	45.1	18.2	85.6	0.476
	提及	0.7	3.7	6.7	3.2	14.4	
人品	未提及	3.9	13.9	36.9	15.9	70.6	0.241
	提及	1.6	7.4	15.0	5.5	29.4	
气质修养	未提及	4.7	18.8	43.0	17.0	83.5	0.099
	提及	0.7	2.5	8.9	4.4	16.5	
脾气性格	未提及	2.0	11.0	28.3	10.8	52.2	0.113
	提及	3.4	10.3	23.5	10.6	47.8	
生活习惯	未提及	4.6	18.4	45.3	19.0	87.4	0.783
	提及	0.9	2.9	6.5	2.4	12.6	
责任心	未提及	4.3	15.0	36.0	15.2	70.5	0.613
	提及	1.2	6.3	15.8	6.2	29.5	
事业心	未提及	4.5	18.0	41.5	16.3	80.2	0.202
	提及	1.0	3.3	10.4	5.1	19.8	
孝顺	未提及	4.4	16.8	43.4	18.3	82.9	0.301
	提及	1.1	4.5	8.4	3.1	17.1	
容貌	未提及	4.5	18.9	43.2	17.3	84.0	0.156
	提及	1.0	2.4	8.7	4.1	16.0	
身体健康	未提及	5.1	19.7	45.2	18.7	88.8	0.128
	提及	0.3	1.6	6.6	2.7	11.2	

表10-7最后一列的统计显著性检验结果表明，不同文化程度的青年，在年龄、婚史、人品、气质修养、脾气性格、生活习惯、责任心、事业心、孝顺、容貌、身体健康等11项指标上，虽然存在一定的百分比差异，但检验结果显示，均不存在统计学意义上的显著性差异。而只有对于对方的身高、文化程度、工作稳定、优先职业、户口、收入、住房等方面的要求上，检验结果显示，存在着统计学意义上的显著性差异。可见，在上述的18项择偶标准中，只有38.9%的择偶要求或条件与都市青年的文化程度之间存在一定的相关关系。

从表10-7第三、第四、第五、第六列中不同文化程度青年分别的提及比例对比可见，他们在择偶标准方面的差异更多地表现为：第一，在身高、文化程度、工作稳定、优先职业、户口、收入、住房等7项指标上，都是文化程度为本科的青年最为看重，而文化程度为高中及以下的最不看重。究其原因可能在于，作为文化程度为高中及以下的那些青年由于自身条件相比较而言稍差一些,因而提出的要求和条件也就少一些、低一些;而文化程度为本科的青年相较于研究生及以上的有年龄优势,相较于大专以及高中及以下的有学历优势,因此,倾向于提出更多和更高的要求或条件。第二,相比较而言,在身高、文化程度和优先职业上,文化程度为研究生及以上的青年比大专的青年更为看重。而在工作稳定、户口、收入和住房方面,文化程度为大专的青年比研究生及以上的青年更为看重。这表明,文化程度较高的青年更看重个人自身因素,如身高、文化程度和优先职业等,而文化程度较低的青年则更看重物质方面的因素,如收入和住房等。

4. 青年择偶标准的职业差异及原因分析

表 10-8　都市青年所看重择偶条件的职业差异(%)　　$n=936$

择偶条件（要求）	是否提及	职业状况							总体	统计检验的显著度
		办事人员	领导干部	医务人员	专业技术人员	商业服务人员	文艺体工作者	军人		
年龄	未提及	11.6	7.2	2.6	12.1	5.2	1.6	0.6	42.2	0.675
	提及	15.6	8.2	3.1	16.0	8.3	3.6	1.0	57.8	
身高	未提及	9.1	5.2	1.5	6.8	3.8	1.5	0.4	29.3	0.119
	提及	18.2	10.1	4.2	21.3	9.7	3.7	2.1	70.7	
文化程度	未提及	15.0	9.1	3.4	12.0	8.4	2.1	1.0	52.4	0.001
	提及	12.3	6.3	2.2	16.1	5.1	3.1	0.6	47.6	
工作稳定	未提及	11.6	8.9	2.1	14.5	7.1	2.6	1.5	49.7	0.027
	提及	15.6	6.5	3.5	13.6	6.5	2.7	1.7	50.3	
优先职业	未提及	24.7	13.7	5.0	24.3	12.6	4.6	1.2	89.1	0.172
	提及	2.6	1.7	0.6	3.8	1.0	0.6	0.4	10.9	
户口	未提及	23.5	13.6	5.1	22.6	12.4	4.7	1.3	86.1	0.089
	提及	3.7	1.8	0.5	5.4	1.2	0.5	0.5	13.9	
收入	未提及	21.6	13.1	4.3	23.5	12.0	4.2	1.3	83.0	0.091
	提及	5.7	2.2	1.4	4.6	1.6	1.1	0.3	17.0	
住房	未提及	18.2	10.9	3.3	21.3	9.8	3.6	1.4	71.5	0.018
	提及	9.1	4.5	2.4	6.7	3.7	1.6	0.2	28.5	
婚史	未提及	22.3	14.1	4.4	23.6	11.6	5.1	1.5	85.5	0.016
	提及	4.9	1.3	1.3	4.5	1.9	0.1	0.1	14.5	
人品	未提及	18.3	10.7	3.5	20.3	9.5	4.1	1.5	70.6	0.089
	提及	9.0	4.7	2.1	7.8	4.1	1.2	0.1	29.4	

(续表)

择偶条件（要求）	是否提及	职业状况							总体	统计检验的显著度
		办事人员	领导干部	医务人员	专业技术人员	商业服务人员	文艺体工作者	军人		
气质修养	未提及	23.4	12.9	4.7	22.8	11.6	4.3	1.2	83.5	0.774
	提及	3.8	2.5	1.0	5.3	1.9	1.0	0.4	16.5	
脾气性格	未提及	14.9	8.3	2.6	15.1	5.9	2.8	0.7	52.1	0.434
	提及	12.4	7.1	3.1	13.0	7.7	2.5	0.9	47.9	
生活习惯	未提及	23.6	14.1	4.9	24.5	11.3	4.6	1.5	87.4	0.660
	提及	3.6	1.3	0.7	3.6	2.2	0.6	0.1	12.6	
责任心	未提及	18.4	11.5	4.1	21.2	8.2	3.5	2.3	70.5	0.009
	提及	8.9	3.8	1.6	6.9	5.3	1.7	0.0	29.5	
事业心	未提及	21.6	12.7	4.3	23.2	10.5	4.1	1.5	80.2	0.642
	提及	5.7	2.7	1.4	4.9	3.1	1.2	0.1	19.8	
孝顺	未提及	21.6	12.4	4.8	24.9	10.4	4.7	1.4	82.9	0.035
	提及	5.7	3.0	0.9	3.2	3.2	0.5	0.2	17.1	
容貌	未提及	23.7	12.6	4.7	23.0	11.6	4.4	1.3	83.9	0.771
	提及	3.5	2.8	1.0	5.1	1.9	0.9	0.3	16.1	
身体健康	未提及	24.7	13.5	4.9	25.0	12.2	4.5	1.4	88.8	0.889
	提及	2.6	1.9	0.7	3.1	1.4	0.7	0.2	11.2	

表10-8最后一列的统计显著性检验结果表明，不同职业的青年，只有在文化程度、工作稳定、住房、婚史、责任心、孝顺等6项指标上，存在着统计学意义上的显著性差异，而对于对方的年龄、身高、优先职业、户口、收入、人品、气质修养、脾气性格、生活习惯、事业心、容貌、身体健康等方面的要求，虽然存在一定的百分比差异，但检验结果显示，均不存在统计学意义上的显著性差异。可见，在上述的18项择偶标准中，只有三分之一的择偶要求或条件与都市青年的职业状况之间存在一定的相关关系。

从表10-8第三至第九列中不同职业青年分别的提及比例对比可见，他们在择偶标准方面的差异更多地表现为：在文化程度的要求上，专业技术人员和文艺体工作者的提及率高于未提及率，其他职业的提及率均低于未提及率；在工作稳定的要求上，办事人员和医务人员的提及率高于未提及率，其他职业的提及率与未提及率相当，或略低；而在住房、婚史、责任心、孝顺等方面的要求上，各个职业的提及率均明显低于未提及率，换句话说，即各个职业的青年大多对住房、婚史、责任心、孝顺等方面的要求并未提及,但各个职业之间,青年在这些择偶的要求上,存在着统计意义上的显著性差异。

五、小结与讨论

通过对南京万人相亲会上936份会员资料的分析,都市青年所提及的39项择偶标准中,身高、年龄、工作稳定、脾气性格、文化程度、责任心、人品、住房、事业心、孝顺、收入、气质修养、容貌、婚史、户口、生活习惯、身体健康、优先职业等18项因素是南京青年择偶比较看重的。在结合青年自身情况对择偶标准做出进一步分析后,我们发现:不同性别、出生年份、文化程度和职业的青年分别在不同程度上与其择偶标准存在相关关系,其中性别差异较为明显。总体而言,一方面,青年的择偶标准与其自身条件紧密相连,多数青年会在其自身条件的基础上,提出对于配偶的要求;另一方面,青年的择偶观念也跟整体社会环境、社会生活背景不无关系,社会大环境会影响和改变人们的择偶观念。在南京万人相亲会上所呈现出来的青年择偶标准和择偶观念,在一定程度上也反映了当今社会生活环境的整体状况。人们所关注和看重的因素,既有传统和保守的观念,同时也融入了更多现代的、开放的思想。从某种意义上讲,人们的择偶标准和观念在一定程度上也是当代社会生活的写照和折射。透过青年的择偶标准和择偶观念,我们能够看到在现实生活中,这个社会更关注和更看重什么。

此外,通过对万人相亲会上随机选择的会员资料进行统计分析后,我们还发现,在相亲会上,前来参加并登记会员资料的女性数量明显地多于男性。在相亲会现场,一位长期"据守"的家长,很有信心的判断:"通过我的长期观察,在这儿,女孩子的人数要远远多于男孩子,大致比例在3∶1左右。"而我们的数据也基本证实了他的观察,在搜集到的1255份会员资料中,男女比例分别为71.1%和28.9%,而936份青年会员资料中,女性占76.7%,而男性仅有23.3%。在这样的性别比例之下,自然就"塑造"出了女性的择偶困难。多位代子女相亲的家长也表示,在相亲会上,男性要比女性抢手得多,非常"优秀"的女孩子在相亲会上可能无人理睬,但是条件"一般"的男性都可能会很受青睐,大家都会纷纷去跟男孩子或者男孩子的家长前去攀谈。然而,青睐归青睐,攀谈归攀谈,真正能够谈成的却是少数。正如有学者所说的"妇女在婚姻市场上的高价值并不等同于其在社会生活中的高地位"(孙淑敏,2004)一样,万人相亲会上女性在各方面条件上的优秀并不等同于其在择偶相亲中的优势地位。笔者在相亲会现场曾经亲眼目睹了多位家长"争抢"一位某高校青年男教师的场景。这些现象,通过新闻媒体的大肆渲染,进一步加剧了都市女性的择偶难,使得都市女性逐步面临择偶恐慌。

与此同时,随着女性年龄的增大,更年轻的女性进入到择偶市场,那些失去年龄和容貌竞争优势的女性,在其"多"而"高"的标准要求下,便不可避免地"剩"了下来。我们的研究结果表明,在南京万人相亲会上,相比较男性而言,女性在择偶时更倾向于提出更多或更高的条件或要求,尤其是1981—1985年出生的、文化程度为本科的女性。而男性除了对女性的容貌方面提及率更高外,其他方面的要求或条件的提及率则大都低于女性。这是在南京万人相亲会上所展现出来的,让笔者感到"情理之中却意料之外"的一个特点。万人相亲会上的会员资料由于样本选取的局限性,可能不能很好地反映都市青年男女的择偶标准,然而它在一定程度上反映了在都市生活中,通过各种其他途径不能很好地选择到配偶而参加到相亲会中来的青年男女的择偶标准和择偶观念。这一研究在借助万人相亲会这一平台描述和分析都市青年择偶标准的同时,似乎有了另外的收获,即在一定程度上诠释了都市"剩女"现象日渐突出的表现及原因。

由此,我们便不难回答在本章开头提出的问题,在万人相亲会这一现实的择偶场域中,都市青年男女是否能够真的找到他们的另一半?我们的结论认为,这是比较困难的。一方面源于相亲会上悬殊的性别比例,另一方面也跟女性自身的择偶标准不无关系。

最后,需要说明的是,限于万人相亲会会员资料本身的缺陷以及内容分析方法的被动性,本研究仅就男女青年总体的择偶标准以及择偶标准的性别、年龄、文化程度和职业差异做了一些探讨与分析,而对于一些更为重要的变量,如收入等,未能做出分析,这可能在一定程度上会影响到我们对青年择偶标准差异的判断。再加上由于有效样本(会员资料)中的女性人数大大地多于男性,因此,本研究结论主要是对在相亲会上登记资料的青年男女所做出的,从严格意义上讲,不能推广至南京地区所有青年,更不能推至全国青年。但不可否认的是,这一研究结果对于解释"剩女"现象在都市中日渐突显的表现及原因,具有一定的启发意义,然而这也有待于进一步地研究与探讨。

参考文献：

1. 潘金洪：《出生性别比失调对中国未来男性婚姻挤压的影响》，《人口学刊》2007年第2期，第20—25页。
2. 王金营：《2000年中国第五次人口普查漏报评估及年中人口估计》，《人口研究》2003年第5期，第53—62页。
3. 贾志科：《出生性别比失衡的社会风险、影响与后果》，《社会科学家》2012年第12期，第22—25页。
4. 宁鸿：《"剩女"现象的社会学分析》，《理论界》2008年第12期，第222—223页。
5. 相树华、刘明福：《中国婚恋危机》，中国广播电视出版社2011年版。
6. 刘孙恒：《"剩女"真的是伪问题吗》，中新网2012年3月9日。
7. 陈宇鹏：《经商青年择偶标准与行为的实证分析——以义乌为例》，《中国青年研究》2011年第2期，第79—82页。
8. 徐安琪：《上海女性择偶行为的现状与变迁》，《妇女研究论丛》1997年第4期，第21—27页。
9. 徐安琪：《择偶标准——五十年变迁及其原因分析》，《社会学研究》2000年第6期，第18—30页。
10. 田岚：《当代女大学生的恋爱观与性价值观》，《妇女研究论丛》1993年第1期，第30—34页。
11. 秦季飞：《武汉地区大学生的择偶标准》，《青年研究》1995年第11期，第36—39页。
12. 种道平：《武汉高校青年教师择偶标准的变迁》，《社会》2004年第11期，第43—46页。
13. 董金权、姚成：《择偶标准：二十五年的嬗变（1986—2010）——对6612则征婚广告的内容分析》，《中国青年研究》2011年第2期，第73—78页。
14. 吴雪莹、陈如：《当代人择偶看重什么——千例征婚启事的启示》，《妇女研究论丛》1997年第1期，第40—44页。
15. 〔美〕弗劳拉·博通·白哈·罗梅尔·科内霍·布斯达曼德著，陈耀祖译：《我看中国征婚》，《妇女研究论丛》1992年第3期，第38—42页。
16. 张萍：《从征婚启事看我国城镇大龄未婚男女择偶标准的差异》，《社会学研究》1989年第2期，第62—71页。
17. 钱铭怡等：《十五年来中国女性择偶标准的变化》，《北京大学学报（哲学社会科学版）》2003年第5期，第121—128页。
18. 朱松等：《十五年来中国男性择偶标准的变化》，《心理与行为研究》2004年第4期，第614—621页。
19. 种道平、王绪朗：《一项关于我国青年择偶标准性别差异的内容分析》，《青年探索》2003年第5期，第37—40页。
20. 韩荣炜：《两性择偶标准的差异研究》，《西北人口》2002年第1期，第42—

44页。
21. 靖元:《从网络征友看当代青年的择偶标准——对"我爱南开BBS"鹊桥版内容分析》,《青年研究》2007年第2期,第9—16页。
22. 咪拉:《万人相亲会,找爱情还是捡功利》,《北京纪事》2007年第6期,第27—31页。
23. 胡桂锬:《城市白领集体相亲现象研究》,《当代青年研究》2007年第1期,第59—61页。
24. 唐韡:《从"相亲角"看都市未婚白领大龄化问题——以上海人民公园为例》,《职业时空》2008年第2期,第46—47页。
25. 孙沛东:《"白发相亲"——上海相亲角的择偶行为分析》,《南方人口》2012年第2期,第30—36页。
26. 风笑天:《第一代独生子女婚后居住方式:一项12城市的调查分析》,《人口研究》2006年第5期,第57—63页。
27. 孙淑敏:《对甘肃东部赵村择偶问题的人类学调查——甘肃山区择偶过程中的女性》,《妇女研究论丛》2004年第3期,第14—22页。

第十一章 青年婚配类型与夫妻关系

一、问题与背景

家庭是社会的细胞。夫妻关系则是家庭关系的基础和起点,同时也是家庭关系中最核心的关系(刘英,1991;刘娟,1994;吴本雪,1995)。三十多年前开始的中国社会改革开放,已使得我国社会的方方面面发生了巨大变迁,这种变迁无时不在对千千万万的家庭产生着影响。无论是家庭结构、家庭关系,还是家庭生活方式,都会在这种社会变迁的冲击下发生这样或那样的改变。

与此同时,我国实施的"一对夫妇只生育一个孩子"的计划生育政策也始于20世纪70年代末。这一政策造就了数以千万计的独生子女。他们中的第一批人已进入婚育年龄,开始结婚成家,生儿育女。而社会舆论和大众媒介也开始对这一代人的婚姻状况特别是婚姻的稳定性表现出极大的关注和担忧,媒体上也有不少的负面评价。然而,国内学术界目前却尚未将这一代青年的婚姻家庭问题和相关现象纳入研究的视野中。对于第一代已婚独生子女在婚姻生活中的夫妻关系等问题也尚未进行探讨。正是在这种背景下,本研究将关注的焦点放到伴随着中国改革开放成长的新一代城市青年的夫妻关系上。

夫妻所具有的不同人口与社会特征,构成了社会中不同的婚配类型。一个社会的传统文化规范往往会在婚配模式上呈现出一定的规律或特征。比如,夫妻年龄上的男大女小,文化程度上的男高女低等,就是长期以来我国社会中常见的婚配类型。同时,这种文化规范还会影响到青年择偶的标准。当然,随着社会向现代化方向的发展,随着社会人口结构以及人们择偶观念、婚姻观念的变化,人们在婚配模式上的类型也越来越多样化。特别是在伴随着中国改革开放成长的这一代青年进入婚姻领域后,青年对择偶和婚配中的年龄因素、文化程度因素、收入因素,甚至城乡背景因素等各种构成要素的看法和考虑都开始发生变化。比如,笔者2004年对全国12个城市1786名城市在职青年的调查显示,未婚青年中三分之一的人"不在意双方年龄的大小差别",而已婚青年中,也同样有"三分之一左右的人并没有遵从男大于女这一传统规范"。"男大女小的婚配模式虽然仍旧是主流,但应该看到这一代青年中所存在的超出传统模式的趋势。"并且,"这种趋势将成为这一代青年在婚姻恋爱方面不同于以往青年的一个特点"(风笑天,2006)。那么,各种不同的婚配模式,特别是夫妻不同的独生子女身份是否会与青年家庭中的夫妻关系状况相关?青年婚配类型中哪些个体的或社会的因素可能会对青年家庭的夫妻关系产生影响?这就是本研究所关注的主要问题。而利用大规模调查所得的数据资料来分析和回答这些问题,则是本研究的主要目标。

二、文献回顾

国内现有的几项有关夫妻关系的经验研究基本上都发表于20世纪90年代(刘英,1991;刘娟,1994;吴本雪,1995;崔丽娟,1995),而近期涉及夫妻关系的经验研究则仅有一项(马春华等,2011)。

刘英(1991)利用1989年中国社会科学院社会学所与日本学者合作,对北京420户家庭、840位夫妻的所做问卷调查得到的数据,从夫妻间的交流与沟通、家务分担、夫妻价值观、夫妻对婚姻生活重要性的看法、夫妻对家庭生活的满意感等几个方面,描述和分析了夫妻关系的现状,并与日本的调查结果进行了对比。论文关注的焦点在于进行夫妻间的比较以及中日被调查对象之间的比较上,而其分析的方法则主要为基本的百分比描述。

刘娟(1994)则是利用北京市政府、北京经济学院人口所与美国密执安大学1991年对北京市2170户居民家庭中的2170位妻子、1985位丈夫进行问卷调查的数据,从夫妻感情交流、家务分工、家庭决策权三方面对夫妻关系进行了描述,并通过交互分析得出了"夫妻之间的交流和感情沟通与婚姻满意程度和夫妻关系有着密切关系,其作用也越来越重要"等结论。但是,由于研究者在研究中是将婚姻满意度直接等同于夫妻关系,因而其有关夫妻交流、家庭分工、夫妻权力的讨论,所涉及的主要是对婚姻满意度的影响,而不是对夫妻关系的影响。

吴本雪(1995)利用1992年对成都市如是庵街道504个家庭、561位妇女的追踪调查结果,对成都市家庭的家庭结构、婚姻关系等进行了探讨。研究者虽然从四方面对夫妻关系进行了测量,但研究报告中所给出的只是对这四个方面的最简单的百分比描述,而没有涉及与夫妻关系相关的因素的内容。

崔丽娟(1995)则是利用对上海市三个区134位老年人的问卷调查结果,分析了老年人夫妻关系状况及其影响因素。结果表明,夫妻之间的性格、兴趣爱好、性生活、家庭经济支配权、家务劳动分担五个方面因素对老年人夫妻关系具有影响。但从报告来看,或许是受调查对象特点的局限,该研究不仅调查样本过小,研究者对夫妻关系的测量也显得过于简单,对结果的统计分析方法也有一定局限。

近期马春华等人(2011)则是以中国社会科学院社会学所2008年在广州、杭州、郑州、兰州、哈尔滨五个城市4016位城市居民的大规模调查数据为基础,分析了近十几年来中国城市家庭的变迁趋势。其中关于夫妻关系的研究内容主要体现在两个方面,一是对比1983年五城市调查和1993年七城市调查的结果,描述了城市居民夫妻关系的变迁状况,得出"夫妻关系更为平等,虽然家务劳动还是以妻子为主,但是家庭中夫妻共享实权比例明显上升"的结论。二是通过分析得出"女性就业率明显下降,在一定程度上影响着夫妻关系"的结论。由于夫妻关系只是该研究众多主题中的一个很小的方面,同时其对夫妻关系的测量也仅采用了"谁承担家务劳动更多"和"家庭中谁掌握实权"两个单独的指标,因而该研究对夫妻关系的探讨显得还不够充分。

文献回顾的结果表明,现有的这几项经验研究结果基本上都是以城市中各个年龄段的普通居民,或者是以女性、老年人等特殊群体为研究对象,还没有一项研究是以改革开放以来成长起来的新一代城市青年为研究对象的。因此,对于认识这一代青年的夫妻关系状况及其相关的因素来说,形成了明显的空白。同时,现有的研究对于回答本研究所关注的中心问题来说,还存在下述方面的不足:一是研究的焦点较多地集中在对夫妻关系状况的描述上,较少去探讨与夫妻关系有关的因素;二是少数探讨与夫妻关系相关因素的研究在方法上又存在测量指标过于简单、统计分析方法局限于最简单的百分比描述统计和交互统计等弱点。

三、研究设计

1. 调查对象及抽样方式

本章所用资料来源于笔者2008年在北京、上海、南京、武汉、成都五大中心城市所进行的已婚青年抽样调查。调查的对象是"夫妻双方中至少一方是在1975年及其以后出生"的青年夫妻(统计结果表明,实际所抽得的样本中96.6%的人年龄在23—33岁之间)。具体的抽样程序是:在每一城市中,简单随机抽取两个城区;在抽中的城区中,简单随机抽取一个街道;在抽中的街道中,简单随机抽取两个社区;在每个抽中的社区中,根据社区和计生部门的相关登记资料,按照青年夫妻的年龄和身份,分别抽取"双独夫妻"(双方均为独生子女)、"男独女非夫妻"(男方为独生子女,女方为非独生子女)、"男非女独夫妻"(男方为非独生子女,女方为独生子女),以及"双非夫妻"(双方均为非独生子女)各20对。每个城市总计抽取320对夫妻,五个城市总计抽取1600对夫妻。调查采用自填问卷方式进行,由经过培训的大学生调查员入户抽取夫妻中的一人作为调查对象。调查员采用轮换抽取丈夫和妻子的方法进行实地抽样。即若前一对夫妻中调查的是丈夫的话,下一对夫妻中尽量调查妻子。调查实际成功完成有效问卷1216份,有效回答率为76%。样本基本情况如下列表11-1:

表11-1 调查样本基本情况统计表($n=1216$) %

性别	男	45.8	年龄	20—29	50.1
	女	54.2		30—39	49.9
婚姻类型	双独夫妻	26.8	文化程度	初中及以下	8.1
	男独女非夫妻	22.9		高中或中专	26.6
	男非女独夫妻	24.9		大专	33.2
	双非夫妻	25.4		本科及以上	32.2

2. 概念操作化及其测量

青年的婚配类型与青年家庭中的夫妻关系是本研究的两个关键概念。关于青年的婚配类型,笔者指的是由青年夫妻双方个体特征和社会特征所形成的匹配形式。在本研究中,笔者将其操作化为以下五个方面:

年龄匹配模式。本研究中根据夫妻双方年龄大小,区分了三种不同婚配类型:(1)夫大妻小;(2)夫妻相同;(3)夫小妻大。以探讨夫妻年龄匹配上的不同情况是否会对夫妻关系产生影响。

文化程度匹配模式。根据夫妻文化程度高低,研究中区分了三种不同婚配类型:(1)夫高妻低;(2)夫妻相同;(3)夫低妻高。以分析夫妻文化程度上的不同情况是否会对夫妻关系有所影响。

收入匹配模式。根据夫妻年收入总数的多少,本研究中将夫妻收入的匹配类型分为三种:(1)夫多妻少;(2)夫妻相同;(3)夫少妻多。

城乡背景匹配模式。针对夫妻从小生长背景不同的现实,本研究区分了四种不同的城乡背景婚配类型:(1)夫妻同城;(2)夫妻同乡;(3)夫城妻乡;(4)夫乡妻城。以检验城乡背景因素对夫妻关系的影响。

独生子女身份匹配模式。针对目前社会上普遍存在的对独生子女性格特征和独生子女婚姻的负面刻板印象,本研究中特别关注夫妻所具有的独生子女身份对青年家庭夫妻关系的可能影响。研究中将青年夫妻的身份按是否独生子女区分为四种类型:(1)"双独夫妻";(2)"男独女非夫妻";(3)"男非女独夫妻";(4)"双非夫妻"。

除独生子女婚配类型的分布已列在表11-1中外,另四个方面的类型分布状况见表11-2:

表11-2 夫妻婚配类型统计表

变量	类型	频数	百分比
年龄	夫大妻小	824	67.9
	夫妻相同	257	21.2
	夫小妻大	133	11.0
文化程度	夫高妻低	326	27.0
	夫妻相同	721	59.8
	夫低妻高	159	13.2
年收入	夫多妻少	685	61.4
	夫妻相同	294	26.4
	夫少妻多	136	12.2
城乡背景	夫妻同城	733	62.3
	夫妻同乡	199	16.9
	夫城妻乡	129	11.0
	夫乡妻城	116	9.9

关于夫妻关系的测量,现有的几篇经验研究文献中所采用的指标均不一样。马春华等人(2011)的研究是将夫妻关系操作化为夫妻承担家务状况和夫妻权力两个方面;刘娟(1994)则是从婚姻生活中夫妻感情交流、夫妻家务分工和家庭决策权三方面来测量夫妻关系;崔丽娟(1995)仅采用对配偶的满意程度以及夫妻之间争吵的程度两项指标;吴本雪(1991)则采用了对婚姻的满意度、业余时间夫妻是否一起度过、夫妻是否经常交流思想、夫妻是否相互体贴四项指标;刘英(1991)采用

了夫妻之间的交流与沟通、家务分担、夫妻价值观、夫妻对婚姻生活重要程度的看法等四项指标。

现有文献中的上述操作化指标为本研究提供了很好的参考。在这些指标中,"夫妻承担家务状况"和"夫妻权力"被好几项研究所采用。笔者认为,这两项指标虽然都在一定程度上与夫妻关系有关,但二者更多的是将夫妻作为相对立的两方来看待的,特别是在视角上较多地是从妇女家庭地位、夫妻平等的角度出发的。相对来说,二者都不是比较中性的指标。而"夫妻价值观"或许会对夫妻关系产生影响,但它似乎并不是夫妻关系本身的有效测度。此外,有的研究中虽然提供了较好的夫妻关系的主观评价指标,但却相对缺乏测量夫妻关系的客观行为指标。

在系统考察现有夫妻关系测量指标的基础上,笔者认为,除了测量的视角应该具有中性特征外,测量指标还应该做到既包括客观的行为表现,也包括主观的感受和评价两个大的方面。因此,在本研究中,笔者一方面没有采用"夫妻承担家务状况"和"夫妻权力"这两类指标来对夫妻关系进行测量。另一方面也没有采用仅从主观评价指标来进行测量的做法。而是先将夫妻关系操作化为夫妻日常生活中的共同活动和交流(作为客观方面),以及对夫妻关系的直接感受和评价(作为主观方面)两个层面;然后进一步细化,构建起一个包含 8 个具体指标的夫妻关系量表来进行综合的测量。这 8 个具体指标是:(1)平常一个月中夫妻一起散步的频率;(2)一起逛街购物的频率;(3)一起看电视的频率;(4)互相之间谈心里话的频率;(5)相互间发生争吵的频率;(6)对配偶是否称职的评价;(7)对夫妻关系的评价;(8)对婚姻美满的评价。每一指标都采用 5 点记分(其中,夫妻一起散步、一起逛街、一起看电视的频率以及对配偶称职的评价这四项指标的原始值为具体数字,构成量表前先根据频数分布状况进行了重新编码,使之成为间距相当的五个等级),量表总的得分范围在 8—40 分之间。量表的内在一致性信度 Alpha = 0.6637。为直观起见,笔者将原始得分转换成 100 分制①,分值越大表示夫妻关系越好。描述统计表明,样本中夫妻关系量表得分的最小值为 15.6 分,最大值为 100 分,平均值为 63.6 分,标准差为 14.0 分。下列量表得分条形图则显示,样本中夫妻关系得分的分布呈明显的正态分布状态。

---

① 转换的方法是:用 40 分减去量表实际得分,并将所得结果除以 32 后再乘以 100。

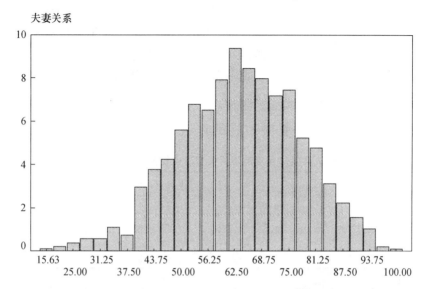

图 11-1　样本中夫妻关系量表得分的频率分布条形图

四、结果与分析

本研究主要采用单因方差分析的方法,探讨青年的各种不同婚姻类型与他们夫妻关系量表得分之间的关系。

1. 夫妻年龄与夫妻关系

表 11-3　夫妻年龄的不同类型与夫妻关系的方差分析结果

年龄类型	N	Mean	Std. Deviation	F	Sig.
夫大妻小	738	63.86	13.82	0.932	0.394
夫妻相同	232	63.48	13.76		
夫小妻大	116	61.96	15.56		
Total	1086	63.58	14.00		

表 11-3 的结果表明,虽然"夫小妻大"年龄匹配类型在夫妻关系量表上的得分值似乎明显小于其他两类夫妻的得分,但 F 检验结果表明,不同的年龄匹配类型之间在夫妻关系量表得分上,并不存在显著性差异。说明这一代青年在夫妻年龄匹配上的不同状况不会对他们的夫妻关系产生影响。当然,导致这一结果的另一个可能的原因是,无论是"夫大妻小"、还是"夫小妻大",夫妻相互之间的年龄差别实际上都不大。统计表明,全部调查对象中,夫妻之间年龄相同的占 21.2%,年龄

差别在 3 岁以内的占 58.3%,差别在 4—5 岁的占 14.5%,而年龄差别超过 5 岁的只占到 6%。换句话说,样本中 94% 的夫妻年龄相差都在 5 岁以内(其中,90.9% 的"夫大妻小"者相差不超过 5 岁,90.7% 的"夫小妻大"者相差不超过 3 岁)。或许这种状况还不构成真正意义上的年龄差异。

2. 夫妻文化程度与夫妻关系

表 11-4 夫妻文化程度的不同类型与夫妻关系的方差分析结果

文化程度	N	Mean	Std. Deviation	F	Sig.
夫高妻低	293	62.98	14.18	0.439	0.645
夫妻相同	645	63.86	13.70		
妻高夫低	141	63.21	14.90		
Total	1079	63.53	13.98		

与表 11-3 的结果完全相似的是,表 11-4 的结果也表明,不同的文化程度婚配类型之间在夫妻关系量表得分上,也不存在显著性差异。这一结果说明,对于这一代青年来说,夫妻之间在文化程度上是否相同,或者谁高谁低,对夫妻关系并没有什么影响。当然,导致这一结果的另一个可能的原因是,夫妻相互之间的文化程度差别实际上都不大。统计表明,全部调查对象中,夫妻之间文化程度相同的占 59.8%,文化程度相差一个等级的占 35.8%,而相差两个等级及以上的仅占 4.4%。换句话说,样本中 95% 以上的夫妻的文化程度相差都在一个等级以内。这种状况说明样本中的对象在文化程度上同质性很强。

3. 夫妻收入状况与夫妻关系得分之间的关系

表 11-5 夫妻收入状况的不同类型与夫妻关系的方差分析结果

收入	N	Mean	Std. Deviation	F	Sig.
夫多妻少	619	63.98	14.30	0.847	0.429
夫妻相同	267	64.00	13.93		
夫少妻多	126	62.25	12.49		
Total	1012	63.77	13.99		

对于目前的中国社会来说,经济收入在家庭生活中,应该是一个越来越重要的因素。那么,在一个家庭中,夫妻双方各自收入水平的高低所形成的不同收入匹配类型,是否会对他们的夫妻关系有影响呢?表

11-5 的结果表明,尽管从均值上看,"夫少妻多"收入匹配类型者似乎明显低于另外两类,但 F 检验结果显示,不同的收入匹配类型之间在夫妻关系量表得分上,同样不存在显著性差异。换句话说,夫妻不同收入水平匹配类型与他们的夫妻关系之间也不存在相关。同样的,导致这一结果的另一个可能的原因是,夫妻相互之间的年收入差别实际上都不太大。统计表明,全部调查对象中,夫妻之间年收入相同的占 26.4%,年收入相差在 2 万元之内的占 48.3%,相差 2 万元以上的只占 25.3%。换句话说,样本中年收入相同或相差在 2 万元之内的达到了 75%。这种状况也在一定程度上反映出样本中的对象在收入上的同质性较强。

4. 夫妻城乡背景与夫妻关系得分之间的关系

表 11-6　夫妻城乡背景的不同类型与夫妻关系的方差分析结果

城乡背景	N	Mean	Std. Deviation	F	Sig.
夫妻同城	668	65.27	13.58	8.027	0.000
夫妻同乡	173	59.90	12.80		
夫城妻乡	114	62.09	13.69		
夫乡妻城	101	62.50	16.64		
Total	1056	63.78	13.93		

表 11-6 中的 F 检验结果表明,夫妻间城乡背景匹配的不同类型,在夫妻关系上的差别十分明显。这种差别的特点是:相对来说,夫妻同为城市背景时,夫妻关系状况最好;夫妻一方为城市、另一方为农村时,夫妻关系状况次之;而夫妻双方的背景均为农村时,夫妻关系状况相对最差。夫妻同为城市背景,同质性高,所以其夫妻关系好于夫妻城乡背景不同者,这比较好理解。但为什么夫妻同为农村背景时,其夫妻关系量表的得分又最低呢?显然,此时夫妻双方背景的同质性已无法解释这一结果。笔者分析,有可能是由于夫妻二人从小生活于农村所习得的文化与城市文化的明显差别,导致其对城市生活方式的适应程度总体上不如其他类型的夫妻,因而矛盾相对较多(单独指标的统计表明,这一类型的夫妻在生活中争吵相对最多,相互谈心相对最少)。当然,也可能是由于本研究量表中的具体指标所涉及的内容与这类夫妻生活方式和习惯有较大不同所致。表中标准差的比较结果表明,"夫妻同乡"类型的标准差最小,进一步说明这一类家庭整体的同质性较强,整体状况比较相似。而"夫乡妻城"类型的标准差最大,说明这种类型家庭整体的异质性较强,有些家庭夫妻关系很好,有些家庭的夫妻关系很

差,不同家庭之间的差别较大。

5. 夫妻的独生子女身份与夫妻关系得分之间的关系

表 11-7 夫妻不同的独生子女身份与夫妻关系的方差分析结果

独生子女身份	N	Mean	Std. Deviation	F	Sig.
双独夫妻	291	64.53	14.00	5.155	0.002
男独女非夫妻	254	65.70	13.06		
女独男非夫妻	274	62.75	14.42		
双非夫妻	269	61.29	14.12		
Total	1088	63.55	14.00		

表11-7的结果表明,不同独生子女身份的婚配类型之间,夫妻关系状况有着明显的差别。其特征是:"男独女非夫妻"以及"双独夫妻"的夫妻关系相对较好,而"男非女独夫妻",特别是"双非夫妻"的夫妻关系则相对较差。"男独女非夫妻"的夫妻关系较好,或许可以理解成非独生子女妻子的作用或功劳;但"双独夫妻"的夫妻关系较好,似乎与社会舆论和媒介报道的印象有所不同,这是一个有意义的发现。至于"双非夫妻"的夫妻关系相对最差,一个可能的原因是与表11-6的结果相关,即有可能"双非夫妻"中夫妻同为农村的比例较大。实际统计结果证实了这一判断:相比较而言,"双非夫妻"中,夫妻同为城市的比例最低,为54.4%,而夫妻同为农村的比例最高,达到24.5%("双独夫妻"的这两个比例分别为74.6%和11.4%)。

五、小结与讨论

研究利用全国五城市1216名已婚青年的调查资料,对目前城市青年家庭的不同婚配类型与夫妻关系之间的关联性进行了探讨。研究结果表明,不同年龄匹配类型、不同文化程度匹配类型,以及不同收入水平匹配类型三个方面与青年家庭的夫妻关系状况无关;而不同城乡背景匹配类型、不同独生子女身份匹配类型两方面则与青年家庭的夫妻关系状况有关。其特征是:夫妻同为城市背景时,夫妻关系状况最好;夫妻一方为城市、另一方为农村时,夫妻关系状况次之;而夫妻双方的背景均为农村时,夫妻关系状况相对最差。"男独女非夫妻"以及"双独夫妻"的夫妻关系相对较好,而"男非女独夫妻",特别是"双非夫妻"的夫妻关系则相对较差。

本研究的上述结果,揭示出改革开放背景中成长起来的一代青年在个体特征上更具同质性,而对他们的夫妻关系可能产生影响的因素,则主要体现在他们社会特征的差别上。夫妻的年龄、文化程度以及年收入三个方面的不同婚配类型之间在夫妻关系状况上不存在差别,实际上是样本中的调查对象所具有的较高同质性的一种反映。即无论从年龄上,还是从教育程度上,或是收入水平上,各种不同婚配类型的对象基本上都是处于同一层次,属于同一类型的人群。因此,无论他们的婚配类型如何,都有着类似的夫妻关系状况。而夫妻的城乡背景和独生子女身份两种不同的婚配类型之间在夫妻关系上存在差别,则反映出目前青年婚姻关系中的某些本质差别。特别是城乡社区以及城乡文化背景之间的巨大差异,对人们的观念和行为有着巨大的影响。目前城市社会中存在的"凤凰男"与"孔雀女"的婚姻等说法或许就是对这种影响的一种形象反映。而独生子女身份的不同所表现出来的差别,也在一定程度上与这种城乡差别有关。

夫妻在年龄、文化程度、年收入等个体特征上的同质性较强,但标准差所显示出的个体之间差别却并不是很小。这种现象也给我们一定的启示:目前的夫妻关系研究,包括笔者的研究在内,似乎都存在一种局限性,这就是研究只注重和考虑了从夫妻的行为和对夫妻关系的主观评价来进行测量,却有可能忽略了另一个重要的方面,这就是心理因素的测量。实际上,在很大程度上,夫妻关系所概括的是一种心理状态。虽然夫妻之间的行为和对现状的评价,是这种心理状态的一种外在反映,但这种间接测量的结果,与对心理状态的直接测量来说,或许还会有一定差别。因此,今后的夫妻关系研究,在测量指标方面增加心理量表的内容或许是一个新的方向。

最后需要说明的是,夫妻关系是人们家庭生活中的一种十分复杂的现象,其有着丰富的内涵和不同的表现形式。本研究对其所进行的操作化和测量,只是对其内涵的一种十分有限的接近。它和人们在日常社会生活中使用这一概念时所表达的内容之间不能完全画等号。此外,从研究方法上看,本研究还存在若干不足。一是研究所建构的夫妻关系量表的具体指标数目略少了一些,无法从内容上尽可能多地涵盖夫妻关系概念的丰富内涵。如果具体指标数目达到 20 个左右,并增加心理方面的测量内容,那么测量的效度将会更高一些。二是问卷中漏掉了被调查者结婚时间长短的资料,因而对夫妻关系影响因素的分析和探讨,存在着较大的局限性。实际上,现实生活中人们常说的"七年之痒"所揭示的就是对结婚时间的长短与夫妻之间关系状况的一种反映。如果今后的研究中能加进婚龄长短的变量,或许对与夫妻关系相关因素的解释会更加符合客观现实。三是在最终的夫妻关系量表资料中,由于被调查者在分项上填答不全等原因,造成了大约 10% 的个案缺损,这也会给研究结果造成一定误差。

参考文献:

1. 凤笑天:《城市在职青年的婚姻期望与婚姻实践》,《青年研究》2006 年第 2 期。
2. 刘英:《今日城市的夫妻关系——与日本比较》,《社会学研究》1991 年第 3 期。
3. 刘娟:《北京市夫妻关系研究》,《人口与经济》1994 年第 3 期。
4. 吴本雪:《成都市婚姻家庭追踪调查综述》,《社会学研究》1995 年第 2 期。
5. 崔丽娟:《老年人夫妻关系及影响因素的研究》,《心理科学》1995 年第 4 期。
6. 马春华等:《中国城市家庭变迁的趋势和最新发现》,《社会学研究》2011 年第 2 期。

第十二章　外出务工女青年的婚姻家庭实践

一、问题的提出

流动女青年婚姻家庭实践中个体的崛起,定位于两条学术路径。第一是流动人口婚姻家庭问题的研究,第二是女性权力/地位、家庭关系与工业化或市场化之间的关系。前一领域的研究有两种不同的取向,即关注家庭的结构与功能的变迁,还是关注家庭生活内部的动态因素。国内现有相关研究主要聚焦在流动对家庭结构和功能变迁的影响。大量文献描述并分析了流动人口在恋爱、择偶、婚姻及生育等方面遭遇的困难和障碍,也有不少学者研究了人口流动对家庭关系及性别权力的影响,如家庭离散化带来了家庭在生产、抚育、赡养、安全、情感等诸功能方面的障碍及角色紧张和冲突(金一虹,2009)。

与此旨趣不同的是,阎云翔(2012)十分关注家庭生活内部的动态因素,如家庭内部成员在道德义务和经济资源、权力和影响这些问题上的合作、协商与竞争。他通过长期的田野观察和研究后发现,农村家庭现代化的一个重要的长期被忽视的方面是,个体的欲望、情感和能动性在家庭生活中的重要性上升,个体成为家庭关系的中心,个体常常通过家庭的运作来寻求自己的利益和快乐,而不会为了集体利益和扩展家庭的绵延不绝牺牲自己。在其著作《私人生活的变革:一个中国村庄里的爱情、家庭与亲密关系(1949—1999)》中明确地揭示了中国的个体在私人生活领域中的崛起。

与阎云翔的研究类似的是,一些国外学者也关注到了中国社会中个体的崛起。贺美德(Mette Halskov Hansen)和庞翠明(CuiMing Pang)(2008)在阎云翔研究的基础上继续探讨了中国农村家庭中年轻人如何看待自己在家庭集体、工作单位、党组织等其他集体以及整个政府面前作为个人的角色。研究支持了阎云翔的很多研究结果,同时也有一些新的发现,例如,年轻人在注重个体自主性的同时也表现出显著的个人责任感,家庭联盟的重要性也得到更多话语上的强调。

国内婚姻家庭领域也出现了对个体崛起的研究,研究对象包括城市中产阶级女性、城市青年、乡城流动背景下的农村青年。沈奕斐(2010)通过呈现上海中产阶级家庭变迁分析了个体化与女性崛起之间的关系。文章认为,职业女性地位的提高是以老年人特别是老年女性的付出为前提的,并非男女两性之间资源的重新分配。崛起的个体显示的是父权的衰落,而非男权文化的变化。康岚(2012)基于对上海市的调查数据的分析,证明了家庭主义价值发生了变迁,青年人的个体意识已经崛起,但是对个人利益的关注并未挑战到家庭利益在青年人心目中的地位,而是出现了一种以家庭价值稳固和个体意识崛起为双重特征的新家庭主义。这种新家庭主义主张将个人权利和家庭责任相结合,尽力争取家庭利益和个人利益之间的平衡。这一研究结论挑战了传统上个体与集体二元对立的分析模式。何绍辉(2012)基于湖南某地区经验资料,分析了乡城流动下农村青年婚变实践的重大变化,从伦理本位到权利本位的生成、转向与演变是其婚变实践的基本逻辑。在权利本位的指导下,农村青年开始追求自由自主,不再满足于"凑合着过"的生活状态,"活出自我"的意识日渐明晰。

本章将在阎云翔等人研究的基础上,继续探讨中国家庭生活中个体的崛起。与已有相关研究不同的是,本章的研究对象将聚焦于乡城流动背景下的青年女性。

第二条学术路径涉及女性地位、家庭关系与工业化/市场化之间的关系,这一主题在很大范围内得到了广泛的讨论。来自印尼、中国台湾和中国香港等地工业化时期的田野研究,大部分是以当时兴起的未婚女工为对象,进行人类学式的调查。争议主要表现在,女儿的经济独立是否使其开始争取在家中的决策权力,从而改变家庭中的父权主宰?女性在社会变迁中拥有的经济能力,是否已协助她们改变了从父、从夫、从子的命运?一些研究证明了工业化提高了女性在家庭内部的地位(Dianel L. Wolf,1988);一些研究却发现,女儿的经济贡献并未改变家中的决策行为,而大部分女儿也未因此不满或进行抗争独立。她们依旧把大部分薪水汇回家中,而她们的父母用女儿赚的钱用做他途,如儿子的教育投资(Janet W. Salaff,1976)。研究中国流动人口的西方学者,倾向于将中国20世纪90年代的流动未婚女青年外出打工的行为模式概括为两种理想类型,即"孝顺的女儿模型"和"反叛的女儿模型"。所谓的反叛,指的是个体反抗父权制家庭、获得个体自主、寻找生活机会以及增加婚姻预期的行为。温婉芳(WooN, Yuen-fong)(2000)

通过对中国珠三角打工妹的研究表明,打工妹在个人独立自主的愿望与家庭义务感之间摇摆不定、难以抉择,处于紧张状态,理解这一点比评判她们是孝顺女儿还是反叛女儿更有意义。她看到了流动女青年追求个体自主过程中的复杂性,这种复杂性也折射出父权与女青年权力之间的关系并非此消彼长那样简单。

中国当前流动人口的乡城迁移,被认为是从传统走向现代,寻求解放和发展的积极行动过程,[①]在此过程中,流动女青年的个体意识得到了明显的提升。与其他国家和地区工业化时期青年女性地位的变化情况类似,国内研究显示,农村妇女外出务工不仅增加了经济收入,而且使她们得以摆脱家庭的束缚和父权制家长的监控,接受现代性的洗礼。市场化使女性获得更多的自主性,获得更多机会,在某种程度上改变了作为传统父权制再生产基础的规则和资源,从而逐渐瓦解了农村家庭中的父权制,削弱了孝的运作,改变了农村家庭中的两性关系(马春华,2003)。摆脱了家庭直接控制的年轻女性提高了个人主体性,在迁移自由、自主决策、经济和非经济资源的获取、能力增长等方面都取得了长足的进步,她们与家长的协商能力甚至抗争能力都大为增强(谭深,2004)。

但是,在以上论及的青年女性权力上升的背后,一些学者看到了更为隐藏的情景。女孩权力的变化,作为私人生活中个体崛起的一种具体表现,得到了阎云翔的关注。他认为,年轻女性是推动代际关系的家庭生活模式重大变革的最积极的行动者。研究表明,自20世纪50年代以来农村女孩权力明显上升,但与此同时,女孩权力上升具有一定的限制性。具体来说,年轻女性对父权的挑战发生在她们从娘家到夫家并在社会角色层面从女儿转变为儿媳的特定时段,挑战的是公婆家的父权,具有短暂性。一旦她们获取了更多彩礼、将财产控制在她们手中、通过提前分家建立自己的独立家户之后,她们就成为现存家庭价值和父权的赞成者和拥护者(Yunxiang Yan,2006)。

方怡洁(I-Chieh Fang)(2011)在她的田野资料中也发现了女孩权力上升的现象。她认为,由于女孩在起源家庭中的边缘地位,以及中国传统文化中"养的循环"以男性为中心的形式特点,为家庭做出贡献和牺牲的女孩其实并不真正具有与父权习惯讨价还价的权力和资本,父

[①] 这是主流媒体和学术界的看法,也有学者提出不同的观点。例如,严海蓉认为中国目前农村劳动力流动是农民无奈的出走、城市对现代性的垄断和农村的虚空化。

母对她们的尊重只是想对她们没有报偿的付出做出一些补偿,所以,父权在家庭内部向青年女性的转移,即女孩权力的上升,是暂时性的,甚至是象征性的或表面的。这可看做是对流动导致了父权衰落这一命题的质疑。另外,从青年女工对婚姻的态度来看,青年女工为了追求独立而渴望结婚,在获得婚姻的过程中,她们必须压缩个体性,遵从妻子的社会结构性标准。自由选择配偶在很大程度上成为青年女工的"个体工程",破坏了中国人婚姻安排的制度和父母的权力,但是,青年女工比以前更加受传统性别意识形态的控制。这一结论与阎云翔对农村女孩权力的研究结论类似,二者都看到了年轻女性的能动性很少挑战到男性中心文化。

金一虹(2010)也发现,当个体化的打工妹通过婚姻重新嵌入家庭和家庭关系之后,个人本位开始向家庭本位复归、女性个人主体向男性本位复归。这一发现实际上指出了青年女性个体崛起具有阶段性。父权制家庭的父系世系核心、男性优势的本质特点仍然未有根本的改变,尽可能提高女孩婚前和婚后效用是延续父系父权的新策略。父权制家庭在流动的作用下看似摇摇欲坠,但其实它依然顽强地延续和重建着。

本章除了将要描述分析流动女青年个体崛起这一现象之外,还将链接以上关于女性地位、家庭关系与工业化之间的关系的讨论。

纵观以上研究,不难发现,已有相关文献在崛起的个体与家庭之间的关系方面尚存在一些争论,第一个争论点是,崛起的个体,到底是通过家庭的运作来寻求自己的利益和快乐,而不会为了集体利益和扩展家庭的绵延不绝牺牲自己,还是同样也强调个人对家庭的义务和责任?第二个争论点是,流动青年女性权力上升的特征到底是怎样?是具有短暂性和阶段性,还是象征性和表面性?第三个争论是,青年女性个体的崛起是否导致了父权制的衰落?

本章从个体化的角度探讨流动女青年婚姻家庭实践中个体的崛起这一现象,并尝试回答以上关于个体与家庭之间关系的争论。个体的崛起,包括流动女青年在婚姻家庭实践过程中,对于个人权利、个人选择与自主的强调,以及个体从涵盖一切的社会范畴(性别)中脱嵌。结合经验资料的分析,本章的第二部分通过未婚女孩与起源家庭之间的关系,分析个体崛起过程中青年女性对家庭义务的重新界定,以及在此过程中,个人权利意识的突显。第三部分通过已婚青年女性的家庭认同和实践,以及对代际权力关系的重新界定,分析青年女性地位提高背后来自父权的阻力和抗争,并试图回答,青年女性个体的崛起止于婚姻或具有阶段性吗？基于这两个部分的分析，尝试对青年女性个体的崛起是否导致父权制的衰落这一问题进行讨论。

下文呈现并讨论的田野资料来自 2008 年至 2012 年间笔者在苏州一家台资电子厂（以下称为 H 厂）所做的观察和无结构式访谈。访谈对象包括 5 名 1980 年以后出生的青年女性。她们的受教育程度为中学或中专，在 H 厂从事操作工、生产文员、业务或行政工作。她们的自传式叙述，让我们能够很好地了解她们对自身经历的解读以及如何看待自己作为个体的这一角色。

二、女孩的权力和哀伤

小金于 1982 年生于安徽一个小镇，兄弟姐妹中排行老大，下面还有两个妹妹和一个弟弟。父亲原本在老家经营一家小诊所，后来因为出了一个小的医疗事故，生意一落千丈，无法维持，只好结业。打麻将成了他的工作。两个妹妹均已出嫁，一个么弟跟着她在苏州打工。她中专学历，在 H 厂从事文员工作；没有结交男朋友。她在生活上的压力主要来自家庭。第一，父母在老家勉强养活自己，但是随礼的钱拿不出来。每当这个时候，父母就会给她打电话。她认为，这都是因为自己的爸爸长年不务正业。第二，父母叮嘱她要照顾小弟。因为承担了这样的家庭责任，无论是她回家，还是在电话中，父母对她说话的语气都是小心的、商量的，甚至是讨好的。父母会就一些重大家庭事务询问她的意见，她可以在一些家庭事务上拿主意。她认为自己是孝顺的女儿，但是如果可以选择，她不愿意这样。她弟弟是个典型的被父母宠坏的么儿子，只顾自己，不考虑别人。每个月工资花精光，如果要给自己置办行头，如时髦的衣服、新款手机，只要给大姐打个电话就行了。小金在谈论到这些问题时，充满了哀伤和无奈，"我现在很节约，没有办法，我现在用的手机很落伍了，看到同事换了新手机，买了新衣服，我也很羡慕，但是只能藏在心里。我知道自己的责任和命运，我家里现在指望我，我身边还有个小弟弟要照顾，觉得压力蛮大的，有时想想也很烦的，并不是我不想孝顺，但是有时真的很矛盾。我工作快 10 年了，可是没有积蓄……未来怎样，我只有不去想它……父母比较少过问我感情方面的事情，我不想跟他们谈论这方面的事情，他们也觉得自己管不了。"

小璐来自江西农村，1986 年生，排行老二，还有一个哥哥。她大专学历，在 H 厂从事行政工作，哥哥中学辍学，在北京打工，做过货车司机、卖菜等工作，收入低微。哥哥结婚前，小璐的工资都交给爸爸，哥哥结婚生小孩后,工资大部分都给了哥哥,原因是,哥哥一个人养活三个人,根本入不敷出;嫂嫂(东北人)以孩子最好由妈妈带比较好为由,不肯将孩子留在老家,以饮食习惯不同、语言不通等为由,自己也不肯待在江西婆家,因此带着孩子随丈夫在北京。"我几乎每个月都给哥哥他们寄钱,1000、2000、3000 元不等。他们一般以孩子生病为由给我打电话,我的心比较软,听说孩子有事,我会毫不犹豫打钱过去。但是,后来我发现,他们两口子把这看成是理所当然的了。我心里有点不舒服。我只是从帮助他们的角度寄钱,想着他们孩子现在小,是最困难的时候。但是他们的态度让我很伤心。有一次,我哥给我打电话,说是想和人合伙做小生意,问我能不能拿 3 万元给他。我当时很不好受,我真是将大部分的工资都寄给他们了,他也知道我一个月的工资,也知道我之前的工资都是交给家里的,交给家里的钱,也大部分是给他办了婚事,给了嫂子家彩礼。如果他真的关心过我这个妹妹,就不会开这个口,明知道我没有钱。还有一次,过年在家,亲戚们都说让哥哥再生一个,最好生个儿子,哥哥开玩笑式地说,那看小璐支不支持了,两个养不活啊。这话也让我无语。我想如果没有我哥,或许我能像其他同事一样,能够贷款在苏州买个小面积的房,将父母接来苏州住,让他们可以开开眼界,不要一年到头在农村辛苦。我 2006 年工作,厂里包吃包住,如果我自己存钱的话,可能能存到首付……父母也关心我的婚事,但同时,我也感觉到,他们认为我应该帮我哥。妈妈显得更担心我的婚事,她觉得我现在不小了,再不找怕以后难找了。但是她又说,如果我结婚了,就不方便帮扶我哥了……我现在倒是特别想结婚,想要有个家,我有个家,父母就有了依靠,靠我哥肯定靠不上,他是那种眼高手低,又有依赖思想的人。我想通了,给钱不能让他们过得更好,我要顾着自己和父母。从 2012 年 5 月起,我没有寄钱了,后来得知,嫂子将孩子送到娘家,开始找工作了。"

小萍来自江苏盐城,1988 年生,排行老大,下面还有一个弟弟。她经常向关系好的同事诉说自己的遭遇。2011 年年末的一天,她刚刚给家里打了过年的钱,没过几天,爸爸打电话来要钱,因为参与村里的赌博,输了一些钱。这件事让她在朋友面前流泪。她 16 岁初中毕业就跟着老乡进了 H 厂,一直做操作工,很累很辛苦,主要靠加班才能多点工资。工作头两年,跟其他很多女同事一样,在过年回家的时候将钱全部交给爸爸。她觉得大多数人都这样,没什么不好,有时还会有一种自豪感呢,觉得自己给家里做贡献了。但是,近些年,爸爸没怎么出去做工了,还参与了赌博。她从妈妈那里得知,她这些年交在家里的钱几乎都用得差不多了。"16、17岁刚工作的时候,什么都不懂,很乖的,很听话,现在,我爸爸说我不听话了,我不知道自己到底是不是真的变坏了,变得自私了?我就是想自己存点钱,有时候也需要打扮漂亮一点,让自己开心点。我们很多同事都这样说,劝我不要太节约了,现在年轻的时候就该享受。我觉得有点道理,但是想到家里,我就发愁,很矛盾……他们从来不会跟我弟要钱,我弟在上海打工,他们总对我说,你是个女孩要节约,但是我弟弟瞎花钱,他们也不说什么,实在太过分了,就骂两句。"

小容1982年生于湖南。2001年中专毕业后就去广东打工,2004年与男朋友小安一起到江苏。2006年春结婚,现有一子。"我读初中时成绩很好,在中考之前也想过要读高中读大学,但是想着我家里的情况,我爸爸养伤养了一年,康复之后也不能做很重的活,我就决定读中专,可以早点出来工作。我爸妈没有这样要求我,但是也有这个意思,再怎么说我是家里的老大,而且我两个弟弟成绩还可以,他们想着以后让我弟弟他们上大学。总要有人付出嘛,而且我这样做也是应该的。我上中专的学费和生活费有一大部分是借的。父母也尽最大力量支持我了,爸爸受伤之前也有一点积蓄。2001年毕业后就去了广东,因为那时大多数同学都去广东,所以我也去了。工作以后,我一般在寒暑假的时候寄钱回家,因为我两个弟弟那时需要学费和生活费,过年之前也要寄钱回家,回家的时候会给父母以及爷爷奶奶买点吃的和一些小礼物。那时我参加工作没有多久,也没有什么钱。认识小安之后,他帮过我两次,给我弟弟凑学费,我蛮感激他的。在这几年的时间里,我寄了不少钱回家,两个弟弟也相继大学毕业了。在我内心,也有那么一点觉得父母重男轻女,我自己没有存什么钱,工资基本上都寄回家了,我觉得我已经尽自己最大能力为父母减轻负担,付出较多。但是我帮助弟弟读书是应该的,我有责任有义务这样做。现在我也不后悔,我觉得我家里很有人情味,无论什么时候我都不会舍弃亲情的,我两个弟弟现在对我也很好,很关心我,尊重我,父母就更不用说了……"

文中个案均出生于1980年之后的农村,她们成长与生活的时代正处于中国社会工业对农业的排斥和胜利这一背景当中。小容的父母在家种了几亩地,养了几头猪,只能供两个老人在家基本的吃穿用度,根本无力承担儿子们读大学的学费和生活费。根据著名的合作社模式,中国家庭是由完全理性的、明白自己利益之所在的成员所组成的经济单位,其特点包括整个家庭共同的财产与收支计划。家庭具有最大限度调动家庭人力物力的能力和弹性,也能最好地利用外部机会。很多研究都强调了中国农村家庭的合作性,家庭采取汇集家庭成员资金的策略,从而适应急剧的社会变迁,本章个案的外出务工经历也证明了这一点,但是较少研究关注到家庭生活的个人经验。本章在此首先分析作为青年女性个体崛起重要面向的个体权力提升现象,然后分析在汇集资金的家庭策略背后,青年女性的家庭义务感与哀伤,前者是个体崛起在家庭关系结构上的表现,后者是个体崛起在女孩的个人情感、欲望、主体性等方面的表现。

1. 青年女性权力呈现出了上升趋向

Yunxiang Yan(2006)认为,农村的几代年轻女性利用国家政策和社会实践活动所带来的社会机遇改变了她们在家庭生活中的地位,从无地位的外人到家庭政治的新主角。他将这一现象称为年轻女性权力的崛起。这是中国社会转型过程中个体/女性崛起的重要面向之一。在他的研究中,年轻女性的权力是指从娘家到夫家并在社会角色层面从女儿转变为儿媳的特定时段,年轻女性积极主动地获取更多彩礼、将财产控制在她们手中、通过提前分家建立自己的独立家户等方面的行动及结果。与此不同的是,本研究这里的侧重点更偏向未婚女性与起源家庭之间的关系,同样发现,女性的权力得到提升。无地位的外人的一个表现是,女孩到了一定的年龄就要尽早地嫁出去,因为在父系规则中,女孩是别人家的人,是替别人养的。在本研究的个案中,几个未婚的女性都提到,父母似乎在自己的终身大事上表现出一种不同于传统态度的矛盾心理,就像小璐眼中妈妈的矛盾,"父母也关心我的婚事,但同时,我也感觉到,他们认为我应该帮我哥。妈妈显得更担心我的婚事,她觉得我现在不小了,再不找怕以后难找了。但是她又说,如果我结婚了,就不方便帮扶我哥了。"这种矛盾心理清晰地呈现了未出嫁女儿对起源家庭的工具性效用。这种工具性效用,也暂时地将女儿从边缘位置推向家庭政治经济的中心,也决定了女性权力提升的限制性。小璐、小金及其他女孩其实是家庭经济来源的重要支柱,或者说扮演着"挣面包者"的角色。与这种对家庭的贡献和付出相对应的是,女孩们获得了一些权力。就像小金所说,"无论是她回家,还是在电话中,父母对她说话的语气都是小心的、商量的,甚至是讨好的。父母会就一些重大家庭事务询问她的意见,她可以在一些家庭事务上拿主意。"小容也表示,"我两个弟弟现在对我也很好,很关心我,尊重我,父母就更不用说了。"其他个案也都提到,每次回家会受到父母的热情款待。这些热情、尊重甚至让女儿拿主意的现象,可以看做是父母对挣钱支持家庭的女儿的一种报偿,从一些客观上的测量指标来看,这也意味着女儿家庭地位的提高、权力的提升。而从青年女性的主观感觉来看,她们立足于工作领域并拿钱回家,这让她们感觉到骄傲、独立和力量。

女孩家庭地位的提高或权力的提升,是否冲击了父权制家庭呢?本研究认为,总的来看,女孩权力的提升冲击了父权家庭,在女孩承担了部分或大部分的家庭责任的过程中,与父权制相应的家庭成员间的角色分工和权利义务体系打破,家长的权威很可能下降了;不过,财产继承、以儿子为重心的规则仍然牢不可破。进一步来讲,女孩权力具有象征性和暂时性,这种特征隐含了女孩权力与父权之间的复杂关系。女孩汇款回家,用经济能力换取了父母的爱护及兄弟姐妹的尊重,换取了家庭地位的上升。这是一种被动获得的权力,蕴含着对家庭特别是家庭中的男性的照顾和义务。女孩只是暂时地扮演了父母或家长养家的角色,小金的小弟理所当然地依靠大姐,就像依靠父母那样;小容辛苦地支持两个弟弟读大学,而供家里儿子上大学本是父母的责任;小璐最大限度地支持哥哥一家三口的经济生活,其实也是在满足父母的期待,在替代父母支持儿子。因此,本研究认为,女孩的权力具有象征性,其实质是养家者或协助养家者的权力,是父权家庭在工业化时代策略地维系与生存的意外后果。随着女孩到了婚嫁年龄,这种责任和义务在父母眼中成了变数——女孩们可以选择继续最大限度地帮助父母兄弟,也很有理由减少或终止。所以,小璐的妈妈担心她的婚事,但是她又说,如果小璐结婚了,就不方便帮扶她哥了。由于女孩的权力更多的是来源于她们对家庭的责任和义务,又由于她们对家庭的责任和义务是暂时的,所以,有理由认为,她们在起源家庭中的权力也是不稳定的,既可能随着家庭责任的减少、弟弟成家等因素影响,其权力和地位下降,也可能继续承担家庭责任,仍然在婚后一定时间内保持权力和地位。

2. 家庭义务背后的哀伤

小金父母在老家勉强养活自己,但是随礼的钱拿不出来。每当这个时候,父母就会给她打电话;照顾同在苏州打工的小弟也是她义不容辞的责任。"我知道自己的责任和命运,我家里现在指望我。"小璐的工资都交给爸爸,但是自哥哥结婚生小孩后,工资大部分都给了哥哥,原因是,哥哥一个人养活三个人,根本入不敷出。小萍工作头两年,跟其他很多女同事一样,在过年回家的时候将钱全部交给爸爸。她觉得大多数人都这样,没什么不好,有时还会有一种自豪感,觉得自己给家里做贡献了。小容读初中时成绩很好,在中考之前也想过要读高中读大学,但是想着家里的情况,就决定读中专,可以早点出来工作。爸妈没有这样要求她,但是也有这个意思。而且两个弟弟成绩还可以,父母想着以后让弟弟他们上大学。她认为放弃读高中的机会是应该的。工作以后,一般在寒暑假的时候寄钱回家,因为两个弟弟那时需要学费和生活费,过年之前也要寄钱回家。她自己没有存什么钱,工资基本上都寄回家了,觉得已经尽自己最大能力为父母减轻负担,付出较多。但同时,她认为帮助弟弟读书是应该的,她有责任有义务这样做。由此看来,小金、小璐、小萍和小容都是孝顺的女儿。

很多已有相关文献都不断地证明了中国工业化时期工厂女工作为孝顺女儿的形象。她们认为自己是"无用的女儿",终有一天要嫁到另外一个家庭并使其受益,所以,她们将工厂工作并汇款回家看成是报答父母养育之恩的孝道和义务,而非自我实现的机会(参见 WOON Yuen-fong,2000)。但是,本研究认为,"孝顺女儿"的概念来自对家庭理解的制度视角和父权制,掩盖了青年女性内在的欲望和主体性。从实践的视角和家庭生活内部的动态因素来看,孝顺的女儿心中其实充满了哀伤和无奈。小金认为家里在经济上指望她主要是因为爸爸常年不务正业,小金清楚地表达了自己的矛盾和无奈:"我现在很节约,没有办法,我现在用的手机很落伍了,看到同事换了新手机,买了新衣服,我也很羡慕,但是只能藏在心里。我知道自己的责任和命运,我家里现在指望我,我身边还有个小弟弟要照顾,觉得压力蛮大的,有时想想也很烦的,并不是我不想孝顺,但是有时真的很矛盾。我工作快 10 年了,可是没有积蓄。"从这段话中可以看出,小金压抑了自己在消费方面的欲望和需求,工作 10 年却没有积蓄,反映出她对家庭的付出之多,也表达出了她的一丝委屈,更突显了个体的利益和需要:我是我,家里是家里。小萍不知道自己到底是不是真的变坏了,变得自私了。"我就是想自己存点钱,有时候也需要打扮漂亮一点,让自己开心点。我们很多同事都这样说,劝我不要太节约了,现在年轻的时候就该享受。我觉得有点道理,但是想到家里,我就发愁,很矛盾。"小萍从工作之初听话的女孩,变成"想要打扮漂亮一点"的女孩。小璐无奈地感叹,"如果没有我哥,或许我能像其他有的同事一样,能够贷款在苏州买个小面积的房……我 2006 年工作,厂里包吃包住,如果我自己存钱的话,可能能存到首付。"由此可见,H 厂里的这些女性在践行"孝顺女儿"的同时,感到了明显的哀伤,她们的忧愁和委屈,显示了对父权制下女儿的家庭义务的质疑,表明了女性的权利意识的提升,陷入一种为他人而活与为自己而活的矛盾。

三、已婚女性"过自己的生活"及其障碍

前面文献部分已经指出,相关研究认为,年轻女性对父权的挑战发生在她们从娘家到夫家并在社会角色层面从女儿转变为儿媳的特定时段,挑战的是公婆家的父权,具有短暂性。一旦她们获取了更多彩礼、将财产控制在她们手中、通过提前分家建立自己的独立家户之后,她们就成为现存家庭价值和父权的赞成者和拥护者(阎云翔,2012)。因此,女性权力的崛起具有阶段性。从青年女工对婚姻的态度来看,青年女工为了追求独立而渴望结婚,在获得婚姻的过程中,她们必须压缩个体性,遵从妻子的社会结构性标准(I-Chieh Fang,2012)。因此,在与起源家庭之间的关系上,青年女性追求独立,试图摆脱父权控制;在个人择偶及婚姻实践中,青年女性依然深受男权的控制和影响。这一部分的内容将以小容和小红两个已婚青年女性婚姻家庭实践中各种矛盾和冲突为例,分析已婚女性努力争取过自己的生活及其遭遇的障碍,探讨青年女性权力崛起是否具有阶段性,以及是否触动了男权文化?

小容的叙述:在结婚的事情上也发生了很多的不愉快。首先是彩礼的事情。按我们那里的规矩,男方至少要送 1 万元的彩礼,我提出送 2 万元。我一再跟他说,这只是一种形式,我爸妈不是贪钱的人,他们肯定会把钱还回来的。小安虽然有点不愿意,但表面上也没有说什么。可是他妈就不得了了,恨不得要跳起来,大发脾气,还说什么"我们城里没有彩礼的规矩,小安的堂叔结婚还赚了钱呢,跟我儿子在一起后,寄回去的钱还少啊",说得难听死了,我气不过顶了她一句,"那你去找像那样的媳妇啊"。忍无可忍,跟她吵了一架……我是寄了不少钱回家,但是我一直在工作,寄的是我自己的钱,结婚前,我自己的钱我想怎么花就怎么花,他们又管不着。后来,彩礼还是送了,不过只送了 1 万元,我怕小安夹在中间难做,就让了一步。其实我爸妈没得他们一分钱,送过去的钱加上亲戚们送的礼,给我置办了嫁妆都送到他们家了。但因为这件事情,我对他妈的印象很差,一点都不喜欢她。她下岗二十几年

了,全靠小安他爸养着,整天打麻将,小安他爸下了班还要回家做饭给她吃,邻居都不喜欢她,所以没有人跟她玩,她去的是类似于棋牌室的地方。在家什么都不做,脾气差得要命,为一点小事就凶她丈夫。

婚假结束后,我们返回公司上班。因为我已经怀孕,所以他妈就跟我们一起过来了,帮我们做点饭菜什么的。他爸因为还有几个月才办退休,所以暂时不能来。说是来照顾我,但是我一点都没有被照顾的感觉。我们每天七点半就要出门,我们走的时候,她一般都没有起床,在家睡懒觉睡惯了。公司同事看到我们在食堂吃早餐,都奇怪地问我,"你婆婆来了,你又怀孕了,怎么不在家吃早餐?"我们食堂伙食很差,而且那时我反应很大,吃什么都不舒服。人家这样一问,我心里就更委屈了。

小安他妈是这样的生活习惯,我了解,所以,虽然(心里)有什么不舒服,我也没有明显地表现出来。说实在的,我真的有点怕她,凶得不得了。有一次吃饭,我觉得菜都有点酸,茄子也是,什么菜都放醋了。我吃了更加反胃了。但是我不敢直接跟她说,就对小安说,让他跟他妈讲,以后有些菜里就不要放醋了。我这又不是什么特殊要求,本来有些菜就不适合加醋。小安觉得也是的,就对他妈讲了。哪知他妈听后反应很大,可能她知道是我让小安对她说的,很大声音说,"哪里放醋了?哪个菜放醋了?没有啊,不喜欢吃醋,把醋都扔了",一边说,一边把醋瓶子弄得砰砰响。这种事情在我们家太司空见惯了,所以连他儿子也快忍受不了了。有一次也是为了一件小事,他妈发火。第二天,小安跟我说,把妈送回去算了。我就劝阻他,我知道他在气头上。后来,实在相处不来,也可能她觉得给我们做饭太累了,自己提出要回去。回去就回去,我巴不得她自己说要回去。过了几个月,小安他爸正式退休了,办好手续后,他们又一起来了。因为我的肚子也一天天大了,行动不方便,身体也不好,经常要请假休息,所以没办法做家务了。这样就决定他们先过来照顾几个月,等我请了产假后再一起回去。

他们过来后,小安提出,他们是过来照顾我的,所以要出生活费,我跟他每人每月500元,就是说每个月要交1000元给他父母。我的工资比他少1000元多呢,他也要我每月拿出500元,真是太过分了,我当然不乐意,但是不想跟他吵,怕影响肚子里的孩子。小安他现在对我的态度改变了很多,不像以前对我百依百顺。他现在连工资也不交给我,存折也不给我看,把钱看得很重。这样也就算了,他还要拿我的存折去打印,看我的钱怎么花的。我知道,他查我有没有寄钱回家。他一直觉得我太顾家了，对我弟弟太好了。可能是我以前资助他们读书给他留下了这样的印象。他觉得他对我家已经很不错了，他还对他的一个好朋友说，他一共寄了七八千元给我家。是他好朋友的老婆告诉我的。我不知道他怎么算的。结婚前我们就住一起了，有时是取了他卡里的钱给我弟弟凑学费，但是我们的生活开销、给他买衣服什么的，还有房租，我也出过钱啊。他真的把钱看得太重了，跟我算得这么清楚。现在结了婚，反而工资都不交给我，对我不放心，不信任我，其实我怎么会那么傻，都结婚了，宝宝也快出世了，我也知道要顾着自己了，但是我总得尽一个做女儿的孝心吧，不是一出嫁就要跟娘家断绝关系的。他就是这样想的，说过类似的话，结了婚就要以他们家为主了。上个月我爸爸过50岁生日，我想着我爸今年老感冒，一直没有怎么好，医药费花了不少，我爸受伤多年，爸妈在家也没有什么收入，而且我有好久没有寄钱给他们了，所以我跟小安商量寄1000块钱给我家。我尊重他，跟他商量，但是他听后很不舒服，还跟我吵，说什么"过生日有必要寄那么多吗？他们生病了还有你弟弟呢，你要知道你已经结婚了！……"可是我觉得我是我，我弟弟是我弟弟，我是出嫁了，但是总要尽自己的孝心吧。我们没有办法达成统一，我坚持要寄钱，他没法，就说"那好，一碗水端平，你寄给你家1000块，也要给我妈1000块"。我不同意，现在每个月都交生活费给他们，给得少吗？我每次去产检都是我自己的钱，孩子又不是我一个人的。我每次去检查都会顺便带些生活用品回来，如果我跟他一样计较，就不会买了，反正我已经交生活费了。还说我不顾家。我们的钱本来就是分开的，我不可能再取1000块给他父母，他要取钱给他父母，我已经管不上了。当他交1000块给他妈的时候，把我要寄钱回家的事情以及我们吵架的事情都说了，他妈马上爆发了，还跑到我房间里来吵，说些还要不要买房子、要不要过日子的话。我也不想让步，越是让着她，她就会越凶，有时候真的跟泼妇一样。他爸妈去年来玩的时候，那时我们还没有结婚，他们把小安存折上的两万块钱带回去了。防我像防贼一样。我又不是没有工作，就算我寄钱回家也是自己的钱，我自己已经很节约了，倒是他们的儿子花钱大手大脚。我们都在一起了，我怎么会算计他的钱？

我开始也没有想回我家生孩子，小安也不同意我回娘家生孩子，按照道理我也是该在他家生孩子。请完产假后，我和他父母一起回到他家，一共住了四天，这四天里，他父母天天在外面打牌，不在意我也就算了，也没见他们为孩子准备些什么，我很生气，坚决要回家。我爸妈的意思是回家生孩子不好,我公婆会有意见,对我自己的影响也不好。我也知道这个,但我实在无法忍受,坚持要回家。我父母也想着他们对我照顾不好,到时坐月子也不能大意,后来就同意了。第五天我就回家了。小安很生气,很少给我打电话。生孩子的钱和我住院的钱,都是我家里出的,他和他父母都没有给钱。孩子的一切东西,都是我父母准备的。我坐月子的时候,他父母从来没有去看过我,也没有买任何东西给孩子。孩子的满月酒是到他们家办的,我父母也一块去了,按照风俗,我爸妈、小姑、叔叔、爷爷奶奶等亲戚都要送礼,虽然说孩子是在我们家生的,这个礼数我们家里人都没有少。那些钱后来全给小安拿着了。办完酒席后,我和我爸妈就带着孩子回来了。在后来几个月的时间里,一直是我爸妈照顾孩子,他们家没有来看望也没有给钱。今年6月初,他爸爸跑到我家,硬是把孩子给抱走了,我听了很生气,但是又没有办法,气死了,关键是他给气我爸妈受,说什么带外孙是带不亲的,孩子大了还是要认爷爷奶奶的。我真的很生气……

再来看另外一个例子:

小红是江苏徐州人,1986年出生,15岁便跟随同乡和亲戚到广东打工,2004年随H厂迁至苏州,是该厂的老员工了。因为只有初中学历,一直从事操作工工作,由于工作时间长,颇有经验,在2005年的时候就是品保部的生产组长。同事对她的评价是,老实安分。丈夫是湖北人,2006年进H厂,正好和小红是一个部门,他们经自由恋爱后于2007年底结婚,小孩2009年3月出生。1年之后和丈夫先后回湖北工作,工作地点离婆家1个小时车程,一般1—2周回家一次。在婚后几年里,有三年是回娘家过的年。她和丈夫目前准备存钱在老家县城买房,与父母分开居住。来自她个人的意愿更强烈。她最不能接受婆婆总是对别人说自己的儿子没出息,怕媳妇。她与丈夫的家人似乎还处于关键的磨合期。

传统农业社会妇女最高行为规范是自制和自我牺牲,"家人好就是自己好"是她们所信奉的准则。当代工业社会的女性却越来越表现出超出家庭的期待,出现了或多或少地希望过自己的生活的愿望和行为。这种转变发生的原因主要在于教育、工作和两性关系领域的重要变化(乌尔里希·贝克、伊丽莎白·贝克-格恩斯海姆,2011:64)。中国工业化过程中,青年女性的人生轨迹也在发生改变,她们想要同时也是被迫去追求某种属于自己的生活。

第十二章　外出务工女青年的婚姻家庭实践

1. 择偶方面的自主性

小容与小红都是与丈夫自由恋爱,未见家长就同居,在怀孕后请假回家结婚。不管是男方父母还是女方父母,都没有机会给他们的孩子关于结婚对象的意见。在 H 厂的流动青年群体中,这种现象比较普遍。在传统的农业社会,婚姻建立在亲属和其他更大群体的安排的基础上,自由择偶的浪漫之爱被认为与一个社会的经济发展相关,由现代性、资本主义和个人主义所催生,具有解放性。在自由择偶基础上的婚姻是情感支持的来源,婚姻关系的重点是个人的需要和感觉,而非客观目的。小容与小红都非常强调"自己喜欢"。小容与小安在恋爱阶段有过一次分手经历。在那期间,"一个条件很好的男生追过我,他当时所在的公司和收入都比小安好多了,但是,后来小安来求我复合,我于心不忍便答应了……我觉得我一定要找一个自己喜欢的人,条件差不多就行了。"当年是小红主动追求自己的丈夫的。丈夫曾经追求过一个女孩,也是本厂的同事,但是没有结果,小红便主动出击了。小红的收入一直比丈夫高。据她自己讲,"我当时是被他的爽快和幽默吸引了。我爸妈不愿意我找外地的,因为我们那里有人嫁到比较远的地方,受婆家欺负了。他们希望我回老家相亲,但是我在厂里碰到喜欢的人了,很难顺他们的意……"中国人代际之间的关联非常强,父母一般会比较多地参与到孩子找结婚对象这一过程当中。但是,由于孩子在未有结婚对象时就外出务工,父母对孩子的感情生活鞭长莫及。小容的婆婆对儿子找的这个媳妇颇为不满,因为小容家是农村的,下面还有两个弟弟,而自己的儿子是独子,虽然自己是下岗工人,一个月只有几百块生活费,但是老公退休金还可以,家里条件比儿媳妇家里好多了。小红的婆婆对小红的身高和家庭都不满意。但是,孩子们都没有着重考虑父母的意见。总的来看,在择偶这件事情上,在某种程度上,小容和小金都表现出了某种"个人的选择"(individual choice),不考虑男方的外在条件,也不在意父母的意见,只在乎自己的感觉和需要。这类似于阎云翔在他的田野研究中发现的"择偶的浪漫革命"。不过,也有相关研究表明,一些青年女工希望找到一个条件好的男性能够让自己不再那么辛苦地工作,因此,她们会刻意打扮自己,表现出柔弱的女性特质,以便迎合男性的需要(I-Chieh Fang,2012)。这也是一种个人的选择,她们为了满足自己的需要和欲望,选择了结构化选项中阻力最小的路,她们的选择行动,得到了传统儒家文化性别分工以及市场经济所需要的性别分工体系的支持,客观上会强化现有的性别结构,主观上会主动维持现有的性别结构,具体来说,保持柔弱的女性气质、顺从与迎合男性将是她们在婚后生活中降低失去丈夫的风险所需要的长期工作。而本研究的个案身上体现出来的个人选择,重点在于,她们看重婚姻的感情基础,以及更深层意义上的个人在婚姻家庭中的自主和权力。这种选择依然隐含着风险。她们将感情和个人欲望作为婚姻的基础甚至全部,会使得夫妻关系变得脆弱,因为一旦婚姻不再满足个人的需要,极有可能走向解体。

2. 家庭事务上的自主性

小容的生活经历中有两个关键性事件:一是给娘家寄钱,二是生孩子地点的决定。这两件事情上都显示了小容作为妻子/儿媳的权力。前述关于小容的生活经历显示,她与丈夫商量在爸爸生日之时寄回娘家1000元钱,却掀起轩然大波,此事被婆婆定性为"不想过日子了",丈夫的立场是,你出嫁了就不要动不动寄钱回家,凡事有你的弟弟们。小容则认为,"出嫁又不是要与娘家断绝关系","我又不是没有工作,就算我寄钱回家也是自己的钱"。虽然阻力重重,小容最后还是寄钱回家了。她坚持自己的行为是合理的人之常情。与传统社会中媳妇存私房钱隐蔽地贴补娘家不同,小容觉得给没有什么收入来源的父母寄钱是应该的,并直接告诉丈夫。在小容身上,我们可以看到当今职业女性独立和自主的一面。这一方面是因她有工作有固定经济收入而形成,另一方面,她与小安结婚后在工作的城市独立居住,公婆对他们的婚姻支付极少,她觉得她的一切都是自己创造的,怎么处理经济生活是她自己的事情,公婆甚至丈夫没有理由干涉她。

从这三个人的观点来看,婆婆与丈夫的立场比较类似,都认为女儿出嫁了就应该以夫家为重。而在小容的观念里"家"的概念和界定已经发生了改变。传统文化对女子的角色期待之一是"出嫁从夫"。她的丈夫和爸爸对她明显地拥有这方面的期待。丈夫觉得,婚前已经帮助小容娘家不少了,现在她的两个弟弟都工作了,不应该再像往常一样寄钱回家,应该以他们家或者他们的小家为重,而且夫妻二人在经济方面非常敏感,小安会查看妻子的存折,妻子送床普通的被子给弟弟他也会生气。他们吵架的时候小安经常说的一句话就是"工作这么多年你存了一分钱吗"。父母也劝她不要寄钱回家,"我父母都是通情达理的人,我出嫁之后,他们让我不要再寄钱回家了,毕竟结婚了,成了人家的媳妇,

第十二章 外出务工女青年的婚姻家庭实践

再说,家里现在也不缺钱用,免得公婆丈夫有意见;我爸还跟我说,要忍耐一点,顺从他一点,要我什么都听小安的。可能在他们看来,我个性太强了吧。但是我觉得我除了脾气差了点之外,没有什么大错。我不会什么都听他的,对的我会听,但是我认为不对的,我绝对不会听。"做女儿的并不认同父亲的观点,她有自己的主见。小容想用自己的方式对待和处理与"他家"和"我家"的关系,但是周围的重要他人并不认同和支持她。这让她的婚姻陷入风险。

关于生孩子地点的决定,小容也显示出了她非常自主的一面。"我和他父母一起回到他家,一共住了四天,第五天就回我家了。这四天里,他父母天天在外面打牌,不在意我也就算了,也没见他们为孩子准备些什么,我很生气,坚决要回家。我爸妈的意思是回家生孩子不好,我公婆会有意见,对我自己的影响也不好。我也知道这个,但是我实在无法忍受,坚持要回家。"在中国中部一些农村地区,出嫁的女儿是不能在娘家生孩子及坐月子的。小容夫妇都是湖南人,当地也有这一习俗。因此,小容是在自己家的侧屋里生孩子坐月子的。父母为了达成女儿的意愿,费了不少心思,同时也准备承受邻里对于女儿婚姻的各种猜测和流言。让小容下定决心做出这样不符合期待的行为的直接原因是,她坚信她的公婆不会很好地照顾自己及将要出生的孩子,同时也坚信坐月子对一个女性来讲无比的重要。这一行动还隐含着三个层面的意义:一是,她遵从自己内心的感受胜于传统规范来做决定,个人利益(身体健康)至关重要;二是,她的自主行为离不开起源家庭的支持,父母顶住压力也要支持女儿,这与女儿在娘家的地位是不无关系的;三是,形式上她是嫁到丈夫家,但是在意识层面,她的家庭自我认同因为自己的经济独立以及夫妻二人与公婆分开居住而显得不如传统规范那样清晰,也就是说,小容的起源家庭即娘家在她婚后的生活中扮演着重要角色,她的口头表述中一直出现的是"他家"与"我家",这两者与她和小安建立的小家庭组成了一个三边关系,在感情的维度上,她与父母的家联系更为紧密。这明显地越过了传统规范。

小红婚后生活中一个突出的事件是,一家三口回娘家过年。传统文化规范一般是,女子嫁入婆家,即是婆家正式的家庭成员,当然不能回娘家过年。在年后的某一天则可以和丈夫孩子回娘家探亲。她坚持回娘家过年的理由是,平时没有时间看望自己的父母,所以要趁过年的时候,她与丈夫都有时间,回家与父母团聚。这一要求一开始遭到了丈夫及公婆的反对,但是经过小红多次劝说,虽不情愿,丈夫还是在行动

273

上支持了她。公婆唯有抱怨自己儿子没出息,怕老婆。

综上所述,小容在决定生孩子地点及寄钱等事情上的自主行为,以及小红回娘家过年的自主行为,都越过了传统文化对妻子/儿媳的角色期待,并遭到了婆家及丈夫的反对,令其婚姻家庭关系陷入困境。特别是小容,在决定到娘家生孩子之后,夫妻关系几近破裂。这说明,青年女性个体崛起的同时会陷入各种风险,比如,遭遇"不孝顺"的道德评价,但是,经济独立以及与丈夫积累的情感资本使她有能力争取和娘家往来的空间,使之能与夫家抗衡,以母女联络来取代传统婆媳联络。在应对风险的过程中收获了与父权抗衡的力量。这一切都显示了她们希望通过自己的方式对"家"进行重新划界,她们在定位家庭中的权力、对起源家庭的责任,以及其行动空间等都在她们的努力与挫折中重整。

3. 强调生活空间的重要性

首先是物理空间。独立居住的打算和计划也是小红目前最为重视的事情。她最大的理想就是存够钱之后,能在老家县城买一套房子,三口之家,独自居住。"我很想搬出去住,但是现在还不现实,主要是不够钱买房子,县城的房子涨到三四千元了,我们必须先存钱。孩子也还小啊,需要人照顾。……他父母不太赞成我们买房子,他们认为家里的房子还不错,也宽敞。他们还说没钱就别学人家买房。我不管他们说什么,反正我是准备买房的。我不太习惯他家的一些事,但是又不能按我的方式来做,住在一起很别扭。"小红这段简短的表达中,包含了三个信息。第一,小红在对自己的生活规划方面具有一定的自主性,长辈的意见不太重要;第二,由于现实条件的限制,他们暂时还不能离开父母的家;第三,与公婆分开居住的打算,其实是已婚女性想要建立自己的生活空间。为买房子做准备,夫妻二人的经济收入完全由小红自己掌管和支配。虽然婆婆非常希望儿子成家立业之后,能够定期给自己钱——这是传统养儿防老、老来从子观念的体现——但是,小红夫妻没有这样做,他们只支付儿子在家上幼儿园的学费。而小红的公婆似乎也无奈地接受了儿子儿媳与自己的界限,当地在进行城乡统筹的改革,他们二人都买了养老保险,以保证老来在经济上可以不靠子女。在个人与家庭之间或子代与亲代之间的联系松动方面,国家的举措也起到重要作用。

再一个就是情感表达空间与亲密关系。小红与小容两人都认为,跟公婆住在一起限制了她们与丈夫的情感表达空间。下面两段材料分别来自小容和小红,显示了她们对夫妻二人世界以及跟老人住一起两种生活状态的对比及其感觉上的落差。

小容:到苏州H厂来了之后没有多久,我跟小安就没有住员工宿舍,到外面租了房子。他爸妈过来玩了一次。从那次相处后,我发觉他妈好像不喜欢我,可能嫌我太瘦了,也看不惯小安对我好,看到小安在家烧饭也有意见,说我没有照顾好他,反而事事要小安照顾的样子,总说小安对我太好了。她什么都想管,什么都要听她的。有一次我身体有些不舒服,小安帮我倒了洗脚水,他妈看见了,马上就对他说,"哎哟,我当妈的都没有享受过这种待遇呢,别说倒洗脚水了,也没有吃过一顿你做的饭"。当我们的面讲这样的话,搞得小安很尴尬。本来小安一直对我很好的。从他妈这一搞以后再也没有帮我做什么……小安有时喝了点酒,会对我说,"我知道你不喜欢我妈",好像对我很失望的样子。我也直接地回答他,"我确实不喜欢你妈。"我说的是实话。

小红:在一家人同桌吃饭的时候,老公有时会帮我夹菜,帮我挑鱼刺。我当然很开心啦,结婚后还跟恋爱时一样对我好。可是,婆婆好像很看不惯。也看不惯我老公听我的话,有时他顺着我的时候,婆婆就不高兴,什么都表现在脸上,也会对亲戚邻居讲我的不好,讲我老公没出息怕老婆。她以为我听不懂他们的话,其实我现在基本能听懂了。这方面也是我想跟老人分开住的一个原因吧,感觉特别不自由,受到监视。以前在苏州的时候,我和老公住在简陋的出租屋里,但是感觉很好,很幸福,我们做什么事情,比如哪个买菜做饭,哪个洗碗,都是我们自己的事情,没有人对我们指指点点。而且男孩子对女孩子的照顾是大家都赞同的优点,同事说我老公会照顾人,大家是赞扬他的,不会讲他不像个男人。回到家就很不同了。

从前文有关小容的材料中可以知道,她对婆婆的不满来自各个方面。在这里主要由于婆婆对他们夫妻二人感情生活的干预导致她的不满。小容和小安二人世界的时候,小安会承担烧饭这一家务劳动,在小容不舒服的时候,会帮忙倒洗脚水。小容无疑对这种生活模式是比较满意的,但是婆婆与他们住在一起的日子里,这种生活遭到了破坏。"她什么都想管,什么都要听她的",这句话反映了小容对婆婆干预他们夫妻生活模式的反感。这导致了家庭生活中婆媳关系的紧张,进而产生了小容坚决到娘家生孩子的强硬态度和行为。小红很怀念跟丈夫在苏州的生活,二人世界里,没有人对他们指指点点。而回到婆家之后,小红的丈夫帮她夹菜、挑鱼刺等生活上的照顾,以及顺从她,这些现象在长辈看来是一种性别反转。不管是给老婆倒洗脚水,还是挑鱼刺,它们都是夫妻间的亲密关系的表达,浪漫爱情遭遇"相敬如宾",它们难以被持有传统观念的婆婆接受。

在社会生产技术很简单的农业社会,常常偏重夫妇间事务上的合作,压低夫妇间感情上的满足。儒家文化规定夫妇有别,不讲夫妇有爱。男女之间不能发生激动性的感情,否则社会关系和乡土社会的稳定性便有可能遭到破坏(费孝通,1998:147)。夫妻之间的行为规范是礼多于情,义多于爱,相敬如宾,特别是不能在父母长辈面前表现出恩爱的样子。浪漫之爱与工业社会、现代性及个人主义等因素密切相关。在向工业社会转型的过程中,注重夫妇间事务上合作的前提基础发生改变,个体的主体性和情感世界经历着巨大的变化,私人生活发生变革。小容和小红都希望维持在没有老人同住时夫妻二人的互动模式,除了工作之外,她们更需要情感上的满足。但是,浪漫爱情与自由择偶积累产生的女性的"情感权力"(李霞,2010)遭遇了父权社会母亲的权力。对中国人来说,母亲对成年的儿子有着很大的支配权力。这是因为儿子对母亲欠下了巨大的生理债务,即母亲的怀孕、分娩与哺乳(许烺光,1990:33)。而妇女婚后在父系制大家庭内部建立一个自己的生活空间,形成一个"子宫家庭",它通过母亲与自己的子女的情感纽带维系。为了巩固在夫家的地位,女性认同父系价值以生子为人生主要目标,并且在有了儿子之后,将所有的期待都放在儿子身上,对儿子进行情感操控,以实现自己的经济安全及其他需求(参见 Wolf,1972)。小容的婆婆讲,"我当妈的都没有享受过这种待遇呢,别说倒洗脚水了,也没有吃过一顿你做的饭。"这是母亲对儿子进行情感控制的一种表现。它干扰了小容夫妻之间的情感表达和亲密关系,直接造成了婆媳之间的紧张关系。小红的情况也类似,她很想和丈夫延续恋爱阶段没有父母在场时的互动关系,但是婚后跟父母同住,让她觉得"不自由,受到监视"。小容与小红都很在意夫妻之间的情感表达,自由择偶与经济独立,以此为资本,她们希望重新塑造性别关系与家庭理想。"相敬如宾"与"子宫家庭"虽然都会或多或少地产生干扰,但都无法阻挡她们"过自己的生活"的努力。

四、结论与讨论

本章在个案资料的基础上,更多地从一种家庭生活实践的角度而非家庭制度的角度,描述和分析了流动女青年婚姻家庭生活中的情感、欲望和主体性,初步呈现了一幅流动女青年个体崛起的图像。在研究内容上,既分析了未婚女性与起源家庭之间的关系,参与了学术界关于"女孩权力"问题的讨论,也分析了已婚女性的家庭认同意识及家庭划界,讨论了当前学术界相关争论之一,即女性个体的崛起是否止于婚姻或是否具有阶段性。

1. 基本结论

就未婚青年女性而言,从家庭关系结构角度来看,与对起源家庭的经济贡献相伴随的是,女孩的权力得以提升,与父权制相应的家庭成员间的角色分工和权利义务体系遭到破坏,家长的权威下降了,但是,并没有触动家中以儿子为重心的规则,女孩的权力来自其因承担家庭的经济责任而暂时得到父母权力的让渡,具有象征性和暂时性,其实质是养家者或协助养家者的权力,是父权制家庭在工业化时期策略地维系与生存的意外后果。从家庭生活视角来看,她们表现出一定的家庭义务感,但是流动女青年不再是绝对的"孝顺的女儿"与"反叛的女儿"的二元类型。确切地来说,"哀伤的女儿"更能描述她们内心的情感和欲望,它表明流动女青年虽得到了个体权利意识的提升,却陷入了"为他人而活"与"为自己而活"的矛盾状态。

已婚青年女性个体的崛起突出地表现为她们努力"过自己的生活"。在选择伴侣上,她们表现出某种"个体的选择",更看重婚姻的感情基础和个人需要;在家庭事务上表现出明显的自主性;追求属于自己的生活空间,强调夫妻之间的感情表达和亲密关系。青年女性希望通过自己的方式对"家"进行重新划界,她们在定位家庭中的权力、对起源家庭的责任,以及其行动空间等都在她们的努力与挫折中重整。对于类似的经验事实,我们可以做这样的理解:对家庭的传统社会控制已经在减弱,个体的权利和自由被提升到重要位置,她们可以按自己的方式设计和规划属于自己的生活,不仅邻居的想法在这种家庭文化面前变得无关紧要,父母的想法有时也可以置之不理。家庭生活的传统模式开始丧失其在组织个体家庭生活方面的影响能力。这是中国流动人口家庭个体化趋势的证据,最明显的力量来自女性个体的崛起。

基于以上结论,本研究同意女孩的权力具有象征性或暂时性。但是不认为青年女性婚前是个人本位,婚后复归家庭本位与男性本位。个体的崛起意味着新的生活方式和人生轨迹的开启,虽然来自传统的阻力不可避免。但是,青年女性的生活设计和规划仍然在各种力量交织中进行。与传统社会已婚妇女适应父权大家庭的"子宫家庭"策略相比,当代青年女性的生活设计涉及的是家庭中的横向关系,蕴含着性别关系与家庭理想的重新塑造。传统社会构建子宫家庭的妇女是父权家庭的维护者,当代青年女性是父权家庭的反叛者,其动力就在于青年女性个体的崛起。

与以往研究的结论不同,原因之一可能在于研究对象的不同,与那些返乡或往返城乡之间的农村已婚女性相比,本研究的个案来自相对规范的外资制造企业,她们持续在城市工作多年,都出生于1980年之后,受教育程度也相对较高。流动女性不是铁板一块的同一群体,这些基本的个人背景变量可能会影响到她们的观念和态度。

2. 相关讨论

首先,"为自己而活"的需求和欲望的产生机制及其对父权制的影响。青年女工在城市工作多年,接触到新的生活方式,让她们对新的生活方式有新的认识和反思,自己的生活的限制和负担是否是固定不变抑或是一种命运?在这种反思中产生出了新的希望、期待和欲望。这种私人需求受到了某种政治的影响。潘毅(2008)在其《中国女工》中清楚地分析了这种影响。解放的思想鼓励女性挑战传统生活模式和观念,主动把握和改变自己的命运。然而,资本出于对生产的需要对青年女性的性与性别想象,以及市场化改革以来形成的性别话语和环境,使得女性在这两种权力运作中形塑自己。为了真正地变成现代城市人,她们在巨大的城市消费诱惑面前改造自己,渴望成为新的性别主体。因此,青年女工在家庭义务与个人需求之间的矛盾处境,其实是国家和资本帮助青年女性从父权制家庭中脱离出来,并继而使之陷入自己的权力之网所造成的。从这个层面来看,青年女工个体的崛起是相对于传统父权制家庭的权力关系而言的,崛起的背景条件是国家追寻现代性的发展策略,而崛起之后的个体旋即陷入另一种支配体系,女性的空间与权力重整工程看似启动,其实不然。或者说,青年女性个体的崛起并未触动性别权力关系的核心。这一核心由国家、资本和大众媒体共同建构。有研究支持了潘毅的观点,崛起之后的青年女工比以前更加受传统性别意识形态的控制,婚姻对她们来说很重要,她们非常希望能够嫁给条件好的男性,让自己不用辛苦地工作就可以过上好日子(I-Chieh Fang,2012)。这表明,在宏观的性别结构和文化中,从父权家庭权力中脱离出来的青年女性在择偶方面并没有逻辑性地走向个体意义上的独立自主。国家具有父权性质,青年女性就算冲破了家庭领域父权的限制,也无法从根本上摆脱父权。本研究个案在择偶方面的经验与以上方怡洁研究中的个案不同,没有能够直接证明潘毅的观点。但是,从行动—结构视角来看,从父权家庭权力中脱离出来的青年女性并不是没有可能走向个体意义上的独立自主。崛起的个体具有一定的能动性,能够作用于现有的性别结构。

因此,从家庭的角度来看,青年女性个体的崛起的确在某种程度上冲击了父权。另一方面,国家与资本既具有解放性也具有压迫性,致使主张为自己而活的青年女性在获得解放的同时受到更为宏观层面的国家和资本建构的性别话语的支配体系影响,但是崛起的个体行动具有能动性,能够作用于现有的性别结构。

其次,"为自己而活"对家庭团结的影响。贝克-格恩斯海姆(Beck-Gernsheim)认为,西方社会女性的人生轨迹中逐渐出现了个人设计的逻辑,进而使得家庭团结的义务进一步瓦解。在当前中国社会,流动女青年的生活实践中,也出现了一定的个人设计的逻辑,家庭代际关系出现了新的问题。未婚的孩子将自己的收入自觉地交给家长,家长有责任和义务负担孩子的婚事。就儿子来说,父亲一生都在为儿子付出,从安排婚事到财产转移,父亲在晚年会得到儿子的孝敬和赡养。就女儿来说,父亲会为女儿安排婚事准备嫁妆。而对于当今部分外出务工女性而言,她们在某个阶段的某种程度上扮演了养家者或协助养家者的角色。将大部分收入交给家长供家庭支出,将来的婚事安排还得自己筹备。因此,如小金和小璐一样的青年女性会强调自己工作多年未有存款。代际之间的责任义务关系发生改变。她们在认为自己应该对家庭尽义务的同时,也会认为父母没有履行自己当父母的职责。这一点在小金身上表现最为突出。正所谓"父慈子孝",代际之间的权利、责任和义务有一整套运作规则。当前一些农村中年晚期的父母在各种主观因素的影响下成为"啃小族",未婚流动青年女性感到的压力较大。另外,是一个个女孩们在支持家里的男性兄弟,而不是相反,家庭中性别政治显而易见。总的来说,表面上相互扶持及家庭团结的现实,其实隐藏着性别与代际之间不平等的政治结构。

但是,从另外一个角度来看,并不能因以上种种就断定家庭团结的局面受到瓦解。在当前中国以及未来很长一段时间内,家庭是个人最重要的福利来源。已婚青年夫妇孩子抚育问题上必须依赖她们在老家的父母。小容和小红都表示,苏州外来儿童幼儿园的条件不如老家好。

另外,青年女性的地位来自她们的经济独立,但是她们在城市中工作的稳定性和持续性受到大的市场环境的影响。代工传统的手机按键是 H 厂主要业务之一,但是随着手机市场需求的改变,按键手机被淘汰,订单锐减,加班减少,工人收入也随之减少,因此很多工人都自动辞职,另谋工作。对于普通青年女工来讲,随着年龄的增长,她们在劳动力市场上并不具有优势,一些工厂更愿意招收更年轻的未婚女性。因此,青年女性的"为自己而活"不仅仅来自配偶的支持和家人的宽容,不对她们进行道德上的评价,更重要的是,与国家的相关政策和经济环境密切相关。在当前情形下,老家的父母或公婆是她们最重要的精神支柱或生活支持来源。

参考文献:

1. Dr. Gerardo Meil Landwerlin, "Individualization and Family Solidarity: The Case of Spain," Contribution to the EURESCO conference "The Second Demographic Transition in Europe", June 28-30, 2001, Bad Herrenalb, Germany.
2. Chang Kyung-Sup and Song Min-Young, "The Stranded Individualizer under Compressed Modernity: South Korean Women in Individualization Without Individualism," *The British Journal of Sociology*, Volume 61, Issue 3, 2010.
3. Dianel L. Wolf, "Female Autonomy, the Family, and Industrialization in Java," *Journal of Family Issues*, No. 9, 1988, p. 85.
4. I-Chieh Fang, "Keen to Get Married: Why Marriage is so Important to 'Independent' Female Migrant Workers in Shenzhen, China," FREIA Working Paper Series, No. 78, 2012.
5. I-Chieh, Fang, *Growing up and Becoming Independent: An Ethnographic Study of New Generation Migrant Workers in China*, PhD thesis, The London School of Economics and Political Science, 2011.
6. Janet W. Salaff, "Working Daughters in the Hong Kong Chinese Family: Female Filial Piety or A Transformation of the Family Power Structure?" *Journal of Social History*, No. 9, 1976, pp. 439-465.
7. WOON, Yuen-fong, "Filial or Rebellious Daughters? Dagongmei in the Pearl River Delta Region, South China, in the 1990s," *Asian and Pacific Migration Journal*, Vol. 9, No, 2, 2000.
8. Mette Halskov Hansen & Cuiming Pang, "Me and My Family: Perceptions of Individual and Collective among Young Rural Chinese," *European Journal of East Asian Studies*, Vol. 7, Issue 1, 2008, pp. 75-99.
9. Raymond K. H. Chan, "Risk, Individualization and Family: Managing the Family in

Hong Kong," *Journal of Asian Public Policy*, Vol. 2, No. 3, November 2009, pp. 354-367.

10. Smart, C. and Shipman, B, "Visions in Monochrome: Families, Marriage and the Individualization Thesis," *British Journal of Sociology*, Vol. 55, No. 4, 2004, pp. 491-509.

11. Wolf, Margery, *Women and the Family in Rural Taiwan*, Stanford: Stanford University Press, 1972.

12. Yunxiang Yan, "Girl Power: Young Women and the Waning of Patriarchy in Rural North China," *Ethnology*, Vol. 45, No. 2, pp. 105-123.

13. Yunxiang Yan, "Introduction: Understanding the Rise of the Individual in China," *European Journal of East Asian Studies*, Vol. 7, No. 1, 2008, pp. 1-9.

14. Yunxiang Yan, "The Individualization of the Family in Rural China," *Boundary 2*, Vol. 38, No. 1, 2011, pp. 203-229.

15. Yunxiang Yan, "The Chinese Path to Individualization," *The British Journal of Sociology*, Volume 61, Issue 3, 2010.

16. 〔挪威〕贺美德、鲁纳:《"自我"中国:现代中国社会中个体的崛起》,上海译文出版社 2011 年版。

17. 〔英〕吉登斯:《亲密关系的变革:现代社会中的性、爱和爱欲》,社会科学文献出版社 2001 年版。

18. 〔日〕武川正吾:《福利国家的社会学:全球化、个体化与社会政策》,商务印书馆 2011 年版。

19. 〔德〕乌尔里希·贝克、伊丽莎白·贝克-格恩斯海姆.《个体化》,北京大学出版社 2011 年版。

20. 〔德〕乌尔里希·贝克:《风险社会》,译林出版社 2004 年版。

21. 费孝通:《乡土中国 生育制度》,北京大学出版社 1998 年版。

22. 何绍辉:《从"伦理"到"权利"——兼论农村青年婚变的影响机制》,《中国青年政治学院学报》2012 年第 2 期。

23. 金一虹:《流动的父权:流动农民家庭的变迁》,《中国社会科学》2010 年第 4 期。

24. 康岚:《代差与代同:新家庭主义价值的兴起》,《青年研究》2012 年第 3 期。

25. 李霞:《娘家与婆家——华北农村妇女的生活空间和后台权力》,社会科学文献出版社 2010 年版。

26. 马春华:《市场化与中国农村家庭的性别关系——社会变迁过程中川西竹村家庭性别关系的变化》,中国社科院研究生院博士学位论文,2003 年。

27. 马冬玲:《流动女性的身份认同研究综述》,《浙江学刊》2009 年第 5 期。

28. 潘毅:《中国女工——新兴打工阶级的呼唤》,明报出版社有限公司 2008 年版。

29. 沈奕斐:《个体化与女性的崛起——以上海中产阶级家庭为案例》,载王爱丽主编:《中国道路与社会发展——中国社会学会学术年会获奖论文集》,社会科学文献出版社2011年版。
30. 孙琼如、叶文振:《国内外流动人口婚姻家庭研究综述》,《人口与发展》2010年第6期。
31. 谭深:《家庭策略还是个人自主?——农村劳动力外出决策模式的性别分析》,《浙江学刊》2004年第5期。
32. 许烺光:《宗族·种姓·俱乐部》,华夏出版社1990年版。
33. 阎云翔:《私人生活的变革:一个中国村庄里的爱情、家庭与亲密关系(1949—1999)》,上海书店出版社2009年版。
34. 阎云翔:《中国社会的个体化》,上海译文出版社2012年版。

下编　青年文化及其他

第十三章 大学生微博使用与自我认同

一、问题与背景

2013年1月,中国互联网络信息中心(CNNIC)发布第31次中国互联网发展状况统计报告,报告显示:微博用户规模在2012年达到3.09亿,较2011年底增长了5873万个(中国互联网信息中心,2013)。虽然微博的扩张速度略有减缓,但年增幅依旧达到了23.5%。并且,报告还显示相当一部分用户访问和发送微博的行为已经发生在手机终端上。

微博作为新兴信息传播平台,在事件传播速度上是其他媒体渠道所无法比拟的,2013年4月四川雅安地震后的信息传播就是最明显的事例。经过2011年的高速发展,微博已经成为中国网民使用的主流应用之一。2012年下半年,PC(个人电脑)端微博用户的活跃度出现停滞甚至下滑,相当一部分用户阅读和发送微博的行为转移到手机终端上,截至2012年底手机微博用户规模达到2.02亿个,即高达65.6%的微博用户使用手机终端访问微博(中国互联网信息中心,2013),用户行为的移动化让微博成为移动互联网时代最具发展潜力的产品之一。

互联网的发展对于人们社会生活的影响与日俱增,尤其对于处于成长期的青少年而言,上网行为对其学习和生活都产生了重大的影响。根据CNNIC第29次中国互联网络发展状况调查显示,2010年在中国5.13亿个网民中,25周岁以下的青少年网民占到45.1%,规模达到2.32亿个。青少年互联网渗透率达到64.4%,超出全国网民平均水平26.1%。并且青少年网民在网络沟通交流上也表现得非常活跃,即时通信(86.0%)、微博(61.6%)、社交网站(57.7%)和博客/个人空间(71.9%)的使用率均高于整体网民的平均水平。(中国互联网信息中心,2012)

表 13-1　2011 年各互联网应用在青少年网民中的普及率　　　　%

	小学生	中学生	大学生	非学生	青少年总体	网民总体	差距
即时通信	74.3	85.9	95.1	78.6	86.0	80.9	5.1
博客/个人空间	67.7	73.3	80.8	56.9	71.9	62.1	9.8
微博	33.4	64.4	73.9	42.7	61.6	48.7	12.9
社交网站	33.1	58.1	76.1	43.6	57.7	47.6	10.1
电子邮件	23.6	43.6	82.7	47.3	47.2	47.9	-0.7
论坛/BBS	12.5	23.0	43.9	24.7	25.8	28.2	-2.4

资料来源：中国互联网络信息中心（CNNIC）：《2011 年中国青少年上网行为调查报告》，2012 年 8 月。

从表 13-1 可见，在一些传统的网络交流沟通方式譬如电子邮件、论坛（BBS）等网络形态的使用中，青少年群体与网民总体间出现了负差距，说明青少年较之普通网络用户较少使用这些交流途径。而一些网络新兴应用，譬如微博、社交网络等，青少年的使用人数比例要比网民总体更大，这意味着青少年对于网络中的这些新应用的接纳度和普及率要更高。尤其是微博应用，青少年总体和网民总体之间的差距达到了 12.9%，是所有网络交流方式中差距最大的一项。

此外，另有数据表明，在学生网民群体中，大学生网民上网时间为 21.0 个小时/周，比青少年网民平均上网时长长 4.5 个小时/周（中国互联网信息中心，2012）。而且大学生群体在大部分网络应用上表现活跃，所有网络应用的使用率均高于整体网民平均水平。微博伴随着计算机技术和无线通信技术的发展深入到普通网民的生活中，其中大学生作为网民中的一支中坚力量，成为了微博使用的重点用户。有 73.9% 的大学生使用微博，微博已成为大学生自我表达和人际交互的重要平台。

目前我国大学生的年龄主要集中在 18—22 岁，这个年龄阶段的青年处于性别意识逐渐形成、生理结构日趋成熟，但相应的心理发展却正走向成熟而又并未完全成熟的阶段。美国心理学家埃里克·H.埃里克森认为在人的一生发展中，认同危机最容易出现在青春期，身处青年发展阶段的大学生也容易产生自我认同危机与角色混淆危机。为了消除或降低大学生认同危机带来的负面影响，更好地帮助他们完成社会化进程，需要将大学生的自我认同纳入社会互动中来进行考察。

大学生身处的大学时代是人生角色转换与建立社会认同的重要阶段，微博使用已然浸染于这一个体发展过程，本章所要探讨的主要问题是:微博的出现与普及对于身处寻找同一性的大学生产生何种影响?他们如何利用微博这一新兴网络形态来表达自我,建立社会网络,进而形成自我的主体意识与思想体系?本研究选取江苏省南京市高等院校大学生为研究对象,对他们使用微博的概况、微博使用动机,以及自我认同的基本情况开展问卷调查,进而考察微博使用与大学生自我认同建构之间的关系。

二、文献回顾

1. 自我认同

"认同"(identity)一词起源于拉丁文的 idem("相同")。在哲学领域中,identity 就被翻译为"同一性",这个单词既表示两者之间的相同或同一,也表示同一事物在漫长时间变迁中的连贯与统一。

西方学界对于认同问题的研究主要发轫于心理学领域,首先把认同这一概念纳入心理学学科展开探讨的是弗洛伊德,他开创性地对认同进行了界定。他认为认同是"在社会情景中,个体对其他个体或群体的意向方式、态度观念、价值标准等,经由模仿、内化,而使其本人与他人或团体趋于一致的心理历程"(车文博,1988:3)。

而自我认同(self-identity)又被称为自我同一性,主要是指个人在一定的社会体系架构中,通过与他人的长期交流与互动,逐渐建立与发展出的对自身角色的认知和理解。受自我的精神分析理论和临床实践的影响,埃里克森将同一性概念引入心理学,并于 1963 年提出自我同一性概念。他将自我同一性界定为"一种熟悉自身的感觉,一种知道'个人未来目标'的感觉,一种从他信赖的人中获得所期待的认可的内在自信"(E. H. Erikson,1959:118)。通过自我同一性这个概念,宏大的社会结构、社会体制以及社会历史语境与现实个人以及丰富多样的社会行动、社会事实产生了关联。

美国心理学家威廉·詹姆士开拓性地提出了自我(self)的概念,他认为人类具有将其自身当做客体来审视的能力,进而发展出自我感觉与对自身态度的认知。自我可以区分为"主观我"与"客观我",自我是一个不断往返的动态过程而非凝结不变的结构体系。客体的自我由"物质自我""社会自我"和"精神自我"所构建(乔纳森·H.特纳,2006:324)。

库利及后续的互动论者都受到这一观点的启示,库利进一步补充修正了詹姆斯的"社会自我"的概念,提出自我的形成是一个过程,是在与他人的互动与交往中形成的。个体在社会互动过程中相互作用,理解对方的态度立场,根据他人对自己的看法来认识自己,把"自我"看作是在社会环境中将自己和他物一起当做客体来认识的过程。他还创用了"镜中我"(the looking-glass self)这一概念,"人们彼此都是一面镜子映照着对方"(库利,1999:131),每个他人都是可以看到并衡量自我的一面镜子。"镜中我"主要包括三层含义:我所想象的我在别人面前的形象;我所想象的别人对我形象的评价;由前面两方面引出的某种自我感觉。因此,每个个体的自我意识其实在于他所意识到的别人对于自身看法的反映,自我认同是社会互动的产物。

继库利之后,芝加哥学派的乔治·米德进一步推动了符号互动论的成型。米德认为自我由作为主体的"主我"(I)和作为客体的自我"客我"(me)组成。具体说来,自我的形成包括三个阶段:嬉戏阶段、游戏阶段和"概化他人"(generalized others)阶段,"概化他人"具体是指能够"给予个人以自我的统一性的有组织的社区或社会群体"(Mead,1934:154)。三个阶段中均有对于自我角色的扮演,嬉戏阶段中个体只能扮演单一的角色,而在游戏阶段中可以扮演多重角色,最后的"概化他人"阶段则是社会中的"概化后"不同角色的类型。阶段的推进意味着自我从扮演角色中获得的自我想象的演变,而且也代表着稳定的自我概念形成并逐渐明朗化。

虽然库利与米德对于自我与社会关系的认识略有分歧,但他们二人对于传播问题仍有大量共识,他们的观点共同构成了符号互动论的理论基础。个体通过与他人的交往形成自我认知的概念,而自我概念又影响并制约着社会人际交往。社会通过影响自我来影响社会关系与社会行为,而其中的核心理念便是"扮演他人角色"。斯特莱克曾提出,对应于我们在社会生活中占据的每个角色位置,我们都具有迥然不同的自我成分,即所谓的角色认同(Sheldon Stryker, 1980)。

认同理论受到社会互动论两个层面的影响,其一,自我的形成并不是一种自动的心理过程,而是源自于人们在社会交往中承担角色的多重社会建构;其二,人们在社会生活中所扮演的不同角色决定了人们不同的自我概念。自我认同不是存在于真空环境中,而是在持续特定的交往叙事进程中形成的。个体在真实的社会生态中与他人不断地互动,进而形成完整真实无法虚构的个人经历。在此持续的活动中,自我概念深刻浸染于社会和文化的变化进程,倘若自我认同在某一层面遭到破坏,引起自我本体的认知威胁,就会诱发自我认同危机。同样,假如来自他人的反馈与个体的自我认同产生偏差时,就会造成精神层面的迷茫与痛苦。按照伯克的观点,认同具有自动控制系统的功能:它具有降低不协调的机制,由此帮助人们调适自己的行为,达到与其内在的认同标准相一致的目的(Peter J. Burke, 1991)。

吉登斯则是将自我认同问题放置于晚期现代性的情境下予以考察,他认为自我认同并不是给定的,而是个体根据其生存经验形成的反思性理解的自我(吉登斯,1998:58—59)。

2. 青年社会认同

美国心理学家埃里克·H.埃里克森根据弗洛伊德的本能理论把五阶段的儿童期人格发展为八阶段的一生人格发展,发现每个阶段都会有一种认同危机产生:(1)信任与不信任(婴儿期,0—1岁);(2)自主与羞怯、怀疑(幼儿期,2—3岁);(3)主动与内疚(学龄前,4—5岁);(4)勤奋与自卑感(学龄期,6—11岁);(5)认同与角色混淆(青春期);(6)亲密与孤独感(青年期);(7)代际关怀与自我沉浸(中年期);(8)完美与绝望(老年期)。

因此,埃里克森认为,在人的一生发展中,自我认同的危机出现于青春期。青年不仅经历着生理结构上性别分化的发展过程,而且伴随着个体进入到社会生活中,在心理层面上遭遇社会文化的急剧变迁带来的价值观念的冲突,因此,在这一阶段最容易造成认同危机(埃里克森,1998)。这个阶段被埃里克森看做是找寻同一性的时期,而非已经拥有同一性的时期,埃里克森将其称为心理社会的合法延缓期,也即青年人与成年人之间的间隔阶段。青年人开始将别人对他们的评价与他们对自己的感觉加以比较,面临着如何将角色扮演的方式及早年获取的技能与未来的职业发展联结。如果年轻人不能以同一性来离开这个阶段,那他们就会"以角色混乱或者也许会以消极的同一性来离开这个阶段"(埃里克森,1998:131),就会形成无归属感、为人淡漠,缺乏关爱的意识。而如果青年人在这个阶段中获得了积极的同一性而不是角色混乱或消极同一性时,他们就会形成忠诚的美德。埃里克森认为,青年需要细致思考自身积累起来的有关他们自己及社会的知识,最后致力于某一生活策略。

大学生正值青春期,正处于自我认同最易出现危机的时期,因而大学生在青春期要解决的核心任务就是要建立自我认同感,排除自我迷惘,避免认同危机。这就需要"充分的自我表达、自我反省以及社会交往,在表达、反省与交往中建立起自我认同"(杨桃莲,2009)。大学生的自我意识已经有了一定发展,他们开始日渐重视关心自我的内心精神世界,力图了解自身的心理与情感,关注外界对自身的评价看法来及时修正自己的行为,渴望得到他人的尊重与理解,凭借他人的认可得以建立他们的自我价值观。他们开始思考自己的人生定位,探寻自身的优势缺陷,并且开始预计未来的人生战略、如何做好职业乃至人生规划等,通过解答种种疑惑来建立稳定的自我认同感。

3. 微博使用的动机分析

微博是 Web 2.0 时代的一种新兴媒体形态,网络用户通过手机、移动终端、电脑登录等方式发布简短的文字、个人图片、视频短片或链接等,还可以通过微博参与讨论公共话题、报道突发性事件。

2006 年,世界上第一家微博网站 Twitter 诞生于美国,由博客技术先驱 blogger.com 的创始人埃文·威廉姆斯创建,起初只是为了方便公司的内部员工之间便捷地通过手机等无线设备开展信息沟通。Twitter 创立的同时微博"Micro-blog"这个概念也被提出,随着 Twitter 的技术革新与业务拓展,微博以其独特的用户表达方式与交互模式受到全球网民的青睐,目前全球 Twitter 的注册用户数量已经超过 5 亿个[①]。国内,饭否网、嘀咕网是最早的一批专业微博网站,网民开始对微博有了初步认识。2009 年 8 月,门户网站新浪网推出"新浪微博",微博正式进入国内上网主流人群的视野。其余门户网站也纷纷跟进,建立旗下微博网站并不断积聚人气。通过互联网来发布信息,微博并不是唯一的渠道,BBS、博客、SNS 等都可以发布信息,而微博最为鲜明的特征就是及时性与交互性。微博业已成为网民自我表露与社会交往的重要平台,同时也是网民获取最新新闻资讯、分享热点事件以及社会参与的重要媒介,传统媒体也纷纷建立微博账号,以此作为载体及时便捷地传播信息。同时,微博也能成为企业品牌营销和产品推广的重要途径。

微博作为快速发展的新兴网络应用形态,对整个互联网产业产生深远的影响,同时微博也给信息传播模式和传播观念带来了巨大冲击。从微博的功能与应用可以看出,微博是种典型的草根化的"自媒体"传

---

① 《Twitter 注册用户量超 5 亿:仅次于 Facebook》,2012 年 7 月 31 日,http://tech.sina.com.cn/i/m/2012-07-31/00387445367.shtml.

播形态,每个微博用户都可以借由微博这个平台自由地表述自我、展现自我。微博成为了普通网民自我表达的最便捷、最容易和极具时效性的方式之一。与传统的大众媒体或是与以往的网络媒体相比,微博赋予每个用户前所未有的自由表达的话语权,单个个体都能够成为发布信息的微博信息源。美国未来学家尼葛洛庞帝曾表达过这样的观点:"后信息时代的根本特征是真正的个人化""个人不再被埋没在普遍性中,或作为人口统计学中的一个子集,网络空间的发展所寻求的是给普通人以表达自己需要和希望的机会"(尼葛洛庞蒂,1997:191—197,258—259)。因此,微博的诞生与发展正是显示出微博的平民化与草根化,契合了普通个体得以自我表达的愿望与机会。

从传播结构上来看,论坛提供了一个多对多、无中心的公共平台,为数不多的论坛主角主导了论坛的发言氛围与导向,博客则是以个人主页的形态呈现,显得略为封闭,不易与外界形成互动交流。而微博则是既以个人作为中心,同时也是公开的信息共享平台,公共信息可以通畅地得以传播,微博中这种外在的交互性特征,容易形成较为强烈的持续刺激,使得微博用户可以广泛活跃于网络互动中。网络互动的"速度越增长,控制就越倾向于取代环境,交互活动的时间逐步取代了身体活动的空间,一个有意义的空间的价值评判标准是其能提供信息量的多少和新鲜程度。人们在技术速度面前,若不想被世界所抛弃,就不得不成为摄取信息的贪婪者"(瑞泽尔,2003:193)。微博实现了人际传播与大众传播的结合,是一种多对多的多元互动传播模式,传播主体体现出传者与受者相互交叉、不断转化的传播特性。微博用户在每条微博的发布、评论与转发之间,不断切换彼此间相互的角色,传统媒体背景下的传者主体地位受到颠覆,传者与受者之间的分隔得以连通,两者共同成为互动性活动中的主体。微博的这种传播模式革新恰好印证了马克·波斯特的观点,"重构把主体构建在印刷文化所构建的理性自律个体的模式之外。这种人所熟知的现代主体被信息方式换成一个多重的、撒播的和去中心化的主体,并被不断质询为一种不稳定的身份"(波斯特,2000:82)。

用户以140字符以内的篇幅传播碎片化的文本内容,同时也是置于利用微博传播构筑起流动性空间和瞬间性时间所组成的框架中。微博用户不用受时间、地点和发布平台的限制,只要拥有发布终端,便可以将日常生活中的所见所闻所感发布到个人页面上,这种随性的信息呈现形式非常适合现代人群随性化的情感表达方式和奔波劳碌的生活状态。阿克什等经分析提出用户使用 Twitter 的动机可以分为四类：日常事务、对话、分享信息和发布新闻（Akshay Java et al.,2007）。同时，微博的发布时间也是碎片化和即刻性的，不少微博用户利用等车、候机或旅途中登录微博发布或是浏览信息。"无时之时"就是等待公共汽车、散步去某个地方、在街上，或者"处在另外一个因其中立性质而不能获得更精确的定义的'任何地方'"的时刻（L. Caronia,2005）。

4. 微博情境下的自我认同

早在1995年，特克就指出，互联网可以是一个成长空间。网络社区成员的自我认同是平行（地位平等）、多元（扮演角色类型多样）、去中心化（人不再受限于单一的权力中心，权力分布成为多面向、不受限制的）和片断化的（表现出的是部分人格）（S. Turkle,1995）。青年在虚拟交往和网络空间中发展自我认同概念（M. Maczewski,2002）。人们预期大学生会使用互联网来进行匿名的认同试验，认为大学生正在使用互联网来表征自我、构建自我、确立自我存在与获得自我认同（E. F. Gross,2004）。尤驰森认为个人借由互联网重构身份，网上的身份认同和行为方式会与网下的角色行为产生交互影响（J. Yurehisin,2005）。个体在互联网中能表达多重认同，体验不同的身份（M. K. Matsuba,2006）。也有早期研究得出相对消极的结论，通过互联网使用，人们用低质量的社会关系取代了高质量的社会关系，缩小了社会网络，不能为青少年建立和完善身份认同提供有力支持（R. Peris,2002）。

微博以其独特的信息产生方式为大学生提供了全新的表达途径。早期的自我表达手段局限于人际传播和纸质日志，伴随着计算机和信息技术、网络技术的快速发展迅速蔓延至人们生活的方方面面，个体自我表达的媒介途径也越来越多元化和信息化。国外学者宾贝克和比尔就曾指出，书写个人经历有助于个人更深刻地理解自己，并能缓解主要矛盾和冲突（J. W. Pennebaker,1986）。

微博为网络用户提供了个体表达的空间与平台，个人在网络环境中的表达，不仅是对于外在环境的符号反应，同时也成了环境中的重要组成部分，进而反过来影响表达主体，增加其自我认同感。大学生在微博使用过程中拥有了自我表达的机会，并且和SNS的实名制不同，微博交往更多地体现出相对匿名性，大学生得以摆脱现实生活中的束缚和限制，采用在正常社会环境中无法使用的自我表达与自我引导的途径，进而起到促进自我表达的作用。大学生使用微博记录自我生活或是内心想法,这些在时间中趋于凝结的微博博文,将会成为历史自我的陈述符号形态,可以帮助对现在的自我进行认知反思,保持自我发展的连续性,同时也成为审视自我的一面镜子,从中反馈他人的印象与感知,从而不断调整未来自我的发展方向。

同时,自我必须在与他人的互动关系中逐渐建立,网络使得人们得以跨越时空障碍与物理限制,与其他网络互动载体共同来探索建构自我认同。有研究表明,因其匿名性,青少年能在互联网使用中更为真实地呈现内在自我,有助于拓展朋友圈子,增进友谊和亲密关系(J. A. Bargh,2002)。大多数的网络使用者会逐渐在虚拟社区中形成新的自我认同,这个新的身份的人格特质,有时或多或少地与真实世界的自我认同有差异。这种在线身份的意义在虚拟社区的交往中,有时甚至丝毫不弱于真实身份之间的交往(杜骏飞、巢乃鹏,2003)。

青少年正是在不断进行和发展的朋友交往中确立并完善个体的自我认同。和其他通讯信息方式一样,微博能够让大学生在生活、学习、地域不断变化的过程中与现有朋友、同学保持联系。微博为大学生提供了大量的数字信息服务,丰富了大学生人际交往的手段。这种人际网络的构建来自于两个方面:一是既有人际网络在微博网站上的延续,即网络用户之间的社会连接在现实生活中就是存在的,微博提供了好友之间的交流与沟通的空间,微博独特的信息共享的特色功能满足了维持社会网络的需求;另一方面,基于共享信息形成的比较稳定的连接关系,微博主与自己的关注者之间以信息流动为纽带建立起较为松散的契约关系。展示信息的欲望与获取信息的需求在互动中同时得到满足。

微博有助于美化彼此的网络印象,促进更多的自我表达,更为深入的相互了解,从而使得在线关系更容易转化成现实友谊。微博用户之间的关注与否并不是建立在外在生理特征的基础上的,而是基于彼此双方共同的兴趣和见解的一致性上建立与发展起来的。因此,由微博形成的同辈群体友谊会更为牢固、更为持久。通过微博使用能够拓展大学生的社交网络,提高大学生社会网络的支持性,为大学生提供支持性的参照群体及友好和谐的交往氛围,从而有助于大学生自我认同的建立。由于更强的匿名性、多样的自我表达方式、阻碍人们更全面深入地了解对方的"门槛特征"(gating features)的缺失、地理局限不再是人际交往的障碍,共享虚拟空间能用共享兴趣和激情将相隔遥远的人们聚集在一起。

但是,在网络社会中蕴含着"信息在场"与"人身在场"的内在紧张,因此微博使用的过程中也隐藏着自我认同危机的可能。后现代社会中多重认同已经成了一件稀松平常的事件,而微博可以成为人们建构与再建构自我的一块重要场域,网络的相对匿名性可以帮助个体扮演各种角色,凭借微博的隔离功能,网络用户得以隐匿全部或者部分的现实身份,在网络中建立多个自我。由于网络技术建构的虚拟环境使得个体可以拥有多重身份,容易产生自我认同危机。已有研究表明,拥有较低自信与有限社交技巧的青少年可能会用虚拟生活与身份替代物理世界的真实交往(K.S.Young,1997)。

三、样本与资料

1. 问卷设计

本研究主要采用调查研究法开展。在设计调查问卷之前,研究首先大量收集国内外文献资料,并结合专家咨询意见,初步设定问卷问题的调查范围。随后对 8 位在校大学生微博用户开展无结构化访谈,通过开放性问答的形式了解了他们使用微博的动机和行为,并且初步形成了对大学生自我认同基本情况的认知。问卷初稿设计好后,听取了有关专家的意见,将问题的顺序和逻辑结构进行了调整。并且在大规模发放问卷之前,开展试调查工作,以南京邮电大学传媒与艺术学院的大学生微博用户作为对象,进行小规模发放,进一步修正了问卷中的错别字和表述不清的问题和选项。

2. 抽样方法与调查实施

本次研究以江苏省南京市高等院校大学生作为对象,研究分层抽取了 5 所院校:综合性大学 2 所,师范类院校 1 所,理工类院校 1 所,财经类院校 1 所。每所院校按照立意配额抽样方法进行问卷发放,按照专业类别和年级分配样本。大部分问卷是由任课教师在课堂即将结束时或课间时间发给班上学生填答,另有一小部分问卷由辅导员交给班上同学在宿舍填答后统一收取。

本研究展开调查时间为 2013 年 3 月 20 日至 4 月 10 日,经过为期 20 天的发放,本次调查共发放问卷 350 份,共计收回 342 份,回收率为 97.7%。样本的人口统计学特征如表 13-2 所示。

表13-2 调查样本基本情况

变量	选项	频数	百分比
性别	男性	159	46.5
	女性	183	53.5
是否独生子女	独生子女	216	63.2
	非独生子女	126	36.8
专业	文史类	152	44.5
	理工类	133	38.9
	经济类	23	6.7
	艺术类	34	9.9
生源	本市市区	25	7.3
	本市郊县乡镇	18	5.3
	本省其他城市	88	25.7
	本省农村乡镇	40	11.7
	外省城市	82	24.0
	外省农村乡镇	89	26.0

四、结果与分析

1. 大学生拥有微博的比例

本研究首先考察了大学生群体拥有微博的比例,根据前文的文献回顾可知,现在绝大部分的大学生都开通了微博,通过访谈也有学生提及现在很多同学都使用微博。本次调查问卷设置了"你是否拥有自己的微博账号"来进行考察,结果见表13-3。

表13-3 大学生拥有微博的比例

	选项	频数	百分比
是否有微博账号	有	297	86.8
	没有	45	13.2
	合计	342	100.0

结果表明,被调查的南京市大学生中有86.8%已经开通了自己的微博,这一比例比上文中CNNIC的比例(73.9%)要高,这说明,随着近几年微博的普及与扩散,有越来越多的大学生接触微博这个新的网络形态,并开始逐渐尝试使用。这也部分源于南京市位处经济、文化、信息技术相对较为发达的长江三角洲地区,互联网的各项应用普及度较高。

2. 微博使用动机的描述统计分析

大学生使用微博是基于怎样的动机是本次研究重点考察的内容。本研究设计了大学生微博使用动机量表进行测量。该量表列出了"获取最新资讯"等13项使用动机,要求被调查者选择"非常同意""同意""不同意""非常不同意"。研究中按4、3、2、1赋分,即分数越高,表明被调查者越同意该使用动机。该量表的Cronbach's Alpha系数为0.879,内部一致性较高。

表13-4中列出了量表各题项(微博使用动机)的均值和标准差。如前所述,本次调查采用1至4的量表,均值在2.5以上表示大部分被调查者比较倾向于同意这种说法,均值越高表明越同意这种说法。具体到使用微博的动机而言,均值越高则表示相应的动机越强烈。

表13-4 大学生微博使用动机的基本情况

使用动机	n	极小值	极大值	均值	标准差
获取最新资讯	297	1	4	3.36	0.758
转发分享	297	1	4	3.28	0.796
方便快捷	297	1	4	3.25	0.765
有用知识信息	297	1	4	3.07	0.817
记录生活心情	297	1	4	3.05	0.847
关注明星	297	1	4	2.89	0.919
维持社会关系	297	1	4	2.81	0.885
习惯依赖	297	1	4	2.78	0.879
即时搜索工具	297	1	4	2.70	0.920
流行时尚文化	297	1	4	2.65	0.870
匿名替代	296	1	4	2.59	0.927
了解广告信息	296	1	4	2.54	0.991
展示学识魅力	296	1	4	2.48	0.939

经过对用户使用动机各题项的描述性统计分析,发现列出的各项动机的均值基本都在2.5以上,说明以上动机均已得到大学生用户的认可。

在这些动机的均值排序中,获取最新资讯动机均值最高(3.36),其次分别是转发分享(3.28)、方便快捷(3.25)、有用知识信息(3.07)、记录生活心情(3.05)和关注明星(2.89)。这说明获取最新资讯动机,转发分享、方便快捷、有用知识信息、记录生活心情和关注明星是大学生使用微博最为强烈的六种动机。而匿名替代、了解广告信息、展示学识魅力所对应的描述均值接近2.5,说明大学生微博用户对这几项使用动机的认同相对较低。

3. 微博使用行为的描述性分析

表13-5　大学生微博使用行为的基本情况

使用行为	选项	人数	百分比
微博使用时间	1小时及以下	192	64.6
	1—2个小时	75	25.3
	2—3个小时	21	7.1
	4小时及以上	9	3.0
微博使用频率	不定期	155	52.2
	两三天一次	33	11.1
	每天一次	36	12.1
	每天两次或以上	73	24.6

表13-5呈现了被调查大学生的微博使用基本状况,可以看到,其微博使用行为已经较为普及。在使用时间上,64.6%的用户平均每天使用微博1小时以下,25.3%的大学生每天使用微博的时间为1—2个小时,此外,仅有3.0%的大学生每天使用微博长达4个小时及以上,说明重度依赖微博的大学生用户并不多。其次,在使用频率上,高达52.2%的大学生以不定期的方式登录微博,说明大学生用户在使用微博上具有较大的随意性。每天登录一次以上的群体占到36.7%,这说明接近三分之一的大学生微博用户基本每天都会登录浏览微博。其中24.6%的微博用户每天登录两次或两次以上,微博已然成为大学生群体频繁使用的网络应用形态之一。

4. 不同群体的使用动机差异

在调查中发现,不同人口学信息的大学生在使用微博的动机方面存在一定差异。研究中将是否独生子女,以及大学生所学的不同专业等变量引入分析。其中在问卷中设置了考察使用微博的原因"方便我与亲友、同学、朋友了解彼此近况,保持联系和增进交往",让大学生被调查者选择是否符合平日的微博使用动机。

表13-6 两类大学生的微博使用动机区分(%)

	社会交往			
	非常符合	基本符合	较不符合	极不符合
独生子女	19.6	41.3	29.6	9.5
非独生子女	26.9	52.8	12.0	8.3
$\chi^2 = 12.902$	df = 3	$p = 0.005$		

从上表中可以看出,独生子女与非独生子女在利用微博促进社会交往方面有着较为明显的差异。非独生子女利用微博来保持社会交往的比例略高,非常符合(26.9%)与基本符合(52.8%)相加为79.7%,而独生子女的比例只有60.9%,并且 $p = 0.005$,通过检验。因此,相比较而言,非独生子女更为积极地利用微博与亲友、同学、朋友了解彼此近况、保持联系、增进交往。

表13-7 不同专业大学生的微博使用动机区分(%)

		有用知识信息			
		非常符合	基本符合	较不符合	极不符合
专业	文史类	29.7	50.0	17.2	3.1
	理工类	23.3	51.7	17.2	7.8
	经济类	61.9	19.0	14.3	4.8
	艺术类	56.3	37.5	3.2	3.0
	$\chi^2 = 26.109$	df = 9	$p = 0.002$		

在不同专业大学生微博使用动机的比较上,文史类、经济类和艺术类的大学生觉得能够从微博中学到更多、更新的知识与信息,认为符合自己使用微博的动机的比例分别为79.7%、80.9%、93.8%,而对于理工类大学生而言,赞同这一观点的比例则相对较小,只有75%。微博中的资讯内容多以新闻时政、文史知识和财经动态为主,对于文科生的信息获取相对帮助更大,理工科学生较多还是从传统图书中能够获取与本专业相关的理论知识。

表 13-8 不同专业大学生的微博使用动机区分(%)

		转发分享			
		非常符合	基本符合	较不符合	极不符合
专业	文史类	49.2	39.1	6.3	5.5
	理工类	32.8	50.0	14.7	2.6
	经济类	61.9	28.5	4.8	4.8
	艺术类	62.5	21.9	9.4	6.3

$\chi^2 = 22.302 \quad df = 9 \quad p = 0.008$

同样,与上表非常类似并有一定继承性的是,较多的理工科大学生认为转发分享一些最新的微博帖子并不是他们使用微博的动机,认为不符合的占到17.3%。而由于在微博上获取的资讯信息与本专业较为接近,因此,文史类、经济类和艺术类的大学生更加乐于在微博使用中将一些认为有意思、有价值的帖子分享给他人共享。

5. 微博终端——手机媒体

CNNIC 的数据表明现在有越来越多的用户开始利用手机终端接入微博。由于大学生平日的状态就是频繁地更换教室听课、自习、听讲座等,并且他们还没有独立而稳定的收入来源,手机便成为他们普遍使用并贴身伴随的媒体,因此他们较多地采用手机作为发布微博的终端设备,研究中对于大学生的手机使用情况同样做了一些调查,着重考察了大学生使用手机的前三种功能分别为哪些具体应用。

表 13-9 大学生使用手机的前三功能(%)

	第一功能	第二功能	第三功能
收发短信	37.4	37.1	9.4
通话	42.7	34.2	10.2
搜索引擎	3.5	6.1	20.8
手机新闻	1.5	2.9	9.1
手机音乐	0.3	4.7	8.8
移动视频	0.9	0.3	1.2
阅读小说	1.5	1.8	5.8
手机游戏	0.6	3.5	5.8
更新微博/博客	2.6	2.0	8.8
即时通信	3.5	2.3	4.4
社交网站	5.3	3.8	12.3
电子邮件	0.3	0.3	0.9

大学生最多使用手机的功能为收发短信与通话，这与普通的手机用户并无差别，另在频繁使用手机的第三功能中，搜索引擎(20.8%)、手机新闻(9.1%)、手机音乐(8.8%)、更新微博/博客(8.8%)和社交网站(12.3%)成为大学生群体经常使用的手机应用。

表 13-10　大学生获取手机的途径(%)

	自己买的	父母为自己买的	亲戚为自己买的	朋友为自己买的	父母用过的
独生子女	16.7	74.1	6.0	1.9	1.4
非独生子女	38.9	56.3	3.2	0.8	0.8
$\chi^2 = 22.590$		df = 4		$p = 0.000$	
男性	37.1	56.0	5.0	0.6	1.3
女性	14.2	77.6	4.9	2.7	0.5
$\chi^2 = 26.477$		df = 4		$p = 0.000$	

从如何获取手机的途径来看，首先，卡方检验结果表明，独生子女和非独生子女之间存在显著差异，而且，这种差异的特点值得注意。其中独生子女自我购买手机的比例为16.7%，绝大多数独生子女(74.1%)是由父母为其购得手机。另有6.0%是由其他亲戚购买。反观非独生子女这个群体，自己购买手机的比例高达38.9%，而父母为其购买的比例只有56.3%，其他亲戚购买的比例更少，仅为3.2%。可见在独生子女家庭，家长非常乐于为子女购置新手机，而在多子女家庭中，由于家长要兼顾到每个子女的经济开销，因此，由父母出面为孩子购买手机的比例相对较低。

此外，性别之间的差异同样通过了检验，具有统计学意义。男大学生更多地选择自我购买手机，比例高达37.1%，父母为其购买的比例只有56.0%，而相比较而言，女大学生购买手机的独立消费意识不够强烈，仅有14.2%的女大学生自己购买手机，而其中77.6%的女大学生的手机是由父母为其购得，女生对于原生家庭的依赖性要比男生更强。之前也有研究表明，女生在传统媒体的获取上，对家长有更大的依赖性(郝玉章、风笑天，1997)。同时，这也间接体现出女大学生平时对于电子数码类产品的兴趣要远远低于男大学生，这种低兴趣性促使女大学生较少地主动去搜寻手机产品的相关信息，最终形成自己独立购买。

6. 微博使用动机的因子分析

本研究使用大学生微博使用动机量表进行微博使用动机的测量。

我们首先对其进行探索性因子分析,以主成分法抽取因子,并对其进行方差最大的正交旋转。

结果显示 KMO 值为 0.870,大于 0.80,Bartlett 的球形检验值对应的概率也在 0.000 水平,这说明大学生微博使用动机的题项适宜进行因子分析。根据特征根值与测量维度,本研究共抽取三个因子,因子累积方差贡献率达到 61.928%。

表 13-11　微博使用动机的旋转成分矩阵

	成分		
	1	2	3
习惯依赖	0.818	0.076	-0.017
方便快捷	0.635	0.108	0.474
匿名替代	0.600	0.445	0.138
记录生活心情	0.585	0.206	0.457
关注明星	0.463	0.416	0.301
了解广告信息	0.031	0.845	0.190
展示学识魅力	0.466	0.704	0.037
流行时尚文化	0.540	0.588	0.023
维持社会关系	0.140	0.553	0.319
转发分享	0.123	0.099	0.829
获取最新资讯	0.093	0.094	0.827
有用知识信息	0.107	0.371	0.611
方差贡献率(%)	21.276	20.412	20.240

提取方法:主成分。
旋转法:具有 Kaiser 标准化的正交旋转法。

结果产生了 3 个可解释的因素,根据因子载荷状况,我们分别将 3 个因子命名为:"自我表达动机""社会交往动机""信息获取动机"。将这三个因子存为新的动机变量,以便在下面的分析中使用。

7. 大学生的自我认同

在测量大学生的自我认同方面,本次研究选用了罗森伯格(Rosenberg)1965 年编制的自尊量表(Self-Esteem Scale,SES),该量表是目前我国心理学界使用最多的自尊测量工具,由 5 个正向计分和 5 个反向计分的条目组成,对于 1,2,4,6,7(正向记分题),"很不符合"记 1 分、

"不符合"记2分、"符合"记3分、"非常符合"记4分;对于3,5,8,9,10题(反向记分题),"很不符合"记4分、"不符合"记3分、"符合"记2分、"非常符合"记1分。分值越高,则自尊程度越高,一般根据量表总分作如下区分:高于35分为高自尊,30—35分为较高自尊,25—30分为一般自尊,20—25分为较低自尊,20分以下为低自尊。

设计中充分考虑了测定的方便,受试者直接填答这些描述是否符合他们自己的情况。经过分析,本次调查的自尊量表的Cronbach's Alpha系数为0.805,在0.80以上,具有可信度。

该量表最初用以评定青少年关于自我价值和自我接纳的总体感受,因此在本研究中将其自尊得分用来衡量大学生的自我认同程度。首先对大学生群体的自我认同开展描述性统计,以此了解与掌握南京市大学生自我认同的普遍水平,表13-12呈现了被调查的342名大学生的自我认同得分的均值与标准差。

表13-12 自我认同的均值和标准差

	N	极小值	极大值	均值	标准差
自我认同分	342	14	40	29.51	4.403

表13-12表明,江苏省南京市大学生的自我认同水平均值为29.51,介于"一般自尊"与"较高自尊"之间,这说明目前大学生的自我认同感普遍偏高,标准差为4.403,说明他们的自我认同感得分的分布情况较为集中。其中极小值为14,极大值为40,说明大学生群体中分别也有低自尊和自尊程度较高的两个极端群体。

表13-13 不同性别的自我认同差异

| | N | 均值 | 标准差 | 标准误 | 均值的95%置信区间 | | 极小值 | 极大值 |
					下限	上限		
男	159	28.96	4.801	0.381	28.21	29.71	14	40
女	183	29.98	3.979	0.294	29.40	30.56	19	40
总数	342	29.51	4.403	0.238	29.04	29.98	14	40

在引入人口学信息进行控制分析的过程中,发现南京市大学生的自我认同水平体现出一定的性别差异,其中男性均值为28.96,女性为29.98($p=0.032<0.05$),通过检验,具有统计学意义。因此,女大学生比男大学生有较高一些的自我认同感。

表 13-14　两类大学生的自我认同差异

	N	均值	标准差	标准误	均值的95%置信区间		极小值	极大值
					下限	上限		
独生子女	216	29.90	4.577	0.311	29.29	30.52	14	40
非独生子女	126	28.83	4.015	0.358	28.13	29.54	15	39
总数	342	29.51	4.403	0.238	29.04	29.98	14	40

此外,独生子女与非独生子女的自我认同感也存在一定差异,独生子女的自我认同均值为29.9,而非独生子女的只有28.83,并且 $p = 0.030 < 0.05$,通过检验。独生子女从小成长的生活环境中缺乏其他兄弟姐妹的陪伴,他们接受到更多家人的关爱,因此自我评价与自我认同也更为积极。

8. 微博使用动机与自我认同的相关分析

表 13-15　动机与自我认同的相关性

		自我认同得分
自我表达动机	相关系数	0.209**
	Sig.(双侧)	0.000
	n	294
社会交往动机	相关系数	0.107
	Sig.(双侧)	0.066
	n	294
获取信息动机	相关系数	-0.226**
	Sig.(双侧)	0.000
	n	294

相关采用 pearson 相关,*、** 分别表示 $p<0.5$、$p<0.01$。

根据分析结果可以得出,自我表达动机与自我认同($r=0.209, p=0.000<0.01$)、社会交往动机与自我认同($r=0.107, p=0.066<0.10$)、获取信息动机与自我认同($r=-0.226, p=0.000<0.01$)分别存在不同程度的相关,且相关系数具有统计学意义(其中社会交往动机与自我认同的相关系数在10%的显著性水平下显著)。

因此,大学生微博用户其使用行为表示,由于微博可以在多个终端记录发表,体现出较高的方便快捷性,自我记录的动机越强烈,则自我认同感越高;由于微博提供的匿名替代性,大学生得以在微博中表现不一样的自我,发表微博的匿名动机越强,则自我认同程度越高;同时,大学生正处于青春期,他们通过追逐偶像来积极寻找自我的参照对象,因此,关注明星的动机越强烈,则青年的自我认同感越高。此外,大学生使用微博来维持社会关系的动机越加强烈,则大学生的自我认同感也越强。由于微博已经成为身边同辈群体的一种流行时尚文化,大学生渴望通过微博来彰显自我的学识魅力,赢得他人的认可和赞同,从而使自我认同程度也得以提高。

但是,获取信息动机与大学生认同水平间呈现负相关,这也意味着大学生微博用户获取资讯的动机越强,则自我认同水平越低;转发分享热点消息的动机越强,则自我认同感也越低。这也是大学生位处信息增长呈现几何级爆炸的时代中,越多地摄取信息,越多地转发帖子,其实是大学生在繁杂的信息环境中自我认同较低的表现,需要不断地确定自我定位,塑造自我意识。

9. 微博使用动机与社会支持的相关分析

本研究还采用肖水源编制的《社会支持评定量表》测量了南京市大学生的社会支持状况。该量表将单个个体的社会关系梳理出3个维度,其中包括客观支持,即被调查者所接受到的实际支持,包括物质上的直接援助、团体关系的存在和参与等;第二类是主观支持,这是个体体验到的或情感上感受到的支持,指的是个体在社会中受尊重、被支持与理解的情感体验和满意程度,与个体的主观感受密切相关;以及对支持的利用度,是指反映个体对各种社会支持的主动利用,包括倾诉方式、求助方式和参加活动的情况。3个分量表共同组成社会支持评定量表,总得分和各分量表得分越高,说明社会支持程度越好。该量表经长期使用表明设计基本合理,有效、简便、条目易于理解无歧义,具有较好的信度和效度。

考虑到本次调查的是大学生群体,我们对该量表的一些题项做了修订:第4题"你与同事"的关系改成"你与同学"的关系;第5题的"家庭成员"中得到照顾和支持的家庭成员中的"夫妻"改成"恋人",并删去"儿女"一项;第6题、第7题将其中的"配偶"改成"恋人","同事"改成"同学","工作单位"改成"学校";并在第10题的团体列举的项目中增加"学生社团"一项,进行修订后的量表仍具有较高的信度和效度。

表 13-16　大学生社会支持的均值与标准差

	N	极小值	极大值	均值	标准差
客观支持分	330	7	21	12.38	2.391
主观支持分	340	8	24	17.04	3.025
对支持的利用度	342	4	12	7.70	1.578
社会支持总分	328	22	55	37.20	4.965

表 13-16 表明,大学生群体的客观支持分普遍偏低,均值为 12.38,说明大学生在遇到困难时接受到的实际支持较少,这也与大学生较多独自在外地求学有关,他们较少能够得到家庭的帮助,同学之间实在的物质援助也相应较少。而大学生的主观支持分则相对较高,均值为 17.04,这说明大学生在主观层面感受到情感体验的支持较多,在遭遇难题时,能够通过倾诉获取情感的支撑。但主观支持分的标准差较大,为 3.025,说明大学生群体感受到的主观支持有较大的差异性。对于支持的利用度同样不高,均值为 7.70,说明大学生群体主动利用社会支持的行为并不多见,在利用社会资源帮助自己方面也不够充分。

表 13-17　动机与社会支持的相关性

		客观支持	主观支持	对支持的利用度
自我表达动机	相关系数	-0.010	-0.042	-0.084
	Sig.(双侧)	0.865	0.479	0.152
	n	286	292	294
社会交往动机	相关系数	-0.021	0.138*	0.077
	Sig.(双侧)	0.727	0.019	0.187
	n	286	292	294
获取信息动机	相关系数	0.062	0.068	0.119*
	Sig.(双侧)	0.296	0.249	0.041
	n	286	292	294

相关系数为 pearson 相关系数,* 表示 $p<0.05$。

通过表 13-17 的统计结果可以得出,大学生微博使用的动机与客观支持、主观支持、对支持的利用度具有一定的相关关系,并且社会交往动机与主观支持之间的相关系数($r=0.138, p<0.05$)通过检验,具有统计学意义。这说明一些大学生群体如果更为积极主动地利用微博去开展社会交往、维持社会网络,在情感上感受到的支持就会相应较多。

此外,获取信息动机与对支持的利用度也有一定的相关性($r=0.119, p<0.05$),大学生群体倘若较为积极地利用微博来了解有用的

知识与信息,或是较为新潮、流行的话题,则其会更加积极主动地利用各种社会资源或者加入社会团体来为自己获得支持。

五、研究结论

1. 大学生微博用户的使用动机

在对已有文献资料进行综述回顾的基础上,并进而对专家展开咨询和大学生微博用户访谈,本研究总结了大学生微博使用的动机,并且对这些动机进行细分,以确保详尽概括大学生在现实生活中使用微博的主要动机,以及哪些动机更为强烈。

研究结果表明,获取最新资讯(均值为3.36)、转发分享(均值为3.28)、方便快捷(均值为3.25)、有用知识信息(均值为3.07)、记录生活心情(均值为3.05)和关注明星(均值为2.89)各项动机的均值得分最高,这说明信息性、自我记录和社会交往为大学生微博用户的较为强烈的动机。

微博与SNS、博客、论坛等其他网络形态相比,最大的优势就是其记录方便、传播快速,可以随时随地地发布与分享信息,本研究的结果验证了学者的先前结论,即快速发布个人生活信息、实时信息获取、获取特定主题信息是影响微博用户使用的主要因素(D. Zhao,2009)。

在前期开展访谈的过程中,也有大学生微博用户提及使用微博可以扩大社会交往圈子、进行自我社会形象的提升等,这一论点在本次研究中也得到了部分验证,不过这些动机的均值都没有预想中高,说明大学生使用微博的此类动机并不是特别强烈。

此外,即时搜索动机(均值为2.70)与了解广告信息动机(均值为2.54)并没有获取最新资讯、转发分享与方便快捷等动机那么强烈,可见微博作为及时搜索工具的功能对于大学生群体并不突显,而且大学生对于企业的最新动态和广告促销信息的关注度也不高,这与目前网络营销手段较为低下、学生群体对垃圾广告信息较为反感也是有关的。

同样在研究中我们可以看出,匿名替代动机(均值为2.59)和展现学识魅力动机(均值为2.48)的均值较低,这说明大学生群体在使用微博的过程中,基本与相熟的人开展人际传播,而非出于隐匿身份的目的获取与现实世界不同的交往体验。

出于研究的便捷性考虑,本研究对测量动机的各指标进行了因子分析,并提取出三个主因子,根据因子载荷分别命名为"自我表达动机"

(包括记录生活心情、习惯依赖、方便快捷、匿名替代、关注明星)、"社会交往动机"(包括维持社会关系、流行时尚文化、展示学识魅力、了解广告信息)、"信息获取动机"(包括获取最新资讯、转发分享、有用知识信息),对原有的动机分类做了重新的整合,产生了新的动机因子,用于与自我认同和社会支持的相关分析。

2. 大学生的微博使用动机影响自我认同

将大学生微博用户的使用动机提取的三个主因子自我表达动机、社会交往动机、信息获取动机作为自变量,将大学生的自我认同作为因变量,通过对二者之间的相关分析发现,大学生微博用户的使用动机与自我认同之间存在着不同程度的正向或负向相关关系。也就是说,用户的使用动机会直接影响到其自我认同,并且不同的使用动机对自我认同有不同的影响,影响程度也有差异。

其中自我表达动机与自我认同呈现正向相关,说明大学生群体记录生活心情的动机越强,则自我认同感也越强,如果习惯性依赖、方便快捷性、匿名替代性等使用微博的动机越强,则大学生群体的自我认同感也越强。

社会交往动机也与自我认同存在正向相关关系,大学生使用微博用于保持社会交往,或者受到周边同辈群体的影响,觉得微博使用是一种社会流行文化的动机越强,则大学生的自我认同感越强,以及大学生将微博作为自我展示学识魅力的网络平台,则相应的自我认同较高。

获取信息动机与大学生的自我认同为负向相关,在信息爆炸的时代中,对于信息的渴求与主动获取成为大学生自我不确定的主要原因,因此,需要在微博中不断地刷新了解最新的新闻资讯,通过不断地转发与分享有价值的信息,从中获得提升自我认同的可能。

3. 研究的局限与建议

本研究由于时间、精力、经费的局限,同时,微博的普及程度并未达到即时通信和社交网站的使用水平,因此研究还存在不少缺陷。首先,样本量偏少,资料的质量也存在一定问题。本次研究共回收有效问卷342份。这些样本虽然在抽样过程中考虑到年级、性别、专业等代表性因素,但是一方面样本规模也偏小,加上填答问卷没有严格的监控程序,导致问卷中无效的填答也比较多。其次,问题的答案选项设置不够细致与全面,这给测量以及统计分析的结果带来一定影响。最后,微博的传播涉及具体文本的分析,本研究在这方面有所欠缺,没有挖掘出更为深刻的研究结论。

以上一些局限给本研究带来遗憾的同时,也为后续研究的开展提供了一些值得突破的研究思路。如探讨微博使用与大学生网络成瘾问题的关系;大学生中微博使用者与未使用微博者之间的认同差异;微博的语言传播与认同间的关系等。

参考文献:

1. 中国互联网信息中心:《第 31 次中国互联网络发展状况统计报告》,2013 年 1 月。
2. 中国互联网信息中心:《2011 年中国青少年上网行为调查报告》,2012 年 8 月。
3. 车文博:《弗洛伊德主义原理选辑》,辽宁人民出版社 1988 年版。
4. Erik H. Erikson, *Identity and Life Cycle*, NewYork: Norton, 1959.
5. 〔美〕乔纳森·H. 特纳:《社会学理论的结构》,华夏出版社 2006 年版。
6. 〔美〕查尔斯·霍顿·库利:《人类本性与社会秩序》,华夏出版社 1999 年版。
7. George H. Mead, *Mind, Self, and Society*, Chicago: University of Chicago Press, 1934.
8. Sheldon Stryker, *Symbolic Interactionism: A Social Structural Version*, Palo Alto: Benjamin/ Cummings, 1980.
9. Peter J. Burke, "An Identity Approach to Commitment," *Social Psychology Quarterly*, 1991, Vol.54, pp. 280-286.
10. 〔英〕安东尼·吉登斯:《现代性与自我认同:现代晚期的自我与社会》,生活·读书·新知三联书店 1998 年版。
11. 〔美〕埃里克·H. 埃里克森:《同一性:青少年与危机》,浙江教育出版社 1998 年版。
12. 杨桃莲:《大学生自我认同的建构》,复旦大学博士论文,2009 年。
13. 〔美〕尼葛洛庞蒂:《数字化生存》,海南出版社 1997 年版。
14. 〔美〕乔治·瑞泽尔:《后现代社会理论》,华夏出版社 2003 年版。
15. 〔美〕马克·波斯特:《第二媒介时代》,南京大学出版社 2000 年版。
16. Akshay Java et al., "Why We Twitter: Understanding Microblogging Usage and Communities," *Proceedings of the Joint 9th WEBKDD and 1st SNA-KDD Workshop 2007*, Springer, 2007.
17. Caronia, L., "Mobile Culture: An Ethnography of Cellular Phone Uses in Teenagers' Everyday Life," *Convergence*, Vol.11, No.3., 2005, pp. 96-103.
18. S. Turkle, *Life on the Screen, Identity in the Age of the Age of Internet*, New York: Simon and Schuster, 1995.

19. M. Maczewski, "Exploring Identity Through the Internet: Youth Experiences Online," *Child and youth Care Forum*, 2002, Vol. 31, No. 2, pp. 111-127.
20. E. F. Gross, "Adolescent Internet Use: What We Expect, What Teens Report," *Applied Developmental Psychology*, 2004, Vol. 25, No. 6, pp. 633-649.
21. J. Yurchisin, Watchravesringkan, K. ,& Brown, M. C. , "An Exploration of Identity Re-creation in the Context of Internet Dating," *Social Behavior & Personality: An International Journal*, 2005, Vol. 33, No. 8, pp. 735-750.
22. M. K. Matsuba, "Searching for Self and Relationships Online," *Cyberpsychology & Behavior*, 2006, Vol. 9, No. 3, pp. 275-284.
23. R. Peris , Gimeno M. A. , Pinazo D. et al. , "Online Chat Rooms: Virtual Spaces of Interaction for Socially Oriented People," *Cyber Psychology & Behavior*, 2002, Vol. 5, No. 1, pp. 43-50.
24. J. W. Pennebaker, & Beall, S. K. , "Confronting a Traumatic Event: Toward Understanding of Inhibition and Disease," *Journal of Abnormal Psychology*, 1986, Vol. 95, pp. 274-281.
25. J. A. Bargh, Katelyn Y, Mckenna, et al. , "Can You See the Real Me? Activation and Expression of the True Self, " *Journal of Social Issues*, 2002, Vol. 58, pp. 33-48.
26. 杜骏飞、巢乃鹏:《认同之舞:虚拟社区里的人际交流》,《新闻大学》2003 年(夏)。
27. K. S. Young、Rogers R. , "The Relationship Between Depression and Internet Addiction," *Cyber Psychology and Behavior*, 1997, No. 1, pp. 25-28.
28. 郝玉章、风笑天:《大众传播媒介与中学独生子女社会化》,《青年研究》1997 年第 11 期。
29. D. Zhao, Rosson M. B. , *How and Why People Twitter: The Role That Micro-blogging Plays in Informal Communication at Work*, Sanibel Island, Florida, USA: ACM, 2009, pp. 243-252.

第十四章 青年的宗教热与宗教时尚

一、当前我国青年中的宗教热现象

宗教与青年的关系十分密切,对青年生活的影响很大,这种影响可以体现在青年生活、学习与工作的各个方面。改革开放以来我国出现了"宗教热",其中的"青年宗教热"现象十分引人注目,引起学者们的广泛关注。到 21 世纪初,我国青年教徒已经达到 3000—4000 万名,约占所有教徒的三分之一(李素菊、刘绮菲,2000:19),其背后是数量更为庞大的青年宗教文化爱好者群体①。鉴于青年宗教信徒人数持续上升及青年宗教文化爱好者的大规模存在,学界将两者统称为青年宗教热。可见,当前我国青年与宗教的关系越来越密切,青年与宗教的研究主题也日益突显其巨大的现实意义与理论价值。

首先,宗教热体现为青年信教人数不断增加。中华人民共和国成立以来,我国青年信教规模的急剧变化存在一个时间层面的分水岭,即改革开放前后的数量变化很大。改革开放之前国家对宗教信仰的抑制较为明显,无神论的共产主义信仰较为全面有效地替代了其他有神论宗教。虽然《宪法》规定了宗教信仰自由,但在现实生活中人们普遍将宗教信仰视为唯心主义的精神鸦片,宗教信仰自由难以真正实现。可以说,改革开放之前的青年群体与宗教之间相对绝缘,信教的青年数量极低。这种信仰一元化的局面在改革开放后的 20 世纪 80 年代初开始松动,宗教信仰自由政策得以真正落实,青年信教人数逐年稳步增长。至 20 世纪 90 年代社会主义市场经济确立,青年信仰多元化趋势进一步增强。

其次,在信教青年数量大增的同时,青年信教比例呈现出地区间差异。笔者收集了众多已有调研数据,表明有些地区的青年信教比例较

---

① 学界也将宗教文化爱好者称为宗教文化追随者;基督宗教界人士将其称为"望教者",即愿意亲近基督宗教但仍处于观望中;佛教则笼统称其为"善男信女"。

高。1998年,北京市教委项目"北京青年宗教信仰状况调查及对策研究"表明,大学生中有宗教信仰的占13.4%(李素菊、刘绮菲,2000:19);2000年上海市教委"大学生深层次思想问题研究"调研表明,大学生中信教的占11.8%(赵斌,2001);2003年长三角地区调研表明,7.3%的青少年表示"完全相信"宗教,2.5的青少年表示已经"入教",7.5%的青少年表示"有入教的打算",有7.8%的青少年"经常去"宗教活动场所(课题组,2004);2009年有学者对西部12个省、区、市青少年进行问卷调查,21.7的受访者表示有宗教信仰(王颖,2011)。可见,我国青年信教比例较高的地区大都为沿海地区、经济欠发达地区以及少数民族聚居区域。

最后,几大世界性宗教在青年群体中的传播面不同,我国当前的青年信仰以佛教、基督教为主。表14-1显示了一项调研结果,在信教青少年中,基督教与佛教的信仰者所占比例最多。

表14-1 宗教信仰分布① %

宗教类型	基督教	佛教	伊斯兰教	天主教	道教
所占比例	19.15	9.12	1.51	0.93	0.49

2003年对长三角浙江地区的调查显示,在信教青少年中,有45.7%的青少年信奉"基督教",有43%的青少年信奉"佛教"。2009年对西部十二省、市、区的调查同样表明,信教的青少年中信仰佛教的占48.5%、基督教的占21.5%、伊斯兰教占16.6%、道教占11.4%。当然也有例外,2008年学者对滇西北少数民族地区青少年信仰调研发现,按信仰人数多寡排列依次为佛教、本主教、伊斯兰教、基督教、天主教、道教及其他宗教。调查还发现,同一民族的青少年在选择上具有极强的同一性,如白族多选择本主教、藏族多选择佛教、回族选择伊斯兰教、傈僳族多选择基督教与天主教(寸云激,2010)。

1. 当前我国青年宗教热的特点

首先,宗教传播途径多元化,网络传播异军突起。传统意义的宗教传播途径为经典、宗教建筑、文艺作品、人际传播等。21世纪的今天,网络技术的迅速发展使网络宗教传播成为青年人接触各种宗教的主要途

---

① 章军、黄剑波:《宗教信仰对青少年生命状况的影响——以基督徒为例的定量问卷调查研究》,《青年研究》2008年第9期。

径、宗教网站、宗教博客、宗教微博等大量存在,宗教文字、音像材料通过网络可以大量免费下载。2005年中国互联网络信息中心披露,我国网民数量已突破1亿个,其中以青年网民居多。2000—2005年六年间,35岁以下青年网民占80%以上。其中,大量青年网民通过接触宗教网络资源,成为宗教文化爱好者、望教者,直至最终皈依某一宗教成为虔诚信徒。通过网络传播,宗教信息的传播具有量大、面广、速度快、互动强等优势。国内一些著名网站如搜狐、新浪、凤凰和网易等都有较为系统的宗教网页。

其次,信教群体呈现高学历化趋势。随着社会对学历教育的日益重视以及大学扩招政策的多年执行,高学历青年在我国全体青年中所占的比例不断上升,在一些经济发达、重视教育的地区这一比例则更高。相应地,高学历青年信徒比例亦不断上升。实际上,经济相对落后的西部地区,高学历青年信徒比例也很高。比如,有学者对西部地区青年信徒的调查发现,硕士及以上学历信教者高达18.4%,本科学历信教者高达28.1%,合计本科以上信教青年群体占总体的46.5%,无疑信教群体出现了高学历化趋势(见表14-2)。

表14-2 西部地区当代青少年宗教信仰的文化程度分布①

学历	初中	高中或中专	大专	本科	硕士及以上
信教人数(人)	38	64	93	309	73
占各学历总数比例(%)	9.6%	22.5%	17.3%	28.1%	18.4%
总人数	397	248	537	1106	397

再次,信教青年群体缺乏组织性,呈散漫状态。多数信教青年不归属于制度性的宗教组织或团体,也没有这种归属的意愿。笔者将其归为知识性宗教信仰者,或理性宗教信仰者。这与传统虔诚型的宗教信徒所具有的非理性特征形成差异。传统宗教强调"因信乃入",提倡只有先百分之百地相信,才能真正进入信仰之门,才能逐渐感受到宗教信仰的喜悦。而当前众多青年面对宗教教义大多持存疑态度,他们的思维仍旧是逻辑的、理性的、辨析的。信教青年深受现代思维影响,很难抛开一切而全然接受所有教义,也不特别在意加入宗教团体之于宗教信仰的极端重要性。有学者将他们的这一状态描述为"敬神不进庙,信神不入教",是比较贴切的。他们喜欢与宗教界人士交往、偶尔参加宗

---

① 王颖:《西部青少年宗教信仰现状及因素分析》,《西藏民族学院学报》2011年第5期。

教性派对、参加集体放生或募捐活动等,却很少加入正式宗教团体过较为正式的宗教生活。青年信徒一方面缺乏组织性,另一方面却热衷于宗教文化。他们对戒律、仪式等较为淡漠,对宗教文化的知识性识记特征突出,知行不合一的现象明显,很少将宗教理念与教义内化为自身核心价值观念。这种缺乏组织性的表现,有国内学者将之归纳为"信仰而不归属、兴趣而不痴迷、文化而不神秘",也是有一定合理性的。

最后,信仰存在真伪两面性。当前我国青年宗教热包含着一些值得注意的具体方面,如很多青年信徒或宗教爱好者属于知识性的宗教爱好而非信仰性的宗教皈依,属于理性的宗教知识辨析而不是非理性的宗教生活投入,属于知行不合一的小资情调偏好而非精进坚忍的宗教戒律遵循。因此,青年宗教信仰存在真与假的二维。这一问题变换为青年信教动机的功利性和精神性问题,也一直是人们争论的主题。青年群体在民族、阶层、学历和年龄等方面存在差异,其信教动机也呈现多元化状态。一项调查显示,"在参与宗教捐赠活动时,您是否愿意捐赠财物",66.7%的被访者回答"愿意或视情况而定",在捐赠的原因方面,其中的半数以上受访者(54.1%)是为了"求得神灵的回报"(王颖,2011)。这种信教态度与民间大众的宗教信仰态度类似,严格意义上不属于真正的宗教信仰,因为其动机仍是自私的。真正的宗教信仰必然抛去人性自私的一面,倡导奉献利人的一面。当然,也存在部分青年的宗教信仰是虔诚、真实的,一些青年大学生出于解决心灵、人生、社会问题的迫切需求而求助于宗教,并在其中发现了答案。这就属于真正的宗教信仰。在多年的无神论影响下继续选择亲近乃至皈依某一宗教的青年,其决定"往往需要经历更长时间,内心深处的斗争也更激烈。因此,他们的信仰一般显现得更内在、更深沉,较少盲目性和随意性,不易为他人的说教所影响,不易随外界的变化而改变。"(左鹏,2006)这种信仰状态往往更具真实性,而功利性地接触或信仰某一宗教,无疑是一种伪信仰。由此可见,青年群体的宗教信仰集功利性与精神性、真与伪于一身,具有两面性特点。

2. 当前我国青年宗教热的成因

首先,青年自身的心理因素。个体层面,青年阶段开始独立面对人生的各种不确定因素,面临很多身心的压力与挑战。对当前的青年而言,求学压力、求职压力、工作压力、买房压力、婚恋压力等等,需要一个有效方式加以缓解与宣泄。各种社会问题使青年感到迷茫,进而产生信仰危机(见图14-1),需要宗教加以拯救。

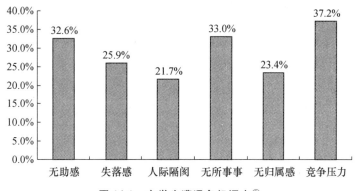

图 14-1 大学生遭遇危机调查[①]

有调查显示,28.7%的青年信教是因为"生活中遭遇打击、变故,宗教给人以心灵的慰藉和归属感"。31.8%的青少年信教是为了"求愿、祈福、消灾、免难、延寿、除病,乃至求财、求子、求婚姻的美满"(课题组,2004)。社会层面,转型期新旧社会秩序变换、社会结构发生深刻变迁、社会价值观念转换等,要求传统的信仰内容与方式必须适应新的变化,青年完全有可能重拾昔日的宗教信仰,或选择回归传统信仰或接受外来信仰。无论青年选择哪种宗教信仰,前提都是该宗教信仰有助于其解决人生所面临的问题。"无论是谁,只要他真正参与了宗教生活,就会很清楚膜拜给他带来的欢乐、内心的平和、安宁和热烈等印象,对信仰者来说,这些印象便是他的信仰的经验的证明。"(爱弥儿·涂尔干,2006)

其次,宗教本身具有强大吸引力。不可否认,宗教具有强大的文化与道德吸引力。宗教理念充满哲理性,宗教教义对自然、生命加以系统阐发并指出深层的解脱之道,宗教理论博大精深、宗教体验神秘莫测,这些都使青年愿意接近宗教、信仰宗教。各种宗教言说可以满足青年的深层次精神需要。宽泛而言,宗教与艺术、建筑、文学、政治、哲学等都密切相关,对青年形成较为强烈的吸引力。有调查显示,在问及"信仰宗教的因由是什么?",29%的信教青年选择了"对宗教文化、艺术的兴趣",4.4%的青少年教徒信仰宗教是受"书籍或影视作品的影响"(课题组,2004)。宗教教义中劝善抑恶的言说具有普世价值,调查显示

---

① 华桦:《上海大学生基督徒的身份认同及成因分析》,华东师范大学教育学论文,2007年。

20.5%的青年信仰宗教的原因是"深受教义感动"(课题组,2004)。

再次,民族传统与家庭因素的影响。众多的青年信徒接受宗教信仰的重要原因之一,在于社会、民族或家庭的影响。正如有学者指出,"社会环境、民族和家庭环境是导致青年信教的主要因素。"(戴嘉宝,2004)有些民族几乎每个人都是宗教信徒,有些青年信教是因为家庭中数代人或祖辈、父母辈的亲人就是信徒,他们深受祖父母或父母亲等长辈的影响,从小生活在宗教氛围当中。2004年北京市一项调研显示,由于父母家人信仰宗教而成为慕道者的大学生占被调查对象的65.9%(左鹏,2004)。2006年一项调查显示,在信教的大学生中有43%的人是从小受家庭影响而信教的(傅志刚,2007)。还有一项调查显示,"信教青年中,70.8%的人家中有直系亲属(包括爷爷、奶奶、父母)信仰宗教,65.7%的人家中有其他亲属信教。"(戴嘉宝,2004)另一项研究亦显示,"48.3%的父母有宗教信仰,20.2%的信教青少年是母亲一方有宗教信仰,16.7%的是父亲一方有宗教信仰,只有14.8%的父母双方都没有宗教信仰。"(见图14-2)(王颖,2011)此外,宗教信仰甚至影响年轻人的择偶观,一些宗教信徒在择偶时会优先考虑同一教派的青年异性。

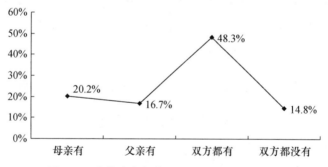

图14-2 信教青少年中父母宗教信仰状况意图

民族宗教对该民族青年的宗教信仰的影响有时几乎是决定性的。青年作为民族的重要组成部分,其宗教信仰受民族传统的影响极大。"据调查统计,在少数民族的调查对象中,71.4%的青少年都承认自己有宗教信仰,如在新疆、宁夏、广西、云南,有回族、柯尔克孜族、维吾尔族、塔塔尔族、哈萨克族、乌孜别克族等10多个少数民族几乎都普遍信仰伊斯兰教。同样在西藏自治区,几乎全民信仰佛教。"(王颖,2010)

最后,社会转型及宗教全球化传播的影响。我国正处于从传统社会向现代社会的转型时期,各种社会规则、标准等易于随实际情况的变化而不断发生调整、改变,导致人们惯常的思维方式、行为方式等变得落伍,必须积极加以调整以适应新的形势。在调整过程中,一些人把握不好分寸易走极端。大众传媒对个别极端行为、极端事件大肆报道,人们的行为在相互影响、示范以及不良舆论氛围影响下,失去了标准,使得社会失范行为大量产生。这又使人与人之间的信任感变得脆弱。社会上出现了较为严重的拜金风气,损人利己、唯利是图等不良现象随处可见。对现实的忧虑及时时面临的各种压力,使得越来越多的青年将宗教视做避风港,作为缓解精神压力的有效途径。除了社会转型期的纷扰,将青年导向各种宗教的外力还包括宗教全球化的巨大影响。全球化时代到来,既包括经济全球化、政治全球化,也包括文化全球化中的信仰全球化与宗教全球化。东西方文化的互动交流比以往任何一个时代都来得深远与广泛,特别在我国加入WTO之后,中国的大门以更大的幅度对外敞开。宗教全球化一方面使得世界各地的人们得以了解外面的天地,拓宽人们包容的胸怀,彼此加深了理解,另一方面文化强势国家也趁机将本国核心价值观及政治经济利益以宗教的外衣输入其他国家,对这些国家自身原有的文化系统造成了破坏。世界几大宗教,包括基督教、天主教、伊斯兰教等在全球化的推动下,跨国界影响着无数青年。我国青年受宗教全球化影响很大,目前高校青年学生纷纷加入基督教就是其后果之一。很多青年从认同西方国家的经济、科技、教育开始,逐步接受其宗教文化及信仰,甚至觉得去教堂是一种时尚,是具有某种高雅品位的表现。显然,这类信仰是浅层次、易变的。

二、宗教热中的青年宗教时尚

改革开放以来出现了青年宗教热,但问题的关键是青年宗教热是否意味着他们都是真正的宗教信仰者或追求者。众多已有的调查数据表明,事实并非如此。除了部分真正信仰宗教的青年外,我国的青年宗教热究竟是什么?到目前为止,学界主要以"宗教信仰"来定位青年宗教热的本质,即倾向于将青年"宗教热"界定为青年的"宗教信仰"热,这用来描述人数不断上升的青年教徒是合适的,却无法准确定位大量青年宗教文化爱好者的宗教表现。鉴于青年宗教文化爱好者的种种时尚化宗教表现,将他们也界定为真正意义上的宗教信仰者恐有失偏颇,因为事实上他们并不具有也不追求真正的宗教信仰。将这部分宗教热归属于一种青年时尚也许更符合实际。事实上即便是有"宗教信仰"取向的学者,也在调查中发现大量青年的宗教热与真正的宗教信仰之间存在很大差距,承认不能很好地解释在宗教热的同时为何仍存在大量宗教冷淡现象,无法解释在同一群青年身上宗教热与信仰疏离[①]同时并存的矛盾。这启发我们采用新的理论视角解读当前的青年宗教热,将青年宗教热研究中传统的"宗教信仰说"转向"宗教时尚说"。

在展开正式的分析之前,首先需要就本章涉及的基本概念作简要说明:青年时尚是指在一定时期内,青年群体普遍流行的某种生活规格或样式(吴海亮、唐利平,2000)。青年宗教时尚则是指在一段时期内,青年群体中普遍流行的宗教崇尚现象,其中宗教崇尚与信仰疏离同时并存。宗教时尚青年指的是年龄处于 16—35 岁[②]热衷于各种宗教时尚的青年,其主体是大量青年宗教文化爱好者及部分浅层次信仰的青年信徒。

1. 青年宗教时尚中的"冷"与"热"

宗教节日热与宗教旅游热。宗教节日热是青年宗教时尚的一项重要内容。如每年的圣诞节,宗教时尚青年对教堂举行的各种庆祝活动趋之若鹜。一些大城市的教堂,每年圣诞节都要接待数万人之多,其中多数为青年宗教文化爱好者。"北京市天主教南堂,圣诞节共有 39 所大学的学生参加,中学生还未在统计之列,参加者中真正的宗教信徒不足 20%。"(李素菊、刘绮菲,2000)再如,情人节也是青年十分青睐的宗教节日,青年情侣约会在一起,互赠表达情爱的礼品;另外,在各种佛教节日中也经常可以见到成群的青年男女进庙烧香拜佛、求签祈福。近年来青年宗教旅游也十分兴旺。宗教旅游是青年出于宗教文化兴趣而考察、体验宗教及其文化内涵或观赏宗教艺术、器物、圣迹等的旅游活动。当前,宗教圣地朝圣游已成为一种常见的青年时尚,包括"宗教圣地朝觐游、宗教场所历史文化参观游、宗教文化学习体验游以及宗教圣地修身养性度假游"等(曹绘嶷,2003)。宗教旅游热导致宗教场所旅游化或旅游场所宗教化现象突出,一些地方政府与企业大搞宗教旅游经济。

宗教体验热与宗教商品热。青年的宗教体验兴趣不断增长,成为当前一项突出的宗教时尚。为迎合青年这种时尚需要,近年来不少宗

[①] 信仰疏离是指当前宗教热中的青年对宗教经典、教义等存在明显的冷淡现象。
[②] 年龄下限(16 岁)是法定具有劳动权利起始年龄,上限(35 岁)为国际通用的青年向中年过渡的年龄线。

教机构与团体举办瑜伽、短期闭关、打佛七等宗教体验活动,参加的青年人数众多。各地的宗教夏令营活动十分普遍,因这类活动经常与旅游、度假相结合,吸引了大批青年参加。宗教商品热随处可见。宗教游览胜地往往集中了大量宗教类商品,其中大多数为轻巧精致的宗教类饰品,令青年爱不释手。如青年手上佩戴佛珠、车内悬挂佛教吉祥物、随身包内放置菩萨像、财神像等时尚现象十分突出。巨大的经济利益令很多商家动心,一些商业机构依托特定宗教品牌开发出大量宗教类商品。宗教、商家及宗教时尚青年等一起促成了宗教商品热潮。

宗教文化热与宗教饮食热。2012年山东某高校调查显示,大学生对宗教文化知识"非常感兴趣"和"感兴趣"的占43%(马莉,2012),这一比例说明为数众多的大学生对宗教文化持开放欢迎态度。宗教文化热的另一个突出表现是宗教经典热。"某地印刷1000万本《圣经》很快销售一空,其中大量购买者为教外的年轻人。《圣经故事》一书也曾印发了100万册。"(李素菊、刘绮菲,2000)宗教类历史文化书籍大量热销,如《古兰经故事》《佛经故事》等屡登图书销售排行榜前列。各大书店纷纷为宗教书籍开辟专门空间,销售宗教经典及各种宗教普及类读物。宗教绘画、音乐及影视市场日益繁荣,各类宗教网站也大受青年的欢迎。与此同时,宗教饮食热也在悄然升温。一方面,一些宗教独特的教义及戒律影响广泛;另一方面,宗教文化拥有丰富的调心养生经验,对青年群体的饮食指导意义很大。如佛教主张不杀生,越来越多的青年接受其素食护生理念,掀起素食浪潮;近年来,道家养生饮食也颇受青年关注,药膳一词成为热点;城市中的清真食品也越来越受到青年欢迎。

宗教迷信升温。宗教时尚也存在负面现象,有时可能夹杂各种宗教迷信。调查表明,"有42%的大学生算过命;认为看手相、面相有道理的占47%;认为求签很灵或有时灵有时不灵的占65%"(邓国峰,2002)。面相、星相、测字、占卜与求神等迷信结合现代科技在青年群体中流行,并为一些唯利是图者利用。宗教热带来巨大的经济利益,使社会上出现了大办宗教热潮。各种低劣的宗教文化培训班与灵修班大量出现,且在青年中颇有市场,导致歪道邪说盛行。近年来,因宗教迷信导致男女青年工作家庭受影响或被骗财骗色的事件时有发生,屡屡见诸报端。

青年宗教时尚中的"冷"现象主要表现在:

对宗教及教义理解肤浅化。肤浅化是时尚特征之一,宗教时尚青年一方面宣称对宗教感兴趣,另一方面对宗教及教义的理解出现肤浅化趋势。国内目前几乎所有的青年大学生宗教调查都得出一个相似结论:即便是大学生中的宗教文化爱好者或宗教信徒,其宗教知识的匮乏都已到了惊人的地步。如有调查显示,"多数信教大学生对自己所信仰的宗教并不熟悉,只有3%的信教大学生'非常熟悉'本宗教的教义教规及典籍,16%的信教大学生竟宣称'不了解'本宗教的教义教规及典籍。"(马莉,2012)多数大学生信徒对本宗教知识仅能做到一般性了解。另一项相关调查表明,当问及对宗教及教义的了解程度时,"'非常了解'仅占1.4%,'基本了解'占11.6%,阅读过宗教经典的还不到8%。"(苏斌原,2008)可见,宗教一旦时尚化,必然伴随对宗教及教义的无知现象。

对宗教经典的敬畏程度下降。在包括一些青年信徒在内的宗教时尚青年身上,不同程度表现出宗教信仰虔诚度降低的趋势。如他们对宗教经典的敬畏程度在不断降低。基督教认为《圣经》是神的话语,作为基督徒应每天阅读。伊斯兰教的《古兰经》及佛教的《金刚经》《心经》等经典都要求人们不断诵读,因为这是达到信仰的必经之路。任何宗教徒都应对本宗教的经典心生敬畏、顶礼膜拜。宗教时尚青年因不具备真正的信仰,读宗教经典如同读文学作品般漫不经心,他们将宗教经典随处丢放,缺乏必要的恭敬心理。身处时尚场域,宗教经典顿失其神圣性,这就是时尚化的结果。

对教仪及戒律遵循弱化。在某些信仰层次较浅的青年信徒身上,宗教时尚化特征有所显露。宗教信徒需要遵循一定的宗教教仪及戒律。一些青年信徒对本宗教礼仪、戒律的遵从程度不断降低,表现出越来越随意的趋势。如一些青年信徒宣称不会勉强自己做到所有的教仪及戒律;有些人表示短时间内能做到,但无法长期坚持。"在基督教会活动中,一般在受洗入教一年半载后,仍能遵循教仪和戒律的青年信徒仅约1/3。"(李素菊、刘绮菲,2000)因为一些青年信徒在遵循教仪、戒律上表现松弛,被一些老年教徒斥责为不是真正的信徒,而这恰恰是青年宗教时尚化的体现。

宗教虔诚度及宗教热情不断降低。时尚化必然导致宗教信仰虔诚度下降及热情衰退。青年宗教信仰功利化是其中一个表现。一项调查显示,"只有15.3%的青年回答自己参加宗教活动或信仰宗教的原因是出于'信仰心目中的神',多数人是为了'求神保佑''排遣无聊'或'转移情感挫折'等"(阮添辉,2008)。青年信徒流失也是表现之一,"一些入教受洗的年轻人,常参加一段宗教活动后就不知去向。据某神学院反映,学生中能在毕业后始终从事教牧工作的占2/3,有1/3的学生毕业后改投他业。"(李素菊、刘绮菲,2000)另有调查表明,大学生宗教徒与传统意义上的宗教徒很不相同,他们中"定期参加"宗教活动的只占3.13%,有近50%的信教大学生"从不参加"宗教活动(马莉,2012)。

2. 青年宗教时尚特征分析

宗教时尚青年对宗教节日、旅游、饮食、文化、体验及宗教商品等兴趣大增的同时,对宗教经典、教义、教仪、戒律等的知晓度、虔诚度与遵循度却不断下降。热与冷并存,只有"冷热兼具"才能构成典型的青年宗教时尚。假如宗教热并不同时伴随信仰的疏离,"宗教时尚说"便难以成立。考察我国青年宗教时尚种种冷热表现,其时尚化特征十分明显。

广泛性与浅层性。广泛性是青年宗教时尚的突出特征之一。"53.29%的上海大学生虽不信仰宗教,但对宗教文化现象很感兴趣;四川大学生中,有52%的学生认为很难说自己将来能否成为一个宗教信徒。"(李钊文、周红艳,2006)另一项调查显示,2008年上海松江大学城7所高校学生中,有宗教信仰的比例高达19%,有67.5%的未信教大学生表示对宗教信仰感兴趣(何桂宏、何虎生,2011)。虽无确切数据可循,仅就青年大学生群体而言,宗教文化爱好者的人数已十分惊人,而宗教时尚青年的主体就是这些宗教文化爱好者。宗教时尚青年包括中学生、大学生及研究生,职业上涵盖企业员工、公司白领、政府公务员、企业主及自由职业者等,表现出人数多、年龄跨度大与职业范围广的特点。这使青年宗教时尚具有了突出的广泛性特征。

浅层性是指宗教信仰上的无深度。在宗教时尚青年中,宗教虔诚度不断下降,对经典、教义、教仪以及戒律等态度比较随意。这一方面是因为青年宗教时尚不需要深度,若执著于深奥的宗教教义,反而会成为流行的障碍;另一方面,青年还存在突出的宗教知识化倾向。他们爱好宗教文化,喜欢探访宗教古迹、了解宗教历史及大量阅读宗教书籍,但其宗教知识总是一味地呈平面弥散状态,极少朝信仰的纵深拓展,因而难以达到宗教信仰的深度。换言之,时尚将宗教下降为一门知识,淡化其神圣性与信仰性,使之浅层化。

消费性与模仿性。青年宗教时尚具有突出的消费性,如各种宗教节日热、旅游热、宗教体验热、宗教商品热及宗教书籍热等共同推动了宗教经济的发展繁荣。现代社会时尚大多依赖商业运作,最直观的例子如商家在宗教节日之际披灯挂彩,营造氛围以招揽顾客;宗教景点门票昂贵,香烛价格不菲;宗教书籍市场火爆,书商利润大增;宗教培训收费吓人,青年却趋之若鹜;相面、占卜、求神及灵修等宗教迷信大多收益丰厚。宗教时尚实际上是消费欲望的产物,而催生青年宗教消费欲望的则是各种宗教相关产业。

青年宗教时尚还存在突出的模仿性,表现在多个方面:如在宗教节日、饮食、旅游等方面存在大量相互模仿、感染的从众现象;在入教方面,初级群体中如果有同学、同事或熟人加入宗教,其相随入教的可能性大为提高,调查表明"61.5%的大学生因受熟人、家庭成员影响而信教"(孟兆怀,2009)。在传媒技术发达的当今,很多青年通过宗教网站、音乐影视等途径了解宗教时尚资讯,追赶宗教时尚潮流。

新奇性与短暂性。青年宗教时尚具有明显的追新逐异特征。宗教对很多青年而言充满神秘感与新鲜感,他们接近宗教的最初动机就是好奇。在厌倦了普通的商品后,他们对宗教特色商品青睐有加,如手带佛珠、脖挂十字架等;在对世俗文化感到厌倦后,宗教文化给他们以清新感觉;在对唯物主义、科学主义熟视无睹后,宗教的玄妙魅力大增。可见,在宗教时尚中大受欢迎的不是宗教本身,而是与之前早已熟悉的事物相比,在短时间内它能提供并保持一种玄妙莫测的新鲜口味。

时尚是一种短暂的阵热现象,宗教时尚同样具有短暂特征,并呈现为一定的阶段性。时尚青年的宗教热情往往转瞬即逝。如很多青年的宗教时尚只出现在宗教节日前后很短的时间内;一般只在长假时,青年们才背上行囊去宗教圣地参观旅游;一些青年在参加一两次宗教体验活动后,很快对其失去兴趣;所购买的宗教商品,回家后把玩数日便丢弃一旁;宗教典籍能坚持读完一遍的情形少见;刚接触到一些宗教观点时身心受震动,发誓要改变自我,但很快又故态复萌。

三、青年宗教品味的建构机制及时尚化后果

1. 青年的宗教品味偏好

宗教一旦卷入时尚漩涡,就已不是真正意义上的宗教,而成了青年闲暇时娱乐、把玩的对象。宗教之所以能进入青年时尚领域,在于它能提供神秘、独特的宗教品味。青年宗教热中充斥着各种宗教表象与大量商品,而所谓的宗教品味则是这些表象与商品的精神内核。在社会

学意义上,品味是共同或相似消费观念、选择标准的集合,它能综合反映特定群体的独有特征,形成群体界线与标识。福塞尔也曾强调,生活品位与格调已成为社会群体突出的标识,通过日常生活细节可以判断个体的阶层归属(福塞尔,1998)。

宗教及其文化在时尚场域内,恰好能够提供青年所喜好的那种品味。以佛教为例,佛教经典博大精深、佛教思想玄奥精微、佛教禅门机锋锐利、佛教雕塑慈悲庄严、佛教殿宇美轮美奂、佛教古刹宁静安详、佛教故事生动感人、佛教音乐平和脱俗等,无不透出佛教"智慧、慈悲、庄严、安详、禅定、脱俗、宁静、神秘与玄妙"等殊胜意蕴。这些宗教品味十分接近于布迪厄提出的"自由的品位"。自由的品位是指超越了基本生存问题束缚从而转向非世俗性文化实践的那种品位,它具有突出的审美性,因而特别重视对各种文化艺术(包括宗教艺术)的鉴赏(徐连明,2008)。青年梦想摆脱世俗约束,喜欢想象与接近这种"自由的品位",而宗教品味的超然气质及"非功利"特征,正好符合这一需求。青年喜欢享受淡淡的宗教文化氛围,而无需深入探究其教义,更无需亲身践行其严格的戒律。按布迪厄的论述,群体惯习决定品位选择,品位进一步内化为惯习成为社会群体区隔的标识。由青年的学历水平、经济收入、职业状况等决定的惯习是他们热衷于宗教时尚及其品味的重要原因,与此同时宗教时尚及其品味也反过来转化为青年惯习,参与构建青年群体的符号边界。

2. 青年宗教品味的差异化建构机制

青年追逐宗教时尚的目的在于品味的获取,那么宗教品味又是如何建构的?时尚中的宗教品味具有独特的建构机制:差异化。差异是一切事物或事物内部要素间的差别。缺少差异,事物会变得模糊不清,难以识别与命名。在人们自我识别及识别外界的需要中,差异的功能在于构成事物的边界。人们以成对的差异形式为社会确立秩序的现象比较普遍,如男女、白人黑人等,这些差异形式的一端往往被人为地赋予比另一端更高贵的品质,进而自然化、固定化为一种上下不平等关系。迪尔凯姆用"圣俗"这一对差异将宗教与社会区分开来。宗教时尚的品位建构也以这一对差异为基础,处于"圣"一侧的观念、行为与器物便被赋予宗教品味,其余则属于没有这一品位或品位程度较低的"俗"的范畴。青年通过追逐宗教时尚,购买宗教色彩浓厚的商品,接受宗教价值观念,甚至加入宗教学习教义与戒律,使自身与宗教性事物相关联进而获得智慧、脱俗、禅定等"圣"的精神特质。

在宗教时尚与世无争的轻松表象下,存在着青年意图将自身置于较优势社会地位的文化实践与话语权争夺中去。故在现代社会,品味的获取也是一场斗争,因为它或多或少可以影响现实的社会地位与秩序,是人们据此识别自我与他人、我群体与他群体的重要依据。因此,圣俗的划分是青年调整我群体的符号边界,并试图超越他群体的一项努力,这与青年追求其他时尚的目的是一致的。群体符号边界并非天然设定或一经设定便不能改变,它需要青年挑选或制造各种差异形式加以调整与巩固。

3. 青年宗教时尚化的主要后果

典型的青年宗教时尚兼具"冷热"两种表现。一方面是各种青年宗教热在持续升温,另一方面是在同一群人身上真正的信仰缺失,宗教时尚中同时包含着热与冷的两极,理论上有四种表现形式,即"又热又冷、不热不冷、热而不冷、冷而不热"。其中,"又热又冷"是典型的宗教时尚表现,即热衷于各种外在化宗教表象的同时却伴随宗教信仰的消退,不少青年宗教爱好者属于此类;"热而不冷"指既参与宗教时尚又逐步深入真正的宗教信仰,既注重内在的宗教修炼又对各种外在宗教表象采取欢迎态度,这是部分青年宗教文化爱好者与浅层次青年信徒的行为表现;"冷而不热"意味着既不热衷宗教时尚又不参与宗教信仰,那些与宗教都没有关系的青年属于此类。"不冷不热"意味着排斥宗教时尚,致力于真正的宗教信仰,虔诚的青年宗教信徒属于此类。可见,"冷热兼具"构成典型的青年宗教时尚,"热而不冷"构成非典型的青年宗教时尚,这两者特别是前者构成本章研究的重点。

青年宗教时尚的"去信仰"本质。青年宗教时尚具备广泛性、消费性、模仿性、短暂性、新奇性与浅层性等鲜明时尚特征,这些特征与真正的宗教信仰基本无关。宗教时尚一方面表现为各种各样的宗教热,但视其本质则是对宗教经典、教义、教仪、戒律等的冷淡、疏离与拒绝,是一种"去信仰",因而它与真正的信仰没有关系,甚至背道而驰。宗教热无法单独构成整个宗教时尚,只有伴随这一"去信仰"过程,才能够形成最有效的宗教时尚流行。"去信仰"的宗教时尚必然崇尚外在的以消费为基础的虚假品味标签,必然倾向于外在的宗教表象装饰而忽视内在宗教品质的养成。

差异化宗教品味建构中的虚幻自我。青年追逐宗教时尚的目的在于获得独特的宗教品味,宗教品味可作为自我与群体特征之一,参与形成相应的符号边界,以达到青年自我识别与社会识别的目的,但这一过程旨在消解人的独立性,造成虚幻、无根的自我。真正的自我无法以时尚的方式塑造。宗教品味以一种时尚文化实践形式参与青年的群体认同与社会群体区隔过程,因时尚本身具有的虚幻性及宗教时尚的"去信仰"实质,时尚青年企图通过差异化获得的所谓宗教品味只具有表面的自我标识功能,既不能塑造真正的自我也无法达到真正的信仰。时尚中的"圣俗"划分,属于刻意与人为地赋予自身"圣"的光环,显然无法轻易获得他人的认可。包括宗教品味在内的几乎所有青年时尚品味,只能够在我群体与他群体、自我与他人之间挖出一条条深深的沟壑,隔绝了外界,而内侧的"我"及"我们"仍然空无一片,虚幻不实。也许让属时尚的"宗教热"冷下去,属信仰的"宗教冷"热起来,青年才能走出虚幻自我并走向可能的信仰。

四、宗教对青年的影响

1. 宗教对青年的正面影响

首先,对青年人生和社会态度有正面影响。在那些真正信仰某一宗教的青年身上,可以发现该宗教对于青年生活与工作的巨大影响。他们会较好地遵守戒律,通常会按照宗教教义的指导开展日常生活与工作。通过严格过一种宗教指导下的生活,青年信徒将宗教性价值观念不断内化为自身惯习,并在其中发掘生命的深层动力。信教青年在生活与工作中通常表现为待人随和、乐于助人以及工作勤勉。因为拥有宗教这一精神寄托,他们往往能较多地摆脱日常生活与工作中的压力,维持内心的宁静,获得精神的特殊愉悦。宗教教义一般都将个体的自我实现与道德联系在一起,即信徒若想进入天堂或成佛成圣,前提必须为善去恶利益众生,要求信徒尽可能地消除自私、虚荣等种种恶习,达到无我奉献的状态。有调查显示,在问及青年"你认为信仰宗教会对自己产生什么影响?",有65%的青年做出了正面回答,认为信仰宗教会对自己产生好的作用。(寸云激,2010)

其次,可以有效降低青年群体的风险行为。国内外很多研究发现,宗教可以有效降低青年出现风险行为的概率,这些行为包括吸毒、酗酒、婚前性行为、偷盗等。杰姆(Jame)等人的研究发现,"无论是个体宗教性还是公共宗教性都使个体免受尼古丁、大麻和酒精的危害,个体宗教性会抑制个体尝试性地接触毒品和替代性物质,公共宗教性使个体长期性地免受这些毒品的危害。个体宗教性和公共宗教性都降低了青少年性行为发生的可能……个体宗教性还会减少青少年的自杀观念和自杀行为,两种宗教性都可以减少暴力行为的发生。"(许春燕、魏大为,2011)

再次,有助于青年社会化及提升人际关系质量。社会化伴随个体的一生,青年时期的社会化尤其重要,青年需要实质性地建构一个较为稳定的身心结构,形成健康的思维与行为模式。宗教可以为青年提供一整套价值与行为标准,并为这些价值与行为标准提供强大的理论支撑与实际宗教经验的支持。简言之,宗教可以为青年信徒提供一套可以效仿的生活模式,其中包括人际关系的处理方式。现实社会中,世俗的人际关系遭遇不少危机,出现了告密、杀熟、不诚信等诸多问题,但在宗教团体中或在一些宗教性的非正式群体内部,亲密、友善、彼此信任的人际关系得以一定程度地保留。宗教性人际关系较少功利色彩,能够形成某种程度的共同提升、发展作用。除青年学生外,参加工作的青年普遍出现社会交往过于狭窄的问题,平时社会交往的圈子太小,而宗教性活动可以有效增加青年的交往半径,发现适合自己交往的朋友或同道。当前,基督教的传播较其他宗教积极得多,青年基督徒以传播上帝的福音为使命,积极地寻找各种机会与他人交往,以此传播基督宗教。传播相对保守的佛教领域,也有很多青年通过网络、手机微信等现代沟通技术组成小团体,从中获得学习助力与友情。

最后,有助于社会整合。社会发展需要一个不断整合的过程,宗教是一种传统而有效的社会整合力量。斯特伦认为,"宗教为社会提供了整合和维护作用的力量。首先,宗教归属使人获得一种认同感和归属感……宗教在社会中的第二个重要作用是宗教帮助建立了维护社会秩序的社会关系体系……宗教在社会中的第三个作用是它具有把社会与超越社会的一种价值联系起来的力量。"(斯特伦,1992)可见,宗教的社会整合力主要在于它能为信徒提供共同的世界观、价值观以及体系化的行为规范,既可以达到宗教群体内部的整合作用,对外也与其他社会群体保持较为和谐的关系,共同提升社会整合程度。

2. 宗教对青年的负面影响

一是宗教易于将青年导向宿命论思想。一方面,宗教思想中的唯心主义成分容易使青年减弱对客观世界的科学判断能力。宗教教义中的保守和消极成分也容易对青年教徒带来负面影响。另一方面,宗教思想中的优秀部分,也因为一些青年缺乏智慧而被粗浅化理解,失去其现实指导价值。如佛教强调"无"的思想,教导人们抛弃各种产生烦恼的执著心理,这本身具有相当的科学性。但一些青年佛教徒或青年居士仅从字面上理解该教义,认为世间一切如梦幻泡影,不值得珍惜与把握,逐渐走到了对外界一切反应迟钝、麻木不仁的极端。一些缺乏智慧的青年信徒认为一切生老病死都属前定,自己不需要努力,丧失积极进取的可贵精神。有调查显示,在问及"您在遭遇挫折或困难时的做法?",信教青年和非信教青年的回答有很大差异。在信教青年中,选择"到寺庙或教堂,祈祷神保佑"的占到9.3%,选择这一项的在不信教青年中占到1.2%;选择"找宗教人士帮助"的在信教青年中占10.5%,在不信教青年中占2.5%(王颖,2010)。在宿命论思想影响下,一些青年信徒忘记发挥自身的主观能动性,不去用自己的努力改变坎坷的命运,包括国家民族的未来。在当前复杂的国际形势下,国家与民族可能遭遇挑战,这种消极心态会带来不少弊端。

二是易产生迷信和功利思想。信宗教通常会产生三种后果,一是能积极吸收宗教中的有益成分,二是受宗教迷信思想控制,三是上述二者的综合状态,其中以第三种后果较为常见。事实上,宗教历来与封建迷信相互关联,多走一步就会转化为迷信。一些青年信徒错误地理解宗教教义,接受其中的迷信思想。一般宗教都存在于民间与精英两个层面,民间或大众层面的宗教信仰往往带有较多迷信成分。如很多基层信众认为信教能提升青年的学习成绩,或者可以帮助信教者化解灾祸,保佑信教者平安无事,这些都具有浓重的迷信色彩与功利思想。这种带有迷信和过度功利色彩的宗教信仰对于青年形成正确的价值观和人生观将带来不利影响。

三是社会化受阻与社会思想西方化。社会化伴随个体成长的始终,良好的社会互动与社会关系是正向社会化的体现。青年教徒的社会关系存在两个相反的向度,一方面宗教信仰极大增进了青年信徒之间的信任与友谊,甚至有相当数量的青年信徒希望能找具有相同信仰的异性作人生伴侣,但另一方面,青年信徒与不具有宗教信仰的人们之间的认同度会不断降低,他们之间的人际关系很有可能会疏远。这使得青年信徒与社会大众之间的联系减少,出现社会联系狭窄化现象,令青年的社会化进程受阻。社会联系的狭窄化容易使青年归属于单一的群体类别,造成认同极化,很不利于青年多元化发展。我国当前的青年宗教热有一个突出表现,即青年们在宗教信仰的选择上偏重于西方宗教,相对冷淡本土宗教。因此,在当前青年宗教热之中还包含着一个西方宗教热的部分。西方宗教与西方的社会思想息息相关。无论当前西方社会思想中包含多少去宗教、反传统的因子,其根源或基础仍是西方宗教。同样,中国传统宗教与中国社会思想之间也存在着千丝万缕的联系。越来越多的青年大学生喜欢读《圣经》,青年偏重西方宗教的一个合乎逻辑的结果,便是对西方传统与现代社会思想的不断认同,对本土社会思想的接受惯性逐渐减弱。

总之,宗教对青年的影响是双面的,既存在积极面也带着消极成分。宗教对青年的人生和态度的影响,对其社会化的影响,对青年风险行为的消减,对其人际关系乃至对于保持社会的整合与稳定都产生了一些积极作用。这是宗教之于青年的正向影响。不过,宗教所具有的宿命论思想,并容易与迷信与功利思想相伴随,还易造成社会联系狭窄化,这些都不利于青年的成长与发展。因而,信教青年应该认清宗教所具有的两面性,极力避免宗教所带来的负面影响。

参考文献:

1. 李素菊、刘绮菲:《青年与"宗教热"》,中国青年出版社2000年版。
2. 赵斌:《对大学生宗教暧昧现象的透视》,《东华大学学报(社会科学版)》2001年第2期。
3. 课题组:《长三角经济发达地区青少年信教状况的调查——以浙江省为例》,《当代青年研究》2004年第6期。
4. 王颖:《西部青少年宗教信仰现状及因素分析》,《西藏民族学院学报》2011年第5期。
5. 寸云激:《滇西北地区少数民族青少年宗教信仰研究》,《云南民族大学学报(哲学社会科学版)》2010年第1期。
6. 左鹏:《当代大学生宗教信仰问题解析》,《思想理论教育》2006年第9期。
7. 〔法〕爱弥儿·涂尔干:《宗教生活的基本形式》,渠东等译,上海人民出版社,2006年版。
8. 戴嘉宝:《新时期大学生信仰宗教的调查分析》,《国家教育行政学院学报》2004年第4期。
9. 左鹏:《象牙塔中的基督徒——基督教信仰状况调查》,《青年研究》2004年第5期。
10. 傅志刚:《浙江大学生宗教信仰的成因与对策探析》,《浙江师范大学学报(社会科学版)》2007年第2期。
11. 王颖:《当代青少年宗教信仰现象研究——基于对西部地区的调查与分析》,西北大学伦理学硕士论文,2010年。

12. 章军、黄剑波:《宗教信仰对青少年生命状况的影响——以基督徒为例的定量问卷调查研究》,《青年研究》,2008年第9期。
13. 华桦:《上海大学生基督徒的身份认同及成因分析》,华东师范大学教育学论文,2007年。
14. 吴海亮、唐利平:《近十年青年时尚研究述评》,《青年研究》2000年第2期。
15. 曹绘嶷:《剖析我国的"宗教旅游热"》,《海南大学学报》2003年第6期。
16. 马莉:《当代大学生宗教信仰调查与分析——以山东某高校为例》,《宁夏社会科学》2012年第3期。
17. 邓国峰:《广西大学生宗教观调查分析》,《广西青年干部学院学报》2002年第10期。
18. 苏斌原:《大学生宗教信仰的新趋向及心理成因探析》,《阜阳师范学院学报(社会科学版)》2008年第3期。
19. 阮添辉:《当代大学生信教现象研究——福州市高校调查与分析》,福建师范大学硕士学位论文,2008年。
20. 李钊文、周红艳:《大学生宗教暧昧现象的社会学解析》,《哈尔滨学报》2006年第5期。
21. 何桂宏、何虎生:《当前我国高校"宗教文化热"的心理解读》,《青海社会科学》2011年第5期。
22. 孟兆怀:《近十年来大学生宗教信仰研究谫论》,《四川文理学院学报》2009年第7期。
23. 徐连明:《时尚杂志"书写白领"研究》,社科文献出版社2008年版。
24. 许春燕、魏大为:《宗教与青少年的关系研究述评》,《郑州航空工业管理学院学报(社会科学版)》2011年第1期。
25. 〔美〕斯特伦:《宗教生活论》,今日中国出版社1992年版。
26. Pierre Bourdieu, translated by Richard Nice, *Distinction: A Social Critique of the Judgement of Taste*, Cambridge, Harvard University Press, 1998.
27. 风笑天:《社会变迁背景中的青年问题与青年研究》,《中州学刊》2013年第1期。
28. 〔美〕保罗·福塞尔:《格调:社会等级与生活品位》,中国社会科学出版社1998年版。
29. 王康:《当代大学生宗教信仰问题研究综述》,《中国青年研究》2010年第1期。
30. 邵一江:《当代大学生宗教信仰调查》,《中国青年研究》2006年第11期。
31. 刘晓玲:《大学生宗教信仰问题的调查与对策研究》,《理论前沿》2007年第12期。
32. 叶蒙荻:《当代大学生宗教信仰现状研究》,《当代青年研究》2011年第2期。
33. 何桂宏:《当前我国高校"宗教文化热"的心理解读》,《青海社会科学》2011年第5期。
34. 高宣扬:《流行文化社会学》,扬智出版社2002年版。

第十五章 青年对"成年"的认知及其标准

一、问题与背景

"成年"到底意味着什么？有研究者根据美国历史上成年人概念的发展和变迁指出"成年人"在很大程度上是20世纪美国文化产物,而且从历史的角度来看,这个概念是在一系列排除过程中产生的,因为其是作为在人类生命周期中较前的其他阶段定义之后的最终剩余物而存在的。这一观点显然有些偏激,却也异常尖锐地指出了成年的概念内涵在社会文化、历史时间等维度上所具有的相对性(Klein,1990)。

揭开"成年"看似不言自明的面纱,研究者发现对成年做清晰的界定正变得越来越困难。相对简单的社会中,因为只有孩子和成年人两个社会类别,所以区分成年是轻而易举的事情。成年的社会成员通常会在个体达到一定年龄或者性成熟之后,为他们举办某种仪式,以此确定其作为成年人的身份,这在人类学关于"成人礼"的著作中屡见不鲜(Hogan & Astone,1986)。但是在当今以西方发达国家为代表的技术世界的文明中,激进的社会变迁使得青年与成年之间的界限不再是"一刀切",从青年向成年的过渡也不再是线性发展的,而是复杂的、碎片化的和个别化的(Horowitz & Bromnick,2007)。有学者将现今青年从依赖到独立再到依赖的变换视为"溜溜球式"(yo-yo-ization)的后传统生命历程样态,并认为其是青年不得不在主动和被动的选择之间转换人生轨道的结果。因此,以往那种青年即依赖和成年即自主的两分法应该被这种变化中的准依赖(semidependency)所取代(Horowitz & Bromnick,2007)。

成年期的到来被延迟,向成年过渡的环境和条件与以往相比也发生了极大的变化,而这正是"向成年过渡"(transition to adulthood)的概念及相关研究自20世纪60年代在美国兴起的主要原因。人口学、经济学、社会学、心理学等多个社会学科的研究者从不同的理论视角对此进行了考察,并对不同文化、不同国家的年轻人向成年期的过渡进行了一些比较研究（Furstenberg，2000；Bynner & Chisholm，1998）。其中，阿内特提出了"成年初显期"（emerging adulthood）的概念，认为出现了一个新的生命阶段，即从青少年晚期到二十几岁这一年龄段，年轻人认为自己既不再是青少年，也不是完全的成人（Arnett，2001；1998）。尽管这一提法引发了诸多的争议，然而也取得了一些共识，那就是当前年轻人通往成年的旅程不能再以简单的标志来衡量，而应该以多维的标准加以判别（Horowitz & Bromnick，2007）。

那么，年轻人判断成年的依据到底是什么呢？社会变迁是否使成年标志也发生了相应的变化？在转型时期的中国社会，年轻人如何看待成年，与美国或其他西方发达国家的年轻人相比，他们对成年的认知是否具有相似的趋势和特征？作为青年期结束的时点，成年社会意义和标志的厘清不仅有助于平息对"青年"概念的争议，也有益于展现社会变迁与个人发展之间的张力。本研究旨在通过对成年概念、标志的梳理和测量，厘清社会转型期成年所具有的新的社会意义，并深化对嵌入这一社会过程中的文化规范、制度安排和个人选择之间关系的理解。

二、文献回顾

根据相关文献回顾可知，成年地位的获得具有一定的相对性，且成年标志更是在不同的文化、性别及阶层之间存在较大的差异。判别标准涉及诸多指标，可大致归纳为个人独立、家庭能力、规范遵守、生理过渡、法律年龄、角色过渡等多个维度（Arnett，2001）。其中，研究者认为向成年过渡期的延长，使得主要的成年标志从传统的角色过渡维度转向了个人独立维度，但这种转变只存在于推崇个人主义文化的西方社会里。鉴于讨论的焦点相对集中，因此本研究将围绕成年标志维度的转变展开文献的梳理。

1. 角色过渡标志的式微

研究者普遍认为在过去很长一段时间里，表征成人地位获得的标志都是客观的社会事件或者社会过程及其相对应的年龄，如完成学业、离开父母家单独居住、参加全日制工作、结婚、初次生育（Shanahan，2000；Marini，1984）。研究者通常将这五个最重要的事件作为向成年过渡的参考系，一旦个体经历了这些事件并完成了相应的角色过渡，即被视为迈入了成年的门槛。

然而，在西方研究者看来，20世纪60年代之前的这些个体生命历程中的重要事件或角色在现阶段对于成年的意义已经不再那么显著了。例如,以往高中毕业被视为美国成人的通过仪式,如今却由于高等教育的分化以及教育和就业界限的模糊化而削弱了年轻人借此获得独立的可能(Arnett,2000;Galland,2003)。即使是参加全日制工作也并不必然能为年轻人带来成年感,因为成年感的建立来自于物质经济和物理空间上的独立(Aronson,2008)。而对于年轻人离开父母家这一过渡来说,则在居住路径、时间安排上出现了显著变化和多样性,甚至出现了离家后又返巢的现象。有学者对欧洲和美国15—35岁年轻人居住安排的调查显示,年轻人是否离开父母家单独居住还可能受到一些其他因素的影响,诸如宗教、国家福利、房屋市场的供给与价格、劳动力市场的状况、教育系统以及文化和习俗等(Iacovou,2002)。

以婚姻(指结婚、生育)这一最为中心的角色过渡为例,可以更为清晰地感受到以角色过渡作为成年标志所面临着的挑战。根据以往人类学家的研究可知,在全世界范围内的传统文化中,结婚是向成年过渡的决定性标志;婚姻不仅将两个人以及他们家庭关联在多种相互的义务关系中,更象征着"男孩成为男人,女孩成为女人"的转变(Badger & Nelson,2006;Arnett,1998)。但需要注意的是,婚姻在过去标志着过渡期的终结,是因为它与向成年过渡的许多方面相匹配,包括离开学校、进入劳动力市场、开始性关系、脱离出生家庭等。这些事件原本紧密地相互交织、相互依存,且大多数人基本上都在其青少年后期及二十岁出头的年龄经历这些事件。然而,到了20世纪60年代后期,向成年过渡的延迟及非线性使得构成向成年过渡的这些生命事件之间紧密的内在联系解散了,它们不再被整体性地加以研究,而是被单独地考察和分析(Furstenberg,2000)。

2. 自我独立标志的突显

一些研究者认为随着工业化、个人主义的发展,在判断个体是否成年时,应该放弃传统的角色过渡作为标准,站在年轻人自身的立场去判断。基于这一考量,希尔、阿内特等人采用开放式访谈和结构式问卷等不同的方法,对当前美国年轻人的成年标志认同展开了研究(Greene et al.,1992;Scheer et al.,1994;Arnett,1994;1998)。结论十分一致,认为当代美国年轻人所推崇的成年标志是具有个人主义的、强调性格特质的,其中排在最前面的几条分别是"自我负责""自主决策""经济独立"及"与父母建立平等的关系"。

首先,对于二十几岁的美国年轻人而言,"为自己负责"作为成年标志的接受率远高于其他标准。不过,这里的责任在很大程度上是个人主义的责任,即强调为自己负责而不是为别人,具有强烈的自给自足、自力更生的意味(Arnett,1998)。因此,有研究者提示需要注意这种个人主义责任与传统文化中"给予""保护"和"生育"那些指向他人的责任之间存在的不一致(Gilmore,1990)。其次,"排除父母或他人的影响,根据自己的信仰和价值观独立做出决策"列在成年标志的第二位。阿内特认为这与埃里克森有关青少年期认同的形成意味着发展和明确一系列的信仰和价值观的论点是相吻合的,区别在于认同探索的领域有所差异,独立决策主要涉及恋爱、工作和世界观等,而且这一过程的完成有助于个体成年主观感受的获得。最后,与前两条标志相比,"经济独立"和"像成年人那样与父母建立平等的关系"更为切实、明确,也更具可测量性,年轻人可以通过这一标尺准确地衡量他们迈向成年的进程(Arnett,1998;2000)。总之,阿内特认为对于工业化社会的年轻人来说,结婚生子的时间安排发生了变化,因此出现了成年初显期这样一个阶段,使得十几岁到二十岁出头的人可以探索生活中的各种可能,其特征更符合"没有角色的角色"(the roleless role)(Arnett,2000)。

虽然,"成年初显期"的提出激发了许多相关的调查分析和比较研究,但对成年初显期概念及其主观成年标准的质疑者也不在少数。伯恩纳(Bynner)等人对这一新的阶段概念提出了批评,他认为这一概念框架和标准会忽视社会结构因素的重要性,模型存在逻辑谬误,把待解决的问题作为论据使用,并淡化了延迟过渡的消极后果(Horowitz & Bromnick,2007;Cote & Bynner,2008)。事实确实如此,关于成年初显期跨度区隔的分析实质上隐含着矛盾交织的理论预设。一方面,阿内特认为在当代西方尤其是在美国,年轻人不再以过渡性事件或者成年角色的担当作为成年的标志,而是更加认同以承担责任、自主决策、经济独立等个人主义的主观判断作为过渡期结束、成年期到来的标志。另一方面,他在成年初显期结束的时间点界定上,又有意无意地使用成年角色进入的时间点作为参照系,如就职、结婚、生育等。而且,仅通过对那些未经历过婚姻角色过渡者的调查得出年轻人不再以角色过渡作为成年标志的结论,难以令人信服。

3. 文化差异与成年标志选择

以角色过渡还是自我独立作为成年标志,通常被视为不同社会文化背景下的选择,两者彰显了集体主义与个人主义的文化差异。所谓集体主义,诸如团结、为他人着想、与他人融洽相处等观点,在许多非西方文化中占主导地位。中国文化就被视为集体主义文化的代表,因为中国社会强调那些超越个体之上的目标、需求和集体观念,并且对遵从、一致和合作赋予了更高的价值(Badger, Nelson & Barry,2006)。所谓个人主义被宽泛地定义为情感上独立于群体,缺乏对他人观点的关注,较少关心家庭和亲人。美国的文化经常被描述为个人主义的文化,个体通常被鼓励在情感上和社会上取得独立,自己做出决策,并相信每个个体都会对他(她)想做的和应该做的事做出最好的判断和决策。有学者就认为,成年初显期概念及主观成年标志的使用具有一定的限制,其更多存在于婚姻被延迟以及重视个人主义的社会(Arnett,1998)。

普遍的观点认为这种集体主义文化与个人主义文化是矛盾的,中国的年轻人相对于西方年轻人而言会更多地表现出集体主义倾向,更认同传统的、他人取向的成年标志。另一种观点则认为,中国向市场经济迈进过程中所发生的快速社会变迁可能会使年轻人更多地关注自我,并指出学校似乎就在努力地培养年轻人的自我取向。为了适应社会竞争的新要求,学校将提高年轻人的适应能力纳入了教育目标,例如自我观点的表达、自我定位及自信表现等(Nelson and Chen,2007)。

尼尔森等人曾对207名中国大学生和248名美国大学生的成年标志认同展开了比较研究,结果表明:中国年轻人认为最重要的五个成年标志是能对自己的行为后果承担责任、较好地控制情绪、经济独立于父母、较少自我中心更多地为他人考虑,以及独立决策。但是,相对来说,中国年轻人更强调结婚对成年的重要性,因为在中国的文化中,婚姻与家庭的幸福联系得最为紧密,他们将结婚视为自己承担成人责任和义务的重要的角色转换(Badger & Nelson,2006)。由此,研究者指出尽管两种文化下的年轻人所选择的标志中都包含了独立与责任,但是从更广泛的文化背景来看,中国的年轻人更重视家庭和团体的利益,例如年轻人追求经济独立往往是出于照顾年老父母的考虑,对于独生子女和农村年轻人而言更是如此(Nelson et al.,2004;Badger et al.,2006;Nelson & Chen,2007)。

总的来说,目前针对中国年轻人所展开的"向成年过渡"的理论研究和实证研究都极为有限。且仅有的几项研究在研究对象和研究方法上均存在不足,如研究对象集中为大学生群体,他们的受教育年限增长,工作和婚姻被延迟,而这可能是造成他们不将角色过渡作为成年标志的重要原因;另外,对调查对象的选择采用的是偶遇抽样和集中填答,因此所得结论并不能推论总体,相关问题还有待展开更为系统的研究。

三、资料与方法

本研究需要回答的问题是:当代中国年轻人认同的成年标志有哪些?他们在成年标志的选择上,是否会表现出不同于美国或者其他国家年轻人的趋势和特征?如果存在差异,那么这个差异是否产生于个人主义与集体主义这两种文化的对峙呢?更具体地来说,即中国年轻人是否更倾向于以角色过渡的客观标志来判别成年,而不是以个人主义的主观标志作为依据?除文化因素以外,还有哪些因素会影响到个体对成年标志的认同?

1. 样本设计

从理论界定上而言,本研究的对象应该是那些进入青春生理期但还没有完全进入成年的年轻人。但是具体到寻找研究对象开展调查时,至少还面临着两个重要的问题需要思考和明确。

首先,选取调查对象的标准是什么?从客观的易操作的角度出发,通常研究者会以年龄作为筛选的基本条件,如阿内特所提出的成年初显期是指18—25岁的年轻人。但考虑到这一阶段的年轻人大多数未经历完整的角色过渡,可能会影响到他们对角色过渡标志的认同,因此本研究将婚育状态考虑进来,选择18—35岁作为样本的年龄范畴。这样能够保证当代青年到底是以角色过渡还是以个人独立作为成年标志的结果不会因已婚样本的缺失而出现偏差。

年龄及婚育状态仅仅界定了调查对象最基本的标准和条件,但是这个范畴对于本研究而言仍然过于宽泛,囿于时间、精力和经费,本研究仍无法将这个庞大群体里的每一种类型的年轻人都囊括其中。就以往的研究而言,通常研究者会选择大学生作为调查的对象,因为这部分人比较容易找到并且能按照研究者的要求回答问题或者填答问卷。但是如此的弊端在于,大学生只是极为特殊的一个群体,所得到的结果必然会忽略那些没有上大学的"另一半"年轻人对成年的理解。为了弥补以往研究中的这一不足,本次调查选择城市在职青年作为研究对象。

2. 量表设计

目前有关成年标志的测量,通常采用的是阿内特设计的成年标志量表。为了便于与以往的研究进行比较,本研究也将以此为蓝本展开关于成年标志的测量和比较。主要的步骤包括:

(1)量表的翻译与回译(forward-and back-translation)。首先将阿内特的成年标志量表的英文项别翻译成中文,再请另外的研究者将翻译后的中文问卷翻译回英文,并与最原始的英文量表进行比对;量表的主要问题与阿内特的提问方式一致,即直接询问被调查者"你是否同意以下列描述作为界定成年人的标准"。但为了增加对调查者关于成年标志认同程度的区分度,本研究对量表的回答项略做了修改,将原有的两个回答选项"是"和"否"修改为四个回答选项"很同意""比较同意""不太同意"和"很不同意",并分别赋值为 4、3、2、1。

(2)量表的微调。由于中国年轻人与美国年轻人的生活与文化差异,本问卷对成年标志的选项内容进行了一些必要的修改,首先是删除、替换一些不太符合中国社会情形的项别,主要是规范遵守和涉及法律年龄的选项,例如"避免不合法的用药""在限速范围内安全驾驶",还有一些涉及法律年龄的选项,如"达到21岁""取得驾驶资格"。其次是删除一些比较敏感且不太重要的项别,如"在非生育目的的性生活时会采取避孕措施""性伴侣不超过一个""避免酗酒""避免使用污秽粗俗的语言""对他人做出终生承诺"。同时在家庭能力部分的测量中因为以往性别测试效果的不明显,本研究将原量表中分别对男性和女性测量的表征家庭能力的成年标志进行了合并统计。最后,根据中国社会文化和背景特征,本研究在原有问卷的基础上也增加了一些新的可能比较重要的项别,如增加了"年满30岁""年满25岁"的项别,以及"避免给他人增添不必要的麻烦",并将"完成教育"扩展为"完成义务教育"和"完成本科教育"两个项别。

(3)量表的预测。根据研究目的和研究设计,在正式调查开始之前,笔者采用初步修改后的成年标志量表对24名不同性别、年龄、文化程度、婚育状态的调查者进行了预测试,预测的结果显示修改后的量表能够较好地涵盖并区分不同成年标志的重要性。在对部分有可能引起歧义的语句进行微调后,本研究形成了包含30个项别的成年标志测量量表。

(4)量表的比较与检验。本研究采用修改后的量表对调查者进行了正式施测,并就测量结果与以往研究进行了文化差异之间的比较。另外,本研究还就成年标志量表进行了内部一致性的检验,并考察年龄、性别、婚育状况、文化程度、是否独生子女、出生生长地、自己及父母社会经济状况是否对成年标志选择产生影响,并对其背景和原因进行了探讨。

3. 资料收集与分析

本次调查因人力和物力上的局限,只能集中于一个城市进行。考虑到可行性和合适性,本研究最终选择了南京作为本次调查的地点。南京作为江苏的省会城市,其经济水平和城市化发展状况位居全国城市前列,既留下了许多高校毕业生在此成家立业,也吸引了相当多来自农村的年轻人来此谋生存、求发展,便于我们对不同的青年群体进行抽样、比对和分析。

在资料收集过程中,本研究借鉴以往相关定量调查研究的经验,按照职业进行了近似分层整群抽样,调查对象是目前在南京工作的18—35岁的年轻人。资料收集尽量采取当场填答当场回收的方式进行。本次调查共发放问卷725份,收回有效问卷634份,回收率为87.4%。样本基本构成情况见表15-1。

表15-1 样本的基本构成情况

	样本结构特征	百分比($N=634$)
性别	男	53.2
	女	46.8
出生区域	农村	42.9
	城市	57.1
年龄分组	26岁及以下	34.0
	27—29岁	36.1
	30岁及以上	29.9
是否独生子女	独生子女	40.2
	非独生子女	59.8
教育程度	本科以下	46.1
	本科及以上	53.9
婚育状况	未婚未育	32.5
	已婚未育	35.3
	已婚已育	32.2

四、成年标志量表的测量及检验

1. 成年标志项别的测量与比较

为了考察不同文化背景下年轻人对成年标志的选择和认同,本研究将样本在不同成年标志上的得分与以往西方的研究结果进行了比较[①]。从总体上看,本研究样本对成年标志各项别的认同比例普遍高于比较样本,有18个项别上的得分超过50,而比较样本只在11个项别上达到或超过50(如表15-2所示)。

表15-2 成年标志:测量量表得分的比较[a]

成年标志项别	"是否同意以下描述作为成年人的标准"(%)	
	比较样本[a]($N=179$)	调查样本($N=634$)[a]
个人独立		
16 能对自己的行为后果负责	93(1)	94(1)
17 独立于父母及他人的价值观进行决策	83(2)	89(3)
18 经济上独立于父母	72(4)	83
19 与父母建立平等的关系	73(3)	66
20 不再住在父母家	61	36
家庭能力		
21 能够给家庭提供经济支持	48[b]	83
22 能够管理家庭	63[b]	87(4)
23 能够照料孩子	55[b]	85
24 能够保卫家人安全	61[b]	86(5)
规范遵守		
25 避免酒后驾车、违章行驶等违法行为	65	69
26 避免损坏公物等行为	70(5)	63
28 避免给他人增添不必要的麻烦	—	76

---

① 本研究根据研究目的和研究内容选择了阿内特在2001年进行的一次相关研究进行比照,其中13—19岁者171名,20—29岁179名,30—55岁者165名,本研究选取其中20—29岁年龄段的被调查者作为比较样本。更多具体内容参见文献 *Conceptions of Transition to Adulthood*。

(续表)

成年标志项别	"是否同意以下描述作为成年人的标准"(%)	
	比较样本[a] ($N=179$)	调查样本 ($N=634$)[a]
生理过渡		
13　长足个头,身高不再增长	30	16
14　具有生育能力	45[b]	26
法律/年龄		
1　年满18岁	50	34
2　男性22岁,女性20岁	34[c]	39
3　年满25岁	—	46
4　年满30岁	—	39
角色过渡		
5　参加全日制工作	30	56
6　拥有长期工作的职业	27	65
7　完成义务教育	20[c]	35
8　完成本科教育	—	39
11　结婚	10	72
12　生孩子	7	71
其他		
9　买房	9	39
10　与某人保持长期的恋爱关系	10	29
15　有性生活经历	14	23
27　用情专一	39	63
29　不在情感上过度依赖父母	17	79
30　能够很好地控制自己的情绪	53	90(2)

注:a."很同意""比较同意"赋值为1,"不太同意""很不同意"赋值为0;
　　b. 项别22、24、23、21和14得分按照样本中男性37%、女性63%的比例进行合并计入;
　　c. 项别2在原量表中表述为"年满21岁",项别7在原量表中表述为"完成教育"。

从成年标志各项别的得分排名结果来看,本研究样本得分最高的五个成年标志是:"能对自己的行为后果负责"(94%)、"能够很好地控制自己的情绪"(90%)、"独立于他人的价值观进行自我决策"(89%)、"能够管理家庭"(87%)、"能够保卫家人安全"(86%)。由此看来,被调查者最为看重的成年标志是个人责任、个人约束和个人独立,其次是对家庭职责的担当。另外,得分较高的一些成年标志还集中体现在规范遵守以及婚姻家庭角色过渡项别上,如"避免给他人增添不必要的麻烦"以及"结婚""生孩子"等。

本次调查样本在成年标志上得分最低的项别依次是"长足个头、身高不再增长"(16%)、"有性生活经历"(23%)、"具有生育能力"(26%)、"与某人保持长期恋爱的关系"(29%)、"年满18岁"(34%),主要集中在生理过渡与规范年龄等方面。除此之外,被调查者对角色过渡中的一些项别及与年龄有关的项别也不太认同,如"完成本科(义务)教育""参加全日制工作"和"男性22岁、女性20岁""年满25岁""年满30岁"。

对比调查样本与比较样本可知,尽管两者存在一些相似之处,如都将"能对自己的行为后果负责"和"独立于他人价值观进行自我决策"置于最重要的成年标志之首,但调查结果仍然显示出明显的差异。例如,调查样本中有90%的人将"能够很好地控制自己的情绪"作为成年标志,而比较样本中认同这一项的仅占53%。虽然控制自我情绪看似是自我独立的象征,实质上却包含更多关涉他人的意味,这似乎可以说明中国的年轻人在独立自主的基础上,更为强调指向他人的责任。

两者对角色过渡及家庭能力标志的认同差异就更进一步地佐证了这一点。在比较样本的调查中,"结婚"与"生孩子"并不被视为成年的标志,而本研究的调查结果却正好相反。与此同时,本次调查样本也更加认同"能够照料家庭""能够保卫家人安全"以及"能够照料孩子"这些彰显家庭责任的成年标志。对此阿内特曾在另一篇文章中做出了解释,他认为除了结婚时间推迟以外,同居和离婚比例的大幅度增加也削弱了婚姻作为生命过渡的重要性,而且更主要的原因是结婚和生孩子等都涉及向某个特定角色的转变,潜在地意味着个人主义可能因遵守角色要求而妥协。所以,当代的美国年轻人拒绝将这些角色转换作为向成年过渡的重要标志(Arnett,1998)。

2. 成年标志子量表的信度检验

对于成年标志各项别得分的测量和比较说明,无论在中国还是美国、澳大利亚等西方国家,"能对自己的行为后果负责"以及"独立于他人价值观进行自我决策"等注重个人责任、个人独立的标志都是被普遍接受的成年标志,而生理以及年龄等必然的过渡过程不被视为重要的成年标志;相比较而言,中国的年轻人的确对角色过渡、家庭能力等传统成年标志表现出更大的认同和重视。表15-3按照原量表的维度对成年标志的得分进行了平均值的统计,可以更清楚地显现差异。

表 15-3　成年标志量表:不同子量表平均值的比较

成年标志的子量表(项别数)	比较样本平均分[a]	样本平均分
个人主义（5）	0.76（α=0.57）	0.73（α=0.656）
家庭能力（4）	0.56（α=0.88）	0.85（α=0.763）
规范遵守（3）	0.47（α=0.84）	0.68（α=0.782）
生理过渡（2）	0.42（α=0.76）	0.21（α=0.541）
法律/年龄（4）	0.40（α=0.55）	0.39（α=0.531）
角色过渡（6）	0.22（α=0.60）	0.55（α=0.722）
其他[b]（6）	—	0.53（α=0.613）
总体　　　（30）	α=0.70	α=0.783

注:a. 比较样本的平均值及括号内的 α 系数为总样本各类别的平均值和信度系数。
　　b. 阿内特将其他维度上的一些成年标志的得分计入了个人主义维度,所以此项空缺。

本次研究调查样本所选择的成年标志中,得分排名最高的三类分别是家庭能力、个人主义和规范遵守,而比较样本得分最高的三类是个人主义、家庭能力和规范遵守。另外,比较样本不认为角色过渡对成年具有重要的意义,其得分相对来说排名最低,中国年轻人则认为角色过渡比较重要,而生理过渡对成年最不具有标志性。也就是说从总体上而言,与个人独立相关的成年标志在不同文化背景下都具有普遍较高的认同度,除此之外中国年轻人则相对倾向于与家庭能力和角色过渡相关的成年标志的选择。

上述成年标志量表是阿内特从不同的理论视角出发设计而成的,其共计包含 7 个维度的 38 个项别,本研究将其修改为 7 个维度的 30 个项别。通过对 30 个成年标志得分的比较可知,尽管同一维度内的成年标志得分相当接近,但是仍有一些标志的得分相差较大,因此需要对该量表进行维度上的一致性检验,也即测量量表的信度。

表 15-3 也显示了从理论视角出发所得到的 7 个维度内各项别的一致性,可知量表的总体 Cronbach's α 系数为 0.783,变异数分析检验表明该信度系数显著,即整个量表模型通过了检验（$F=473.303$, $p<0.001$）。但是从各分量表来看,Cronbach's α 系数从 0.531 至 0.782,信度系数不是特别理想。对照比较样本的信度系数我们发现,其总的 Cronbach's α 系数为 0.70,其余各分量表系数有三项不高于 0.60。这说明原有量表在对成年标志进行理论建构的过程中,可能并没有完全厘清不同测量项别之间的内在结构关系。为了进一步检验该理论量表的

适用性，本研究将对其进行构念效度的检验。

3. 成年标志子量表的效度检验

所谓效度即测量的正确性，指测量工具确实能够测得其所欲测量的构念之程度。从效度评估的内容来看，效度评估有三种不同的模式，分别为关注测量内容与范围的内容效度、由外在标准适配程度的评估模式所发展出的效标关联效度，以及强调概念意涵厘清的构念效度。根据本研究的主要目的，我们将主要采用内容效度和构念效度检验，也就是在成年标志的理论假设基础之上，通过实证的方法查核测量结果是否符合理论假设的内涵。

首先，本研究对表15-2进行了内容效度的分析。表15-2中"其他"子量表所包含的6个项别因涵盖的意义相差甚远，可以将其分别重新归入个人主义、生理过渡等已有明确定义的类别。由此可见，成年标志的子量表没有必要保留无明确意义内涵的"其他"类别，而应该以已有命名的6个子量表进行结构构造。

其次，本研究将以因子分析进行构念效度检验，强行指定按照6个因子个数进行萃取，如果因子分析的结果与之前理论假设的不同维度的成年标志模式较为接近，那么成年标志量表的理论假设可得到支持，反之则需要对原有理论假设进行适当地修正。在因子萃取的方法上，本研究采用了主轴因素法（principal axis factors）。主轴因素法较之常用的主成分分析法而言，不同之处在于前者是以变量间的共同变异量为分析对象，而后者是以全体变异量为分析对象。因此从方法的层面上来看，主轴因素法更符合古典测量理论对于潜在构念进行估计的思想，理论检验的目的性较强。在因子转轴命名的分析中，本研究采用了均等变异法（equimax rotation），其能够在因素简化和结构清晰之间达至均衡。

对成年标志进行6个公因子的萃取后，其提取的因素特征值之和占所有因素特征值总和的53.850%，说明用提取的6类因子即可以较好地浓缩原有的30个项别所涵盖的信息。根据成年标志得分数据的内部关系，成年标志可归纳为6个子量表，如表15-4所示。这6个子量表根据其所含项目的内容要旨，可命名为规范遵守、家庭能力、个人独立、青春过渡、角色过渡和规范年龄。与理论视角所归纳的7个类别相比，不同之处主要体现在涉及年龄和生理过渡的维度，且原有的其他类别的各个项目被予以了更明确的归类。

表 15-4　成年标志的因子分析[a]

成年标志项别	因子分析	
	负荷值	共同性
规范遵守（3.215,10.718%）[b]		
25　避免酒后驾车、违章行驶等违法行为	0.635	0.624
26　避免损坏公物等行为	0.715	0.644
27　用情专一	0.697	0.661
28　避免给他人增添不必要的麻烦	0.741	0.662
29　不在情感上过度依赖父母	0.555	0.529
30　能够很好地控制自己的情绪	0.477	0.511
家庭能力（2.754,9.180%）[b]		
21　能够给家庭提供经济支持	0.435	0.438
22　能够管理家庭	0.701	0.645
23　能够照料孩子	0.675	0.640
24　能够保卫家人安全	0.625	0.657
个人独立（2.653,8.844%）[b]		
16　能对自己的行为后果负责	0.538	0.395
17　独立于他人的价值观进行自我决策	0.689	0.579
18　经济上独立于父母	0.617	0.555
19　与父母建立平等的关系	0.533	0.489
青春过渡（2.639,8.796%）[b]		
1　年满 18 岁	0.548	0.401
2　男性 22 岁,女性 20 岁	0.502	0.493
7　完成义务教育	0.398	0.520
13　长足个头,身高不再增长	0.505	0.461
14　具有生育能力	0.754	0.671
15　有性生活经历	0.673	0.626
20　不再住在父母家	0.367	0.377
角色过渡（2.594,8.646%）[b]		
6　拥有长期工作的职业	0.471	0.427
8　完成本科教育	0.401	0.508
9　买房	0.597	0.518
10　与某人保持长期的恋爱关系	0.512	0.414
11　结婚	0.556	0.594
12　生孩子	0.597	0.635

(续表)

成年标志项别	因子分析	
	负荷值	共同性
规范年龄(2.300,7.667%)[b]		
3　年满25岁	0.688	0.546
4　年满30岁	0.607	0.459
5　参加全日制工作	0.521	0.476

注：a. 采用主轴因素分析和均等变异法旋转。
　　b. 括号内为因子特征值和方差贡献率。

为了更明确地考察由数据内部关联推导得出的结构特征是否与理论假设一致，我们将分别对每个子量表所含的具体项别进行比较（见表15-4和表15-2）：

（1）规范遵守。与理论量表相比，规范遵守增加了原来被划分在其他子量表里的3个项别，包括"用情专一""不在情感上过度依赖父母"和"能够很好地控制自己的情绪"。尽管其不同于"避免酒后驾车、违章行驶等违法行为"和"避免损坏公物等行为"这些由法律、制度等明文规定的社会规范，却也属于社会文化中对成人行为、心理的基本要求和约束。

（2）家庭能力。家庭能力维度的因素分析对理论假设提供了较强的支持。从其所涵盖的项别上来看，包含了理论推导出的所有项别，即"能够管理一个家庭""能够照料孩子""能够保卫家人安全"和"能够给家庭提供经济支持"，说明家庭能力子量表内项别的内部关联性比较好。

（3）个人独立。鉴于个人主义涉及更宽泛的意涵，本研究认为将这些包含个人独立的诸多项别归纳为个人独立子量表更为合适。从其包含的具体项别内容来看，数据分析得出的因子结构与理论假设非常相符，都包含了"能对自己的行为后果负责""具有独立于父母或其他人的价值观""经济上独立于父母"和"与父母建立平等的关系"，略有不同的是删除了"不再住在父母家"这一项别。

（4）青春期过渡。该子量表对应于理论量表里的生理过渡，但除了涉及生理过渡范畴的"长足个头"和"具有生育能力"之外，还增加了原划分在其他子量表里的"有性生活经历"，原为个人主义量表内的"不再住在父母家"，以及原为角色过渡的"完成义务教育"。另外，原为法律/年龄子量表里的年龄项别"年满18岁"和"男性22岁、女性20岁"

也被归入进来。从项别来看与理论量表出现了较大的偏差,主要是增加了许多新的内容。但从内涵上来看,这几个项别都涉及青春生理期的完成,比原理论量表中的生理过渡子量表更加完整。

(5)角色过渡。从因子分析得出的角色过渡类别与理论假设相比差异不大,包含了原有的"拥有长期工作的职业""完成本科教育""结婚"和"生孩子",另外增加了原属于其他类别的"买房""与某人保持长期的恋爱关系",说明样本在完成本科教育、进入职业、恋爱、结婚、生孩子和买房上的一致性较高,而"完成义务教育"和"参加全日制工作"相对来说分别与青春期的过渡和规范性成年年龄联系得更为紧密。

(6)规范年龄。本研究自行添加的有关年龄过渡的项别"年满25岁"和"年满30岁"与原量表中的"参加全日制工作",具有较强的一致性,构成了规范性的年龄过渡子量表。比较而言,"年满18岁"与"男性22岁、女性20岁"这两个从法律上界定成年与未成年的年龄更具有界定青春期的意义,而参加工作的年龄以及25岁、30岁则更具有社会成年年龄规范的意义,是个体有关成年的年龄规范和判断依据。

综上所述,通过因子分析我们将统计所得的数据内部结构与由原理论推导得出的成年标志量表进行了比照。因素分析表明,6个公因子的萃取即能够较好地区别30个项别的成年标志,原量表中的"其他"子量表可以删除,而将其所包含的项别分别归入另外已有明确命名的子量表。从各子量表的项别构成来看,家庭能力、个人独立以及角色过渡子量表所涵盖的项别与因子分析所得到的结果基本一致,其理论假设得到了证实。而在规范遵守子量表中,增加了一些非正式的社会规范,涉及个人的自我约束和情绪克制。在对年龄标志的区分中,原有的从法律意义上界定的年龄与从规范意义上界定的年龄之间不存在较多的共同性,因此被分别归入与青春期过渡和社会规定的成年年龄范畴。

也就是说,内容效度和构念效度的检验共同表明,阿内特从理论视角所提出的成年标志量表在对成年标志本质特征的理解上存在一定程度的偏差,需要对量表进行适当的修正。如表15-5所示,本研究针对成年标志量表所做的修正可以作为本土化的测量工具加以使用,因为测量结果表明其既适用于中国社会的实际情形,又能从主体框架上与其他社会的情形进行比较。

表 15-5 修正后的成年标志量表：不同子量表均值的比较

成年标志子量表(项别数)	样本平均分(标准差)	Cronbach's Alpha
家庭能力（4）	0.85(0.274)	0.763
个人独立（4）	0.82(0.263)	0.656
规范遵守（6）	0.73(0.319)	0.824
角色过渡（6）	0.50(0.304)	0.747
规范年龄（3）	0.46(0.373)	0.621
青春过渡（7）	0.30(0.278)	0.737
总体　　　（30）		0.734

修正后的子量表结构与原有量表的主干结构保持了较高的一致性，但了量表的信度系数得到了显著提高。由此可见，修正后的成年标志量表解决了原有量表可能存在的两个主要问题，首先是改善了样本结构，增加了样本的异质性，尤其是考虑到不同性别、文化程度、社会阶层、事件经历者之间可能存在的差异；其次，结合中国文化语境对测量的内容进行了调整，使测量的结果能够从内容和结构上更好地反映成年标志的本质。

五、成年标志量表的分析与讨论

从成年标志量表的测量和检验的结果可以发现，本研究样本对成年标志的认同程度普遍高于西方国家的比较样本，这说明中国年轻人可能更容易接受社会有关成年的规范。那么，对成年标志的认同程度到底受到哪些因素的影响？成年标志的不同维度之间存在怎样的内在逻辑联系？不同文化背景下的年轻人对成年标志的选择表现出怎样的异同？对中国社会情境下年轻人所认同的成年标志，我们又该如何去理解？这是本研究需要在量表基础上进一步深化探讨的议题。

1. 成年标志认同程度及其影响因素分析

就样本对成年标准的选择结果进行统计可知，其得分的平均值为 17.63（SD = 5.859），也就是说，被调查对象对所测量的大部分成年标准表示认同。以往西方研究的结果显示，不同的社会、人口、经济变量可能会影响个体对成年标志的选择。尽管这些研究结论尚存在某些争议，但我们有必要对此进行探讨，主要关注不同性别、年龄、婚育状态、文化程度、出生地、家庭经济状况以及有无兄弟姐妹，是否会在成年标志的选择和认同上出现差异。探讨将分两部分进行，分别就成年标志量表的总得分及子量表平均分展开比较,比较的结果如表 15-6 和 15-7 所示。

表 15-6 成年标志量表总得分的方差分析

人口变量			均值	标准差	F	Sig.
性别	男性	($N=337$)	17.21	5.766	0.088	0.767
	女性	($N=295$)	18.10	5.937		
是否独生子女	独生子女	($N=254$)	17.98	6.134	1.584	0.209
	非独生子女	($N=378$)	17.39	5.662		
年龄	26 岁及以下	($N=215$)	17.52	6.029	0.304	0.738
	27—29 岁	($N=226$)	17.88	5.756		
	30 岁及以上	($N=189$)	17.48	5.822		
婚育状况	未婚	($N=206$)	17.55	5.981	0.057	0.944
	已婚未育	($N=223$)	17.59	5.588		
	已婚已育	($N=203$)	17.74	6.049		
文化程度	本科以下	($N=287$)	18.44	5.910	10.255	0.001
	本科及以上	($N=336$)	16.95	5.727		
18 岁前生活区域	农村	($N=270$)	17.55	5.833	0.066	0.798
	城市	($N=358$)	17.67	5.912		
父母经济状况	不太宽裕	($N=400$)	17.10	6.047	7.715	0.006
	比较宽裕	($N=224$)	18.46	5.464		

注:"很同意"和"比较同意"赋值为 1,"不太同意"和"很不同意"赋值为 0。

从表 15-6 对社会、经济、人口变量与成年标志量表总得分的方差分析和 F 检验,我们发现在 7 个变量中,只有文化程度和父母经济状况两个变量对个体的成年标志量表总得分产生了显著影响。具体而言,在对所测量的成年标志的接受程度上,本科以下文化程度者得分超过本科及以上文化程度者,父母经济状况较好者得分超过父母经济状况较差者。但仅凭总分我们无法知晓文化程度及父母经济状况影响了年轻人对哪些成年标志的选择,因此,本研究就 6 个子量表的得分也进行了均值的方差分析,如表 15-7 所示。

表 15-7 成年标志子量表均值的比较

成年标志子量表	文化程度		父母经济状况	
	本科以下	本科及本科以上	不太宽裕	比较宽裕
家庭能力	0.862(0.266)	0.842(0.276)	0.828(0.293)	0.881(0.234)*
个人独立	0.817(0.267)	0.830(0.258)	0.807(0.273)	0.848(0.244)
规范遵守	0.758(0.309)	0.700(0.323)*	0.695(0.332)	0.774(0.290)**

（续表）

成年标志子量表	文化程度		父母经济状况	
	本科以下	本科及本科以上	不太宽裕	比较宽裕
角色过渡	0.455(0.276)	0.427(0.259)	0.428(0.261)	0.464(0.279)
规范年龄	0.510(0.382)	0.414(0.357)***	0.443(0.374)	0.490(0.369)
青春过渡	0.797(0.483)	0.747(0.454)	0.749(0.456)	0.811(0.487)

注：* $p<0.05$；** $p<0.01$；*** $p<0.001$。

事实上，上述7个变量中除了独生子女会比非独生子女更认同以规范遵守作为成年标志以外，也只有文化程度和父母经济状况会部分影响到个体在子量表上的得分。对于文化程度不高的个体而言，他们对以规范年龄和规范遵守作为成年必要标志的认同度较高。而父母家庭经济状况则会影响个体对家庭能力和规范遵守等方面成年标志的认同，父母家庭经济状况越好的个体越认为这些是判断成年的重要依据。

表15-6和表15-7的分析结果显示了两点重要的信息。首先，个体对成年标志总的接受程度以及各个指标维度的认同均具有较高的同质性，不因性别、城乡、年龄、婚育状况的不同表现出显著差异。其次，文化程度和父母经济状况是影响个体成年标志认同的两个重要的变量。从具体的作用机制来看，文化程度较低者更认同诸如规范年龄、规范遵守等基本过渡类型的成年标准，可能的原因是相对于其他成年标准，这些标准较易达致；父母家庭经济条件较好者更有可能达致家庭能力和规范遵守等方面对于成年所提出的要求，所以对相应标准的认同度也较高。这说明不同青年群体对于成年标志的选择除了重要性方面的考量外，也有可行性方面的衡量，相对而言底层青年更倾向于选择容易达致的标志，而条件较好的青年更有可能选择那些实现起来具有一定难度的标志。

2. 不同文化背景下成年标志的比较

对样本在成年标志的总体及不同维度的认同结果统计显示，中国年轻人在成年标志的选择上具有较高的同质性，这种共性是否是中国文化对年轻人有关成年标志认知的独有影响呢？为了回答这个问题，本研究将分别就不同文化背景下的青年在成年标志选择上所表现出的异同展开充分的比较。

最为突出的一点是，中国年轻人认同度最高的前三项成年标志中有两项与西方研究的结果相同，即"能对自己的行为后果负责"和"独立于他人的价值观进行自我决策"。尼尔松等人对北京师范大学 207 名大学生的测量结果也显示,"能对自己的行为结果负责"同样以 97.1%的比例被列为成年的首要标志(Nelson, Badger & Wu,2004)。斯尔契等人对澳大利亚 3 个年龄群体的调查也发现,青少年期、成年初显期以及成年期的调查者对将这一项别作为成年的必要标志均毫无异议,且三个组别中表示认同的人数比例都高达 98%(Sirsch et al.,2009)。也就是说对不同国家、不同人口特征的调查结果都无一例外地表明接受程度最高的成年标志是"能对自己的行为后果负责"。由此可见,自我责任的担当是区分成年与未成年的最核心标准和特征,具有文化普适性。

两部分青年调查结果的另一个相似点是他们对家庭能力和规范遵守维度的成年标志认同较高,与此同时对青春期过渡和规范年龄维度的标志认同度较低。这说明无论何种文化背景之下的年轻人都更为注重那些需要通过个人努力或约束才能达致的成年标准,而不是凭借那些伴随年龄的增长自然而然获取的特质或能力去判别成年。为了更好地厘清关于成年量表不同维度之间的内在逻辑关系,本研究对修改后的 6 个成年标志子量表之间的关系进行了考察,如表 15-8 所示。

表 15-8 修改后的成年标志量表:因子得分的相互作用

	F1	F2	F3	F4	F5	F6
F1:家庭能力	1.00					
F2:个人独立	0.145**	1.00				
F3:规范遵守	0.065	0.104**	1.00			
F4:角色过渡	0.072	0.046	-0.003	1.00		
F5:规范年龄	0.037	-0.020	0.049	0.104**	1.00	
F6:青春期过渡	-0.058	0.022	0.036	0.113**	0.093*	1.00

注:* $p<0.05$,** $p<0.01$。

表 15-8 显示了 6 个子量表的因子得分的相关系数,其中个人独立分别与家庭能力和规范遵守呈正相关,而角色过渡、规范年龄和青春过渡则两两正相关。通过 6 个因子之间的相关分析,我们可以发现它们之间呈现出一定的内在结构性。在此基础上,成年标志可被区分为两大类,一类是关注能力及特质的成年标志,另一类则是侧重于生理及角色过渡的成年标志。总体上而言,个体似乎更注重前一类别的成年标志。

除相似性之外,中国的年轻人在对成年标志的选择和认同上也表现出一定的独特性。在 6 个子量表的成年标志中,中国年轻人相对更注重与家庭能力有关的方面,而西方年轻人则更认同个人独立。在涉及教育、职业、家庭等角色过渡方面,中国年轻人与西方年轻人之间也存在较大的差异,前者对角色过渡所蕴含的成年意义的认同度明显要高于后者。对本研究样本婚恋观的调查也显示,97.3%的人同意"婚姻意味着承诺和责任"的说法,且有超过半数的被调查者表示非常认同。造成这一差异的原因可能在于当前美国年轻人中同居或其他非婚姻家庭形式的比例呈稳定上升的趋势,因此对婚姻中"承诺"的逃避是他们不看重婚姻角色过渡对个体成年具有重要意义的主要原因。

本研究样本调查结果的独特性还表现在个体是否认同以"能够很好地控制自己的情绪"作为成年标志。回顾其他文献,我们发现已有的研究结果中也出现了这一分化,如尼尔松等人对中国大学生的调查结果与本研究样本结果相似,数据显示中国大学生选择此项的比例为95.2%(Nelson,Badger & Wu,2004);而斯尔契等人的调查结果则表明所调查的澳大利亚青年中只有 48% 的人选择此项别作为成年标志(Sirsch et al.,2009)。可能的原因是与西方文化相比,中国文化更重视个人的自我约束和反省,因此强调个人情绪的控制和内敛,所以尽管行动的主体聚焦于个人但行动的取向仍指向他人。这似乎印证了之前研究者的观点,即虽然向成年的过渡期在中国社会是自我聚焦的关键时期,但是中国传统的集体主义文化强调团结、为他人考虑以及与他人的融合(Nelson & Chen,2007)。

3. 对当代中国青年成年标志的解读

虽然研究结果部分证实了集体主义文化与个人主义文化的假设,但有一些成年标志项别的选择结果需要进一步地探究。如若以西方研究的样本在成年标志上的得分为参照系,本研究样本得分偏高的项别有"经济上独立于父母"和"不在情感上过度依赖父母",而得分偏低的项别有"不再住在父母家""与父母建立平等的关系"。我们无法直接通过社会文化中个人取向与集体取向的分野,以及不同的社会、经济、人口变量可能的作用去解释为什么当代中国青年对某些成年标志表现出特别的认同,而对另一些标志却不然。也许,我们应该在社会情境下去更进一步地探讨这些表象之后的原因和实质。

由于中国传统的儒家文化向来强调自我约束、自我克制,因此得分较高的前两项并不难理解。真正令人迷惑的有两个问题:其一,为什么中国的年轻人相对忽视后两项作为成年标志的必要性？其二,为什么"经济上独立于父母""不在情感上过度依赖父母"和"与父母建立平等的关系"这个看上去意义接近的项别会出现得分的不一致,甚至是差距甚远的情形？

本研究首先考察样本中与父母同住的比例有多少,再考察哪些人与父母同住的比例会较高,是否如西方理论所述年龄较小者与父母同住的比例会相对较高,而年龄较大者及已进入婚姻家庭者与父母同住比例会减少？或者根据中国家庭的居住传统,男性比女性,农村人比城市人存在更多与父母同住的可能？又或者经济、住房等客观因素限制了与父母分开居住的可能？

数据统计表明,样本中有38.8%的人目前与父母同住。从logistic回归模型(见表15-9)来看,性别、年龄、18岁以前生活区域、是否买房,以及父母的社会经济状况对"是否与父母同住"不产生显著影响,而是否独生子女、教育年限、婚育状况、子女自身的经济状况才是决定与父母同住的重要因素。

表15-9 与父母同住的logistic回归模型

	B	S.E.	Wald	df	sig.	EXP(B)
性别	-0.042	0.193	0.047	1	0.828	0.959
年龄	0.088	0.151	0.343	1	0.558	1.092
是否独生子女	0.997	0.211	22.300	1	0.000	2.711
18岁前生活区域	0.340	0.223	2.327	1	0.127	1.405
教育年限	-0.132	0.045	8.482	1	0.004	0.876
婚育状况(以未婚为参照)			38.148	2	0.000	
已婚未育	-0.248	0.258	0.924	1	0.336	0.780
已婚已育	1.281	0.300	18.175	1	0.000	3.599
是否买房	-0.337	0.214	2.480	1	0.115	0.714
自己经济状况	0.515	0.160	10.314	1	0.001	1.673
父母经济状况	-0.295	0.210	1.965	1	0.161	0.745
父亲教育状况	0.197	0.229	0.742	1	0.389	1.218
母亲教育状况	-0.081	0.245	0.109	1	0.741	0.922
Constant	-0.456	0.811	0.316	1	0.574	0.634

首先,表15-9中回归系数显示影响"与父母同住"的4个因素里,婚育状况的作用最值得关注。较之未婚者而言,已婚未育者与父母同住的可能性略高,但是没有通过显著性检验;而已婚已育者与父母同住的可能性明显增加,且增加了259.9%(exp(1.281) = 3.599)的概率。

其次,独生子女与非独生子女相比与父母同住的概率将增加171.1%(exp(0.997)=2.711)。另外,如果子女的经济状况不理想,生活开支比较紧张,也会更倾向于与父母一起居住。但是文化程度会减少与父母同住的可能,从数据分析来看教育年限每增长一年与父母同住的概率就会下降12.4%。

统计表明,目前年轻人与父母居住的比例较高,且主要集中在独生子女、文化程度不高、经济状况不佳的个体上。从时间上来看,结婚生育后是与父母同住的转折点,其原因可能是这部分个体因为抚育孩子需要父母给予更多的帮助和扶持,而与父母同住的高比例、可逆趋势也从一定程度上揭示了本研究样本并不将"不再住在父母家"作为成年标志的原因。

另外,为考察样本与父母之间到底呈现出怎样一种关系,本研究就生活中经常可能遇到的7个方面的困扰对被调查者进行了询问,以期了解他们是否在遇到问题时,以及在遇到什么问题时主要是依靠父母帮助而不是依靠自己或者父母以外的人。图15-1显示出个体在确立恋爱、婚姻关系时最有可能征求父母的意见,其次当他们遇到重大的生活事件时,比如买房也可能因为涉及经济困难而向父母寻求资助,还有其他需要一大笔钱、对个人前途进行咨询时父母也被视为优先级最高的求助对象。但是,在家里闹矛盾或者心情不好想要找人倾诉时,年轻人并不倾向于向父母求助,因为中国文化中习惯"报喜不报忧",而且父母与子女生长的时代环境有别,客观存在的代沟对于解决子女情感上的问题通常也会无所适从,并不能解决实际的困扰。

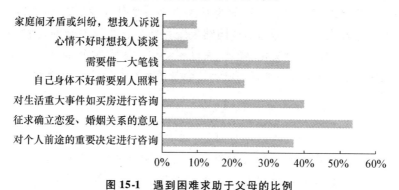

图15-1 遇到困难求助于父母的比例

由此可知,子女与父母的关系并不能简单地以平等或依赖来加以标注。一方面,个体虽然力图保持经济上的独立,但当他们面临重大抉择或遭遇经济困难的时候,父母仍是他们最坚实的后盾;另一方面,在情感上遇到波折、苦恼的时候,子女则通过其他渠道得以排解,力图在情感上保持自己的独立性。正是由于这种关系上的复杂性,尤其是年轻人无法在迈入社会初期完全依靠自己的能力解决成家立业等实际生活难题而不得不依赖父母的情形,削弱了他们与父母之间建立平等关系的可能。因此,视"经济上独立于父母"和"不在情感上过度依赖父母"为重要成年标志,与视"与父母建立平等的关系"为非重要成年标志的矛盾似乎得到了解释,其实质是年轻人出于保持认知和行为一致而做出的选择和妥协。

六、结论与思考

本研究采用阿内特所设计的成年标志量表,对南京 634 名 18—35 岁年轻人进行了有关成年标志认同的测量,并将其结果与已有的西方研究进行了比较和分析。以往的研究认为不同社会中文化价值观念的差异,尤其是工业社会中个人主义与传统社会中集体主义的分化,会影响个体对成年的理解以及成年标志的选择,并且认为现代化高度发达的美国主流文化与传统的中国儒家文化恰好代表了个人主义与集体主义之间的分歧。

然而,通过对成年标志的测量,以及对不同文化体系、人口变量、社会情境下个体所认同的成年标志的比较和分析,本研究发现成年标志不是单一的尺度,不是静止的标杆,也不是孤立的规范,不同个体对成年标志的认同具有内容上的选择和程度上的差异。研究还表明,我们并不能简单地将成年标志区分为个人主义或集体主义,因为不同社会背景下年轻人对成年标志的认同结果既存在分化也存在趋同。成年标志的变迁折射出社会文化、经济、人口等结构性因素对个体成年的规定和限制,也隐含着个体对有关成年社会规范和社会意义的反馈和应对。

1. 分化的成年标志认同

从成年标志量表的总得分可知,本次调查的年轻人对成年标志的认同度普遍要高于西方社会的年轻人,说明中国文化影响下的年轻人对成年的社会规范可能具有更高的接受度。而且,通过对可能影响成年标志认同的社会、经济及人口等重要变量的考察发现,只有文化程度和父母经济状况会显著影响个体对成年标志的选择和认同,而在年龄、性别、婚育状况、成长区域以及是否独生子女等变量上并未表现出显著性差异。这更进一步地说明,选择什么标准判别成年主要是受到宏观社会文化背景的影响。

针对具体成年标志项别的认同,本研究显示被调查对象认同度最高的五项分别是"能对自己的行为后果负责""能够很好地控制自己的情绪""独立于父母及他人的价值观进行决策""能够管理家庭"以及"能够保卫家人安全"。随后通过对成年标志子量表的比较分析,更进一步地表明在通向成年的过渡规范中,西方年轻人注重的是个人独立、家庭能力和规范遵守,最不看重的是角色过渡;中国年轻人注重的是家庭能力、个人独立及规范遵守,最不看重的是生理过渡。相比而言,中国的年轻人除了注重成年对于个人独立的要求外,更重视家庭能力的获得对成年身份的鉴别意义。即使两部分年轻人均强调个人责任的担当于成年具有重要的意义,但对中国年轻人而言他们的独立及担当更意味着对他人的责任,而不仅仅是摆脱对他人的依赖、获取自由。

2. 趋同的成年认知过程

本次调查显示年轻人对不同维度的成年标准的认同程度是不一样的。从各项成年标志所具有的内在含义和联系来看,本研究将修改后的成年标志量表区分为 6 类,即家庭能力、个人独立、规范遵守、角色过渡、年龄和青春期过渡。这表明成年的标志不再是单一的标准,而是多维度的综合。而且各类成年标志之间的内在关联统计表明,个体在个人独立维度的得分与家庭能力和规范遵守维度的得分呈正向关联,而他们在角色过渡维度的得分则与规范年龄和青春过渡维度的得分呈正相关。这一结果揭示出成年标志维度存在潜在的二维结构性,即包括表征能力及特质的成年标志和表征生理及角色过渡的成年标志,且个体相对更为强调那些需要通过个人努力才能达致的成年标志的重要性。

综合本研究以及以往对成年标志的测量结果还可以发现,无论是在西方社会还是在中国社会,个体认同度最高的成年标志基本上都显示为"能对自己的行为后果负责"。也就是说,尽管个体成年的社会环境和社会条件发生了明显变化,以往那种心理、生理、社会合而为一的向成年过渡的模式不复存在,但是成年的实质意义并没有发生变化。个人独立和责任担当,仍然是区分成年与未成年最为显著的特质,而中国人所看重的家庭能力、家庭责任也只有在个人独立的基础上才得以具备,所以个人独立是个体走向成年所迈出的实质性的第一步。

另外,还应该注意到两类年轻人在成年标志选择上的差异很大程度都是对其所处社会经济文化的折射及对现实生活情境的应对。如中国年轻人认为"结婚""生孩子"等婚姻角色过渡能够较好地标示成年身份的获得,但是西方年轻人则正好相反。可能的原因是西方社会婚姻家庭类型的多元化,以及家庭在中国社会对于成年所具有的深刻意义和作用,即成年并不意味着个体与出生家庭的完全脱离。相反,出生家庭与生育家庭之间的关系较之西方社会而言更加持久和亲近,父母更有可能给予子女决策上的建议与经济上的帮助。

综上所述,对成年标志认同程度的测量和比较可知,当代我国青年的成年过程也出现了多维度、多层级、多进程的复杂态势。这表明达致成年不再是一蹴而就的转变,而是一个较为漫长的社会过程。从这个意义上来说,阿内特所提出的"成年初显期"的概念同样适用于中国社会的年轻人,只是对这一阶段的始末时间点仍需要在以后的研究中展开慎重讨论。再者,囿于篇幅,本研究仅讨论了个体对成年社会规范的认同和接受状况,未对个体判别自我成年的标准进行直接的测量,也不涉及个体实际表现出的成年状况,而这些议题都将是后续向成年过渡研究中将进一步展开的议题。

参考文献:

1. Arnett. J. J. ,"Are College Students Adults? Their Conceptions of the Transition to A-dulthood," *Journal of Adult Development*, 1994, No. 1, pp. 154-168.

2. Arnett, J. J. ,"Learning to Stand Alone: The Contemporary American Transition to A-dulthood in Cultural and Historical Context," *Human Development*, Vol. 41, 1998, pp. 295-315.

3. Arnett, J. J. ,"Emerging Adulthood: A Theory of Decelopment from the Late Teens Through the Twenties," *American Psychologist*, 2000, pp. 469-480

4. Arnett, J. J. ,"Conceptions of the Transition to Adulthood: Perspectives From Adolescence Through Midlife," *Journal of Adult Development*, Vol. 8, No. 2, 2001.

5. Badger, S. and Nelson, L. J. ,"Perceptions of the Transition to Adulthood Among Chinese and American Emerging Adults," *International Journal of Behavioral Development*, Vol. 30, No. 1, 2006, pp. 84-93.

6. Bynner, J. and Chisbolm, L. , "Comparative Youth Transition Research: Methods, Meanings, and Research Relations," *European Sociological Review*, Vol. 14, No. 2, 1998, pp. 131-150.

7. Cote, J. and Bynner, J. M. , "Changes in the Transition to Adulthood in the UK and

Canada: The Role of Structure and Agency in Emerging Adulthood," *Journal of Youth Studies*, Vol. 11, No. 3, 2008, pp. 251-268.
8. Furstenberg, F. F., "The Sociology of Adolescence and Youth in the 1990s: A Critical Commentary," *Journal of Marriage and the Family*, Vol. 62, 2000, pp. 896-910.
9. Galland, O., "Adolescence, Post-Adolescence, Youth: Revised Interpretations," *Social Supplement*, 2003, pp. 163-188.
10. Gilmore, D., *Manhood in the Making: Cultural Concepts of Masculinity*, New Haven, CT: Yale University Press, 1990.
11. Greene. A. L., Wheatley, S. M., and Aldava, J. F., "Stages on Life's Way: Adolescents' Implicit Theories of the Life Course," *Journal of Adolescent Research*, No. 7, 1992, pp. 364-381.
12. Hogan, D. P. & Astone, N. M., "The Transition to Adulthood," *Annual Review of Sociology*, Vol. 12, 1986, pp. 109-30.
13. Horowitz, A. D. and Bromnick, R. D., "'Contestable Adulthood' Variability and Disparity in Markers for Negotiating the Transition to Adulthood," *Youth & Society*, Vol. 39, No. 2, 2007, pp. 209-231.
14. Iacovou, M., "Regional Differences in the Transition to Adulthood," *AAPSS*, 2002, p. 580.
15. Klein, "Adolescence, Youth and Young Adulthood: Rethinking Current Conceptualizations of Life Stage," *Youth & Society*, Vol. 21, No. 4, 1990, pp. 446-471.
16. Marini, M. M., "Age and Sequencing Norms in the Transition to Adulthood," *Social Forces*, Vol. 63, 1984, p. 1.
17. Nelson, L. J., Badger, S. and Wu, B., "The Influence of Culture in Emerging Adulthood: Perspectives of Chinese College Students," *International Journal of Behavioral Development*, Vol. 28, No. 1, 2004, pp. 26-36.
18. Nelson, L. J. and Chen, X. Y., "Emerging Adulthood in China: The Role of Social and Cultural Factors," *Society for Research in Child Development*, Vol. 1, No. 2, 2007, pp. 86-91.
19. Scheer, S. D., Unger, D. G. & Brown, M., "Adolescents Becoming Adults: Attributes for Adulthood," Poster presented at the biennial meeting of the Society for Research on Adolescence, SanDiego, CA, 1994.
20. Shanahan, M. J., "Pathways to Adulthood in Changing Societies: Variability and Mechanisms in Life Course Perspective," *Annual Review of Sociology*, Vol. 26, 2000, pp. 667-92.
21. Sirsch, U., Drehre, E., Mayr, E. and Willinger, U., "What Does It Take to Be an Adult in Austria? Views of Adulthood in Austrian Adolescents, Emerging Adults, and Adults," *Journal of Adolescent Research*, Vol. 24, No. 3, 2009, pp. 275-292.

第十六章　城市独生子女青年的教育获得

一、问题的提出

中国独生子女是伴随着国家人口控制计划而产生的、到目前为止仍然不断增长的政策性人口群体,这是一个注定要极大地影响和改变中国社会的特殊群体。由于计划生育政策的强制性,中国的独生子女是在相当短的时间内,却在相当大的范围内,以相当巨大的数量出现,一下子就对中国整个社会产生重要的影响。如今,实施计划生育政策已经超过30个年头了,我们无法回避的事实是,中国第一代独生子女已经长大成人,他们已经进入到以"成家立业"为最主要社会化主题的青年转折期(风笑天,2006a)。一方面,这使得我们对于独生子女的研究方式发生转换。在很大程度上我们可以停止预测性的争论而通过问卷直接调查长大的独生子女来获取第一手资料进行相关的研究。我们可以切实关注真正成为社会主体的独生子女呈现出怎样的状态。另一方面,这也使得我们对于独生子女的研究主题发生转换。一个最重要的转变也许在于我们将研究视野从独生子女的出生家庭转向独生子女所组建的生育家庭。而这一转换带来的研究视角的转换也是显著的:研究者逐渐不再仅仅关注独生子女个体,而是日益关注独生子女家庭。本研究也是在这样的背景下做出的一种尝试,我们期望在重视独生子女家庭背景的基础上,来对城市青年独生子女的教育获得进行研究与解释。

纵观已有的中国独生子女研究,由于该群体的政策性,已有研究的关注点往往是该群体是否形成了特异性,或者说,独生子女是否形成了社会问题;在这些研究中,非独生子女常常被作为简单的参照群体。这一研究状况带来的后果是,独生子女与非独生子女之间的差异被强调,而研究对非独生子女的检视始终不够。尽管"将独生子女与非独生子女进行对比是众多研究在方法上的一个共同特点"(风笑天,2002),但是我们往往单纯地将非独生子女作为独生子女的天然的参照群体,关注独生子女与非独生子女的差异,而对非独生子女本身缺乏关注。甚至在不少研究中,与中国独生子女问题说联系在一起的假设常常是中国非独生子女正常说或者优秀说。研究者会有意识无意识地去假设非独生子女就是正常个体(甚至优秀个体)的代表——因而不需要过多的研究;甚至在独生子女的问题说假设被越来越多的研究否定的时候(风笑天,2000),非独生子女正常说却仍然大行其道。非独生子女就一定代表着"好"的一面?本研究正是在这样的背景下,在对城市青年独生子女进行检视的同时,也对城市青年非独生子女的教育获得进行研究和解释。

因此,本章研究和解释的是城市青年独生子女与非独生子女的教育获得,当然也对两者之间的差异进行一定的比较。尽管缺乏足够的统计资料,但是已有研究推算2006年中国的独生子女数量大约在8300万人到9000万人之间,其中7000多万人是城市独生子女,城市独生子女是中国独生子女的主体(风笑天,2006b)。因而尽管本研究关注非独生子女,我们仍然将研究范围限定在城市背景中。而将研究对象设定为青年,则是因为从已有的研究来看,研究者往往过分关注儿童发展或者说青少年发展,对于客观上已经伴随独生子女政策成长起来的这一代人在青年期的状况少有涉及。之所以选择教育获得作为研究主题,一方面是对于城市青年而言,教育获得是非常重要的指标,其直接关系甚至决定着青年未来的进一步发展;另一方面,对于大多数城市青年而言,教育获得是一个相对稳定的指标——大多数的城市青年是通过制度化的学校训练来获得教育,这一过程一般在青年早期结束,而青年,正是离开学校、走向社会的年龄段(风笑天,2006a)。

从已有文献来看,国内对于独生子女和非独生子女的教育获得的研究缺乏理论的关照,并且研究往往集中于低年龄段独生子女。如关颖(2000:194)在讨论社会学视野中的家庭教育时指出独生子女是家庭教育研究的新课题,独生子女家庭教育往往出现亲子互动频率提高、独生子女中心地位强化、家长负担增大等特点。石人炳(2005:39)则指出生育率下降将通过经济影响、受教育人口规模以及减轻成年人抚养负担对教育产生影响。还有研究从家庭范畴出发,指出独生子女家庭规模缩小,独生子女家庭父母的教养态度和方式也发生变化,给独生子女教育提出了新的挑战和要求(田家盛,1999:147)。遗憾的是,这类研究常常重理论的阐述而轻经验资料的支持,因而常常使得研究结论走向模棱两可。

国外的相关研究则要专门化很多,其中的一个重要视角关注于家庭子女数量对孩子教育获得的负面影响,最具有代表性和影响力的理论主要有两个。一是家庭资源稀释理论(resource-dilution theory)。其认为在家庭中,家长为孩子提供了环境(environment)和设置(setting)资源如家居类型、生活必需品、文化物资等,也提供了各种机会(opportunity)资源,还提供了各种对待(treatment)资源,如对孩子的关心和介入,为孩子提供榜样等。因此,当家庭中的孩子数量增多时,每个孩子可以获得的资源就会减少,导致每个孩子的"质量"——包括教育获得——就会降低(Blake,1981;K. van Eijck et al.,1995)。因此独生子女相对于非独生子女将获得优势。朱敬一等人(2007)已经进一步在上述理论中引入本土的性别因素,通过对台湾社会的研究,他们发现,家长很可能为了家庭的利益而牺牲最大孩子的教育机会,而当最大的孩子为女孩时,这种牺牲尤其可能出现。其研究表明了资源稀释理论在中国语境中可能的适用性,并且要求我们关注资源获得中的性别差异。

另一个代表性的理论则是汇流理论(confluence theory)。扎永茨(R. B. Zajonc)和马库斯(G. B. Markus)认为家庭中的智力环境(intellectual environment)是重要的解释变量,但是该环境会随着家庭中孩子数量的不断增加而不断下降,并且这一动态过程必然牵涉孩子之间的出生次序与出生间隔。与我们的研究相关的是,扎永茨和马库斯看到了独生子女在这一线性关系中的非连续性:认为独生子女由于缺乏家庭内部的互动而形成了特异性。家庭中先出生的孩子往往会成为后出生孩子的"老师"(teacher),这样的过程是有利于其自身的教育获得的;而独生子女往往没有机会进入到这样一种"老师"的角色,导致独生子女在教育获得中处在相对弱势的地位(1975;1976)*。

可以看到,尽管这些理论都一致地指出了家庭子女数量的增多对孩子教育获得的负面影响,但是两个理论对独生子女的推论却并不一致。资源稀释理论认为独生子女独占家庭中的资源而应该在教育获得上占有优势,但是汇流理论却认为独生子女由于家庭智力环境的一定缺失在教育获得上未必优于非独生子女(有一个兄弟姐妹的非独生子

---

* 由于很多理论细节并不为本研究所关注,我们对上述研究的梳理是非常粗线条的。实际上上述理论的讨论更为复杂和精细,大量的经验研究已经充实或者证伪了其中的某些观点,而上述理论的研究议题也已经拓展到了出生次序、出生间隔等多方面。甚至有研究表明,这些理论本身可能存疑,有研究就试图表明,兄弟姐妹数量和子女质量之间的关系是一种虚假的因果关系,这是由家庭中不能被观察到的其他因素所带来的。

女)。除此之外,由于这些理论都在欧美语境中被发展,就本研究关注的中国语境而言:

一是这些理论对于独生子女的关注是不够的。欧美国家的独生子女往往和"选择"联系在一起,而中国的独生子女是"没有选择"的政策性产物,因而可以认为中国独生子女的特异性表现要比欧美更为明显,其必须得到更为专门和深刻的研究。中国的现实是,独生子女群体已经在社会上大量可见。在某种意义上,独生子女已经形成了一种研究"挑战",范丹妮就意识到,中国独生子女是很难进行归类的群体——有的研究将其归为末胎子女,有的研究将其归为头胎子女,也有的研究将其视为与众不同的特殊类别(范丹妮,1996:193)。

二是上述理论在性别上的关注不够。或许在欧美的语境下,性别尚不需要成为一个需要大量关注的变量。但是中国社会中,单系偏重的社会性别观念明显,在某种意义上,单系偏重在中国社会性别中处于中心的地位。朱敬一等人在台湾的研究已经表明了这一点,而性别的影响有必要扩展到台湾以外的中国社会的研究,在中国内地,显然这一关注有必要与独生子女变量一起讨论。

三是上述理论关注的是欧美的家庭,但是中国的家庭中无论是家庭结构还是资源分配,都与之有较大的不同。中国家庭的结构与相关文化是有可能作为重要的解释机制而存在的,因此,深入的研究必然要求我们对中国家庭结构本身做进一步的追问。

二、理论视角与假设

只要稍微注意一下中国独生子女研究就很容易发现,在欧美意义上作为家庭主体的夫妇从来没有得到过多的讨论,所有人的关注点都集中到了下一代。或许正如许烺光所强调的,不同于欧美家庭以夫妻关系为主轴,中国的家庭是以父子关系为主轴的。在这样一种纵向的家庭结构中,延续性——一个人身为某人的儿子,将来也会成为某人的父亲,父子关系在家庭中一连串地不断勾连下去(文崇一等,2005:94)——成为中国家庭甚至中国文化的重要特征。

林南(1988)认为,在这样的纵向结构中,家庭资源的代际转移成为理解中国家庭和中国社会的一个突破口,他将中国家庭的资源分为两类——权威(authority)和财产(property)——并认为中国家庭代际资源转移的重要特点是权威单子(长子)继承而财产诸子均分,中国社会因而形成了权威集中、重家族血缘、小单位运行和内外有别等特点。尽管后来者对林南研究的深化主要在两种资源转移不一致所带来的固有矛盾(翟学伟,2001:248),但是林南的分析仍然让我们看到,要理解中国家庭,必须考量的变量至少有:(1)性别:中国家庭在资源转移中都呈现偏重(甚至只重)男性子嗣的鲜明特点,就像费孝通(1999:201)看到的,在单系偏重继替中,父母不可能对儿女一视同仁。(2)子女数量:由于财产诸子均分,每个孩子(儿子)都可以从父亲那里获得等额的财产,则孩子数量(儿子数量)对资源转移有相当重要的意义。

本研究试图在代际资源转移的意义上来理解(子女)教育获得。从布劳(P. M. Blau)和邓肯(O. D. Duncan)的奠基性研究开始,社会学就强调父代对子代教育的作用,在布劳-邓肯模型中,被调查者教育获得方差的大约26%可以由父亲的教育水平以及父亲的职业地位来解释(格伦斯基,2005:346)。

但是教育获得并不能看成是林南所谓的权威转移或者财产转移的任意一种,林南重视和讨论的始终是家庭的核心资源。在这种意义上,我们将教育获得作为一种资源伴随着权威/财产进行转移。具体而言,随着教育在中国社会的重要性越来越大,尤其是随着中国的市场化进程和社会转型,教育日益成为达致个人成就的必要资源,教育也越来越得到中国家庭的普遍重视,因此,父亲在将权威/财产转移给子女(儿子)之前,会尽力给孩子创造良好的受教育机会和条件。

如果将教育看成是家庭资源转移的伴随转移,则根据林南的论述,我们能够对家庭中子女的教育获得提出两个假设:(1)女孩的教育获得应该显著地低于男孩,因为中国的偏系继承非常明显。(2)家庭中孩子数量越多(儿子越多),则孩子的受教育水平可能越低。

但是我们目前的关注点都还只局限在传统意义的家庭结构中,即费孝通(1999:199)所谓的"以多继少"的继替过程中,家庭中有多个子女对一对夫妇进行的继承过程。现在随着计划生育政策,中国出现了大量的独生子女,实际上对于很多城市家庭来说,独生子女已经是一种常态了,那么教育获得的家庭转移会出现怎样的变化呢?

实际上林南也提到,家庭结构的特征是始终与社会变革相适应的,他就举例指出,当一个家庭中只有女性后代时,财产的转移很可能会打破规则转移给女儿(谢宇,2006:170)。当国家力量强制一个家庭只能有一个孩子时,家庭资源的转移很可能会变成权威/财产全部转移给独生子女——无论孩子的性别如何。如果这种转移规则成立,那么独生子女家庭的教育获得可能出现下述变化:独生子女家庭中,教育获得的性别差异将在很大程度上被抹去。当家庭中只有一个孩子的时候,则性别变得不重要:无论是男是女,他/她都是家庭唯一的继承人。

因此,在中国的家庭代际继替的基础上,本研究提出三个研究假设:

(1)家庭中孩子数量越多(儿子越多),则孩子的受教育水平可能越低,这在很大程度上仍然与家庭资源稀释理论相一致。因此,从总体上说,独生子女的教育获得应该高于非独生子女。

(2)但是,中国家庭中有明显的单系偏重特色,因而在非独生子女家庭中,女孩的教育获得应该显著地低于男孩,或者说家庭会选择牺牲女孩而重视男孩的教育。

(3)然而,计划生育带来的独生子女使得单系偏重的继替无法继续,当家庭中只有一个孩子时,中国家庭会"没有选择"地很好教育独生子女,这导致在独生子女家庭中,独生子和独生女都能受到很好的教育,其性别差距不再显著。

三、数据与方法

本研究分析的数据来自南京大学社会学系的"青年发展状况调查"。该大型问卷项目由南京大学社会学系风笑天教授主持,在全国十二个城市进行数据收集。由于调查对象为城市青年,考虑到绝大部分城市青年处于在职状况,调查从职业出发进行抽样设计。根据相关劳动统计年鉴数据,调查分三个阶段在全国范围内进行多阶段随机抽样。

第一步,分层抽取城市。为尽可能增加城市代表性,抽样设计中考虑两个标准:一是在中国地域经济发展不均衡的背景下在空间上将城市分为东部城市、中部城市和西部城市;二是考虑到城市经济发展水平、城市性质和城市规模将城市区分为直辖市、省会城市、大城市和中小城市。由于直辖市较少,直接选取了北京、上海和重庆[*]。其他城市的抽取中,首先在东部、中部和西部分别随机抽取三个省(自治区)[**],然后在抽中的省(自治区)的省会城市中简单随机抽取一个省会城市,再在剩下的两个省(自治区)的所有大城市中简单随机抽取一个城市,最后在剩下的一个省(自治区)的所有中小城市中随机抽取一个城市。

---

[*] 考虑到四个直辖市中天津与北京、上海的同质性过大,因此舍弃;而重庆则作为中西部直辖市的代表。

[**] 考虑到实际操作的困难,新疆、西藏(西部)以及港澳台(东部)并没有在抽样框中。

第二步,系统抽取工作单位。在抽取的城市中,根据行业分布,通过当年本市电话黄页,从每个行业中等距抽取3—9个工作单位。在具体调查中,首先在第1—3个单位中随机抽取研究对象,如人数不够,则在后面的工作单位中补充抽取。

第三步,调查对象的抽取。在抽取的工作单位的帮助下,每个单位随机抽取若干名(根据行业比例与单位规模)1976年以后出生的男女青年作为被调查对象,实际抽取过程中保持被调查对象男女性别比例的大致平衡。

问卷调查由社会学专业老师和受过专业训练的学生具体实施。问卷采取自填式,由调查员统一指导,集中填答,当场回收,当场检查。

该大型问卷调查项目在2004年和2007年两次以基本相同的问卷工具搜集数据。在本研究中,我们只使用2007年的调查数据。数据变量涵盖被调查者的个人基本情况、教育获得情况、兄弟姐妹数量以及父母的基本情况和受教育情况。遗憾的是,问卷仅仅详细调查了每个被调查对象的教育背景,没有涉及被调查对象的兄弟姐妹在这方面的数据。因此对于独生子女而言,我们获得了全部家庭子女的数据,但是对于非独生子女而言,我们只有家庭中一个子女的数据。我们将非独生子女看成是二次抽样的:在家庭的层次上在每个家庭中随机抽取一个子女。我们在假设的基础上以现有数据进行相关的数据分析。

2007年青年发展状况调查原始数据的样本量为2397,在去掉了资料空缺或者资料不完整的被访者(list-wise 删除法)后,我们总共得到了2270个个案,其中独生子女个案910个,非独生子女个案1360个,这构成了本研究最后的分析样本。

在本研究中,家庭子女的教育获得变量是以"总受教育年限"来测量的——不管被调查者上的是怎样的学校。在具体的编码上,我们根据教育程度变量来进行推算。根据已有研究和中国教育的实际情况,教育年限编码赋值如下:初中=9;高中或中专=12;大专=15;本科=16;研究生=19(谢宇,2006:170)。家庭子女数我们是以兄弟姐妹数(独生子女=0,双子非独生子女=1,依此类推)测量,出于研究比较的需要,我们也使用"是否独生子女"作为变量。

性别是本研究的核心变量之一,为虚拟变量,其中男性作为参照组。

父亲的教育获得和母亲的教育获得用父亲总受教育年限和母亲总受教育年限来测量,和子女教育获得的测量相似,不同的是,父母一代的学历本科以上的很少,问卷中最高学历以"本科及以上"来搜集资料,编码赋值中我们将其赋值为 16。父母的受教育年限是作为控制变量进入研究的,其反映的不只是家庭中父代的受教育水平,同时也反映了家庭的社会经济地位——尤其是父亲的受教育年限。

在具体的模型中,我们也控制了城市和被调查者年龄的可能影响,城市我们引入一组虚拟变量测量,东部城市作为参照组;年龄则是连续型变量,直接测量被调查者在 2007 年时的实际年龄。

我们将以简单最小二乘法(OLS)来进行线性回归模型拟合。由于我们在每个家庭中只调查了一个子女的情况,这种数据收集情况实际上简化了数据分析的麻烦——数据中并不存在已有研究中常见的家庭—子女数据层次。在具体的回归模型中,因变量是子女的总受教育年限。自变量我们有两个变量集。第一个变量集是本研究关注的解释变量,包括是否独生子女、兄弟姐妹数、性别等,第二个变量集则包括其他解释变量,在本研究中主要引入的控制变量包括了地区变量、被调查者的年龄、父亲的受教育年限和母亲的受教育年限。

四、结果与分析

表 16-1 呈现了不同兄弟姐妹数量被调查者分性别的平均受教育年限。在表 16-1 中,我们已经可以比较直观地看到,独生子女相对于非独生子女在平均受教育年限上是有优势的,无论是男性还是女性,独生子女的平均受教育年限都高于非独生子女。此外,独生子女与非独生子女在性别平均受教育年限的表现并不一致。可以看到表 16-1 的描述中,独生子女男性的平均受教育年限略低于女性;而非独生子女中则是男性高于女性。兄弟姐妹数量与子女教育获得之间的负向关系基本上在表 16-1 中有所体现,但是在多子女家庭中(尤其是 5 子女家庭),其平均受教育年限反而有所回升,当然,这可能与多子女家庭的样本量较小有关。

表 16-1 分性别、兄弟姐妹数量的平均受教育年限(年)

兄弟姐妹数量	所有人(2270)	男性(1098)	女性(1172)
(独生子女)	(14.9308)	(14.8809)	(14.9841)
0	14.9308	14.8809	14.9841
(非独生子女)	(13.8125)	(14.1067)	(13.5601)
1	14.0728	14.1744	13.9832
2	13.4987	13.9264	13.1903
3	13.2126	13.9545	12.4098
4+	13.7213	14.5625	12.7931

本研究所用到变量的描述性统计在表16-2中列出,我们区分了是否独生子女。表16-2中可以清楚地看到,子代的平均受教育年限较父代已经有了较大的提高,而对于独生子女而言,其受教育年限平均比非独生子女要高大约1年。但是应该注意到,独生子女的父母的教育年限也明显高于非独生子女父母,父亲的平均受教育年限差距大约为1.7年,母亲的平均受教育年限差距更大,达到了大约2.4年。就性别而言,独生子女中男性略多于女性,而非独生子女中女性略多于男性,但是差距并不大。大概是由于计划生育政策的地区差异,独生子女更可能来自中国东部。值得注意的是,实际上非独生子女的兄弟姐妹数量是相当有限的,平均约为1.6人,即即便是非独生子女家庭,其实际的家庭规模(子女规模)也并不大。下面我们拟合线性回归模型,对变量进行进一步的讨论。

表16-2 分是否独生子女的研究变量描述性统计(均值/百分比)

变量	所有人(2270)	独生子女(910)	非独生子女(1360)
子女总受教育年限(年)	14.2608	14.9308	13.8125
父亲总受教育年限(年)	10.6811	11.6912	10.0051
母亲总受教育年限(年)	9.7581	11.1879	8.8015
性别			
男(%)	48.4	51.6	46.2
女(%)	51.6	48.4	53.8
年龄(岁)	24.9282	24.6330	25.1257
城市			
东部(%)	41.8	47.9	37.7
中部(%)	25.2	20.4	28.4
西部(%)	33.0	31.6	33.9
兄弟姐妹数量(人)	—	—	1.6074
兄弟数量(人)	—	—	0.7713
姐妹数量(人)	—	—	0.8493
哥哥数量(人)	—	—	0.3800
姐姐数量(人)	—	—	0.5400
弟弟数量(人)	—	—	0.3900
妹妹数量(人)	—	—	0.3100

注:表中的定距变量呈现的是均值,分类变量则呈现了百分比。由于大量独生子女的存在,我们只呈现了非独生子女的兄弟姐妹数量。

与不少已有研究一致,我们首先估计兄弟姐妹数量这一变量对子女受教育年限的(负向)影响。与已有研究不同的是,考虑到我们强调的中国独生子女的特殊性,我们也估计是否独生子女对子女受教育年限的影响。结果形成模型 1 和模型 2,见表 16-3。

表 16-3 估计兄弟姐妹数、是否独生子女对子女受教育年限作用的回归模型

自变量	模型 1		模型 2	
	回归系数	S.E.	回归系数	S.E.
常数项	5.9662***	0.3670	6.5835***	0.3777
独生子女(非独生=0)	0.7447***	0.0976		
兄弟姐妹数			-0.3232***	0.0454
性别(男=0)	-0.1997*	0.0867	-0.2213*	0.0866
年龄	0.2397***	0.0129	0.2379***	0.0129
父亲受教育年限	0.1507***	0.0184	0.1481***	0.0184
母亲受教育年限	0.0747***	0.0197	0.0821***	0.0196
地区(东部=0)				
中部	-0.5410***	0.1093	-0.5471***	0.1095
西部	-0.2388*	0.1005	-0.2172*	0.1010
模型 F 值	$F(7,2262)=104.32$***		$F(7,2262)=102.93$***	
R-square	0.2440		0.2416	
n	2270		2270	

注:因变量为子女受教育年限。回归系数为最小二乘(OLS)估计值。
***,** 和 * 分别表示显著性水平在 0.001,0.01 和 0.05。

从表 16-3 的模型 2 的结果可以看到,兄弟姐妹数对于子女受教育年限呈现显著的负向作用。在其他变量不变的基础上,兄弟姐妹数量每增加 1 个,子女的平均受教育年限减少 0.32 年。模型 1 同样表现出一致的结果,由于家庭子女数的影响,独生子女在受教育年限上处于明显的优势。从模型 1 的偏回归系数来看,当其他变量不变时,独生子女的受教育年限平均要比非独生子女多 0.74 年,优势明显。

我们也关注模型 1 中其他自变量对子女受教育年限的影响。可以看到,就性别而言,男性的受教育年限要显著高于女性,在其他变量不变的情况下,男性的平均受教育年限比女性高 0.20 年。性别同样是我们关注的核心变量,下文中我们还会回到这个变量上来。年龄对于子女受教育年限呈现出显著的正向作用,保持其他变量不变,年龄每增长 1 年,平均受教育年限增加 0.24 年。父亲的受教育年限和母亲的受教育年限对子女受教育年限都有显著的正向影响。当然,从回归系数和标准误来看,父亲的影响力要大于母亲,这一结果和我们强调的中国家庭偏重父系比较契合;另一方面,这也反映出父亲在通常情况下是家庭

的户主,其受教育水平通常能更恰当地反映出家庭的经济和社会地位。从地区的角度来看,东部地区相对于中部和西部占据了明显的优势。

表16-4中我们将样本区分为独生子女群体(910)和非独生子女群体(1360)分别拟合模型,以便更直观地发现相关变量对子女受教育年限在两个人群中的不同影响。初步的结果形成了模型3和模型4,为了便于独生子女与非独生子女的比较,在模型4中我们暂时没有引入独生子女中不存在的兄弟姐妹数等变量。

表16-4 分群体的性别对子女受教育年限作用的回归模型

自变量	模型3(独生子女)		模型4(非独生子女)	
	回归系数	S. E.	回归系数	S. E.
常数项	6.9403***	0.5370	5.9141***	0.4951
性别(男=0)	0.0940	0.1153	-0.3904***	0.1226
年龄	0.2191***	0.0191	0.2476***	0.0171
父亲受教育年限	0.1278***	0.0253	0.1643***	0.0255
母亲受教育年限	0.1090***	0.0275	0.0565*	0.0270
地区(东部=0)				
中部	-0.4839***	0.1518	-0.5708***	0.1511
西部	-0.2117	0.1319	-0.2741	0.1438
模型F值	$F(6,903)=43.43$***		$F(6,1353)=55.13$***	
R-square	0.2239		0.1964	
n	910		1360	

注:因变量为子女受教育年限。回归系数为最小二乘(OLS)估计值。模型3是对独生子女群体进行的估计。模型4是对非独生子女群体进行的估计。

***, ** 和 * 分别表示显著性水平在0.001,0.01和0.05。

从表16-4的结果中可以非常直观地看到性别变量在两个群体中截然不同的表现,应该说对比非常明显。在模型3的独生子女模型中,性别对子女平均受教育年限并没有形成显著的影响。换句话说,独生子女在教育获得上并不存在显著的性别差异。但是形成对照的是,在非独生子女的模型4中,性别对子女平均受教育年限的作用在0.001的显著性水平显著;在控制其他变量的情况下,男性非独生子女的平均受教育年限比女性高0.39年,显然男性占据着明显的优势。

在此基础上,我们继续追问非独生子女群体的兄弟姐妹数的相关影响(显然,独生子女兄弟姐妹数为0,不存在相关问题)。这里主要参考是朱敬一等人(2007)的研究所使用的方法,首先在非独生子女人群中估计兄弟姐妹数对子女教育获得的影响,然后进一步将兄弟姐妹数区分为兄弟数、姐妹数,甚至哥哥数、弟弟数、姐姐数、妹妹数来进一步考察相关的影响,而在每一种影响中,我们都进一步讨论不同性别的不同影响。

表16-5作为第一步首先引入兄弟姐妹数量,表16-5的模型5中并不区分性别的影响,而模型6中区分性别的不同影响。

表16-5 非独生子女群体中性别*兄弟姐妹数对子女教育获得作用的回归模型

自变量	模型5		模型6	
	回归系数	S.E.	回归系数	S.E.
常数项	6.2720***	0.5168	5.8964***	0.5243
兄弟姐妹数	-0.1661*	0.0702		
男*兄弟姐妹数			0.0790	0.0963
女*兄弟姐妹数			-0.4262***	0.0991
性别(男=0)	-0.3922***	0.1224	0.4256	0.2524
年龄	0.2482***	0.0171	0.2471***	0.0170
父亲受教育年限	0.1589***	0.0255	0.1597***	0.0254
母亲受教育年限	0.0488	0.0272	0.0488	0.0271
地区(东部=0)				
中部	-0.5437***	0.1513	-0.5297***	0.1506
西部	-0.2363	0.1445	-0.2638	0.1440
模型F值	$F(7,1352)=48.21$***		$F(8,1351)=44.29$***	
R-square	0.1998		0.2078	
n	1360		1360	

注:因变量为子女受教育年限。回归系数为最小二乘(OLS)估计值。模型是对非独生子女群体进行的估计。

***,**和*分别表示显著性水平在0.001,0.01和0.05。

从表16-5的模型5中可以看到,在非独生子女群体中,兄弟姐妹数量增多会导致子女受教育年限的降低。在其他变量保持不变的情况下,兄弟姐妹数每增加1个,子女受教育年限平均就会降低0.17年。但是模型6显示出,这种负向作用对儿子和女儿的影响并不是相同的。就家庭中的儿子而言,兄弟姐妹数量的增加并不会导致其受教育年限的减少(模型6中的男性交互作用并不显著),但是对于女性而言,其受到兄弟姐妹数量的负向作用显著。因而在非独生子女家庭中,仅仅女性处于一种易受影响的弱势地位。

表16-6中我们进一步将兄弟姐妹数区分为兄弟数和姐妹数。从模型7中可以看到,兄弟数量的增多会导致子女受教育年限的降低,但

是姐妹数量的增多并不带来相似的影响(姐妹数的影响并不显著)。这暗示在非独生子女家庭中,儿子才是家庭资源的主要竞争者。模型8进一步区分两种性别后可以看到,兄弟数带来的负面作用主要是针对女儿的,儿子在此过程中并没有受到显著的影响。而姐妹数也仅仅对于女性而言存在明显的负面影响,这暗示在非独生子女家庭中,女儿之间也存在着竞争。

表 16-6 非独生子女群体中性别 * 兄弟数/姐妹数对子女教育获得作用的回归模型

自变量	模型7		模型8	
	回归系数	S.E.	回归系数	S.E.
常数项	6.2805***	0.5165	5.8979***	0.5240
兄弟数	-0.2777**	0.0987		
男 * 兄弟数			-0.0835	0.1346
女 * 兄弟数			-0.5122***	0.1421
姐妹数	-0.1120	0.0778		
男 * 姐妹数			0.1705	0.1098
女 * 姐妹数			-0.3910***	0.1075
性别(男=0)	-0.3654**	0.1234	0.4456	0.2584
年龄	0.2493***	0.0171	0.2484***	0.0170
父亲受教育年限	0.1592***	0.0255	0.1593***	0.0254
母亲受教育年限	0.0472	0.0272	0.0480	0.0271
地区(东部=0)				
中部	-0.5385***	0.1512	-0.5254***	0.1506
西部	-0.2418	0.1444	-0.2666	0.1441
模型 F 值	$F(8,1351)=42.56$***		$F(10,1349)=35.85$***	
R-square	0.2013		0.2099	
(n)	1360		1360	

注:因变量为子女受教育年限。回归系数为最小二乘(OLS)估计值。模型是对非独生子女群体进行的估计。

***,** 和 * 分别表示显著性水平在 0.001,0.01 和 0.05。

最后,我们在表16-7中进一步将兄弟数和姐妹数区分为哥哥数、弟弟数、姐姐数和妹妹数,同样拟合两个不同的模型,模型9中并不区分性别的不同影响,但是在模型10中引入性别与相关变量的交互作用。

表 16-7　非独生子女中性别 * 哥哥数/弟弟数/姐姐数/妹妹数对子女教育获得作用的回归模型

自变量	模型 9		模型 10	
	回归系数	S.E.	回归系数	S.E.
常数项	6.3020***	0.5182	5.8794***	0.5270
哥哥数	-0.2256*	0.1143		
男 * 哥哥数			-0.1328	0.1537
女 * 哥哥数			-0.3781*	0.1671
弟弟数	-0.3566**	0.1266		
男 * 弟弟数			0.0627	0.1952
女 * 弟弟数			-0.6569***	0.1675
姐姐数	-0.1122	0.0856		
男 * 姐姐数			0.1617	0.1172
女 * 姐姐数			-0.3743**	0.1243
妹妹数	-0.1225	0.1202		
男 * 妹妹数			0.2846	0.1852
女 * 妹妹数			-0.4026**	0.1559
性别(男=0)	-0.3452**	0.1252	0.5136*	0.2620
年龄	0.2485***	0.0171	0.2469***	0.0170
父亲受教育年限	0.1592***	0.0255	0.1590***	0.0254
母亲受教育年限	0.0478	0.0272	0.0492	0.0272
地区(东部=0)				
中部	-0.5377***	0.1513	-0.5172***	0.1507
西部	-0.2456	0.1445	-0.2672	0.1442
模型 F 值	$F(10,1349)=34.12$***		$F(14,1345)=25.91$***	
R-square	0.2019		0.2124	
n	1360		1360	

注:因变量为子女受教育年限。回归系数为最小二乘(OLS)估计值。模型是对非独生子女群体进行的估计。

***,** 和 * 分别表示显著性水平在 0.001,0.01 和 0.05。

表 16-7 的模型 9 显示出,哥哥数和弟弟数的增多对非独生子女家庭中的子女受教育年限存在显著的负向关系,但是姐姐数和妹妹数的增多则并不存在显著影响。显然这一结果与表 16-6 中的相关结果是一致的。在区分了性别的不同影响之后,模型 10 中可以看到,哥哥数和弟弟数对子女平均受教育年限的负向作用仅仅对女性显著,男性(儿子)在此过程中并没有受到显著的负向影响。姐姐数和妹妹数的增加同样会带给女儿显著的负向影响,并且仅仅针对女性。显然,这一结果

是与表 16-6 和表 16-5 的相关结果相一致的,从整体上看,在非独生子女家庭中,女性在家庭中的弱势地位是非常明显的:男性(儿子)的教育获得不会受到家庭中子女数量的相关影响,但是女性(女儿)处于随时可能为家庭中的其他子女做出牺牲的状态。

五、结论与讨论

本研究考察了城市青年独生子女和非独生子女的教育获得状况,我们认定,在中国的语境下,考察父代到子代的家庭资源转移会是很好的视角。通过将子女教育获得看成是家庭资源转移的一种伴随转移,我们认为计划生育和独生子女对中国家庭的资源转移带来的值得重视的影响:一方面,计划生育政策强制并且极端地缩减了家庭兄弟姐妹数量,这在客观上使得独生子女相对非独生子女更可能得到良好的教育;另一方面,当家庭中只有一个孩子时,中国传统家庭资源转移中的单系偏重将不得不受到削弱,在独生子女家庭中,性别在教育获得上的差异被抹去,尽管在非独生子女家庭中,性别仍然是很值得关注的显著变量。通过南京大学社会学系 2007 年全国十二城市"青年发展状况调查"数据,我们经验地说明了:

(1)独生子女相对于非独生子女确实在教育获得上存在显著的优势。

(2)非独生子女在教育获得上存在兄弟姐妹数量的显著负向影响,但是这种显著的负向影响仅仅作用于家庭中的女儿,在此过程中,儿子并不受到影响。女儿相对于儿子的明显劣势地位反映了中国传统家庭中资源转移的单系偏重。

(3)但是在独生子女中,教育获得的性别差异并未被检出,实际上,独生子女中,男性与女性的教育获得不存在显著差异,这表明中国传统家庭的资源转移已经受到了计划生育政策的很大影响。

很显然,上述经验结果证实了我们在前文中提出的研究假设,本研究从家庭资源的角度对中国青年独生子女和非独生子女进行研究值得重视。回到我们在问题提出部分的思路,我们想进一步强调以下几点:

首先,中国独生子女显然值得关注,但是其关注点不应仅仅是独生子女是否形成了社会问题。从本研究的经验结果来看,中国独生子女在教育上是占据优势的,其平均受教育年限要显著高于非独生子女。这提示我们,也许独生子女群体是一个政策性的群体,但是对这一群体的关注应该着眼于群体本身,而不是仅仅局限于政策后果。

其次，中国非独生子女并非仅仅是一参照群体，非独生子女群体本身有大量的变异值得研究者作进一步的关注。非独生子女的研究同样要跳出政策的限制关注于群体本身。至少从本研究的结果来看，非独生子女的性别差异急需引起研究者的关注；尤其是独生子女与非独生子女之间的差异研究应该在肯定独生子女群体内部以及非独生子女群体内部的差异的基础上得到进一步的深化。

最后，或许研究视角的转变还包括从个体向家庭的转变。由于计划生育政策的特殊性，研究者已经过多地关注于独生子女与非独生子女的比较，却忽视了这些个体都不是社会的基本单位：他们都生活在特定的家庭中，并且受到家庭的大量影响。或许，当我们将视角从个体转向家庭时，我们能够对已有的研究理路形成更为深刻也更为客观的理解。

就本研究所获得的相关数据结果而言，中国家庭的传统结构仍然在发挥着重要的作用，尽管根据强制性的国家政策进行了调整与适应。在这一过程中，至少有以下两点是值得相关研究作进一步讨论的：

一是关于中国家庭中的资源转移和竞争。

我想我们的结果是非常有趣的。一方面，西方已有的理论，尤其是资源稀释理论，仍然有其解释力；但是另一方面，这种解释力必须在中国的语境中进行调整。我们的研究发现，中国家庭中的子女之间同样存在竞争（资源稀释），但是在中国家庭资源的转移和竞争的过程中，家庭中的孩子的竞争是单性展开的，在很大程度上，性别之间不存在竞争。我们的大量研究结果表明，中国家庭中的男性子嗣在竞争前就处于一个高的、"不需要"竞争的位置；而家庭中的女性子嗣则在竞争前就处于一种随时可能做出牺牲的状态。因而真正的"竞争"逻辑是：家庭资源的稀缺性导致女性子嗣随时准备为男性子嗣做出相关的利益牺牲。

这实际上要求我们在进一步的研究中始终重视中国家庭和社会的结构与文化，应该说，中国家庭与西方理论所理想化的家庭存在很大的不同，中国家庭的单系偏重常常将男性与女性放在不同的层面进行考量。从我们的研究而言，女性子嗣的劣势不是说她们和男性子嗣竞争后处于劣势，而是说在家庭结构和社会文化上，女性子嗣根本就没有被放置到和男性子嗣相同的层面上。即便是经历变迁多年的今天，仍然有大量中国家庭会仅仅将男性子嗣作为家庭财产和权威的唯一可能继承人。因此，下一步的研究应该进一步切入到中国家庭的结构和相关文化中,才有可能获得更多的结果。

二是关于独生子女的特殊性。

独生子女的特殊性当然来自于计划生育的特殊性。但是在我们的数据中已经看到,独生子女的性别差异已经完全被抹去,甚至样本表明,独生子女女性的平均受教育年限是略高于男性的。那么我们必须进一步讨论的问题便是:这样一种性别平等意味着什么?

林南(1988)在20世纪80年代就给出了一个论断:这种性别平等充其量是一种权宜,只要政策放开,则所有的家庭资源转移原则还会回归传统,女性仍将处于劣势地位。这个论断在中国出生性别比偏高的现实面前很有说服力,邝振权(1985)很早就看到,在中国的计划生育政策和重男轻女的思想之下,很多人在出生前就控制子女的性别,导致了性别比的升高。换句话说,中国人有根深蒂固的性别不平等观念;只有当独生子女政策下生下的是女孩(性别控制是有限的)时,才"权宜性"地不得不将独女作为家庭资源转移的继承人,性别平等不过是一种客观上的表象。

我们认为上述的观点大部分是对的,但是其也忽视了两点:(1)社会经济发展带来的生育率下降。独生子女政策掩盖下的是,中国的社会经济全面发展引发的生育率的"选择性"下降——不仅仅是国家"强制性"不准生,越来越多的中国人(主要在城市)"选择"只生一个。而就后者而言,这样一种独生子女对性别平等的意义显然很大。

(2)没有办法忽视,独生子女客观上就是没有性别差异,那么这样一种平等必然要带来社会影响。我们认为这样一种影响不能忽视的一个过程是——婚姻。上述观点的提出者都处于政策的早期,当时的独生子女都是作为下一代存在的。但是,现在第一代独生子女已经或正在进入婚龄(如我们分析的2007年青年发展状况调查数据中,25.3%的独生子女已婚),则当他们组建自己的家庭、成为家庭中的父代时,家庭资源的转移规则、家庭中的性别平等观念是否会因此受到影响呢?本研究没有办法回答这样的问题,但是这样的问题显然影响到中国的家庭制度甚至社会结构,随着越来越多的独生子女进入婚姻,这个问题也越来越值得继续深入探讨。

就只在我们数据的范围内,则我们最好保守地拒绝独生子女性别平等形成社会影响的假设。应该注意到,数据显示,非独生子女中性别差异仍然严重。换句话说,独生子女女性的平等地位甚至还不足以影响到同时期的非独生子女家庭。在这个意义上,独生子女性别平等的

"权宜性"和表象性的成分还相当大。

最后,我们就本研究存在的一些不足和缺憾进行说明。在主题上,我们对于子女教育获得的选择多少还有些随意,只能说这样一个主题是完全必要的,但确实我们仍然需要进一步探讨其他多重主题(如收入获得、职业获得等)来扩充本研究提出的诸多研究议题;在研究数据上,正如文中已经提到,我们在非独生子女家庭中缺乏家庭中除被调查者以外的其他子女的相关资料,可能会带来某些偏差(尤其是对子女规模较大的家庭而言)——我们希望在关注本研究的结论时,也能同时关注我们结论的经验基础;而数据一旦形成完整的个体—家庭—群体数据,则又要求我们在研究方法和模型上进一步跟进,最大可能地减少估计上的偏误;在具体变量的研究上,本研究尚没有涉及家庭子女的出生间隔、出生次序等问题,而这些变量在西方研究中已经被证实是考量家庭子女规模对子女教育获得影响的重要解释变量(Zajonc et al., 1975;1976);而我们对于因变量——子女教育获得——的测量"子女总受教育年限"是存在一定的缺陷的(刘精明,2005)。试想,同样是大学本科,有的可能只是民办本科,有的却是重点本科,同样是高中,有的是重点学校,有的是普通中学,甚至还有私立高中,这其中的差异是相当大的,如何来考量这里的差异是进一步的研究必须要回答的问题之一;最后,就具体的研究方法而言,调查研究虽然存在不少优点却也存在相当的限度,我们确实期望有实地观察和访谈获得的第一手资料能够扩充或者修正我们的研究。

参考文献:

1. 风笑天 a:《社会学视野中的青年与青年问题研究》,《探索与争鸣》2006 年第 6 期,第 36—38 页。
2. 风笑天:《中国独生子女研究:回顾与前瞻》,《江海学刊》2002 年第 5 期,第 90—99 页。
3. 风笑天:《独生子女青少年的社会化过程及其结果》,《中国社会科学》2000 年第 6 期,第 118—131 页。
4. 风笑天 b:《中国独生子女:规模、差异与评价》,《理论月刊》2006 年第 4 期,第 5—10 页。
5. 关颖:《社会学视野中的家庭教育》,天津社会科学院出版社 2000 年版。
6. 石人炳:《人口变动对教育的影响》,中国经济出版社 2005 年版。
7. 田家盛:《教育人口学》,人民教育出版社 1999 年版。
8. Blake, J. "Family Size and the Quality of Children," *Demography*, No. 18, 1981,

pp. 421-442.

9. van Eijck, K. and P. M. de Graaf. "The Effects of Family Structure on the Educational Attainment of Siblings in Hungary," *European Sociological Review*, No. 11, 1995, pp. 273-292.

10. Chu, C. Y. Cyrus, Yu Xie and Ruoh-rong Yu. "Effects of Sibship Structure Revisited: Evidence from Intra-Family Resource Transfer in Taiwan," *Sociology of Education*, No. 80, 2007, pp. 91-113.

11. Zajonc, R. B. and G. B. Markus. "Birth Order and Intellectual Development," *Psychological Review*, No. 82, 1975, pp. 74-88.

12. Zajonc, R. B. "Family Configuration and Intelligence," *Science*, No. 192, 1976, pp. 227-236.

13. 范丹妮:《中国独生子女研究》,华东师范大学出版社1996年版。

14. 文崇一、萧新煌:《中国人:观念与行为》,江苏教育出版社2005年版。

15. Lin, N. "Chinese Family Structure and Chinese Society," *Bulletin of the Institute of Ethnology Academia Sinica*, No. 65, 1988, pp. 59-129.

16. 翟学伟:《中国人行动的逻辑》,社会科学文献出版社2001年版。

17. 费孝通:《生育制度》,商务印书馆1999年版。

18. 〔美〕格伦斯基:《社会分层(第二版)》,华夏出版社2005年版。

19. 谢宇:《社会学方法与定量研究》,社会科学文献出版社2006年版。

20. 邝振权:《重男轻女与中国人口问题》,《现代化与中国文化研讨会论文汇编》,香港中文大学社会科学院暨社会研究所1985年版。

21. 刘精明:《国家、社会阶层与教育:教育获得的社会学研究》,中国人民大学出版社2005年版。

第十七章　改革开放以来青年的健康状况及变迁

身体健康是青年发展的前提和基础。青少年生长发育和健康发展的长期趋势,是青少年直接受益于经济社会发展的一项重要客观指标,也是社会公平性程度的一个重要依据。改革开放以来,我国青少年的生长长期趋势与经济的高速增长、生活水平的迅速改善相符合,尤其是城市群体,已进入高速增长期。从总体上来看,改革开放以来尤其是进入21世纪以来,青年膳食结构及营养状况明显改善,青年卫生保健水平不断提高,青年生长发育水平稳步提升,青年心理健康教育与青年心理健康不断取得进展(安国启、邓希泉,2012:55-57)。

对于大多数人来说,青年阶段是个体人生经历中身体状况和活力都处于最佳状态的时期,青年群体是全社会中相对最健康的群体。同时,青年在成长发展过程中直接受益于经济社会发展的成果、社会保健水平的提升和医疗卫生设施的改善。但是,国外相关研究证实,随着生活水平的增加,青年的体质和健康并不一定在总体上呈现出全面的相应改善,反而在许多重要方面出现了令人担忧的下降趋势(Charles T. Kuntzlemana & Guy G. Reiffa,1992)。改革开放后经济社会快速发展,在诸多方面推动了我国青年体质健康的发展,但青年健康方面的一些新现象和新问题也日益凸显,既表现为青年健康问题的整体变化,又表现为性别、城乡和青春期不同发展阶段的健康问题的变迁。青年健康问题呈现出社会转型过程中的健康问题变迁,使青年健康发展趋势带有转型社会的特征,青年健康问题成为社会转型问题的一个明显表征。

把握改革开放进程中青年健康问题的变化轨迹,有利于更科学地勾勒经济社会发展与青年健康之间的辩证关系,也有利于促进经济社会发展成果更公平地惠及不同阶层、不同群体的青年。为此,本研究基于青年健康问题是社会转型和社会变迁的结果和外在表征的理论假设,运用卫生部《全国卫生统计资料年报》(1981—2001年)、《中国卫生统计年鉴》(2003—2013年)、中国学生体质与健康调查(1985—2010

年)、国民体质健康调查(2000—2010年)和国家卫生服务调查(1993—2008年)的数据,探讨改革开放以来青年健康主要问题的变迁。

一、青年体质状况的变迁

青年体质健康全面涉及青年身体发展水平,是青少年生长发展趋势的全面反映。青年体质与健康问题的研究数据,来源于作者对1985年开始的共六次中国学生体质与健康调查和从2000年开始的国民体质健康调查数据的整理、综合、分析和比较,由于中国学生体质与健康调查采用分民族进行调查但未将汉族与少数民族青少年数据进行整合,为此主要以汉族城乡学生的数据为分析对象。

1. 青年的超重和肥胖比例增长速度快

青年身体形态与身高和体重有关,正常体型要求身高和体重维持在一个合理的比例范围,现在一般采用身高标准体重来测量青年形态发展水平。身高标准体重,是以营养良好的青少年为对象,利用同等身高人群的第80百分位数的体重为代表所制定的标准。以此体重标准作为100%,±10%均属正常范围。体重低于标准的90%为营养不良轻度;低于80%为营养不良中度;低于70%为营养不良重度;低于60%属营养不良极重度。体重超过10%为超重;超过20%为肥胖(中国学生体质与健康研究组,1987:393)。

表17-1 1985—2010年14—22岁男青年身体形态变化情况(%)

年龄	身高标准体重情况	均值						每10年变化值				总变化值
		1985年	1991年	1995年	2000年	2005年	2010年	1985—1995	1991—2000	1995—2005	2000—2010	1985—2010
14	正常	64.33	61.84	56.1	55.06	53.41	53.59	-8.23	-6.78	-2.69	-1.47	-10.74
	超重	2.30	4.43	4.9	8.80	9.86	11.93	2.60	4.37	4.96	3.13	9.63
	肥胖	0.51	2.56	6.8	6.25	8.76	10.68	6.29	3.69	1.96	4.43	10.17
15	正常	62.43	57.69	57.8	55.60	53.19	53.08	-4.63	-2.09	-4.61	-2.52	-9.35
	超重	2.63	3.97	4.8	7.71	8.21	10.72	2.17	3.74	3.41	3.01	8.09
	肥胖	0.40	1.98	6.8	6.94	8.84	10.77	6.40	4.96	2.04	3.83	10.37
16	正常	64.15	60.47	55.5	54.14	52.15	53.71	-8.65	-6.33	-3.35	-0.43	-10.44
	超重	2.30	3.72	9.4	10.05	10.55	11.94	7.10	6.33	1.15	1.89	9.64
	肥胖	0.48	2.02	5.3	5.93	7.94	8.99	4.82	3.91	2.64	3.06	8.51
17	正常	65.44	62.02	64.6	57.66	56.36	54.57	-0.84	-4.36	-8.24	-3.09	-10.87
	超重	2.15	4.26	2.6	8.69	8.67	10.87	0.45	4.43	6.07	2.18	8.72
	肥胖	0.29	1.56	3.9	6.51	7.74	9.64	3.61	4.95	3.84	3.13	9.35

(续表)

年龄	身高标准体重情况	均值						每10年变化值				总变化值
		1985年	1991年	1995年	2000年	2005年	2010年	1985—1995	1991—2000	1995—2005	2000—2010	1985—2010
18	正常	66.91	58.64	33.5	55.75	53.17	53.19	-33.41	-2.89	19.67	-2.56	-13.72
	超重	2.08	3.76	1.9	8.26	7.85	9.87	-0.18	4.50	5.95	1.61	7.79
	肥胖	0.29	1.11	1.6	5.60	6.28	7.41	1.31	4.49	4.68	1.81	7.12
19	正常	68.98	68.40	40.3	58.19	60.11	55.79	-28.68	-10.21	19.81	-2.40	-13.19
	超重	1.84	3.40	1.4	8.08	8.61	11.65	-0.44	4.68	7.21	3.57	9.81
	肥胖	0.23	0.64	1.1	3.72	5.05	7.66	0.87	3.08	3.95	3.94	7.43
20	正常	70.84	70.74	42.7	63.12	61.98	58.69	-28.14	-7.62	19.28	-4.43	-12.15
	超重	1.76	3.25	0.7	7.27	9.22	10.92	-1.06	4.02	8.52	3.65	9.16
	肥胖	0.20	0.44	0.9	3.52	5.21	7.41	0.70	3.08	4.31	3.89	7.21
21	正常	69.01	71.58	45.1	62.46	62.34	58.91	-23.91	-9.12	17.24	-3.55	-10.10
	超重	1.63	3.39	1.3	7.59	9.70	13.36	-0.33	4.20	8.40	5.77	11.73
	肥胖	0.25	0.58	0.7	4.12	5.39	6.74	0.45	3.54	4.69	2.62	6.49
22	正常	68.17	70.04	46.2	64.55	62.65	58.94	-21.97	-5.49	16.45	-5.61	-9.23
	超重	2.14	4.09	1.3	9.38	10.75	13.02	-0.84	5.29	9.45	3.64	10.88
	肥胖	0.35	0.74	0.8	3.72	5.82	8.29	0.45	2.98	5.02	4.57	7.94

据此测算（见表17-1和表17-2），青年身体形态方面最主要的问题是形态方面营养过剩现象不断凸显，超重和肥胖比例增长速度快。造成这种问题的最主要原因是全社会关于营养科学知识和科学锻炼意识还比较欠缺，适应经济社会发展和生活水平提高的新的健康科学的生活方式尚未有效形成。其中，从年龄对比看，随着年龄增长，形态正常的比例也缓慢增长，但超重和肥胖的比例则迅速增高；从历史对比看，男、女青年身体形态的正常比例均有不同程度的降低，且男青年超重和肥胖比例的增幅远远高于女青年，具体情况表现为每一个年龄段男青年的正常比例下降幅度均在10个百分点左右，而女青年则维持在1到6个百分点之间。这与女青年更关注自身的苗条形态有较密切的关系。值得注意的是，青少年肥胖不仅可带入成年阶段，而且在青少年阶段即可导致代谢综合征等危害健康的问题（中国学生体质与健康研究组，2007：70）。

表 17-2 1985—2010 年 14—22 岁女青年身体形态变化情况(%)

年龄	身高标准体重情况	均值						每 10 年变化值				总变化值
		1985年	1991年	1995年	2000年	2005年	2010年	1985—1995	1991—2000	1995—2005	2000—2010	1985—2010
14	正常	52.12	49.04	47.3	45.52	46.65	48.69	-4.82	-3.52	-0.65	3.17	-3.43
	超重	3.69	4.00	6.5	8.08	9.95	11.78	2.81	4.08	3.45	3.70	8.09
	肥胖	0.66	1.78	3.6	3.68	4.71	5.42	2.94	1.90	1.11	1.74	4.76
15	正常	54.35	51.47	54.3	51.51	52.09	53.01	-0.05	0.04	-2.21	1.50	-1.34
	超重	3.36	3.52	4.6	6.51	7.32	7.79	1.24	2.99	2.72	1.28	4.43
	肥胖	0.52	1.13	3.4	2.99	3.87	4.59	2.88	1.86	0.47	1.60	4.07
16	正常	56.33	49.12	34.9	50.42	50.64	51.01	-21.43	1.30	15.74	0.59	-5.32
	超重	2.98	2.81	4.4	4.74	5.04	5.71	1.42	1.93	0.64	0.97	2.73
	肥胖	0.37	0.72	1.6	2.42	2.36	2.88	1.23	1.70	0.76	0.46	2.51
17	正常	56.25	53.36	36.7	53.42	53.26	54.13	-19.55	0.06	16.56	0.71	-2.12
	超重	2.92	3.07	3.9	5.37	5.28	6.20	0.98	2.30	1.38	0.83	3.28
	肥胖	0.30	0.77	1.7	2.25	2.77	2.91	1.40	1.48	1.07	0.66	2.61
18	正常	57.80	55.71	39.4	56.90	54.92	53.77	-18.40	1.19	15.52	-3.13	-4.03
	超重	2.89	4.02	4.4	5.92	5.64	6.19	1.51	1.90	1.24	0.27	3.30
	肥胖	0.26	0.81	1.5	2.50	2.83	2.93	1.24	1.69	1.33	0.43	2.67
19	正常	58.56	58.30	40.6	57.14	57.54	55.24	-17.96	-1.16	16.94	-1.90	-3.32
	超重	2.94	3.22	3.8	4.68	5.08	5.64	0.86	1.46	1.28	0.96	2.70
	肥胖	0.41	0.33	0.8	1.60	1.72	1.66	0.39	1.27	0.92	0.06	1.25
20	正常	59.42	58.89	40.5	56.92	56.00	53.87	-18.92	-1.97	15.50	-3.05	-5.55
	超重	3.01	3.06	3.7	4.71	5.07	4.55	0.69	1.65	1.37	-0.16	1.54
	肥胖	0.42	0.34	0.5	1.19	1.74	2.01	0.08	0.85	1.24	0.82	1.59
21	正常	57.59	56.39	37.7	56.75	55.14	53.92	-19.89	0.36	17.44	-2.83	-3.67
	超重	3.25	2.77	3.4	4.44	4.89	4.87	0.15	1.67	1.49	0.43	1.62
	肥胖	0.41	0.33	0.4	1.43	1.46	1.62	-0.01	1.10	1.06	0.19	1.21
22	正常	58.79	53.22	37.8	57.08	54.82	52.73	-20.99	3.86	17.02	-4.35	-6.06
	超重	2.72	2.63	3.4	4.82	3.70	4.40	0.68	2.19	0.30	-0.42	1.68
	肥胖	0.31	0.23	0.7	1.18	1.23	1.52	0.39	0.95	0.53	0.34	1.21

2. 青年的机能素质呈不断下降趋势

以肺活量为代表的肺功能以及肺活量/体重指数是测量青年机能素质的重要指标。表 17-3 分别反映了 1995 年至 2010 年期间男、女青年肺活量的变化情况。从总体上看,14—22 岁的青年肺活量总体呈波纹状的下降趋势。相比 1995 年,2000 年时同一年龄段的女青年肺活量有少量下降,而男青年中部分有少量下降,部分则有少量上升;但在 2005 年,男、女青年所有年龄段的肺活量均大幅下降,到 2010 年又都有一定程度的提升,但尚未提升到 2000 年时的水平,较 1995 年下降幅度依然较大。从性别看,比较 1995 年和 2010 年的水平,男青年肺活量下降的绝对数量为 40ml—160ml,下降比例介于 1%—6%;女青年肺活量下降的绝对数量为 170ml—270ml,下降比例介于 6%—12%;女青年肺活量下降幅度比男青年更大。其中例外的情况是,20—34 岁男青年肺活量相对维持稳定,变动幅度不大。

表 17-3 1995—2010 年 14—34 岁青年肺活量变化情况 (ml)

年龄	均值				每 10 年变化值		1995—2010 年的变化比例 (%)
	1995 年	2000 年	2005 年	2010 年	1995—2005	2000—2010	
男青年							
14	2983.70	2954.70	2696.10	2830.13	-287.60	-124.57	-5.15
15	3279.00	3314.60	3026.10	3164.06	-252.90	-150.54	-3.51
16	3535.50	3565.00	3327.10	3413.35	-208.40	-151.65	-3.45
17	3683.30	3722.40	3439.40	3554.53	-243.90	-167.87	-3.50
18	3767.70	3828.70	3521.10	3601.56	-246.60	-227.14	-4.41
19	3895.70	3867.90	3696.90	3853.10	-198.80	-14.80	-1.09
20	3944.20	3894.80	3735.43	3888.59	-208.77	-6.21	-1.41
21	3975.80	3871.92	3735.43	3910.63	-240.37	38.71	-1.64
22	3962.00	3909.37	3745.35	3899.13	-216.65	-10.24	-1.59
20—24	—	3727.8	3656.2	3742	—	14.20	0.38
25—29	—	3723.1	3687.8	3717	—	-6.10	-0.16
30—34	—	3624.5	3593.9	3614	—	-10.5	-0.29
女青年							
14	2373.80	2335.10	2007.80	2108.74	-366.00	-226.36	-11.17
15	2461.30	2423.70	2109.80	2207.75	-351.50	-215.95	-10.30
16	2547.00	2525.80	2229.30	2301.95	-317.70	-223.85	-9.62
17	2586.30	2560.20	2254.70	2332.39	-331.60	-227.81	-9.82
18	2629.00	2606.30	2283.70	2352.11	-345.30	-254.19	-10.53
19	2715.10	2666.40	2412.00	2539.80	-303.10	-126.60	-6.46
20	2725.90	2691.31	2459.20	2552.38	-266.70	-138.93	-6.37
21	2752.60	2677.86	2468.25	2564.37	-284.35	-113.49	-6.84
22	2753.10	2664.36	2443.44	2566.69	-309.66	-97.67	-6.77
20—24	—	2569.2	2415.9	2432	—	-137.20	-5.34
25—29	—	2556.8	2421.8	2439	—	-117.80	-4.61
30—34	—	2532.9	2377.7	2407	—	-125.90	-4.97

表 17-4 和表 17-5 则分别对 1985—2010 年 14—22 岁的城、乡男、女青年肺活量的变化情况分别进行了详细比较。从生长发展趋势看，1985 年与 1991 年这两个年度各年龄段青年的肺活量基本持平，部分年龄段有少量上升，部分年龄段少量下降；此后，一直以较大幅度持续下降，2005 年跌至最低，2010 年各年龄段均有一定幅度的回升，但仍低于 2000 年的水平，更低于 1985 年时的水平。对 1985 年和 2010 年进行比较发现，男青年肺活量下降比例介于 4%—12%，女青年肺活量下降比例则介于 12%—20%，女青年肺活量下降幅度和比例更大。

从城乡对比看，同年龄段的城市男青年肺活量高于农村男青年，同年龄段的城市女青年肺活量高于农村女青年；但是，随着年龄增大，城乡男、女青年肺活量之间的差距则不断缩小。从城乡的纵向对比看，城乡青年之间的差距一直维持在相对稳定的区间，彼此的下降曲线基本一致。

表 17-4　1985—2010 年 14—22 岁男青年肺活量变化状况（ml）

年龄	均值						每 10 年变化值				1985—2010 年的变化比例（%）
	1985年	1991年	1995年	2000年	2005年	2010年	1985—1995	1991—2000	1995—2005	2000—2010	
城市男青年											
14	3076	3202.9	3125.2	3096.89	2815.93	2932.55	49.20	-106.01	-309.27	-164.34	-4.66
15	3454	3551.0	3402.0	3444.98	3136.71	3279.48	-52.00	-106.02	-265.29	-165.50	-5.05
16	3774	3763.4	3619.9	3664.70	3419.93	3499.61	-154.10	-98.70	-199.97	-165.09	-7.27
17	3991	3908.9	3750.8	3810.40	3515.13	3620.69	-240.20	-98.50	-235.67	-189.71	-9.28
18	4091	4006.7	3801.4	3919.58	3607.53	3661.29	-289.60	-87.12	-193.87	-258.29	-10.50
19	4198	4186.6	3952.7	3952.18	3749.03	3899.76	-245.30	-234.42	-203.67	-52.42	-7.10
20	4247	4232.3	3991.8	3946.84	3801.53	3919.48	-255.20	-285.46	-190.27	-27.36	-7.71
21	4282	4247.1	4037.3	3955.65	3813.98	3944.60	-244.70	-291.45	-223.32	-11.05	-7.88
22	4279	4262.3	4001.3	3942.06	3792.32	3941.38	-277.90	-320.24	-208.78	-0.68	-7.89
19—22	4250	4231.9	3995.8	3949.48	3788.98	3926.23	-254.20	-282.42	-206.82	-23.25	-7.62
农村男青年											
14	2842	2926.33	2840.50	2809.88	2575.34	2727.89	-1.50	-116.45	-265.16	-81.99	-4.02
15	3235	3253.39	3154.40	3181.81	2914.90	3048.67	-80.60	-71.58	-239.50	-133.14	-5.76
16	3616	3583.34	3451.00	3463.51	3234.62	3327.29	-165.00	-119.83	-216.38	-136.22	-7.98
17	3856	3776.09	3614.80	3632.36	3363.06	3488.06	-241.20	-143.73	-251.74	-144.30	-9.54
18	3992	3953.43	3733.90	3737.92	3437.44	3542.04	-258.10	-215.51	-296.46	-195.88	-11.27
19	4098	4093.02	3836.80	3782.64	3643.13	3806.81	-261.20	-310.38	-193.67	24.17	-7.11
20	4144	4143.24	3895.40	3844.59	3666.92	3857.96	-248.60	-298.65	-228.48	13.37	-6.90
21	4204	4155.58	3913.30	3794.64	3651.15	3876.93	-290.70	-360.94	-262.15	82.29	-7.78
22	4216	4174.67	3923.20	3880.22	3696.29	3857.38	-292.80	-294.45	-226.91	-22.84	-8.51
19—22	4165	4141.20	3892.60	3824.19	3663.46	3849.74	-272.40	-317.01	-229.14	25.55	-7.57

表 17-5　1985—2010 年 14—22 岁女青年生肺活量变化情况（ml）

年龄	均值						每 10 年变化值				1985—2010 年的变化比例（%）
	1985年	1991年	1995年	2000年	2005年	2010年	1985—1995	1991—2000	1995—2005	2000—2010	
城市女青年											
14	2569	2551.9	2445.0	2414.40	2059.48	2165.79	-124.00	-137.50	-385.52	-248.61	-15.70
15	2665	2647.6	2526.1	2498.49	2169.19	2265.61	-138.90	-149.11	-356.91	-232.88	-14.99
16	2748	2692.8	2596.5	2581.27	2273.20	2354.57	-151.50	-111.53	-323.30	-226.70	-14.32
17	2811	2720.0	2616.3	2618.19	2292.67	2387.99	-194.70	-101.81	-323.63	-230.20	-15.05
18	2827	2770.9	2646.0	2661.75	2331.27	2409.69	-181.00	-109.15	-314.73	-252.06	-14.76
19	2951	2893.1	2749.6	2716.16	2462.44	2587.37	-201.40	-176.94	-287.16	-128.79	-12.32
20	2955	2882.5	2757.1	2751.58	2512.64	2581.17	-197.90	-130.92	-244.46	-170.41	-12.65
21	2964	2894.8	2774.2	2734.93	2505.20	2605.57	-189.80	-159.87	-269.00	-129.36	-12.09
22	2950	2927.7	2766.8	2702.02	2474.87	2588.18	-183.20	-225.68	-291.93	113.84	-12.27
19—22	2956	2898.9	2761.9	2727.28	2489.04	2590.59	-194.10	-171.62	-272.86	-136.69	-12.36
农村女青年											
14	2485	2422.92	2301.9	2255.31	1954.98	2051.54	-183.10	-167.61	-346.92	-203.77	-17.44
15	2610	2517.55	2395.7	2347.69	2049.75	2150.05	-214.30	-169.86	-345.95	-197.64	-17.62
16	2726	2623.13	2495.9	2469.93	2184.53	2249.69	-230.10	-153.26	-311.37	-220.24	-17.47
17	2801	2655.17	2555.5	2501.30	2216.80	2276.80	-245.50	-153.87	-338.70	-224.50	-18.71
18	2837	2714.52	2611.3	2549.79	2237.06	2295.21	-225.70	-164.73	-374.24	-254.58	-19.10
19	2902	2839.73	2677.4	2611.89	2358.39	2491.95	-224.60	-227.84	-319.01	-119.94	-14.13
20	2898	2842.03	2693.5	2625.96	2400.36	2523.68	-204.50	-216.07	-293.14	-102.28	-12.92
21	2923	2829.20	2730.2	2623.04	2426.25	2523.25	-192.80	-206.16	-303.95	-99.80	-13.68
22	2984	2862.77	2738.8	2627.44	2409.60	2545.40	-245.20	-235.73	-329.50	-82.04	-14.70
19—22	2917	2842.89	2710.0	2621.80	2397.30	2521.01	-207.00	-221.09	-312.70	-100.79	-13.58

3. 青年耐力素质下降明显

中长跑是测量耐力素质的重要指标。一般来说，男青年测量 1000m 跑，女青年测量 800m 跑。表 17-6 和表 17-7 的数据显示，从 1985 年实施调查以来，城市男青年、农村男青年、城市女青年、农村女青年的耐力素质就一直呈下降趋势。在 1985 年与 2010 年的变化情况上，四个青年群体耐力跑耗时增加介于 20 秒至 30 秒，降幅一般都介于 9%—11% 之间。根据变化曲线，大致可以分为三个阶段。

表 17-6　1985—2010 年 14—22 岁男青年 1000m 变化情况（秒）

年龄	均值						每 10 年变化值				1985—2010 年的变化比例（%）
	1985年	1991年	1995年	2000年	2005年	2010年	1985—1995	1991—2000	1995—2005	2000—2010	
城市男青年											
14	255.34	258.77	259.65	271.68	284.39	280.72	4.31	12.91	24.74	9.04	9.94
15	247.27	253.52	250.94	259.79	273.44	270.63	3.67	6.27	22.50	10.84	9.45
16	240.90	246.64	246.33	253.73	266.31	265.66	5.43	7.09	19.98	11.93	10.28

(续表)

年龄	均值						每10年变化值				1985—2010年的变化比例(%)
	1985年	1991年	1995年	2000年	2005年	2010年	1985—1995	1991—2000	1995—2005	2000—2010	
17	238.96	243.13	243.56	252.61	265.21	264.82	4.60	9.48	21.65	12.21	10.82
18	239.04	243.82	243.43	252.48	261.10	260.71	4.39	8.66	17.67	8.23	9.07
19	232.91	234.83	233.93	245.26	258.41	259.02	1.02	10.43	24.48	13.76	11.21
20	235.93	236.66	234.58	246.43	259.52	262.76	-1.35	9.77	24.94	16.33	11.37
21	240.18	239.55	238.59	249.02	261.38	266.29	-1.59	9.47	22.79	17.27	10.87
22	242.66	247.40	240.65	251.66	260.34	265.08	-2.01	4.26	19.69	13.42	9.24
19—22	237.65	239.62	236.93	247.93	259.89	263.27	-0.72	8.31	22.96	15.34	10.78
农村男青年											
14	255.34	255.91	258.20	268.92	283.55	283.08	2.86	13.01	25.35	14.16	10.86
15	246.75	248.6	248.42	256.69	269.86	271.75	1.67	8.09	21.44	15.06	10.13
16	237.61	239.80	240.14	246.64	260.46	259.74	2.53	6.84	20.32	13.10	9.31
17	231.65	234.44	237.04	243.04	256.00	254.77	5.39	8.60	18.96	11.73	9.98
18	229.84	233.13	234.55	241.73	252.07	253.01	4.71	8.60	17.52	11.28	10.08
19	225.25	228.43	229.41	240.58	249.51	251.20	4.16	12.15	20.10	10.62	11.52
20	226.35	229.05	228.50	241.95	251.78	253.61	2.15	12.90	23.28	11.66	12.04
21	227.79	231.54	229.95	244.42	254.41	258.70	2.16	12.88	24.46	14.28	13.57
22	228.48	235.96	233.49	244.62	254.85	259.39	5.01	8.66	21.36	14.77	13.53
19—22	226.94	231.17	230.35	242.88	252.54	255.71	3.41	11.71	22.19	12.83	12.68

表17-7 1985年—2010年14—22岁城市女青年800m跑变化情况(秒)

年龄	均值						每10年变化值				1985—2010年的变化比例(%)
	1985年	1991年	1995年	2000年	2005年	2010年	1985—1995	1991—2000	1995—2005	2000—2010	
城市女青年											
14	239.10	242.64	243.67	257.38	270.76	262.54	4.57	14.74	27.09	5.16	9.80
15	240.89	243.84	240.84	253.53	265.83	262.54	-0.05	9.69	24.99	9.01	8.99
16	241.15	243.64	243.50	253.56	264.36	263.24	2.35	9.92	20.86	9.68	9.16
17	243.24	243.88	243.80	255.23	264.03	263.32	0.56	11.35	20.23	8.09	8.26
18	244.59	246.65	244.72	256.03	261.30	261.75	0.13	9.38	16.58	5.72	7.02
19	234.47	235.99	233.29	247.38	254.24	257.57	-1.18	11.39	20.95	10.19	9.85
20	238.11	239.10	235.09	249.19	257.90	260.69	-3.02	10.09	22.81	11.50	9.48
21	242.57	243.70	238.70	248.32	259.13	263.33	-3.87	4.62	20.43	15.01	8.56
22	245.55	246.78	243.76	250.10	260.42	262.76	-1.79	3.32	16.66	12.66	7.01
19—22	239.56	241.20	237.64	248.66	257.81	261.08	-1.92	7.46	20.17	12.42	8.98
农村女青年											
14	230.78	233.60	234.46	247.11	260.79	261.29	3.68	13.51	26.33	14.18	13.22
15	230.71	234.15	233.29	244.45	257.15	257.37	2.58	10.30	23.86	12.92	11.56
16	229.43	232.41	230.88	241.48	252.57	251.36	1.45	9.07	21.69	9.88	9.56
17	228.64	230.99	231.22	241.64	254.59	253.76	2.58	10.65	23.37	12.12	10.99
18	228.96	231.23	231.66	242.53	252.53	251.83	2.70	11.30	20.87	9.30	9.99
19	225.58	227.56	229.28	239.58	247.49	249.38	3.70	12.02	18.21	9.80	10.55
20	226.59	230.10	229.09	238.04	249.90	251.17	2.50	7.94	20.81	13.13	10.85
21	229.11	232.73	230.36	243.41	251.95	255.07	1.25	10.68	21.59	11.66	11.33
22	230.72	237.20	234.08	243.86	255.08	256.26	3.36	6.66	21.00	12.40	11.07
19—22	227.48	231.73	230.67	241.12	250.92	252.96	3.19	9.39	20.25	11.84	11.20

第一阶段是 1985 年至 1995 年的小幅振荡时期。在城市男青年中,14—19 岁中 1000m 耗时增加最多的为 5.43 秒(16 岁),最少的为 1.02 秒,耗时增加值变化不大;20—22 岁这三个年龄段的成绩则都有所提升。城市女青年 800m 跑的变化幅度则相对更小,变化值均在 5 秒以内,分别有 4 个年龄段耗时增加(14 岁、16—18 岁)和 5 个年龄段耗时减少(15 岁、19—22 岁)。农村男、女青年所有年龄段则都有所下降,男青年耗时增加值都在 6 秒以内,女青年则都在 4 秒以内。

第二阶段是 1995—2005 年的大幅下降时期。从四个青年群体在此期间的变化情况看,耗时增加值最少的为 16.58 秒,最多的达到 27.09 秒。此间耗时增加值,占 1985—2010 年总变化值的 80%—100%。其中,城市女青年的 14 岁、15 岁、17 岁和 20 岁的增加值超过了 1985—2010 年的总变化值。

第三阶段是 2005—2010 年的再次小幅振荡时期。在 2010 年,耐力素质下降趋势基本止住,四个青年群体中部分年龄段往耗时减少的方向反弹,即部分年龄段的青年耐力素质在止跌的基础上实现了小幅提升,但仍未提升到 2000 年时的水平,更低于 1991 年和 1985 年的水平。

从城乡对比看,农村青年耐力素质稍强于城市青年。具体表现在 16—22 岁的男青年中,农村青年的耐力稍强于城市青年;在女青年的所有年龄段,农村青年耐力素质相对城市都更好些。从历史对比看,城市青年变化比例相对较低,农村青年下降幅度更大。农村青年耗时增加幅度介于 10%—14%,而城市青年耗时增加幅度介于 7%—11%。

4. 青年视力不良的状况持续恶化

青年视力不良检出率迅速明显提高是改革开放以来青年体质健康问题中最凸显的一个方面。表 17-8 的数据显示,青年视力呈现出青年视力不良检出率随年龄增加而明显升高、城市青年高于农村青年、女青年高于男青年的总体特征。

1985 年,青年视力不良检出率就已经超过 40%,22 岁女青年甚至达到了 72.34%。尽管当时就已经对此比较重视,但没有取得效果,青年视力不良状况日趋恶化。1991 年,各年龄段的青年视力不良检出率比 1985 年提高了 6.8—16.6 个百分点;1995 年在 1991 年的基础上继续恶化,低年龄青年恶化程度更加明显,高年龄段青年由于视力不良检出率已经达到一个相当的高点,进入了不良检出率的平台期。2010 年,所有年龄段的城乡青年视力不良检出率均超过70%,意味着14—22岁青年群体的视力不良检出率整体性达到一个相当的高点,已进入了不良检出率的平台期,致使青年视力不良现状仍将持续,青年视力不良检出率仍将维持在高位,解决青年视力不良问题的难度日益增大。

从年龄阶段看,15岁和19岁这两个年龄段是视力不良率突然大幅增高的拐点,也就表明这两个年龄段青年视力更容易出现问题。从城乡差异看,在同龄群体中,城市青年视力正常率在高中阶段及其之前(14—18岁)远低于农村青年,也就是说,14—18岁城市青年视力不良检出率远高于农村青年;但在18岁之后,青年视力正常比例的城乡差异消失,多数年龄段的农村青年视力不良率甚至高于城市青年,表现出农村青年的视力不良率正在迅速赶超城市水平。从性别差异看,女青年视力不良检出率高于男青年,女青年视力不良问题相对更严重。

表17-8 1985—2010年14—22岁青年视力不良检出率变化情况(%)

年龄	城市						农村					
	1985年	1991年	1995年	2000年	2005年	2010年	1985年	1991年	1995年	2000年	2005年	2010年
男												
14	42.92	53.09	57.01	54.00	62.21	73.77	17.98	28.74	34.77	33.70	40.14	52.91
15	50.26	58.81	61.75	63.20	71.08	75.74	22.81	34.60	41.74	43.60	50.46	59.71
16	56.49	65.57	69.58	71.70	75.74	80.81	31.51	42.58	51.62	54.40	61.09	67.14
17	59.80	71.29	72.74	76.90	78.00	81.80	38.28	51.59	57.38	61.70	65.95	69.83
18	57.62	72.24	72.73	76.10	76.68	81.34	43.33	54.84	58.07	66.00	69.52	72.18
19	70.56	80.69	77.40	78.70	81.49	81.56	62.71	73.02	74.22	75.80	82.08	84.47
20	74.32	81.07	77.02	78.70	82.21	81.88	60.98	73.25	71.40	75.80	81.25	82.63
21	68.44	80.11	77.88	78.70	79.74	82.54	60.64	72.15	72.50	75.80	80.89	83.53
22	64.69	81.32	78.76	78.70	82.02	83.32	60.36	72.51	72.68	75.80	81.61	82.06
女												
14	51.18	64.28	65.16	65.80	73.81	80.24	23.85	37.57	46.34	42.70	53.98	65.12
15	57.80	69.84	71.48	75.90	79.51	82.82	31.20	45.18	51.20	56.20	62.79	70.08
16	61.78	76.33	77.66	80.30	84.65	86.57	38.41	54.16	59.46	66.50	72.71	76.95
17	66.07	77.84	79.06	83.40	85.11	88.25	46.11	60.63	66.55	73.80	76.94	80.61
18	64.74	80.63	78.21	83.00	85.65	85.41	50.08	65.97	70.46	77.00	79.96	82.13
19	74.67	84.37	82.85	82.20	83.88	86.68	66.22	75.50	79.64	82.60	83.90	87.47
20	70.85	85.21	82.53	82.20	83.50	87.02	64.90	76.50	78.47	82.60	84.42	88.51
21	71.96	83.28	82.81	82.20	83.42	87.33	62.49	76.58	78.47	82.60	85.25	88.44
22	72.34	82.64	82.21	82.20	83.07	84.98	59.43	75.10	78.48	82.60	84.32	87.74

二、青年患病状况的变迁

患病是身体不健康的直接表现。青年患病率是青年群体健康状况的一个直接测量指标。患病率,或称现患率或流行率,是指某特定时间内总人口中某病新旧病例所占的比例。患病率可按观察时间的不同分为时点患病率和期间患病率两种,时点患病率较常用(李立明,2003)。从 1993 年开始,我国开始实施全国卫生服务调查,每五年进行一次,现已完成 1993 年、1998 年、2003 年和 2008 年四次国家卫生服务调查。[①]青年患病的研究数据,来源于作者对四次国家卫生服务调查数据的整理、综合、分析和比较。调查数据中大中小城市是按人口规模划分的;四类农村是根据"社会经济因子得分"由高到低划分的,一类农村状况最好,四类农村状况最差。

1. 青年两周患病率在下降过程中遭遇反弹

国家卫生服务调查对患病率采取以两周为时点的患病率调查。对于"患病"的身体状态,该调查界定为三种情形:一是自觉身体不适,去医疗卫生单位就诊、治疗;二是自觉身体不适,未去医疗卫生单位就诊治疗,但采取了自服药物或一些辅助疗法如推拿按摩等;三是自觉身体不适,未去就诊治疗,也未采取任何自服药物或辅助疗法,但因身体不适休工、休学或卧床一天及以上者(有些老年人明显精神不振、食欲减退或婴幼儿异常哭闹、食欲减退者等)。上述三种有其一者,应认为"患病"。两周患病是指在入户调查当天的前十四天内被调查的家庭成员出现上述三种情况之一者。[②]

[①] 数据来源:卫生部:《国家卫生服务研究——1993 年国家卫生服务总调查分析报告》,国家卫生与计划委员会统计信息中心网,http://www.moh.gov.cn/cmsresources/mohwsbwstjxxzx/cmsrsdocument/doc9906.pdf;卫生部:《国家卫生服务研究——1998 年第二次国家卫生服务总调查分析报告》,国家卫生与计划委员会统计信息中心网,http://www.moh.gov.cn/cmsresources/mohwsbwstjxxzx/cmsrsdocument/doc9907.pdf;卫生部统计信息中心:《中国卫生服务调查研究——第三次国家卫生服务总调查分析报告》,国家卫生与计划委员会统计信息中心网,http://www.moh.gov.cn/cmsresources/mohwsbwstjxxzx/cmsrsdocument/doc9908.pdf;卫生部统计信息中心:《2008 中国卫生服务调查研究——第四次家庭健康询问调查分析报告》,国家卫生与计划委员会统计信息中心网,http://www.moh.gov.cn/cmsresources/mohwsbwstjxxzx/cmsrsdocument/doc9911.pdf。

[②] 卫生部:《国家卫生服务研究——1993 年国家卫生服务总调查分析报告》,国家卫生与计划委员会统计信息中心网,http://www.moh.gov.cn/cmsresources/mohwsbwstjxxzx/cmsrsdocument/doc9906.pdf,第 8 页。

通过对四次全国卫生服务调查结果进行分析可以发现,1993—2003年居民两周患病率变化不大,基本维持在140‰—150‰的区间,2008年上升到188.6‰。与全体居民、城市居民和农村居民两周患病率整体呈现提高的趋势相反,青年两周患病率基本呈不断下降趋势。其中,15—24岁城市青年(包括大城市、中城市和小城市青年)的下降幅度均超过50%。农村青年两周患病率总体上呈相对平缓的持续下降态势(见表17-9、表17-10和表17-11)。

表17-9 1993—2008年15—34岁青年总体两周患病变化情况(‰)

年份	全体居民			城市居民			农村居民		
	合计	15—24岁	25—34岁	合计	15—24岁	25—34岁	合计	15—24岁	25—34岁
1993	140.1	74.2	82.2	175.2	104.0	86.2	128.2	67.2	81.0
1998	149.8	64.7	106.8	187.2	79.6	93.3	137.1	60.8	110.9
2003	143.0	49.8	82.5	153.2	40.4	59.5	139.5	52.4	90.4
2008	188.6	49.7	74.9	222.0	50.6	63.2	176.7	49.5	79.6

从城乡对比看,15—24岁城市青年与农村青年的排名出现了两次交替,当前两者基本持平,差距仅为0.2‰;从1998年以来,25—34岁农村青年两周患病率总高于城市青年(见表17-9)。从城市规模对比看,15—24岁大城市青年两周患病率最高,中城市的最低,小城市处于中间位置;25—34岁小城市青年两周患病率最高,大城市青年其次,中城市青年最低。城市青年患病率与城市规模大小之间未形成清晰的相关关系(见表17-10)。

表17-10 1993—2008年15—34岁城市青年两周患病变化情况(‰)

年份	城市总体			大城市			中城市			小城市		
	全体	15—24岁	25—34岁	全体	15—24岁	25—34岁	全体	15—24岁	25—34岁	全体	15—24岁	25—34岁
1993	175.2	104.0	86.2	200.9	113.8	87.2	187.3	124.8	110.5	138.8	77.9	62.0
1998	187.2	79.6	93.3	223.7	83.8	91.4	159.0	97.3	81.6	169.7	64.2	105.5
2003	153.2	40.4	59.5	164.3	38.9	44.3	160.9	37.0	55.9	133.8	44.3	76.5
2008	222.0	50.6	63.2	296.6	58.9	63.2	186.6	43.8	58.7	168.6	46.9	67.1

表17-11的数据显示,农村青年两周患病率大致呈不断下降趋势。在农村青年的四个亚群体中,来自二类农村的15—24岁农村青年两周患病率最高(57.2‰),其他依次为四类农村、三类农村和一类农村;来自四类农村的25—34岁农村青年两周患病率最高(88.7‰),其他依次为三类农村、二类农村和一类农村。农村青年患病率和农村经济发展

程度之间也未形成清晰的相关关系。

表 17-11　1993—2008 年 15—34 岁农村青年两周患病变化情况(‰)

年份	农村居民总体			一类农村居民			二类农村居民			三类农村居民			四类农村居民		
	小计	15—24岁	25—34岁	小计	15—24岁	25—34岁	小计	15—24岁	25—34岁	小计	15—24岁	25—34岁	小计	15—24岁	25—34岁
1993	128.2	67.2	81.0	124.4	72.5	77.7	138.1	71.8	85.1	122.0	59.6	75.3	127.1	66.5	90.7
1998	137.1	60.8	110.9	132.5	59.3	101.1	133.0	58.5	114.2	153.8	64.7	120.6	114.7	59.3	96.6
2003	139.5	52.4	90.4	128.0	53.2	70.9	132.6	50.1	83.4	160.1	52.1	99.0	123.6	56.1	111.4
2008	176.7	49.5	79.6	188.6	40.6	71.4	166.7	57.2	76.1	189.8	48.2	83.2	149.6	48.4	88.7

2. 农村青年两周慢性病率高于城市青年且大城市青年反弹性升高

国家卫生服务调查对"慢性病患病"的定义是：通过询问被调查者在调查前半年内有经过医务人员明确诊断的各类慢性病，包括慢性非感染性疾病和慢性感染性疾病，或半年以前经医生诊断有慢性病并在调查前半年内时有发作同时采取了治疗措施如服药、理疗等。二者有其一者，即认为患"慢性病"。[①] 慢性病既对身体健康造成伤害，还会影响生活质量和工作学习。表 17-12 的数据显示，1993 年至 2003 年，全体居民两周慢性病率持续小幅下降，到 2008 年却又大幅度提高，15—24 岁青年也有微量增加，而 25—34 岁青年则继续小幅下降。与此类似，15—24 岁的城市青年和农村青年两周慢性病率经历了 1993 年至 2003 年的持续下降，到 2008 年有微量增加。25—34 岁青年则一直呈下降态势。从城乡对比看，农村青年两周慢性病率高于城市青年，15—24 岁的城乡青年之间差距相对较小，25—34 岁城乡青年之间的差距相对更大（见表 17-12）。通过三个城市青年亚群体的对比可知，大城市青年两周慢性病率在 2008 年反弹性提高，中城市和小城市青年两周慢性病率则一直处在下降通道（见表 17-13）。四个农村青年亚群体的两周慢性病率的呈现杂乱无章的局面（见表 17-14）。

---

① 卫生部：《国家卫生服务研究——1993 年国家卫生服务总调查分析报告》，国家卫生与计划委员会统计信息中心网，http://www.moh.gov.cn/cmsresources/mohwsbwstjxxzx/cmsrsdocument/doc9906.pdf，第 15 页。

表 17-12 1993—2008 年 15—34 岁青年两周内慢性病患病变化情况(‰)

年份	全体居民			城市居民			农村居民		
	合计	15—24岁	25—34岁	合计	15—24岁	25—34岁	合计	15—24岁	25—34岁
1993	169.8	26.0	66.4	285.8	35.0	64.0	130.7	23.9	67.1
1998	157.5	25.8	72.5	273.3	25.6	69.0	118.4	25.9	73.5
2003	151.1	18.0	58.3	239.6	14.5	48.9	120.5	18.9	61.6
2008	199.9	20.2	51.3	282.8	15.1	35.6	170.5	21.7	57.5

表 17-13 1993—2008 年 15—34 岁城市青年两周内慢性病患病变化情况(‰)

年份	城市总体			大城市			中城市			小城市		
	全体	15—24岁	25—34岁	全体	15—24岁	25—34岁	全体	15—24岁	25—34岁	全体	15—24岁	25—34岁
1993	285.8	35.0	64.0	323.0	42.9	65.5	277.6	34.6	71.0	258.9	29.9	56.1
1998	273.3	25.6	69.0	327.7	23.2	62.7	277.8	33.2	75.7	207.3	22.6	69.4
2003	239.6	14.5	48.9	293.0	10.4	33.7	220.1	14.8	35.3	196.2	18.4	74.6
2008	282.8	15.1	35.6	361.8	18.7	33.4	258.6	9.1	25.2	215.0	15.5	47.8

表 17-14 1993—2008 年 15—34 岁农村青年两周内慢性病患病变化情况(‰)

年份	农村居民总体			一类农村居民			二类农村居民			三类农村居民			四类农村居民		
	小计	15—24	25—34	小计	15—24	25—34	小计	15—24	25—34	小计	15—24	25—34	小计	15—24	25—34
1993	130.7	23.9	67.1	128.6	19.0	53.1	118.0	21.4	65.4	134.5	26.1	67.7	153.9	31.8	90.9
1998	118.4	25.9	73.5	128.6	25.8	71.9	106.2	24.1	72.5	130.3	27.5	77.1	100.4	25.9	69.8
2003	120.5	18.9	61.6	127.6	18.0	41.9	113.6	17.4	55.4	126.1	19.6	63.3	111.1	21.2	94.6
2008	170.5	21.7	57.5	211.2	17.9	55.7	155.3	21.3	52.0	179.0	23.3	59.7	119.6	23.6	64.8

3. 青年吸烟年龄不断降低且开始吸烟日益集中在青年时期

吸烟对身体的危害极大,对正处于成长期的青年的危害更大。从总体上来看,我国居民的吸烟率一直呈下降趋势,青年吸烟比例也一直在缓慢下降。15—24 岁青年的吸烟比例由 1993 年的 15.4% 下降为 2008 年的 8.5%,下降了近 7 个百分点;25—34 岁青年的吸烟比例由 35.2% 下降为 24.6%,下降了 10.6 个百分点(见表 17-15)。

表 17-15 1993—2008 年 15 岁及以上居民年龄别吸烟率变化情况(%)

年份	15—24岁	25—34岁	35—44岁	45—54岁	55—64岁	65岁及以上
1993	15.4	35.2	39.6	40.1	39.6	33.5
1998	11.0	30.5	36.4	36.3	34.9	28.1
2003	8.4	26.3	31.1	33.2	31.2	25.1
2008	8.5	24.6	29.4	31.6	29.1	22.1

在吸烟比例不断下降的可喜局面背后,隐藏着两大隐忧。一是开始吸烟年龄不断降低,开始吸烟的平均年龄已提前至青春后期。表17-16 的数据显示,1993年调查吸烟者开始吸烟的平均年龄为23.9岁,到2008年已经提前到21.6岁,且城市和农村基本一致,大、中、小城市也基本一致,只是农村地区稍有差异。第二个隐忧是开始吸烟日益集中在青年时期。表17-17的数据表明,在15—24岁之间开始吸烟的,由1993年的63.2%增至2008年的77.5%,上升了14.3个百分点;在15—34岁开始吸烟的,则由1993年的88.8%增至2008年的96.0%。也就是说,我国吸烟的居民基本上都是在青年时期开始吸烟。

表17-16 1993—2008年15岁及以上居民开始吸烟年龄变化情况(岁)

年份	全体居民	城市				农村				
		城市合计	大城市	中城市	小城市	农村合计	一类农村	二类农村	三类农村	四类农村
1993	23.9	24.3	25.0	24.4	23.6	23.7	24.1	23.7	23.4	23.5
1998	24.4	24.8	25.1	25.0	24.3	24.3	24.1	25.2	23.8	24.2
2003	21.8	21.9	22.0	22.5	21.3	21.8	22.2	21.9	21.6	21.5
2008	21.6	21.6	21.7	21.8	21.2	21.6	22.0	21.7	21.5	20.7

表17-17 1993—2008年15岁及以上居民开始吸烟年龄构成变化情况(%)

年份	15—24岁	25—34岁	35—44岁	45—54岁	55—64岁	65岁及以上
1993	63.2	25.6	7.4	2.5	0.9	0.4
1998	60.3	28.0	7.6	2.4	0.9	0.7
2003	75.4	19.6	3.5	1.1	0.3	0.1
2008	77.5	18.5	2.9	0.9	0.3	0.1

三、青年死亡状况的变迁

死亡是身体机能的丧失与消亡,是生命历程的结束。青年死亡则意味着青年生存发展的物质基础的消失。因此,青年死亡是对青年生存发展最大的威胁,青年死亡率及其死因也成为反映青年发展状况和社会发展水平的重要指标。从1982年开始,卫生部开始详细的医疗卫生统计,每年出版一本《全国卫生统计年报资料》(内部资料);从1987年开始,卫生部采用ICD-9国际疾病分类标准进行死亡统计;从2002年开始,卫生部每年正式出版一本《中国卫生统计年鉴》,同时开始采用ICD-10国际疾病分类标准进行死亡统计。关于社会成员死亡情况和青年死亡情况的数据,来源于作者对1982—2001年的各年度《全国卫生统计年报资料》,以及 2003—2012 年《中国卫生统计年鉴》相关数据的整理、综合、分析和比较。

1. 农村青年死亡率高于城市青年且 20—24 岁农村青年死亡率出现反常

改革开放以来经济社会的快速发展,并未有效降低我国社会总体的死亡率。从整体上看,改革开放以来,我国死亡率呈曲折的缓慢爬升的发展趋势,中间年份有波动和反复(见表 17-18 和图 17-1、图 17-2)。与社会总体死亡率发展趋势相反,青年死亡率总体呈持续降低趋势,农村青年死亡率下降幅度比城市青年的下降幅度更大,由此缩小了城乡青年死亡率的差距。但是,尽管在降低农村青年死亡率方面取得很大进展,但农村青年死亡率水平仍只达到 20 世纪 90 年代中期城市青年的水平,意味着城市与农村青年在减少死亡方面的仍有较大差距。更加值得注意的是,从 2005 年以来,20—24 岁农村青年死亡率出现反常,呈持续增高趋势。

表 17-18 1982—2011 年 15—34 岁青年死亡率变化情况(1/10 万)

年份	城市青年					农村青年				
	合计	15—19 岁	20—24 岁	25—29 岁	30—34 岁	合计	15—19 岁	20—24 岁	25—29 岁	30—34 岁
1982	559.06	69.52		91.20		672.23	117.57		157.70	
1983	555.27	71.56		92.39		678.50	128.67		163.39	
1984	550.18	64.12		90.47		645.30	125.00		149.94	
1987	610.81	58.79	83.54	77.01	105.27	686.73	102.47	177.65	110.72	167.88
1988	556.40	51.42	65.87	69.39	100.10	651.57	86.17	156.65	123.70	157.37
1990	585.08	42.75	64.25	70.18	91.17	643.30	65.66	120.00	120.44	132.61
1992	580.58	32.47	66.65	67.03	87.85	633.47	57.30	113.43	122.05	118.22
1993	581.60	31.58	53.43	63.71	82.42	624.93	55.91	116.52	138.98	140.82
1994	586.86	32.97	51.50	63.37	86.58	639.39	58.66	116.81	137.02	154.41
1996	604.15	28.48	47.10	61.15	87.84	639.25	51.45	99.00	129.24	161.60
1997	596.14	27.91	41.15	60.93	92.02	628.75	47.49	91.25	132.94	174.20
1998	616.92	31.27	40.22	63.29	83.10	620.66	41.09	80.39	123.07	170.48
1999	588.09	29.57	39.17	57.54	77.85	606.46	38.63	70.49	114.92	164.44
2000	601.34	27.26	35.77	53.20	77.51	615.19	38.49	61.90	105.86	164.95
2001	543.78	25.76	31.03	44.75	70.14	594.15	36.59	60.69	99.83	164.60
2002	504.01	26.22	36.22	51.21	93.47	512.62	31.66	46.89	65.93	121.81
2003	564.30	24.18	38.11	53.40	94.51	609.46	28.49	42.68	62.32	116.99

（续表）

年份	城市青年					农村青年				
	合计	15—19岁	20—24岁	25—29岁	30—34岁	合计	15—19岁	20—24岁	25—29岁	30—34岁
2004	522.79	29.83	34.29	43.79	74.65	570.00	43.60	53.44	61.06	99.59
2005	549.11	35.54	42.22	51.64	84.72	527.92	40.28	43.39	39.99	84.59
2006	530.46	24.76	34.44	38.02	61.83	518.01	38.94	40.48	41.24	70.76
2007	617.76	27.15	35.43	40.86	58.98	581.22	38.51	47.68	46.21	73.19
2008	615.76	22.65	30.93	33.68	49.98	617.26	40.72	53.82	46.65	62.02
2009	620.32	24.28	35.99	36.74	51.33	655.98	36.71	56.83	49.74	62.37
2010	618.63	29.80	39.27	42.46	61.91	623.47	38.03	51.89	62.59	78.73
2011	620.01	23.85	32.28	35.82	48.87	638.61	32.23	53.09	48.00	55.83

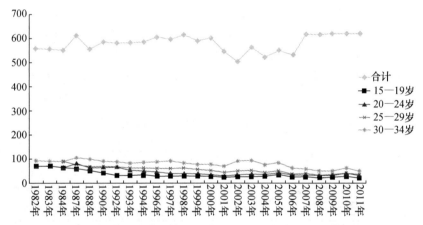

图 17-1　1982—2011 年城市总体死亡率与 15—34 岁青年死亡率比较（1/10 万）

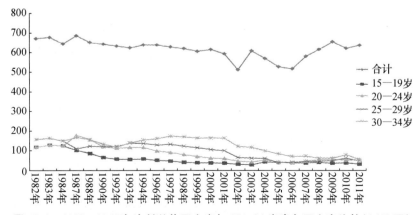

图 17-2　1982—2011 年农村总体死亡率与 15—34 岁青年死亡率比较（1/10 万）

2. 肿瘤在青年死亡中的相对比例有所提升

恶性肿瘤、心脏病、脑血管病、呼吸系统疾病、损伤和中毒外部原因是引发我国居民死亡的主要疾病。2011年,在城市居民主要疾病死亡率中,恶性肿瘤(172.33/10万)、心脏病(132.04/10万)、脑血管病(125.37/10万)、呼吸系统疾病(65.47/10万)、损伤和中毒外部原因(33.93/10万)列前五位;在农村居民主要疾病死亡率中,列前五位的则分别是恶性肿瘤(150.83/10万)、脑血管病(138.68/10万)、心脏病(123.69/10万)、呼吸系统疾病(84.97/10万)、损伤和中毒外部原因(56.50/10万)(卫生部,2012:269,285)。表17-19的数据显示,从1987年以来,全社会的总体肿瘤死亡率在前期的小幅振动中不断提高,从2007年以来有较大幅度的提高。与总体肿瘤死亡率的发展趋势不一致的是,青年肿瘤死亡率总体呈下降趋势。但是,青年肿瘤死亡占青年死亡的比例却呈不断提高的趋势,意味着因肿瘤死亡在青年死亡中的相对比例在不断提升。从不同年龄段看,15—24岁青年因肿瘤死亡的比例增长幅度大,25—34岁青年的比例则相对平稳中缓慢增长。

表17-19　1987—2011年15—34岁青年肿瘤致死率变化情况

年份	总体		15—19岁		20—24岁		25—29岁		30—34岁	
	死亡率(1/10万)	占总体死亡率的比例(%)	死亡率(1/10万)	占总体死亡率的比例(%)	死亡率(1/10万)	占总体死亡率的比例(%)	死亡率(1/10万)	占总体死亡率的比例(%)	死亡率(1/10万)	占总体死亡率的比例(%)
城市										
1987年	133.56	21.87	6.43	10.94	9.79	11.72	14.70	19.09	24.95	23.70
1988年	120.35	21.63	5.83	11.34	7.34	11.14	11.41	16.44	24.48	24.46
1990年	129.13	22.07	5.98	13.99	7.32	11.39	11.21	15.97	22.51	24.69
1992年	126.64	21.81	4.35	13.40	7.18	10.77	10.78	16.08	20.60	23.45
1993年	127.49	21.92	4.02	12.73	6.04	11.30	9.37	14.71	18.74	22.74
1994年	129.01	21.98	5.04	15.29	6.21	12.06	9.45	14.91	19.44	22.45
1996年	131.85	21.82	4.56	16.01	4.80	10.19	8.77	14.34	18.30	20.83
1997年	136.32	22.87	4.89	17.52	5.06	12.30	9.08	14.90	19.61	21.31
1998年	140.33	22.75	4.99	15.96	5.01	12.46	9.61	15.18	18.23	21.94
1999年	141.40	24.04	5.43	18.36	5.38	13.74	9.41	16.35	17.00	21.84
2000年	147.63	24.55	5.18	19.00	4.99	13.95	8.55	16.07	17.23	22.23
2001年	136.52	25.11	4.78	18.56	4.27	13.76	8.05	17.99	16.00	22.81
2002年	121.22	24.05	5.41	20.63	5.14	14.19	9.76	19.06	21.56	23.07
2003年	125.81	22.29	4.04	16.71	5.11	13.41	9.33	17.47	20.46	21.65
2004年	128.92	24.66	5.16	17.30	6.05	17.64	8.86	20.23	17.76	23.79
2005年	125.98	22.94	4.77	13.42	5.49	13.00	8.19	15.86	18.96	22.38
2006年	147.34	27.78	4.40	17.77	5.66	16.43	6.99	18.39	15.00	24.26
2007年	179.35	29.03	4.95	18.23	6.14	17.33	8.74	21.39	14.95	25.26

(续表)

年份	总体		15—19 岁		20—24 岁		25—29 岁		30—34 岁	
	死亡率 (1/10 万)	占总体死亡率的比例 (%)	死亡率 (1/10 万)	占总体死亡率的比例 (%)	死亡率 (1/10 万)	占总体死亡率的比例 (%)	死亡率 (1/10 万)	占总体死亡率的比例 (%)	死亡率 (1/10 万)	占总体死亡率的比例 (%)
2008 年	170.15	27.63	4.35	19.21	5.40	17.46	6.57	19.51	12.35	24.71
2009 年	169.89	27.39	4.28	17.63	6.12	17.00	7.73	21.04	13.35	26.01
2010 年	164.93	26.66	5.24	17.58	6.31	16.07	7.30	17.19	15.88	25.65
2011 年	174.27	28.11	4.44	18.62	4.95	15.33	7.08	19.77	12.48	25.54
农村										
1987 年	98.39	14.33	6.74	6.58	10.91	6.14	12.03	10.87	27.16	16.18
1988 年	96.09	14.75	5.94	6.89	11.10	7.09	13.18	10.65	29.18	18.54
1990 年	113.14	17.59	5.50	8.38	9.57	7.98	14.21	11.80	26.17	19.73
1992 年	103.27	16.30	4.56	7.96	8.86	7.81	14.33	11.74	22.95	19.41
1993 年	102.91	16.47	5.26	9.41	8.82	7.57	14.63	10.53	24.61	17.48
1994 年	106.21	16.61	4.67	7.96	8.23	7.05	15.29	11.16	26.97	17.47
1996 年	105.45	16.50	5.13	9.97	7.39	7.46	14.32	11.08	28.73	17.78
1997 年	108.55	17.26	4.80	10.11	7.54	8.26	14.74	11.09	29.77	17.09
1998 年	106.36	17.14	3.67	8.93	7.13	8.87	14.66	11.91	31.15	18.27
1999 年	112.25	18.51	4.00	10.35	6.11	8.67	13.69	11.91	30.35	18.46
2000 年	113.38	18.43	4.52	11.74	6.33	10.23	13.69	12.93	32.57	19.75
2001 年	106.06	17.85	4.04	11.04	6.77	11.21	13.14	13.16	31.36	19.05
2002 年	107.31	20.93	4.71	14.88	5.70	12.21	11.16	16.93	27.65	22.70
2003 年	130.82	21.46	3.97	13.93	4.99	11.69	11.54	18.52	23.12	19.76
2004 年	130.52	22.90	5.88	13.49	7.11	13.30	9.54	15.62	19.90	19.98
2005 年	107.11	20.29	6.37	15.81	6.20	14.29	6.88	17.20	18.13	21.43
2006 年	131.35	25.36	6.39	16.41	5.76	14.35	6.82	16.54	15.88	22.44
2007 年	146.65	25.23	5.22	13.55	6.84	14.35	7.91	17.12	18.22	24.89
2008 年	158.91	25.74	5.92	14.54	8.04	14.94	7.06	15.13	14.69	23.69
2009 年	160.72	24.50	5.24	14.27	8.58	15.10	8.99	18.07	16.49	26.44
2010 年	145.21	23.29	4.75	12.49	7.18	13.84	9.61	15.35	20.21	25.67
2011 年	152.13	23.82	5.16	16.01	7.55	14.22	7.93	16.52	12.72	22.78

3. 循环系统疾病致死在青年死亡中所占比例增大

按照 ICD-10 国际疾病分类标准,循环系统疾病主要包括心脏病、脑血管病、急性心肌梗死、其他冠心病等疾病。从大类疾病看,循环系统疾病是导致居民死亡的最主要疾病。表 17-20 的数据显示,从 1987 年到 2006 年,全社会循环系统疾病总体死亡率在振动中呈下降趋势,从 2007 年以来却不断上升且增幅较大。与循环系统疾病总体死亡率发展趋势不同,青年循环系统疾病死亡率总体呈下降趋势。但是,青年循环系统疾病死亡占青年死亡的比例也呈不断提高的趋势,意味着因循环系统疾病死亡在青年死亡中的相对比例在不断提升,且增长幅度较大。

表 17-20　1987—2011 年 15—34 岁城乡青年循环系统疾病致死率变化情况

年份	总体		15—19 岁		20—24 岁		25—29 岁		30—34 岁	
	死亡率 (1/10 万)	占总体死亡率的比例 (%)	死亡率 (1/10 万)	占总体死亡率的比例 (%)	死亡率 (1/10 万)	占总体死亡率的比例 (%)	死亡率 (1/10 万)	占总体死亡率的比例 (%)	死亡率 (1/10 万)	占总体死亡率的比例 (%)
城市										
1987	255.77	41.87	2.78	4.73	5.17	6.19	6.01	7.80	11.06	10.51
1988	205.53	36.94	2.13	4.14	3.93	5.97	6.15	8.86	11.00	10.99
1990	221.64	37.88	2.05	4.80	3.84	5.98	6.34	9.03	10.65	11.68
1992	218.24	37.59	1.33	4.10	3.59	5.39	5.61	8.37	8.97	10.21
1993	220.41	37.90	1.53	4.84	3.38	6.33	5.15	8.08	9.27	11.25
1994	226.82	38.65	1.88	5.70	3.47	6.74	5.62	8.87	9.33	10.78
1996	245.09	40.57	1.47	5.16	2.97	6.31	4.72	7.72	10.32	11.75
1997	245.49	41.18	1.39	4.98	2.79	6.78	5.6	9.19	11.33	12.31
1998	255.63	41.44	1.66	5.31	2.99	7.43	5.15	8.14	19.65	23.65
1999	237.59	40.40	1.83	6.19	2.25	5.74	4.98	8.65	9.7	12.46
2000	244.91	40.73	1.69	6.20	2.23	6.45	5.37	10.09	10.39	13.40
2001	217.16	39.94	1.33	5.16	2.12	6.83	4.33	9.68	8.58	12.23
2002	178.84	35.48	1.50	5.72	2.53	6.99	4.78	9.33	9.33	9.98
2003	212.03	37.57	1.28	5.29	2.94	7.71	4.69	8.78	10.72	11.34
2004	209.19	40.01	2.52	8.45	2.99	8.72	4.47	10.21	9.21	12.34
2005	227.93	41.51	2.58	7.26	2.75	6.51	4.81	9.31	8.78	10.36
2006	199.03	37.52	2.73	11.03	3.49	10.13	3.85	10.13	8.83	14.28
2007	224.99	36.42	2.13	7.85	4.04	11.40	4.53	11.09	7.22	12.24
2008	253.40	41.15	2.54	11.21	3.37	10.90	4.32	12.83	7.97	15.95
2009	266.69	42.99	2.38	9.80	3.50	9.72	4.31	11.73	7.69	14.98
2010	268.40	43.39	3.01	10.10	4.86	12.38	6.29	14.81	11.13	17.98
2011	269.69	43.50	2.38	9.98	3.75	11.62	5.36	14.96	8.58	17.56
农村										
1987	198.83	28.95	4.03	3.93	10.63	5.98	8.9	8.04	15.54	9.26
1988	189.47	29.08	4.20	4.87	8.68	5.54	10.7	8.65	15.9	10.10
1990	179.74	27.94	2.97	4.52	7.76	6.47	10.22	8.49	12.75	9.61
1992	180.67	28.52	2.48	4.33	6.57	5.79	8.45	6.92	11.02	9.32
1993	—	—	—	—	—	—	—	—	—	—
1994	182.59	28.56	2.14	3.65	5.61	4.80	9.03	6.59	14.42	9.34
1996	190.65	29.82	1.74	3.38	5.44	5.49	9.21	7.13	16.13	9.98
1997	194.56	30.94	1.83	3.85	5.24	5.74	9.41	7.08	19.91	11.43
1998	204.11	32.89	1.39	3.38	5.24	6.52	8.73	7.09	17.93	10.52
1999	199.22	32.85	1.36	3.52	4.38	6.21	7.93	6.90	16.99	10.33
2000	201.68	32.78	1.55	4.03	3.93	6.35	7.53	7.11	15.73	9.54
2001	204.47	34.41	1.36	3.72	3.63	5.98	7.42	7.43	15.75	9.57
2002	183.53	35.80	1.36	4.30	2.66	5.67	5.42	8.22	9.52	7.82
2003	216.20	35.47	0.84	2.95	2.36	5.53	3.63	5.82	8.55	7.31
2004	188.44	33.06	2.84	6.51	3.80	7.11	5.65	9.25	8.58	8.62
2005	187.84	35.58	1.91	4.74	2.64	6.08	4.18	10.45	9.47	11.20
2006	187.30	36.16	1.60	4.11	2.98	7.36	3.55	8.61	7.73	10.92
2007	215.28	37.04	1.91	4.96	3.65	7.66	4.26	9.22	9.94	13.58
2008	229.99	37.26	1.96	4.81	4.56	8.47	4.46	9.56	7.33	11.82
2009	276.51	42.15	2.16	5.88	4.43	7.80	5.16	10.37	8.24	13.21
2010	268.80	43.11	2.00	5.26	3.76	7.25	7.70	12.30	9.42	11.96
2011	281.81	44.13	1.99	6.17	3.91	7.36	5.36	11.17	7.70	13.79

4. 农村青年自杀死亡率高于城市青年

1999年11月,中国卫生部和世界卫生组织在北京联合主办了中国·世界卫生组织精神卫生高层研讨会。时任卫生部副部长殷大奎(2000)在大会报告中指出,"教育部门应将心理卫生内容纳入健康教育课程,促进青少年的身心健康,提高他们对应激事件的应对能力。"全社会对自杀尤其是青少年自杀现象日益关注和重视。表17-21的数据显示,从1987年以来,尽管有的年龄居民自杀死亡率有所反复,但总体上呈现出不断下降的趋势。与全社会自杀总体死亡率发展趋势类似,我国青少年自杀率整体较低,并且一直处于下降态势,预防青少年自杀的成效处于世界较高水平,青年自杀死亡率也整体呈下降趋势,同时还呈现为随着年龄增大而增高的趋势(黄雄英、邓希泉,2011)。从城乡对比看,农村青年自杀死亡率高于城市青年。从性别对比看,从1987年至2005年,城市女青年自杀率一般都高于城市男青年;从2006年开始,城市男青年自杀死亡率已经稳定地高于女青年;从1987年至2007年、2008年,农村女青年自杀死亡率一般都高于农村男青年,尤其是20世纪80年代到90年代中期,农村女青年过高的自杀死亡率成为我国独特的自杀问题。从2008年以来,农村男青年自杀率已高于农村女青年。

表17-21 1987—2011年15—34岁青年自杀死亡率变化情况(1/10万)

年份	居民总体		15—19岁		20—24岁		25—29岁		30—34岁	
	男	女	男	女	男	女	男	女	男	女
城市										
1987	7.02	12.77	3.91	15.81	7.77	18.13	5.76	10.50	6.23	10.89
1988	7.99	10.53	5.68	10.26	8.67	15.32	7.19	8.12	7.57	8.67
1989	8.35	10.50	4.24	9.00	8.53	15.78	7.19	10.22	8.29	10.23
1990	8.10	9.07	3.85	7.26	8.05	13.12	7.35	10.86	7.80	7.66
1991	8.25	9.90	3.93	8.29	8.70	15.66	7.88	11.36	6.62	6.48
1992	7.69	9.29	2.91	6.21	8.01	14.75	7.31	9.27	6.71	7.56
1993	6.40	7.05	2.50	3.74	5.02	8.82	5.21	7.74	5.98	6.19
1994	6.46	7.04	2.73	3.77	4.19	8.59	5.67	8.82	6.97	5.57
1995	7.13	7.73	2.37	4.14	6.10	8.61	6.29	10.01	6.14	7.19
1996	7.02	7.03	2.27	3.21	5.25	8.33	7.07	8.06	6.90	6.59
1997	6.45	6.51	2.11	2.81	3.46	5.60	4.63	7.69	6.47	6.62

(续表)

年份	居民总体		15—19 岁		20—24 岁		25—29 岁		30—34 岁	
	男	女	男	女	男	女	男	女	男	女
1998	6.83	6.83	2.19	2.66	4.56	6.04	6.73	7.81	6.51	7.73
1999	6.73	6.57	2.07	2.45	3.85	5.66	5.44	7.03	6.24	6.64
2000	6.07	5.85	1.91	1.70	3.53	4.11	4.83	5.50	5.56	6.22
2001	5.76	5.32	1.04	1.91	3.14	3.51	4.02	4.55	5.92	5.51
2002	13.16	12.40	2.12	2.63	4.95	7.17	6.53	6.64	9.73	13.07
2003	10.90	11.05	1.75	2.11	4.10	5.14	5.23	7.45	8.26	10.78
2004	7.50	7.21	2.56	2.04	3.06	3.92	4.19	4.12	5.41	5.65
2005	12.65	13.13	2.60	2.62	6.29	8.03	4.81	7.54	6.52	10.34
2006	5.39	4.65	1.88	1.71	2.42	2.68	2.75	4.13	3.88	3.73
2007	5.46	4.30	1.46	1.12	3.17	2.21	3.25	2.50	3.84	3.02
2008	4.00	3.18	1.57	1.57	2.52	1.60	2.44	2.05	2.43	2.73
2009	5.43	4.47	1.27	1.55	2.92	2.62	2.61	2.52	3.64	2.20
2010	7.37	6.32	1.97	2.09	3.25	2.87	2.95	3.66	3.57	3.59
2011	5.78	4.77	1.91	0.98	2.8	2.05	3.07	2.01	2.87	2.2
农村										
1987	23.89	32.16	17.55	38.00	41.71	79.26	20.06	30.41	24.11	32.20
1988	23.08	30.40	14.10	31.67	38.23	67.13	23.55	34.60	22.78	28.23
1989	23.10	31.49	12.74	32.15	35.99	66.87	24.45	41.35	21.19	32.50
1990	20.35	24.64	10.38	23.28	22.51	47.56	20.29	37.26	17.14	25.86
1991	25.34	33.03	12.51	29.09	33.80	62.24	26.03	48.00	22.53	31.56
1992	23.18	27.07	9.75	18.22	25.39	46.33	22.97	38.64	19.80	27.92
1993	22.71	28.39	6.37	16.05	22.74	43.42	23.48	47.32	20.68	31.07
1994	23.68	30.55	9.32	18.62	24.15	47.07	22.56	48.44	21.18	34.30
1995	20.57	27.70	7.60	13.37	18.86	34.56	22.04	41.59	18.49	36.59
1996	20.73	26.87	8.54	10.64	18.40	29.73	19.92	40.38	19.94	34.12
1997	23.17	28.62	6.43	11.66	16.47	30.05	21.79	42.69	22.37	37.28
1998	21.87	24.77	4.83	8.47	12.12	22.17	18.64	32.89	22.03	33.60
1999	20.40	24.68	4.31	7.09	11.70	18.74	17.39	31.33	23.36	33.50
2000	20.26	21.53	4.35	5.73	9.97	13.00	15.02	24.07	21.74	31.02
2001	19.62	21.98	4.43	5.94	8.38	13.46	13.48	23.28	19.51	31.68
2002	15.24	15.40	3.01	4.97	5.53	10.02	8.45	11.78	14.41	19.05
2003	15.07	17.44	3.19	3.19	5.45	7.54	6.16	10.84	9.24	15.07
2004	10.63	13.37	3.50	3.18	3.61	6.59	4.18	8.97	8.14	14.92
2005	9.62	10.64	1.87	2.80	3.71	5.65	1.89	4.05	5.76	8.98
2006	9.56	8.95	2.63	4.38	4.35	3.30	3.87	4.58	5.83	7.28

(续表)

年份	居民总体		15—19 岁		20—24 岁		25—29 岁		30—34 岁	
	男	女	男	女	男	女	男	女	男	女
2007	10.97	9.64	3.03	2.42	4.93	3.58	4.00	4.29	4.40	5.68
2008	8.62	7.87	3.18	2.57	3.54	4.67	3.06	4.36	4.29	4.39
2009	9.76	8.41	2.67	2.07	4.91	4.68	3.16	3.74	3.39	4.00
2010	10.61	9.39	2.10	2.58	4.67	3.34	5.02	4.78	4.61	4.81
2011	9.95	8.58	2.90	1.92	5.54	3.60	4.16	4.15	3.47	3.39

"健康与疾病是社会事实,除了生物因素以外,它们还受到社会因素的影响。"(波普诺,1999:341)改革开放以来,随着我国经济社会的快速发展,与健康相关的进展也非常明显。我国医学取得了长足进展,医生的职业声望不断增高。医学不断渗透和嵌入越来越多的社会领域和生活领域,出现了生活的医学化现象,尤其是通过医学的方式介绍、推广、改变和创新生活方式,"个人日益成为'健康顾问'——对他们自己的健康和幸福采取积极的立场。我们不仅能决定看哪类类型的医生,而且还可以要求更多地参与到自己的保健和治疗之中"(吉登斯,2003:180)。同时,社会成员的身体会受到其所属社会群体或社会阶层的规范和价值观的影响,还深受其社会经验的影响。在社会变迁过程中,社会结构变化对身体和健康的影响同样巨大,快速变化的世界带来了影响身体和健康新的风险和挑战,同时为社会成员保持健康和形成新的生活方式提供了新的可能性(沃林斯基,1999:39-40)。以年龄、性别、种族和社会经济状况为主要内容的社会因素,与身体健康有着密切的关系;纯粹的社会因素对身体健康有着非常大的影响(吉登斯,2003:181)。改革开放以来,青年健康问题在年龄、性别和社会经济地位之间的分布是不均匀的,在诸多方面表现出明显差异。进入 21 世纪以来,青年健康发展变化相对平缓,正在逐渐进入"平台期"。所以说,青年健康在社会转型过程中正在经历"青年健康转型"。面对经济社会快速发展带来的变化以及不断增大的健康风险和隐患,青年应该形成新的生活方式来确保身体健康,并为更优质的发展奠定更健康的身体基础。

参考文献:

1. 安国启、邓希泉:《新世纪中国青年发展报告(2000—2010)》,光明日报出版社 2012 年版。
2. Charles T. Kuntzlemana & Guy G. Reiffa, "The Decline in American Children's Fitness

Levels," *Research Quarterly for Exercise and Sport*, Vol. 63, No. 2, 1992, pp. 107-111.

3. 中国学生体质与健康研究组:《中国学生体质与健康调研报告》,人民教育出版社 1987 年版。
4. 中国学生体质与健康研究组:《2005 年中国学生体质与健康调研报告》,高等教育出版社 2007 年版。
5. 李立明主编:《流行病学(第 5 版)》,人民卫生出版社 2003 年版。
6. 卫生部:《2012 中国卫生统计年鉴》,中国协和医科大学出版社 2012 年版。
7. 殷大奎:《中国精神卫生工作的现状、问题及对策——在中国/世界卫生组织精神卫生高层研讨会上的报告》,《中国心理卫生杂志》2000 年第 1 期,第 5 页。
8. 黄雄英、邓希泉:《中国青少年自杀现象的宏观态势与辩证分析——基于 2002—2009 年中国青少年自杀统计数据的研究》,《中国青年研究》2011 年第 11 期,第 7 页。
9. 〔美〕戴维·波普诺:《社会学(第十版)》,中国人民大学出版社 1999 年版。
10. 〔英〕安东尼·吉登斯:《社会学(第四版)》,北京大学出版社 2003 年版。
11. 〔美〕沃林斯基:《健康社会学(第 2 版)》,社会科学文献出版社 1999 年版。

第十八章　大学生村官基层服务的类型与困境

大学生村官计划是新农村建设背景下的国家人才战略工程。2008年4月,中组部等部委联合出台《关于选聘高校毕业生到村任职工作的意见(试行)》,决定从2008年开始,用五年时间选聘10万名高校毕业生到农村任职。2010年5月,国家对村官选聘名额做了较大调整,明确2008—2012年中央财政为到村任职高校毕业生的补助名额由原先的10万名增至20万名。截至2011年底,国家已累计选派22万名大学生村官下到农村基层,其中任村"两委"副职以上的2.6万人、乡镇领导3000多名、县级后备干部4000多名、中央企业招聘5000多名(柴燕菲、赵晔娇,2011)。李源潮同志在给大学生村官的回信中曾指出:"大学生村官计划是一项具有长远战略意义的大事,大学生到农村去是时代的呼唤,是农民的期盼,也是党对当代大学生的殷切期望。"(李源潮,2008)

然而,大学生村官下乡之路并非一片坦途,由高校校园跨入陌生农村基层,由大学生身份迅速转向村官角色,空间地域及扮演角色的快速切换决定了大学生村官融入农村的艰难。与农村基层干部相比,大学生村官身份存在不确定性,他们既不是事业单位编制人员,也不是政府机关公务员,而是作为村级组织特设岗位人员,是由政府统一组织选聘、派驻到农村基层的"空降部队",模糊性的身份使得他们亟须找寻与农村情境相吻合、与自身素质相匹配的有力"抓手",以便能在农村基层迅速站稳脚跟。托马斯·伯恩斯坦(Thomas P. Bernstein)在《上山下乡》(1993:284)一书中指出,"就下乡知识青年而言,他们中有许多人在村子里寻找能使自己的存在变得更有意义、更有影响的活干。对农村发展作出有形的贡献就可产生这种意义,同时也提高了个人或集体在农村的地位。"鉴于基层服务的现实实践及其重要意义,本章拟对该议题展开研究分析。

一、相关文献综述

借助中国期刊网电子资源数据库,笔者以"大学生村官"为主题,以1998—2012年为时间范围进行精确检索,共获得1610个记录,删除新闻报道类文章后,共计得到431篇学术论文。经过认真研读,笔者试图梳理出学术界对大学生村官问题的研究路径。

1. 政治学视角

政治学视角大多是从大学生村官计划的制度维度出发,探讨大学生村官计划出台的社会背景、价值意义,并且阐述在计划实施过程中暴露出的一系列问题,提出解决方案。由于偏重制度维度,研究多立足于宏观层面进行整体思考。学者认为,大学生村官计划的制度安排是嵌入在国内大的制度环境之中,它是中国政治生态的产物,同时也是未来中国政治生态的生长点和起飞点(陈忠,2009)。大学生村官制度实施中遇到的问题,在个体对象上主要表现为大学生村官身在基层,思想未下乡;角色身份较难转变;解决农村实际问题能力欠缺(陆志华,2010)。在制度上主要表征为大学生村官计划实施缺乏法律保障;选聘机制不合理;管理培养机制不健全;后续退出机制不完善等(宋言奇,2009)。解决以上问题,可以通过择优录取、分类选拔、选拔对象本土化、合理配置和强化使用机制,鼓励大学生村官参加"两推一选"和"公推直选"进入决策层等办法来构建大学生村官计划的长效机制(马威理,2010)。

2. 社会学视角

社会学对于大学生村官问题的探讨主要集中在大学生村官主体作为一种新的社会角色,在基层社会中的角色学习、角色扮演、角色建构以及角色实践,研究大多从应然的角度来阐述对大学生村官的角色构想与角色期待。大学生村官角色的建构是由外部结构力量(经济产业结构、农村社会基层治理政策和人力资源配置)和多元他者(村镇干部、村民)构成的,然而,大学生村官自身存在着从"我是谁"向"我会成为谁"的身份转换上的模糊(郑庆杰,2010)。大学生村官的角色定位不仅是管理者和服务者,而且也是农村社会问题的发现者和研究者,社会资源的动员者、组织者,法律法规的宣传者,农村社会问题的协调者,在这种角色定位下大学生村官应突破传统村官的任务和职能,探索新的功能拓展(程毅、刘军,2010)。大学生村官的角色困境是由基层民众的信任危机、工作中话语权的缺失、自身职业规划难预期、身份无合法性、考核激励机制不健全等造成的(于江、张水娟,2010)。针对以上角色困境,政府层面应建立培训机制、保障机制和评价机制;制度发展层面应参照企业的职业经理人制度,实行职业村官的办法并引入市场机制,提升他们的现代管理水平;开展公务法人的制度安排,建立一个独立于国家与地方行政以外的法人组织,在农村基层为村民或居民提供公共管理服务,表达和维护村民的公共利益(宋远军、刘文慧等,2010)。

3. 心理学视角

心理学探讨大学生村官主体就任之后在农村工作和生活的主观幸福感状况,主观幸福感程度反映了大学生村官在基层的社会适应程度,也标示着他们在农村生活情境下具有的心理状态。由于主观幸福感受到性别、年龄、民族、地域、经济收入、社会地位诸多因素的影响,而研究主要阐释某一地区、某一入职时间的大学生村官的主观体验,故研究成果代表性不强,结论较难向外推广。有学者通过主观幸福感量表和艾森克人格问卷中国版式量表,并结合深度访谈,对连云港地区的大学生村官与非大学生村官的主观幸福感进行多方位考察,得出这样的结论:大学生村官与非村官就业生不存在显著差异;大学生村官以外向型稳定人格(多血质)为主;理科专业较文科专业大学生村官的主观幸福感高;收入差距并未对大学生村官的主观幸福感产生影响(冯成志、惠扬,2009)。有学者利用总体幸福量表对在岗的四川凉州大学生村官进行调查,得出结论为该地区大学生村官主观幸福感偏低,幸福程度与学历层次、性别无关,而与入职年限和异地就职呈线性相关。针对现有主观幸福感调查结论,研究者提出如下建议:在个人层面上,大学生村官应培养自己积极的人格特征,能面对和接受现实,建立稳定的人际关系。在政府层面上,需加大对本土和涉农专业的高校毕业生的选聘力度,并通过量化考核、绩效考核的方式加强对大学生村官的管理(张永华,2010)。

4. 管理学视角

管理学视角下的大学生村官研究主要着眼于实际工作的开展,诸如宏观上对于大学生村官工程效应的关照,大学生村官与我国农村善治关系的探讨;微观上将大学生村官作为一种人力资本,探讨如何管理运作。有学者提出,大学生村官为农村善治带来了新的观念,如市场观念、竞争意识、创业理念等(李永生,2010)。有学者将大学生村官工程中的创新效应与其示范效应、网络效应、社会效应之间建立结构方程模型,通过相关分析得出创新效应与社会效应呈正相关趋势,大学生村官工程对改变农村精神面貌影响效果最大(童欣,2010)。还有学者从人力资本管理角度指出,大学生村官并没有村务管理的控制权和剩余索取权,大学生村官的人力资本价值并没有在市场价格中得到全部体现,而且大学生村官人力资本的使用权、处置权和产权属性比较模糊(秦红霞、黄海燕、陈华东,2010),致使乡镇出现截留大学生村官现象,省市县三级政府没有推动大学生村官计划进一步完善的持续动力。

应该说,学术界对于大学生村官问题的研究取得了一定成果,已有研究中值得肯定的方面是:第一,研究视角多样化。对于大学生村官问题的探讨,注重运用政治学、社会学、心理学、管理学等多维学科视角进行研究。视角的多样化不仅为研究大学生村官问题提供新的思路,而且有利于综合全面分析所研究的具体内容。第二,研究方法多样性。研究之初,学者们侧重于运用理论分析的方法探讨大学生村官问题。随着研究的逐步深入,已出现运用多种方法进行研究的趋势。例如,运用实地研究方法的成果增多,学者们深入实地,通过观察和访谈收集资料,通过对信息的整理和提炼将感性认识上升到理性的层面。当然,已有研究中也还存在一些不足:(1)从大学生村官自身角度出发的研究较少。现有学科研究大学生村官问题的成果中,多从大学生村官外部环境如政策基础、制度施行、社会帮扶层面来探讨和研究,而鲜有从大学生村官自身出发,研究他们的基层任职、工作成效以及社会心态等。即便从心理学视角探讨大学生村官的主观幸福感,也仅仅停留在对主体的认知评估层面。(2)缺乏科学经验总结。大学生村官计划最初是在一些地区进行试点,有针对性地考察该计划的可行性和外推性,几年时间过去后,关于试点地区的经验总结和工作实践方法的归纳很少见诸于报端,故应将关注的目光转移到大学生村官计划实施的先导地区,注重实地调研,掌握第一手资料,在总结经验的同时提炼模式,以备推广学习,体现社会科学研究的应用价值。(3)重要议题研究欠缺。与如火如荼的大学生村官工作实践相比,大学生村官问题研究略显滞后,整体研究水平尚处于起步发展阶段,一些重要议题诸如大学生村官基层服务、大学生村官后续出路等鲜有关注。为此,本章拟对大学生村官基层服务展开研究。

二、研究思路

1. 核心概念

大学生村官基层服务是指大学生村官为新农村建设事业及广大村民的利益而从事的具体履职行为。由大学生村官基层服务的概念定义及其乡村现实背景,可以归纳出大学生村官基层服务具有如下特点:

(1)基层服务的主体性,即"谁来主导基层服务"。大学生村官计划是国家主导、政府选拔的人才项目,但在计划的实践环节,大学生村官无疑居于主体地位,"下得去、待得住、干得好、流得动"的预设目标的实现必须依靠大学生村官主体。基层服务更多的是发挥大学生村官主体能动性,更强调自我的有所作为。

(2)基层服务的探索性,即"提供哪些基层服务"。大学生村官初次进入农村工作场域,对于基层环境需要有一个认知的过程。同时,乡村现有工作环境中,缺少大学生村官基层服务的指导性文件要求,大学生村官工作任务和岗位职责有待进一步明确。因此,下乡之后的大学生村官一方面迫切寻觅得到村民信任和上级领导认可的途径,另一方面他们也在采取何种类型的服务基层方式问题上求索。

(3)基层服务的差异性,即"哪些不同途径实现基层服务"。由于受到乡村经济、社会环境,以及大学生村官主观因素的影响,大学生村官基层服务方式也呈现出个体差异性,这种差异具体体现在大学生村官服务途径、服务内容以及服务重点的选择上面。

2. 研究设计

本章围绕大学生村官基层服务议题,选取大学生村官工作走在江苏省乃至全国前列并形成自身鲜明特色的苏北地区[①]作为考察个案。2011年7月11—18日,笔者深入苏北灌南县、滨海县、泗阳县与当地大学生村官进行个案访谈,共计访谈个案45人次;并且通过座谈形式,与当地组织部门负责同志交流,以期更加全面了解大学生村官基层任职状况。同时,本次调研还发放问卷252份,有效回收问卷249份,有效回收率达到98.81%。调查样本具有如下特征:被调查的大学生村官中

---

① 苏北地区具体包括(江苏)徐州、宿迁、盐城、连云港和淮安5个省辖市23个县,其中土地面积5.31万平方公里,人口约2975万人。

女性人数多于男性,女性占样本总数的58.6%。大学生村官的政治面貌以中共党员为主,占到总数的68.9%,团员仅占29.9%。大学生村官主要来自"本县本市",其比例为57.0%;其次为"本市他县",占38.6%;样本中仅有7人来自"其他县市"。大学生村官所学专业主要集中在文史类和理工类,两者所占比例接近90.0%,而农学类的大学生村官比例仅占0.4%。对于收集上来的资料,笔者主要采取定性分析的方法来进行处理。研究内容上,主要是在归纳大学生村官基层服务类型的基础上,分析基层服务面临的若干困境难题,并提出解决的对策。

三、大学生村官基层服务的类型

通过对访谈资料的整理和研读,苏北地区大学生村官基层服务可以归纳为四种主要类型:创业富民型、社会管理型、便民服务型和文化提升型,不同类型具有各自的表现特征。

1. 创业富民型

经济发展是当前苏北地区面临的主要议题。统计数字显示,在2010年江苏13个省辖市人均地区生产总值的排序比较中,苏北地区所辖的5个省辖市排名下游,居于9—13位,其中宿迁市处于末尾,人均地区生产总值仅为22525元。更为糟糕的是,目前苏北地区还有上百个经济薄弱村①。脱贫致富、摆脱落后局面是这些经济薄弱村面临的紧迫任务,这直接关系到江苏能否在全国率先全面实现小康社会和率先基本实现现代化的目标。囿于生存伦理以及害怕失败心理,部分农民不敢创业,他们更多的是观望;囿于缺少科学技术和实际经验,一些农民不会创业,小小的失误或某些失败使得一些农民重新退回原地。显然,农村要迅速摆脱贫困落后面貌,关键是要有能人出面带头和带领广大村民创业奔小康。基层任职的大学生村官视野开阔、知识面宽、富有创造热情,由他们来带头创业、带领创业能够起到良好的示范和辐射作用。对此,大学生村官也认识到自身带头创业的责任与价值,"下到基层农村后,主要是干事创业,希望能为村民做些实事,早日让村子摘掉贫困的帽子……"在所访谈的45个大学生村官中,有六成左右的村官手头拥有创业项目,将近两成的村官正准备兴办创业项目。

---

① 经济薄弱村的评定标准为村集体经济收入低于5万元,村人口人均年纯收入少于2500元。

在地方政府部门的创业政策激励下,在当地银行、信用社等机构的资金支持下,在村组种养殖大户和致富能手的热心帮扶下,大学生村官创业富民行为很快起势,形成席卷整个苏北地区的创业狂潮。对于这样一道创业"风景线",可以总结出其呈现的几个显著特点:第一,创业项目多为涉农项目。大学生村官根据所在乡村的产业基础和资源优势,结合自身专业特长,选择养殖业、种植业、加工业等当地农村旧有的项目类型,项目往往具有投资少、周期短、见效快的特征。第二,创业类型以合作创业模式为主。创业早期,基本上是大学生村官个体的零星创业方式,属于尝试性地"小打小闹",而创业结果多以失败或勉强保本收尾。在认识到集体的智慧力量以及社会风险因素共担之后,大学生村官创业由个体开始走向联合,形成"大户+基地+大学生村官+贫困户""大学生村官+村支部书记""大学生村官抱团创业""大学生村官+专业合作社"等多种联合创业模式,壮大了创业项目的力量规模。第三,创业与富民并举。和传统的村官相比,大学生村官身份是国家公共服务向下延伸的标志,具有更多的社会公共性和使命感(于江、张水娟,2010),故其创业更多的是一种示范性创业或者表意性创业。换句话说,大学生村官创业的着眼点和落脚点最终是放在促进村民的增收致富上。通过创业带动当地村民发展致富项目或者吸纳农村剩余劳动力,共同走向致富的康庄大道。

> 大学生村官LCH,男,25岁。"我所任职的村子杨树多呐,这种树木具有早期速生、适应性强的特点,但它的板材密度不高,成品耐用性不够。于是,我便想到将杨木制成一定规格的小板材,再将其钉制成井型支架起到减震的效果,用于厂家商品包装箱的运输和挪动。我租了厂房,找了村里几个老师傅(年龄50岁左右,有一手木匠活),还帮扶了6户贫困家庭。厂子办起两年了,工厂的生产已走上了正轨,产品主要销往苏南地区。村民都知道我是创业能人,我在他们中间说话更有威信了,工作开展也变得顺利多了。"

以创业富民来服务基层的大学生村官多将自身定位为"创业者"或"实干家"角色。他们通过创业平台有效嵌入新农村建设之中,不仅影响和改变农民传统的保守思想意识,也给当地村民带来物质经济上的实惠和利益,通过实实在在的创业业绩赢得广大村民的信任与支持,提高自身在农村基层的社会地位,也为将来期满分流出路打下基础。当然,如何正视创业富民过程当中业已显现的阻碍因素,比如创业项目层次不高、富民效应有待加强、村官任期时间短暂等,进而将大学生村官创业富民工程进一步做大、做强和做久,是需要组织管理部门在今后大学生村官工作实践过程中予以重点考虑的问题。

2. 社会管理型

如果说创业富民是大学生村官面临的阶段性紧迫任务的话,那么(基层)社会管理就是大学生村官常规工作的中心。当前,苏北地区农村基层民主建设面临:乡村选举中家族和宗派势力的渗入影响,村民对选举投票积极性不高;民主监督过程中村务公开重表面形式,轻实质内容;民主管理运行机制不畅,村民代表会议组织不力、决策能力不强等问题。显然,农村基层社会管理需要变革与创新。大学生村官作为外来新生政治力量,他们思维活跃,获取信息能力强,具有现代社会治理理念,能为农村基层社会管理创新增添活力。

在基层社会管理创新上,问卷调查显示,有40.8%的大学生村官认为"应发挥群众参与社会管理的基础性作用";26.2%的大学生村官提出"应整合各方资源,达到合理配置";16.2%的大学生村官认为"依法科学裁量判断利益纷争,避免强制手段";10.4%的大学生村官指出"应重视精英管理人士的作用";还有6.3%的大学生村官提出利用网络开展村级政务。由此,注重群众基础、利益调解和资源挖掘是大学生村官社会管理秉持的理念。就社会管理的实际状况来看,苏北地区大学生村官主要尝试做出如下努力:(1)认真宣传贯彻有关村民自治的法律法规。例如,与村"两委"干部交流沟通,向他们澄清利弊关系,促使他们转变观念,带头遵纪守法、杜绝违规操作。同时,加大对广大村民的普法力度,使村民明确自身的权利和义务,调动他们管理村级事务、参与民主建设的积极性,进而维护自身合法权益。(2)建立健全民主管理和民主监督的保障机制。其一,强化民主监督机制。在基层农村,大学生村官倡导成立民主决策和监督委员会,把具有一定文化素质和自愿为村民服务的成员吸收选进委员会,监督村"两委"干部行为,并定期、重点审查村级财务的收支情况。"说到底,村级财政的监督是整个村务监督的核心所在。自己(大学生村官WR,男,23岁)作为村里理财小组的负责人,掌管公章,专职审核村内各项财务往来。而资金进出则由村会计负责,这样各司其职,确保村级财务工作的公开透明,以便随时接受村民的监督和问询。"其二,建立信息公开制度。除在村头公告栏张榜公布村务信息外,大学生村官还定期印发村务手册,利用手机短信、网络论坛等载体将村民关心的重要问题第一时间传递出去。其三,拓宽村民民意表达渠道。通过频繁走访和畅通村民意见表达的渠道,大学生村官密切干群关系,努力预防和减少基层纠纷、矛盾的发生。

作为村级组织特设岗位人员,大学生村官既不是国家公务员,也不是本地村民,不易受到当地农村家族势力控制。这种"中间人"的身份,便于大学生村官保持客观公正的立场,维护广大村民权利,获得他们的信任与支持。应该说,大学生村官社会管理层面的服务为推动基层民主政治进程起到积极作用,它有利于打造熟悉基层的农村建设骨干力量和党政干部后备人才链。当然,也应看到农村基层组织往往是诸多矛盾的交集点和聚散地,大学生村官的助理身份加之社会经验阅历的不足,在基层社会管理上面临诸多困难和挑战,需要当地政府和基层民众给予更多的工具性支持和表达性支持。同时,基层社会管理还应找准切入点,农村社会管理点多面广、局面复杂,单靠村组干部一条基线来做工作"杯水车薪",如当地政府人士座谈中指出的那样,大学生村官应协助建立"党委领导、政府负责、社会协同、公众参与"的管理平台,形成缜密有力的社会管理网状格局。

3. 便民服务型

服务亲民是大学生村官基层服务的重要理念。李源潮同志告诫指出,"从学校门直接进机关门的干部增多,从工人、农民中成长起来的越来越少,这种结构性缺陷不抓紧解决,就会造成领导机关脱离基层、脱离实际的危险。大学生到农村,要当村官必须先当村民,要拜农民为师,千万不能老坐在办公室里。"(李源潮,2011)依托村"两委"或团组织平台,大学生村官要学会"进农家门、说农家话、知农家情、办农家事",主动担起便民服务重任,努力成为广大村民的"贴心人",真正赢得广大基层民众的拥护。

在便民服务方面,访谈得知,苏北地区大学生村官在走家串户调研摸底的基础上,找准便民服务的重点环节,推出"暖人心"工程,主要围绕事务代办、信息咨询和基础设施修缮三个方向展开。(1)事务代办。大学生村官通过担任农村便民服务室代办员,帮助村民代办受理范围内的各类事项服务,如就业登记证、残疾人证、独生子女证等证照办理,以及物品邮寄、农村低保、医疗保险、小孩户口的申请递交事宜,基本实现了村民足不出村就能享受到优质服务,此举受到村民们的一致好评。

(2) 信息咨询服务。大学生村官发挥自身优势,学习并分析领会国家强农惠农政策要旨以及中央1号文件精神,引导村民朝着合适的种养殖致富方向发展;利用互联网络信息资源的全面、海量、动态性的特点,及时为村民提供市场信息咨询服务,帮助村民拓宽农产品销售渠道或寻找其他有用商机。(3) 基础设施修缮。基础设施建设不仅关系到村容村貌的整洁与美化,也影响到村民康居生活质量的提升。目前苏北地区农村道路、房屋、垃圾处理点等建设缺乏规划,普遍存在脏、乱、差情形,大学生村官力图在此方面有所作为。

> 大学生村官MGY,女,24岁。"村里有条著名的'健康路',由于年头太久,路基下陷,在两车会车的时候最容易发生危险。我了解情况以后,找到村干部商量着手修路的事宜,可是修路需要资金作保障,村干部有些犹豫。于是我主动请缨,挨家挨户地向村民讲明道路现状和修路的好处,结果村民很配合我的工作,大家集体出资,并动员了村中300多名劳力,终于把路基垫高,乡亲们出入这条道路变得安心,更方便了大伙进城销售农副产品。"

> 县组织部负责人TWH,男,45岁。"拿我们县来说,在2011年各项活动实施过程中,大学生村官为村民提供市场信息5000多条,代理代办证照申办、养老保险、各类困难补助申报等事务4300余项,为村民提供咨询服务约2万次,成功调解纠纷200余件。大学生村官便民服务活动取得一定成效。"

以便民服务型为基层工作切入点的大学生村官将自身定位于服务者角色,要求把村民的安危冷暖放在心上,真诚倾听村民呼声,真情关心村民疾苦,为村民办好事、办实事。这种便民服务工作,不追求所谓的轰轰烈烈,但一定是踏踏实实,它融入在村民生产生活情境一件一件的具体小事当中。问卷调查显示,大学生村官对便民服务事务比较满意,以满分十分来计,平均得分为8.36,标准差为0.832,远远高出前面社会管理型得分,这也从一个侧面说明便民服务可以作为大学生村官嵌入基层的"抓手"。便民贴心服务有效拉近了大学生村官与广大村民间的心理距离,增进了彼此之间的情感联系。当然,今后需要改善的方面是,大学生村官便民服务存在诸如服务活动缺乏长效性、服务手段缺乏专业技巧等不足。

4. 文化提升型

文化堕距理论指出,"由相互依赖的各部分所组成的文化在发生变迁时,各部分变迁的速度是不一致的,产生各部分之间的不平衡、差距和错位,由此造成社会问题。一般说来,物质文化的变迁速度要快于非物质文化"(郑杭生,2005)。改革开放三十多年来,苏北地区经济建设取得了突飞猛进的发展,但基层文化建设却较为滞后,面临活动经费短缺、文化队伍人才紧缺、农民精神文化生活匮乏等窘境。当地农村流行着这样一句顺口溜,"一个月种田、两个月过年、九个月麻将"。此外,调研发现,苏北地区农村最漂亮的建筑莫过于教堂,村民(多以老年和妇女为主)信教(基督教)已"蔚然成风"。在加强农村基督教场所管理的同时,也潜在向社会提出如何正确引领和提升村民个体精神世界的重要议题。针对农村文化建设的薄弱环节,问卷调查显示,40.9%的大学生村官提出最需丰富农村业余生活,29.6%的大学生村官指出最需健全农村文化设施,18.2%的大学生村官认为最应加强规划农村文化市场,11.2%的大学生村官坚持最应培育文化宣传队伍。

　　结合社会主义新农村文化建设大发展大繁荣的背景,专家指出,大学生村官要"传播现代生活方式,转变农民卫生环境观念,引导群众移风易俗、破除迷信,为农民群众提供优质精神食粮"(宣言,2011)。具体到苏北地区,大学生村官进行了探索性的尝试:(1)夯实农村文化阵地。大学生村官利用与企业、高校、社区的联系,开展图书募捐活动,筹集各类书籍充实乡村农家书屋,引导村民树立读书学习的良好习惯;以多种形式开展五好家庭、和谐村组、尊老爱幼户等评比评优活动,丰富群众文化活动载体,优化乡村文明风气建设;积极申请上级政府资金支持,建立乡村文化娱乐活动中心,辟有乒乓球室、舞蹈室、健身房、计算机房等设施,方便村民闲暇时进行娱乐活动,充实村民的精神文化生活。(2)创新农村文化活动内容。其一,苏北地区农村大规模的文化活动主要以科普下乡、政府送戏下乡为主,大学生村官在这些活动中扮演组织协调者和活动策划者的角色,采取喜闻乐见的方式让村民接受教育。其二,善于挖掘农村传统文化和民间艺术资源,使现代文化与乡村民间传统相结合,培育具有地方特色的"新文化",如根雕、绘画、剪纸等技艺的传承再生,丰富了村民的文化生活。其三,充分利用节假日、民间传统节日和农村集市开展健康文明向上的文化活动,如创办地方乡村戏台、开展特色民俗月等活动,提高村民参与热情。

　　从访谈情况来看,以文化提升为服务类型的大学生村官人数比例不高,往往一个乡镇才有一两个突出典型。而且,可能是移风易俗、观念改变艰难的缘故,大学生村官对文化提升事务的满意度"一般",问卷调查显示,平均得分为 7.28 分(满分 10 分计算)。但是不能否认的是,文化提升型代表着未来重要发展方向。大学生村官将自身定位在"引导者""宣传员"等角色上,在诸如现代生活方式传播、农村文化活动的丰富、乡村文化设施的打造以及非物质文化遗产保护上发挥积极作用。与之并存的不利方面在于,由于大学生村官对任职村落风土人情了解不深,上级政府缺乏对农村文化建设事业的资金持续投入,加之大学生村官服务期限的规定等,这些都极大地影响着大学生村官文化提升类型的基层服务实施效果。

四、大学生村官基层服务困境

尽管大学生村官在基层服务过程中努力挖掘自身潜力,工作上也取得了一些成绩和进展,形成创业富民型、社会管理型、便民服务型和文化提升型等主要取向,但是受制于各种复杂因素的干扰,大学生村官基层服务仍然面临艰巨挑战。

1. 服务主体准备不足

(1)主观动机不纯。大学生村官计划完整体系可分为"下得去、待得住、干得好、流得动"四个流程环节,这意味着下乡之路是大学生村官不断成长成才的渐进之旅。扫描大学生村官基层服务现状,笔者发现,大学生村官队伍存在分化现象,部分大学生村官到村任职仍存在主观思想摇摆、心理准备不足、服务意识模糊的状况,表现在"身在基层,心未下乡",或者想借助村官这个"跳板"步入公务员队伍以及事业单位大门,或者希望以此为研究生入学考试加分,再或者基于严峻的就业形势而无奈选择大学生村官工作。主观态度决定个体行动,只有有着执著的、纯正的动机才会使向上的精神意志指引主体的志愿行动。相反,以上种种主观不纯动机势必会影响大学生村官基层服务工作的开展。面对繁杂琐碎的基层事务,此类大学生村官在行动上会消极倦怠,提不起对工作的主动与热情,给基层整体服务效果蒙上阴影。

(2)个人知识库偏离。与城市相比,农村是智力人才的洼地,人才的缺乏制约着农村的经济社会发展。选聘高校毕业生到村任职成为缓解人才缺乏的重要捷径。目前,苏北地区农村基层紧缺、急需的专业人才有:文科类以中文、法学、社会学、会计学、外经外贸、经济管理等专业为主;理工科类以农学、园艺、水产、畜牧、食品、林学、水利工程、村镇规划、建筑学、计算机应用、环境工程等专业为主。而从选聘的大学生村官来看,专业不对口的居多,出现个人知识库与基层工作岗位要求上的偏离。个体现有知识储备是由其成长的生平情境(biographical situation)形塑的,当进入陌生的基层情境之后,需要大学生村官积极主动拓展和更新现有知识储备,以便合乎情理地加以应对。访谈得知,"回炉深造"、学习一门农业技术成为目前大学生村官的迫切要求,以求达到更好的履职目的。

2. 服务环境对接欠佳

(1)乡土融入困难。我国农村社会是典型的由人情网络和人际关系编织起来的"熟人社会",基层农村有着长年累月形成的乡土文化,包括语言、交往、饮食、节庆、丧葬等具体的文化形式,这种特定的乡土文化也包裹着生活在其中的村民的思维和行为,表现出一种排他性文化惯性(郭明,2012)。村民主观上不愿意接受外来力量做出的安排,从这个层面上来讲,大学生村官所处环境会造成他们乡土融入的困难。

另一方面,深入基层或者开展工作更多时候打的是情感牌,这种情感的建立不仅仅是通过细致入微的一线工作,还需要通过利益共享等方式精心构建的关系人脉网络,而这张网络通常是建立在血缘、地缘、业缘等相互交织因素的基础之上。故大学生村官初到一个陌生环境,特别是关系网络趋于利益组织化的村庄内部,自身一方面要赢得村民的认同和理解,另一方面还要避免被架空、被边缘化,确实存在很大难度。

(2)身份定位模糊。身份定位对于大学生村官基层履职十分关键。合法的身份好比给大学生村官"正名"。这种正名一方面,正的是名分,摆脱非农非官非工的尴尬。另一方面,正的是职责。不论是名分还是职责都是大学生村官基层工作的基础,名分不正必然会导致职责不清晰,引发"言不顺",容易致使大学生村官无所事事,游手好闲,或是走向"两眼一睁,忙到熄灯"的另一个极端。

> 大学生村官YDD,女,27岁。"初到任职的村组,感觉从村干部到村民对我投来的目光都是疑惑的、不信任的。在开展工作的时候,村民觉得我年纪轻,而且还不是本地户,更不是政府派来的领导,所以他们完全不听我的,这一度让我很苦恼。在和其他大学生村官交流过程中,我们都感觉自己担任的是虚职,助理其实什么都不是。"

访谈中，笔者了解到，一些大学生村官曾一度为"空降兵"的身份感到困惑，工作上蹑手蹑脚，生怕自己做了不该做的工作而"越权"，或者该做的工作没做而失职。而村民认为大学生村官是"飞鸽牌"而不是"永久牌"，是农村一时的过客，对村组所负的责任很难维系长久，故大学生村官很难真正取得村民的信任和支持，一些动员村民的工作，大学生村官去执行时效果往往不佳。可见，身份定位上的模糊不清影响大学生村官基层服务效果。

3. 服务方法不甚得当

（1）助人的方法简单。大学生村官基层服务是按照乡村现有规章制度而行，然而这种办事风格却显得刻板、生硬。初到基层，大学生村官短时间内还把握不好"原则中求灵活，灵活中求原则"，未能最终达到皆大欢喜的效果。而且，大学生村官不能娴熟地针对不同性格特征的村民，采用不同的工作方法，难以做到有的放矢、因人而异。此外，缺乏必要的沟通，作为服务主体，大学生村官主动提供服务给村民，必然要"俯下身子"了解他们的内心诉求，这就需要大学生村官与村民深入沟通，但由于大学生村官对于倾听、回应等社会工作事务技巧的运用欠佳，以至于与村民的沟通缺乏良性互动。随着网络在农村的兴起和普及，农村再不是信息闭塞的旧式社会，农民也不再是面朝黄土背朝天的种地人，所以不论对村民，还是处理农村事务，简单粗糙的工作方法必将是效果不佳，农村基层需要行之有效的基层服务方法和实用技巧。

（2）处理事务的能力欠佳。农村事务千头万绪，正所谓"上面千条线，下面一根针，上面分系统，下面当总统"。面临如此繁杂的工作，一些大学生村官表现得手足无措，没有很好地统筹安排好时间，被各种事务性的工作牵着鼻子走，以至于原本豪情万丈的斗志、理想远大的抱负逐渐被"淹没"。当面临棘手问题时，常会自乱阵脚，欠缺处理重要事务的能力。对于某些事情需要趁热打铁加以解决，而对于有些事情需要冷却降温，再不失时机地予以处理，这种"一冷一热"的把握能力尤为欠佳（陈银兵，2008）。还有，基层服务既要立足于现实，又要立足于长远；一方面需要夯实本职工作内容，另一方面需要学习和逐步探索，但有些大学生村官却处理不好这"一实一虚"的关系，"眉毛胡子一把抓"，弄得自己苦不堪言。

4. 服务过程缺乏持续性

大学生村官的服务期限为三年,三年的时间说短不短、说长不长。然而,对于一位安心基层工作、干事创业的大学生村官来讲,三年时间内其工作节奏还是相当紧凑的。

> 大学生村官HXG,男,25岁。"我从决定来做大学生村官的那天开始,就立志要通过自己的努力工作来造福一方百姓。可是三年后等我服务期满之时,总结来时路,觉得自己真的也没干什么,时间太短了。第一年适应环境,熟悉乡村生活和村民建立良好的人际关系。第二年开始经营自己的创业项目,可以独立完成上级交代的工作,用心为百姓服务。可是第三年,就要面临任期届满的流动以及又一次的人生选择……这种情况下,我满打满算进入工作状态的时间最多只有一年半。"

由于服务期限的客观制约,很多大学生村官在任期内虽奠定了一定的工作基础,但任期届满便选择离开当前村官服务岗位,这意味着原有工作不能继续开展下去,而新进大学生村官来接手需要重新适应。允许大学生村官另选出路,表面似乎是尊重人力资源本身的流动性规律,但是,刚刚具备一些农村工作经验的大学生村官留不住,却继续动员新的大学毕业生去基层,结果只能是频繁地迎来送往,耗费国家巨大的财力、物力和人力,使得大学生村官计划对新农村建设的效用大打折扣,对于地方大学生村官工作实践来说也是一种遗憾,理想的情形是国家出台优惠政策鼓励一些优秀大学生村官继续服务农村基层。

五、完善大学生村官基层服务的对策

大学生村官基层服务的完善不应该也不能够单纯考虑服务实施阶段,而应该将其放置于社会情境当中,从大学生村官进入到农村基层之初到基层服务工作结束,以动态的过程视角分析每一个具体环节。

1. 构建科学的选聘机制

对于大学生村官主体而言,选聘环节是他们进入大学生村官职场的第一步,是他们实现个人价值的起跑线。正所谓"良好的开端,是成功的一半",选聘机制的科学程度直接影响到大学生村官能否"下得去"。严格意义上来讲,选聘是一种市场化的招聘模式,是用人单位根据实际需求,结合人才市场可提供的资源,就工作职责、期限、待遇等问题双方达成一致,实现供求对接的双赢效果。由于大学生村官选聘具有政治化倾向,从人力资源角度来讲,不能将大学生村官的选聘与人力资源市场的普通招聘同日而语。大学生村官选聘过程中会出现上级政府负责选聘的大学生村官不符合乡镇、村组实际工作需要,选聘的优秀人才到基层无用武之地的尴尬,造成人为的人才浪费。为此,需要建立科学的选聘机制。

一是注重职位分析。职位分析又称岗位分析、工作分析,是指对组织各类岗位的性质、任务、职责、工作条件、工作环境以及任职者承担本岗位任务应具备的资格条件进行系统分析和研究的过程。对大学生村官工作进行职位分析,能够为选聘工作提供明确的要求。地方政府相关部门深入农村进行调查,听取基层群众和干部意见,了解不同村组对大学生村官的职位需求和人才需求,在此基础上,确定不同行政村、不同职位大学生村官的工作内容、任务、职责等;各个行政村提出大学生村官在思想品德、管理能力、专业技能、人格类型、心理素质等方面的要求,形成系统的任职资格条件说明书,为大学生村官的选用提供明确指导(卢福营、李琼,2010)。注重职位分析,一方面可以选择适宜的大学生担任所需村官职务,另一方面可以真正科学地量才录用大学生村官,进而达到人岗匹配的目的。

二是科学制定选聘规模。在选聘计划制订之初应该结合当地实际,本着务实的态度,合理确定选聘规模,以基层实际需要为导向,将选聘规模细化到专业、性别等结构因素;并将任期届满和离岗空缺的名额指标考虑在内,避免达标式的选聘方式。

三是下放选聘权力。地方基层作为用人单位,肩负着大学生村官培养、管理、考核的职责,同时为大学生村官支付一定比例的薪酬,更重要的是地方基层最为了解农村实际的人才需求。由此,应重视其对选聘大学生村官的想法意见,国家可以尝试将选聘大学生村官的权力下放到基层,县市一级政府做好督导把关工作,这不但有利于因地制宜地选拔人才,而且还能调动基层工作人员积极性,实现县乡村三级有效联动。

四是推进大学生村官本土化。由于大学生村官是面向基层一线村民开展工作,语言障碍和风俗习惯的差异会直接影响到他们工作开展的效果,故选聘本地生源的大学生村官回乡任职既可以减少任职适应期的"水土不服",又有利于实际工作的开展,并且本土大学生村官扎根基层的意愿强烈,他们具有较高的职业稳定性,可大大降低大学生村官流失比率(张磊,2010)。

2. 探索新型的培养模式

新型培养模式是促进大学生村官理论联系实践、突破工作瓶颈、顺利介入农村基层的良方。在实地调研中,笔者发现,目前大学生村官培养模式的科学性有待商榷,比如培养主体即政府和高校两者的作用发挥不够凸显,培养时间安排相对滞后,培训内容不能适应现今农村工作发展的需要,为此亟须专业化和实用化的培养体系。

其一,"订单式"培养模式。"订单式"培养模式是以基层农村对人才的需要作为培养目标,紧密结合大学生村官职业的特点,由高校制定教学培养方案,设计"基础训练+专业培养+强化实战训练"等多个环节,将大学生村官打造成适应农村工作的特殊"产品"。通过人才需求地向人才培养单位下订单,学校依据订单要求,与人才需求地交互、联合培养出适合的人才。"订单式"培养模式打破理论教学与实践教学之间的界限,建立高校教学与农村实践相结合,多角度、全方位培养农村实用人才;消除培养主体(高校)、人才主体(大学生村官)、需求主体(农村基层)之间的盲区,形成良好的校地联动,培养"零适应期"的合格人才,实现大学生村官与农村基层环境的无缝对接(代丽云,2011)。

其二,分类培养模式。分类培养模式是以农村基层实际需要和大学生村官基层服务的个体差异性为培养依据。大学生村官基层服务经过环境的适应阶段之后,培养主体根据大学生村官的实际情况,理顺发展思路,制定个性化的培养路线。如泗阳县结合本县实际,建立大学生村官"二次分配、分类培养"制度,一方面尊重大学生村官个人的感性选择,另一方面重视组织上的理性配置,从总体上为大学生村官设置四个培养方向,并严格规定选拔标准:将组织协调能力较强、群众认可度较高、发展潜力较大的大学生村官培养为"双强型"村干部[①];将担任村"两委"正职、聘期考核优秀的大学生村官培养为乡镇党政后备干部;将所学专业对口、服务意识较强的大学生村官培养为事业单位专业技术骨干;将市场意识敏锐、想创业、能创业的大学生村官培养成为优秀企业家(泗阳县组织部,2011)。将分类培养与个别化考核相结合,形成动

---

① 所谓"双强型",是指带头致富能力强、带领群众致富能力强、基层农村需要"双强型"村干部。

态化的大学生村官管理机制,确保大学生村官"干事有目标,流动有方向"。

3. 完善有效的帮扶机制

帮扶机制是大学生村官基层履职的重要依托,由苏北地区目前的帮扶机制观之,可归纳为三方面内容:

第一,思想帮扶。思想帮扶的实质是基于思想引导的疏导式帮扶,即组织管理部门针对大学生村官的思想动态、心理问题展开的诊断和"下方",所起的作用是一种引领性和表意性支持,涉及寻求对核心问题的认知、肯定自身的价值尊严、分享涉农感受、宣泄负面情绪等,最终帮助大学生村官放下包袱、摆正心态、树立信心,培养他们对农业、农村和农民群众的感情。苏北地区的做法是将大学生村官安排在距离集镇较近、经济发展较好的村组任职,当地政府为大学生村官购置生活用品、安装有线电视和宽带网络,配备工作所需的交通工具等,为大学生村官营造良好的生活和工作条件,县乡领导会定期主动与大学生村官谈心,消除他们的心理障碍,了解他们的诉求,鼓励和引导他们调整心态,稳定思想,全身心投入到工作当中。

第二,工作帮扶。工作帮扶的实质是师徒式帮扶,"师父"主要是具有丰富基层工作经验的村"两委"干部,"徒弟"则是初来乍到、毫无农村工作经验的年轻大学生村官。师徒式的工作帮扶要求师徒之间建立紧密的联系,围绕农村工作实务议题教与学相得益彰。对于师父村"两委"干部而言,要认真传授村务管理、民间纠纷处理、田间技术服务等方面的实战经验,通过言传身教、压担子、教方法、指问题,让大学生村官在处理各种复杂问题和完成急、难、险、重的任务中积累经验、增长才干,不断提高组织协调能力,进而掌握科学的工作方法和领导艺术。对于徒弟大学生村官而言,强调的是端正思想态度和主动向外学习的问题。目前,苏北地区地方政府正积极推行大学生村官导师制,除配备思想导师——乡镇领导班子、生活导师——乡镇机关工作人员、技术导师——农村致富能手外,还配备工作导师,即所在村的领导班子成员和蹲村干部担任工作导师,采取"帮、带、扶"三位一体的形式直接培养,做到"工作留在身边,重要活动引导参与,安排任务有的放矢",帮助大学生村官尽快熟悉工作内容,施展聪明才智。

第三,创业帮扶。创业帮扶的实质是助推式帮扶,就是通过舆论宣传、创业引导、项目培育、后期扶持等,激发大学生村官创业干劲,使之成为卓有成效的创业领头人。在具体实践中,创业帮扶可分为政策性帮扶和技术性帮扶两种类型。政策性帮扶主要是政府层面出台实施的正式帮扶,它鼓励和支持大学生村官创业,为其创业提供全方位服务。导引性明确、支持力度大、持续性强是政策性帮扶的显著特点。而技术性帮扶主要是靠当地农村致富能手的相助。由于大学生村官创业项目多数依托所在乡村资源优势而定,多以投资数额不大的种养殖项目为主,在项目启动和发展阶段亟须来自当地致富能手特别是种养殖大户的技术指导和市场信息提供支持。在苏北地区,目前大学生村官和当地农村致富能手之间联系日趋紧密,已逐渐形成联合创业的势头,如"大学生村官+种养殖大户+贫困户"的创业模式,以此提升创业项目的规模水平。与政策性帮扶相比,技术性帮扶具有灵活、高效、便捷的特点,是政策性帮扶的重要补充。

帮扶机制需要注意的问题是:首先,注意帮扶的尺度。帮扶不应是保姆式的大包大揽,而是需要拿捏好帮扶的尺度,不能过分的"溺爱"。其次,注重帮扶的连贯性。从时间角度出发,对大学生村官的帮扶不是一蹴而就的,而是长期且连贯的,碎片化的帮扶不仅达不到预期的效果,反而会带来负面影响。最后,注重挖掘帮扶客体的能动性。帮扶最终目的是助人自助,大学生村官虽是帮扶客体,但他们是基层服务的实践者,是基层工作的推动者,只有发挥他们的能动性,使帮扶主体和客体形成良性互动,才能达到村官计划"干得好"的目标。

4. 营造和谐的舆论氛围

舆论具有传播信息、营造氛围、引导价值取向的作用。当下,积极发挥舆论正功能,营造和谐的舆论氛围,将有助于大学生村官的基层服务实践。

首先,避免过分美化大学生村官工作形象。大学生村官先进事迹宣讲、十佳大学生村官评选等活动的初衷是为了树立榜样,激励大学生村官更好地在农村基层工作。然而媒体的大肆宣传,将大学生村官包装得无所不能,卓拔不群。过分美化大学生村官形象,一方面容易导致被宣传报道的大学生村官产生自满情绪和思想上的膨胀,影响他们对本职工作的专注度。另一方面会给身处平凡工作岗位的大学生村官带来巨大压力,他们自叹不如那些"名利双收"的创业典范,不如那些"稳扎稳打"的服务典型,在这种心理压力的作用下,失去工作的热情和积极性,影响到大学生村官基层服务的效果。显然,舆论需要客观理性的宣传,更加贴近实际、贴近生活、贴近大学生村官,还原他们工作形象的"本真面目",避免自我放大和挫伤他人工作的积极性。

其次,向大学生村官传递正确的事业观。事业观是在人生观的基础上形成的对于事业目的和意义的根本看法和态度。事业观决定了从业者走什么样的事业道路,坚持什么样的事业态度,选择什么样的事业价值标准等。对于媒体而言,他们通过舆论宣传向大学生村官传递基本的价值理念和事业观念。然而,当前舆论报道大学生村官个体的事迹过于琐碎,而且也没有把他们的服务放置到更为广阔的新农村建设背景下进行评述,更没有将大学生村官基层服务的意义价值提升到服务社会的高度。媒体应从国家实施大学生村官计划的目的出发,向大学生村官传播正确的事业观,即基层工作不仅是一份谋生的职业,更是一个值得所有任职大学生村官毕生追求的事业,需要培养他们的大局意识、服务意识、社会责任意识。通过舆论增强他们克服困难、经受考验和承受挫折的能力,传递不气馁、不放弃的思想。

5. 加强大学生村官组织平台建设

基于大学生村官规模人数的激增,当前应亟须加强大学生村官组织平台建设,如大学生村官虚拟网络互动平台、大学生村官联合会组织等。一方面,平台建设可以加强大学生村官与当地政府部门的沟通联系,做到上级文件精神的便捷传达、大学生村官思想动态的及时掌握等;另一方面,它能有效促进大学生村官群体自组织建设,借助于此种平台,大学生村官可以自主学习、相互促进,不断提升大学生村官队伍的凝聚力和战斗力。例如,苏北地区盐城市高度重视帮扶工程的平台建设:一是成立大学生村官团组织和联谊会。全市建立大学生村官团委,乡镇拥有大学生村官三人以上的均建立团支部。各县(市、区)还分别建立大学生村官联谊会,积极吸收党政职能部门负责人和农村专业人员参加。二是建立大学生村官网上家园。通过网络技术,开设网上论坛、QQ 群、短信群、电子信箱等,为大学生村官提供联络友谊、促进合作、加强沟通的平台;借助江苏省共青团电子政务系统的短信平台,每逢重大节日为大学生村官定制节日祝福短信,使他们充分感受到组织的关心和温暖。三是举办各类联谊活动。通过开展卡拉 OK、演讲、个人才艺展示、辩论赛等活动,不断丰富大学生村官的业余文化生活。组织平台的建设,有助于满足大学生村官农村工作的发展要求以及个体自身的基本需求,提升大学生村官品牌形象。

参考文献：

1. 柴燕菲、赵晔娇：《中国22万大学生上山下乡村官田间地头播种未来》，中国新闻网，2011年12月15日。
2. 李源潮：《李源潮给大学生村官的回信》，中国青年网，2008年6月8日。
3. 〔美〕托马斯·伯恩斯坦：《上山下乡：一个美国人眼中的中国知青运动》，警官教育出版社1993年版。
4. 陈忠：《大学生村官与中国政治生态意义问题与趋势》，《苏州大学学报（哲学社会科学版）》2009年第5期。
5. 陆志华：《当前我国大学生"村官"制度存在的问题与对策》，《前沿》2010年第16期。
6. 宋言奇：《基于制度"嵌入"的大学生村官计划再思考》，《苏州大学学报（哲学社会科学版）》2009年第4期。
7. 马威理：《大学生村官政策可持续发展途径探析——基于制度嵌入性的视域》，《中国农学通报》2010年第20期。
8. 郑庆杰：《飘移之间：大学生村官的身份构建与认同》，《青年研究》2010年第5期。
9. 程毅、刘军：《大学生村官的角色定位与功能拓展》，《前沿》2010年第4期。
10. 于江、张水娟：《大学生"村官"角色的困境分析与对策研究——以江苏镇江地区为例》，《江苏社会科学》2010年第5期。
11. 宋远军、刘文慧等：《破解大学生村官身份困境的合理途径探析》，《安徽农业科学》2010年第30期。
12. 冯成志、惠扬：《大学生"村官"的主观幸福感研究——以连云港地区为例》，《苏州大学学报（哲学社会科学版）》2009年第6期。
13. 张永华：《"大学生村官"的主观幸福感——以凉山州"大学生村官"为例》，《中华文化论坛》2010年第3期。
14. 李永生：《刍论大学生村官与实现我国农村善治》，《理论导刊》2010年第4期。
15. 童欣：《大学生村官工程的效应结构方程模型》，《武汉理工大学学报》2010年第12期。
16. 秦红霞、黄海燕、陈华东：《人力资本产权视角下的大学生"村官"问题研究》，《农村经济》2010年第10期。
17. 李源潮：《到农村去拜人民为师，在广阔天地里锻炼成长》，《新华日报》2011年12月4日。
18. 郑杭生：《社会学概论新修》，中国人民大学出版社2005年版。
19. 宣言：《为大学生村官播种文化叫好》，《人民日报》2011年6月2日。
20. 郭明：《游走在国家政策与农村社会之间：杜镇大学生村官个案》，《青年研究》2012年第2期。

21. 陈银兵:《基层管理工作的方法与技巧》,《政工学刊》2008年第2期。
22. 卢福营、李琼:《论大学生村官任用中的职位分析缺失》,《浙江师范大学学报(社会科学版)》2010年第3期。
23. 张磊:《苏州市大学生"村官"工作长效管理机制探索》,苏州大学硕士论文,2010年。
24. 代丽云:《新农村建设背景下大学生村官培养模式研究》,四川农业大学硕士论文,2011年。
25. 泗阳县组织部:《建立分类培养新机制,推动大学生村官成长成才》,中国共产党新闻网,2011年5月24日。

后　记

　　本书是笔者作为首席专家承担的江苏省优势学科建设工程重点课题"社会变迁背景中的青年问题研究"的最终成果。

　　青年研究是笔者最早从事的研究领域,青年社会学也是笔者主要的研究兴趣之一。1982年,笔者发表的第一篇学术论文就是刊登在《青年研究》上的《低年龄大学生的恋爱问题》(1982年第10期)。而自从2002年担任社会学专业博士生导师以来,青年社会学就一直是笔者的一个博士生招生方向。十多年来,笔者培养了一批对青年问题感兴趣的青年社会学学者。他们基本上都在各高校的社会学或相近专业中从事教学和科研工作,他们中的大部分人都是副教授,少数已经具有教授职称。他们都曾发表过青年问题方面的研究论文,几乎所有人都曾申请到国家社科基金或教育部社科基金的课题。笔者将这一批年富力强、受过系统的社会学专业训练并在青年社会学领域有过实际研究经历的社会学博士和博士生组织起来,形成课题组,每人集中对青年问题中的一个方面展开研究。正是因为有了他们的积极参与,这项研究才得以顺利完成。

　　课题研究之初,笔者曾列出了详细的研究大纲,希望从教育、职业、婚姻、亚文化、群体组织等青年社会学领域中最常见的几个方面来进行研究和探讨。但计划毕竟只是计划,最终展现在读者面前的却是与最初的计划有较大不同的图像:有些方面的内容明显扩大(如青年就业,特别是农民工就业,以及青年的婚姻等);有些方面的内容则相应减少(如青年的教育、青年亚文化等);还有些方面的内容则完全没有出现(如青年群体与组织、青年社会参与等);但同时又有一些新增加的方面和内容(如青年对成年的认知、青年宗教、青年健康等)。笔者认识到,虽然目前全书的结构看起来不如原来计划的那么"合理",但它却似乎更为"合适"。因为这种变化或许在更大的程度上反映了在中国社会变迁过程中,青年问题的实际状况和社会的关注状况。它同时也从一个侧面为笔者关于"青年期社会化的主要任务是'成家立业'"的观点提供了有力的支持。

在研究开始之初,笔者对课题组成员提出的研究要求主要有两条,一是要聚焦于现实社会中的青年现象和青年问题,二是必须开展经验研究。正是因为课题参与者很好地做到了这两点,所以,本书能够为描述、分析、解释和解决当前我国社会中的青年问题提供最新的、实证的依据。这也是本书的最大价值所在。

参与本课题研究并撰写最终成果的研究者是:

风笑天,北京大学社会学博士,南京大学社会学系教授,博士生导师。(撰写第一章、第二章、第四章、第八章、第十一章)

许传新,南京大学社会学博士,成都理工大学文法学院教授。(撰写第七章、第九章)

肖富群,南京大学社会学博士,广西师范大学社会学系教授。(撰写第三章)

马德峰,南京大学社会学博士后,苏州大学社会学系副教授。(撰写第十八章)

唐美玲,南京大学社会学博士,厦门大学社会学系副教授。(撰写第六章)

徐连明,南京大学社会学博士,华东师范大学社会学系副教授。(撰写第十四章)

刘成斌,南京大学社会学博士,华中科技大学社会学系副教授。(撰写第五章)

邹宇春,香港中文大学社会学博士,中国社会科学院社会学所助理研究员。(撰写第十七章)

王小璐,南京大学社会学博士,南京农业大学社会学系讲师。(撰写第十五章)

王晓焘,南京大学社会学博士,南京师范大学社会发展学院讲师。(撰写第四章、第十六章)

邓希泉,北京师范大学思想政治教育学博士生,中国青少年研究中心副研究员。(撰写第十七章)

袁潇,南京大学社会学博士生,南京邮电大学广告系副教授。(撰写第十三章)

陶艳兰,南京大学社会学博士生,苏州科技学院社会学系副教授。(撰写第十二章)

贾志科,南京大学社会学博士生,河北大学社会学系讲师。(撰写

第十章)

在本书即将面世之时,作为课题负责人,我在这里深深地感谢参与此课题研究的每一位研究者,大家辛苦了!

最后需要说明的是,本书所探讨的青年问题显然只是现实中多种多样、纷繁复杂的青年问题中的一部分,同时我们的探讨也还存在许多的不足。热忱欢迎对青年问题感兴趣的读者和广大研究人员对书中的错误和疏漏之处提出批评,更欢迎越来越多的人投入到青年问题的研究中来!

风笑天
2013 年 10 月于南京大学